초등·중등 상위권을 위한

영재교육원
영재학교
과학고
특목고

R&E 전문가
변문경
지음

자기소개서
면접
합격시크릿!

초판 발행	2014년 3월 19일
3판 5쇄 인쇄	2020년 4월 10일

글쓴이/펴낸이	변문경

편집	변유경, 송지혜
디자인	박언찬, 고현아, 이시은(디자인 다인)
인쇄/제본	영신사

펴낸곳	다빈치 books
등록일	2011년 10월 6일
주소	서울특별시 마포구 월드컵북로 35
팩스	0504-393-5042
이메일	ketosisi@naver.com

ISBN 979-11-86742-79-2
값 24,000원

초등·중등 상위권을 위한

영재교육원
영재학교
과학고
특목고

R&E 전문가
변문경
지음

자기소개서
면접
합격시크릿!

다빈치 books

저자가 영재교육원, 과학고, 영재고, 특목고 관련 자기소개서 강의를 할 때마다 항상 아쉬웠던 것이 있습니다. 입시를 코앞에 두고 있는 상태에서 처음 자기소개서 문항들을 접하며, 도무지 쓸 말이 없다고 무엇을 써야 하냐며 고민하고 있는 경우를 많이 보기 때문입니다.

그래도 어떻게든 스토리의 맥을 잡고 스스로 쓰려고 하는 경우라면 나만의 자기소개서가 탄생할 수 있는 가능성이 있지만, 대필을 부탁하거나 컨설팅을 찾아다닌다면 개성 있는 자기소개서가 탄생할 가능성은 점점 희박해집니다.

자기소개서를 쓰는데 도움이 될 책을 쓰기 위해 자료를 수집하던 중 미래인재컨퍼런스가 열린다는 메일을 받았습니다.

"내 삶이 스펙이다."

라는 모토로 인재 평가 기준에 대한 새로운 해석을 해 보자는 컨퍼런스였습니다. 획일화된 스펙이 아니라 인재 개개인의 삶의 궤적을 들여다보며 다양한 인재를 선발하는 문화를 만들어가고, 동시에 우리 사회의 인재들에게도 각자가 살아온 삶의 스토리가 스펙이 될 수 있다는 자신감을 심어주는 계기를 만들겠다는 취지로 열린다는 문구였습니다. 이제 인재를 선발하는 기준이 분명 바뀌고 있다는 것을 모두가 확인하고 알아야 할 때가 되었습니다. 저는 많은 학생들이 기본 실력을 쌓아야 한다는 목적 하나로 획일화된 커리큘럼 안에서 각자의 개성을 상실하고 극기 훈련을 하듯 공부를 해 나가고 있는 현실이 안타까웠습니다. 하지만 지금도 내신이 비록 좋지 않더라도, 혹은 선행학습을 하지 않았더라도 자신만의 개성과 특성을 살린 활동을 잘 관리하여 영재교육원이나 특목고, 서울대에 진학하고 있는 재능 계발에 성공한 사례는 적지 않습니다.

세상이 바뀌고 교육의 목표가 창의적인 인재 양성이라는 것을 잊고 막연히 과학, 수학 지식을 쌓고 내신을 관리하는 데에만 치중한 나머지, 자신의 장점을 드러낼 수 있는 나만의 스토리를 구성하는 것에 어려움을 겪는 학생들이 지금도 많습니다. 과학고, 영재고를 지망하면서 우선 선행부터, 올림피아드부터 준비한다고 지식을 담는 데에만 치중하고 있다 보니 꿈도 없이 달려가는 학생들을 자주 보게 됩니다. 그래서 이 책에는 자기 주도 학습 전형에 맞춘 영재교육원, 특목고에 합격하는 자기소개서 전략을 담아 보려고 합니다. 자신이 하고 싶은 일이 무엇인지 생각하고 앞으로의 학업 계획과 진로 계획을 세우는 것은 뜻깊은 일이 될 것입니다. 이 책이 이공계의 꿈을 키우고 이를 위해 자기소개서를 준비하는 분들에게 큰 힘이 되길 바랍니다.

변 은 경

차 례

저자의 말 004

1장 스토리텔링 자기소개서

1 자기소개서를 설계하기에 앞서 010

2 스토리가 있는 자기소개서 013

3 통계를 알면 합격 전략이 보인다 020

4 자기소개서의 시작은 마인드맵이다 025

참고자료1 학생부 전형 자기소개서 공통양식 028

참고자료2 학생부 전형 교사추천서 공통양식 030

5 좋은 자기소개서 vs 부적절한 자기소개서 사례 033

6 〈자기소개서〉 속 시원한 19문 19답 046

7 전국 100명 이상 쓰지 못할 특별한 내용으로 무장하라 074

2장 실전! 합격 자기소개서 따라잡기

60명 합격생의 자기소개서 대공개 078

초등저 080 · 초등고 128 · 중등 284 · 과학고 326

스토리텔링
자기소개서

1

자기소개서를
설계하기에 앞서

일반적인 학생들이 영재교육원, 과학고 자기소개서에 담는 이야기는 거의 정해져 있다. 과학 실험 수학 문제 풀이 경험, 독서 등이 그것이다. 입학담당관들도 이제는 뻔한 스토리에 질리지 않았을까? 더 좋은 학생들을 받아들여 제대로 된 인재를 키워나가고자 하는 영재교육원, 혹은 과학고의 입학사정관 입장에서 합격하는 자기소개서에 대한 고민을 시작해야 한다.

제대로 된 자기소개서를 준비하고자 한다면 꼭 체크해야 할 사항이 있다. 우선 우리 아이의 자기소개서를 출력해서 가져오기 바란다. 그리고 아래의 체크사항들과 비교하며 우리 아이의 자기소개서 준비에는 어떤 문제가 있는지 확인해보자.

자기소개서에서 일반적으로 쓰는 10가지 표현과 내용

1. 수학 공부 열심히 하고, 문제 풀고 또 풀고, 밤새 풀고, 코피 나게 풀고, 안 풀리는 거 풀

릴 때까지 풀고, 밤을 새웠다는 식의 수학 문제 무용담

2. 책을 많이 읽고, 일 년이면 수백 권씩 읽는다는 등의 과장된 표현

3. 과학 실험을 하고 방과 후 수업으로 다양한 활동을 하고 있다는 일반적인 내용

4. 위인전을 읽으면서 위인을 닮기 위해서 열심히 노력했다는 내용

　그 위인이 반기문 유엔사무총장이나 스티브 잡스, 에디슨 등 많은 학생들이 꼽는

　일반적인 인물인 경우

5. 학교에서 내신 관리를 위해 노력하면서 줄곧 좋은 내신을 유지해 왔다는 이야기

6. 과학의 달에 물로켓을 쏘아 본 이야기

7. 어릴 때 말을 빨리하거나, 퍼즐을 빨리 맞추거나, 조숙했다는 등의 엄마의 기억을 퍼온

　듯한 이야기

8. 자동차나 비행기를 좋아해서 그림을 열심히 그렸다는 이야기

9. 과학, 수학뿐만 아니라 영어에도 관심이 많아서 영어책을 많이 읽었다는 이야기

10. 앞으로는 더 열심히 공부하겠다는 각오와 뽑아만 달라는 절규

우리 아이의 자기소개서가 위 10가지 내용들 뿐이라면 눈에 띄기도 어렵고, 읽는 이도 지루할 것이다. 위와 같은 자기소개서에서 가장 문제가 되는 것은 바로 "내가 무엇을 좋아하고, 또 무엇을 하고 싶은지에 대한 고민과 행적이 없다는 것이다. 무엇을 노력해 왔으며, 어떤 성과가 있었고, 그러한 성과가 앞으로의 나의 꿈을 실현하는데 어떤 도움이 되는지 등이 바로 나만의 스토리이다. 이 스토리가 없다면 자기소개서는 힘을 얻지 못한다.

자기소개서를 시작하기 전에 염두에 둘 가장 중요한 것은 우선 아이의 진로를 명

확하게 하는 것이다. 최근 "꿈과 끼"를 키우자는 교육의 모토처럼 아이가 무엇을 잘하고, 또 하고 싶어 하는지를 모색하고 이를 통해 진로에 대한 방향—구체적인 직업이 아니더라도—을 설계하는 것이 자기소개서 쓰기보다 선행되어야 한다. 그리고 그동안의 활동을 그 진로에 맞게 일목요연하게 정리하고, 앞으로의 학습 및 진로계획도 수립해야 한다. 그리고 이 과정에서 겪었던 갈등이나 고민, 노력 들에 대해 차근하게 정리해가다 보면 스토리는 저절로 생긴다.

합격하는 자기소개서의 시작은 자신의 특성을 이해하고 진로를 설계하며 이에 맞게 걸어온 과정을 정리하고 앞으로 어떻게 나아갈지를 계획하는 것이라는 것을 잊어서는 안 될 것이다.

2 **스토리**가 있는 자기소개서

어떻게 쓸 것인가가 아닌 무엇을 쓸 것인가가 중요하다!

자기소개서는 글 쓰는 능력이나 어휘 활용능력을 평가하는 것이 아닌, 자기 자신을 효율적으로 드러내는 글이어야 한다. 따라서 남과 다른 나만의 특징이 드러나도록 해야 하고, 그러한 특징들이 성장 과정 속에서 검증되고 쌓이는 가운데 나만의 장점이 되어야 비로소 눈에 띈다. 그런데 학부모들은 자기소개서 쓰는 방법에 대한 강의를 들을 때마다 "사전에 준비했더라면 좋았을 텐데, 사전에 이런 강의를 듣고 꾸준히 준비해 왔어야 하는데, 이번 강의는 자기소개서 강의가 아닌, 합격하기 어렵겠다는 생각이 들게 만드는 강의다"면서 아쉬워한다. 심지어 강의를 듣고 올해가 아닌 내년을 준비하겠다는 생각이 든다고도 했다. 자기소개서 안에 들어갈 주인공의 스토리, 장점, 문제 해결 과정이 비로소 자기소개서의 내용이 되어야 한다는 것을 지금껏 간과하였기 때문이다.

수학을 좋아하는 ＊＊는 어릴 때부터 수학만 공부했다. 수학올림피아드를 나가겠다는 생각으로 수학 선행, 심화, 사고력까지 수학 학원을 다니고, 수학에만 올인했다. 내신 관리 잘하고 수학 공부만 잘하면서 과학고는 충분히 갈 수 있을 것이라고 생각했는데, 막상 과학고등학교 자기소개서 양식을 보고는 깜짝 놀랐다.

영재학교 자기소개서 기술 사항

1. 과학영재학교 * * 과학고등학교가 본인을 선발해야 하는 이유를 작성해 주세요.

2. 자신이 수학·과학적인 재능이 있다고 생각하게 된 가장 중요한 계기를 구체적으로 작성해 주세요.

3. 특정한 분야에서 최고가 되어본 경험이나, 최선을 다해 도전해 본 경험, 어려움을 극복하기 위해 노력해 본 경험이 있다면 구체적 사례를 중심으로 작성해 주세요.

4. 다른 사람을 위해 봉사하거나 사회에 기여한 경험을 구체적 사례를 중심으로 작성해 주세요.

5. 자신이 읽은 책 중에서 영향을 가장 많이 받았거나, 인상깊었던 책을 2권 이내로 작성해 주세요.

우선 수학 문제에 대한 무용담으로 1, 2번을 채워 나갔다. 그간 열심히 수학 문제를 풀면서 어려웠던 문제들은 어떻게 극복했는지 그때마다 재능이 있다고 느꼈으며, 또 영재학교에 진학해서 이러한 자신의 역량을 토대로 수학자가 되겠다는 등의 이야기를 풀어나갔다. 그런데 문제는 3번에서 막히기 시작했다는 것이다. 특정 분야에서 최고가 되어본 경험이나, 최선을 다해 도전해 본 경험을 도무지 어떻게 써 내려가야 할지 막막했다. 그래서 고민한 끝에 전교 1등을 해 본 경험을 쓰기로 했다. 사실 그간 열심히 해 온 수학 올림피아드 준비는 성과 없이 끝났기 때문에 1,

2번은 수학 문제 무용담으로 마무리했다. 사실 수학 올림피아드는 전체 지원자의 10% 정도가 전국대회에서 상을 받는데, 지역 장려상에 그쳤기 때문에 특정 분야의 최고라고 어필하기에는 무리가 있었다. 내신 관리만큼은 철저히 해서 전교 1~5등을 오갔는데, 특히 1등을 했던 경험이 값지다고 생각했다. 그런데 이러한 선택은 사실 별로 매력적이지 않다. 간단한 계산만 해봐도 이유는 명확해진다.

우선 전국에 있는 중학교는 3,200여개이다. 중학생들이 영재학교에 지원하기까지 중간, 기말시험을 통틀어 8번 치르게 된다. 기말 합산만 따져도 중1 1, 2학기, 중2 1, 2학기 이렇게 4번이니, 각 시험에서의 전교 1등이라는 스펙은 3,200×4=12,800명이 쓸 수 있는 내용이다. 12,800명이라는 군중 속에 묻혀 버리는 상황이라면 과연 합격에 대한 승산이 있을까? 한국영재학교의 경우 140명을 한해에 선발하는데, 12,800명을 놓고 본다면 과연 내신이 당락을 좌우할 수 있을까? 결국 자기소개서 설계에서 중요한 것은 특별한 스토리로 합격자 140명 안에 들 수 있는 전략을 찾는 것이다. 또한 자신이 진로를 탐색하고 고민한 문제 해결의 과정을 다양한 경험 사례를 통해 풀어내는 것이 중요하다.

공통적인 자기소개서 항목

1. 지원 동기는 무엇인가?

2. 장래희망은 무엇인가?

3. 자신이 수학, 과학에 재능이 있다고 생각하게 된 계기는 무엇인가?

4. 감명 깊게 읽은 책은 무엇인가?

5. 앞으로의 학업계획은 무엇인가?

여기서 창의적인 문제 해결력을 엿볼 수 있는 항목은 **3번 자신이 수학, 과학에 재능이 있다고 생각하게 된 계기는 무엇인가?** 이다. 새로운 유형의 수학 문제를 혼자 해결했거나, 과학에서 새로운 아이디어가 떠올랐다는 내용, 자신만의 연구를 수행했다는 내용 등이 들어갈 텐데, 다음의 예를 살펴보면서 어떻게 자신을 드러내는 것이 좋을지를 고민해 보도록 하자.

A 학생의 사례

지원한 전공과 관련하여 스스로 영재성이 있다고 생각하게 된 계기나 경험들을 3가지 이내로 기술하십시오. (400자 이내)

> 저는 어려서부터 관찰과 실험을 무척 좋아하였습니다. 어렸을 적 외할머니 댁에 갔다가 얻은 장수풍뎅이를 3년간 키우면서 알부터 1령, 2령, 3령 애벌레와 번데기 성충까지의 과정 반복을 지켜보며 관찰력을 높인 것 같습니다. 또한 평소 실험을 좋아해서 실험에 관한 과학학습만화, 과학도서, 잡지 등을 읽으며 과학과 친해지는 계기가 되었습니다. 그리고 저는 물리, 화학, 생물 모든 과학 분야를 좋아하며 흥미와 관심이 많습니다. 하지만 저는 평소 과학실험에 관심이 많아서 부모님께서 사주신 과학실험키트를 이용해 집에서 여러 가지 실험을 하면서 호기심이 늘었고 일상생활에 쉽게 구할 수 있는 실험준비물들로 새로운 실험을 하고 느낄 수 있게 된 것 같습니다. 또한 저는 학교 개별활동부인 창의과학부에 참여하여 여러 실험을 하며 창의성을 좀 더 넓힐 수 있었습니다.

본문의 내용이 어떤가? 사실 장수풍뎅이를 기른 것과 과학 도서를 읽은 것, 그리고 과학실험키트를 이용해서 실험을 한 것은 별로 영재성과는 관련이 없다. 또 다른 친구들과 많은 부분 중복될 가능성이 크다. 영재성이라는 것은 남다른 재능이다. 하지만 A학생의 경우 자신만의 특별한 에피소드들을 사전에 구성해 두지 않아서 평이한 내용밖에 쓰지 못하는 것이다. 다음의 B학생의 사례와 비교해 보면서 사전에 어떤 사례들을 설계해 나가야 할지를 구상해 보도록 하자.

B 학생의 사례

지원한 모집분야와 관련하여 가장 창의적이었다고 생각하는 구체적인 탐구 (혹은 문제해결) 경험을 자세히 기술하여 주십시오.

여러 다양한 경험이 있지만, 올해 과학탐구보고서 작업을 하면서 우리 집의 전기 절약 방안에 대해서 탐구한 것이 가장 창의적이었다고 생각됩니다. 우리 집에 있는 다양한 전기 제품을 사용할 때와 안 할 때를 구분해서 스마트폰의 어플을 활용해 직접 계량기의 소모 전류를 측정하면서 우리 집의 어떤 전기 제품이 전기를 많이 소모하는지를 직접 확인하였고, 만약 우리 가족이 어떤 노력을 할 경우 얼마의 전기를 절약할 수 있는지, 그리고 전기요금으로 환산하면 얼마를 아낄 수 있는지를 한전의 전기 요금 체계를 참고하여 구체적으로 계산하였습니다. 또한 우리 집 거실의 전기 배선을 재정리하여 전기 요금 절약이 될 수 있도록 직접 행동으로 옮겨 부모님에게 칭찬을 받고 또한 학교에서도 좋은 상을 수상할 수 있었습니다. 또한 생명현상을 탐구하고 생명의 기원과 본질을 추구하는 기초과학의 한 분야인 생물 분야에 저는 어려서부터 많은 흥미를 가지고 있었습니다. 이와 관련한 다양한 책들을 읽으며 제 호기심을 채워 왔고, 각종 교내, 교외 대회를 통해서 제 능력을 점검하고, 성취감을 느꼈습니다. 학교에서 시행한 과학탐구토론 대회에서 여러 차례 좋은 결과를 얻기도 했습니다. 특히 올해는 스마트폰의 유해성에 대해 연구하고 적극적으로 반론, 평론에 집중한 결과 1학년임에도 불구하고 학교 대표로 교육청 본선에 진출하였습니다. 이때 과학에 대한 재능을 한 번 더 확인할 수 있었고, 그간 쌓아 온 지식의 가치를 확인할 수 있었습니다.

자신만의 연구 결과와 각종 대회에서 좋은 평가를 받게 된 과정들을 기술한 B 학생의 사례는 아마 유사한 사례를 찾아보기 어려울 정도로 독보적이다. 독서나, 과학 실험과 같은 남들도 누군가 해봤음직한 평범한 사례가 아니라, 자신의 흥미와 장래희망을 기반으로 한 자신만의 스토리가 담겨있기 때문이다. 따라서 이러한 자기소개서는 입학담당관들의 눈에도 띄고 좋은 평가를 받을 수 있으며, 특히 이러한 과정 속에서 학생 자신이 얼마나 많은 성취감을 느끼고 자신의 전공에 대한 자신감과 열정을 가지게 되었을지를 상상해 볼 때 평가자 입장에서도 뿌듯할 것이다. 통계를 들여다보면서 다시 한 번 자기소개서 구상의 포인트를 짚어 보기로 하자.

자기소개서 관련 뉴스 Check!

[교육] 대입 자기소개서에 외부스펙 기재하면 서류전형 0점
올해 대학입시부터 학생부 전형에서 자기소개서에 공인어학성적을 비롯한 외부 '스펙'을 기재할 경우 0점 처리된다.
교육부는 13일 경기도 안산 서울예술대학에서 열린 대통령 업무보고에서 대입에서 외부스펙 반영을 근본적으로 제한하는 내용의 입학전형 개선방안을 발표했다. 교육부는 우선 올해 대입부터 학생부 종합전형의 자기소개서에 공인어학성적, 수학·과학 올림피아드 등 외부 '스펙'을 기재하면 서류전형 점수를 0점으로 처리하도록 할 계획이다. 각종 경시대회, 영재교육원 교육이수 여부 등도 이에 해당한다. (하략)

한국일보 안민구 기자

수상 결과로 구성한 스펙은 더 이상 최고의 전략이 아니다!

 2015학년도 대입부터 학생부 종합전형의 자기소개서에 공인어학성적, 수학·과학 올림피아드 등 각종 경시대회, 영재교육원 교육이수 여부 등 외부스펙을 기재하면 서류전형 점수를 0점으로 처리하도록 하는 계획이 발표된 만큼, 자신만의 독창적인 스토리 구성이 중요하다. 자신의 실력을 점검해 보기 위해서 올림피아드에 참석했다 안 했다라는 말을 쓸 것이 아니라, **자신의 꿈에 한 발짝 다가가기 위해서 어떠한 연구를 했고, 꾸준히 진행되고 있다는 등의 구체적인 사례가 중요하다는 것이다.** 예를 들어"아직 꿈은 정하지 않았고, 우선 수학 과학을 열심히 공부해서 선행도 하고 심화도 하면서 올림피아드에서 자신의 실력을 점검해 볼 것이다."라는 자기소개서 내용은 감점 대상이 된다."신약을 개발하겠다는 내 꿈을 이루기 위해서 화학도 공부하고, 최근에는 전통 약재에 대한 연구를 진행하고 있다. 경동시장에 가서 우리나라에서 과거 감기에 쓰였던 약재들을 살펴보고, 이러한 약재 추출물들이 식물이나 동물의 성장을 어떻게 변화시키는지 연구 중이다."라는 내용은 전공 적성을 개발하기 위한 구체적인 노력이 담겨 있으므로 좋은 평가를 받을 수 있다.

3
통계를 알면
합격 전략이
보인다

합격한 자기소개서는 무엇이 다른가?

    대학부설 영재교육원을 준비하는 학생들을 만나보면 흔히 자기소개서를 준비하기 위해서 우선 내신관리를 철저히 해왔다는 이야기를 자주 듣게 된다. 그리고 교내 대회에 꾸준히 참여하고 좋은 성적을 거둬 왔다고들 한다. 그런데 문제는 120명을 선발하는 서울교대 영재교육원의 경우 서울 전 지역에서 학생들을 선발하게 되는데, 서울에는 대략 550개 초등학교가 있다는 것이다. 좋은 내신과 교내 수상실적을 가진 학생이 각 학교마다 1명씩만이라도 해도 무려 550명이 똑같은 스펙을 가지게 되는 것이다. 이렇게 남들과 똑같은 스펙만으로는 영재교육원 합격으로 이어지기가 어렵다.

    KSA(한국영재학교)는 144명을 해마다 선발해 왔다. 그런데 전국 규모이므로, 3,162개의 중학교가 지원하게 되는 셈이다. KSA에는 해마다 2,700명 내외의 학생이 1차 서류 전형에 지원하는데, 그중에서 1,000명 안에 들려면 전교 1등이라고 해도 변별력이 없다. 그리고 전교 1등이냐, 2등이냐를 선발의 기준으로 하지도 않는다. 전교 등수가 20등 밖이더라도 수학과 과학에 있어 재능 사례가 있는 학생들이 더 높은 점수를 받는다. 결론적으로, 모두가 똑같이 준비하는 높은 내신이나 교내 수상만으로 가득 채운 자기소개서는 통계적으로도 경쟁력이 없다는 것이다.

통계와 숫자만 잘 들여다봐도 자기소개서와 영재교육원 합격과 불합격의 이유는 명확해진다. 이 말을 듣는 순간 어떤 준비생들은 전략이 보일 것이고 어떤 준비생들은 더욱 암담해지는 기분일 수도 있다. 결국 이렇게 높은 경쟁 속에서 살아남을 최강의 전략은 일반적인 기준으로 다른 사람들과 비슷한 영역의 점수와 평가를 높이기 위해 교내 성취도 평가와 내신에만 치중하는 것이 아니라 자신만의 이유 있는 진학과 진로의 목표가 있고, 그에 맞는 준비과정과 결과를 만들어 자신만의 강점을 부각하고 이것이 입학담당자들의 눈에 띄게 구성하는 것이다.

자신의 장점을 잘 드러낸 사례

학교 대표로 선발되어 자연관찰탐구대회라는 대회에 나가게 되었습니다. 어릴 때 시각과 촉감, 후각 등 오감을 이용해서 식물을 관찰한 것을 시작으로 하여 부모님께서 사 주신 돋보기로 주위 식물, 곤충 등을 관찰하고, 더 나아가 식물 프레파라트를 만들어 현미경으로 관찰까지 했던 경험을 살려 좋은 성과를 거두었습니다.

대회를 준비하는 과정에서 여러 지역의 식물과 자연환경의 특성에 대해 더 많이 공부하여 알게 되었습니다. 그리고는 과학탐구실험대회에서는 우리 지역 대표로 뽑혀서 전국대회에 나갔습니다. 어떤 주제가 나와도 머릿속으로 실험 방법이 떠올랐습니다. ＊＊ ＊＊ 영어과학 캠프에 지역 대표로 참가해서, 생물 발광에 대해 배웠을 때, 큰 흥미를 느낄 수 있었습니다.

평가

학교에서 대표로 선발되고, 또 지역 대표로 선발되었다는 것은 자기소개서를 심사하는 분들에게는 평가의 좋은 참고자료가 된다. 왜냐하면 학교 대표가 아닌 지역 대표라는 것은 다른 사람들도 이 학생에 대한 좋은 평가를 했다는 뜻이기 때문이다. 이는 주관적인 판단 기준이 아닌 객관적인 판단 기준을 제공하는 내용이 된다. 또 최근 영어인증시험 점수를 자기소개서에 쓸 수 없게 되었지만, 위의 학생처럼 영어과학캠프에 참여했다는 것은 영어로 의사소통 능력을 가지고 있다는 것을 우회적으로 드러내는 것이므로, 좋은 자기소개서 내용으로 꼽을 수 있다.

자신의 장점이 드러나지 않는 사례

저는 어렸을 때부터 책 읽기를 무척 좋아했습니다. 그러던 어느 날 부모님께서 사주신 과학동아라는 책을 보며 과학에 대한 많은 호기심을 가지게 되었습니다. 그 계기로 학교에서 하는 과학부에 들어가 다양한 실험을 해보았지만 저의 호기심을 충족시키는 데는 한계가 있었습니다. 책에서 읽은 여러 가지 지식들을 실제 실험을 통해서 이해해 보고 싶고 또 궁금한 것을 끝까지 정확히 알고 싶었습니다. 다양한 독서를 통해 제가 느낀 것은 제가 좋아하는 과학 공부를 보다 깊고 폭넓게 공부할 기회는 없을까? 라고 생각하던 중 부모님과의 얘기를 하면서 과학영재교육원에 입학을 하면 여러 가지 실험과 공부를 할 수 있다고 하셔서 지원을 하게 되었습니다.

저는 과학 중에서도 관심 있는 분야가 몇 가지 있습니다. 아인슈타인의 상대성이론, 뉴턴의 법칙과 만류인력 등의 여러 훌륭한 이론을 낸 과학자들은 많지만 아직 발견하지 못한 것들이 많습니다. 저는 이분들이 아직 발견하지 못하신 것들을 해결해서 많은 사람들에게 쉽고 재미있게 설명하고 이해하도록 하고 싶습니다. 그리고 불치병이나 희귀병에 걸려서 많은 고통을 받고 있는 사람들을 보면서 제가 꼭 치료할 수 있는 백신을 개발하여 그런 사람들에게 희망과 용기를 주고 싶습니다. 또한 요즘 석유와 같은 천연자원이 많이 부족하여 기름값이 많이 올랐다며 아버지께서도 걱정하십니다. 그래서 대체에너지와 에너지 효율이 높고 친환경 제품을 만들어 적은 양의 에너지로도 풍족하게 사용할 수 있게 하여 전 세계인에게 사용하게 하고 싶습니다.

평가

책 읽기를 좋아한 것, 과학동아를 읽은 것을 맨 앞에 제시하면 가장 평이한 자기소개서가 된다. 우리나라에 과학잡지를 구독하는 독자들은 한둘이 아니다. 그 학생들이 모두 과학동아를 좋아한다는 내용을 넣는다면 점점 더 눈에 띌 확률은 낮아진다. 그렇다고 이러한 말을 쓰지 말라는 것이 아니다. 이러한 내용은 중심내용이 아니라, 부수적인 내용으로 글자 수를 맞추는 데 사용되어야 한다는 것이다. 또 아인슈타인의 상대성 이론과 뉴턴의 만유인력의 법칙 등을 발견한 과학자와 백신을 개발하는 내용과는 연관성이 없다. 또한 뒤에 연결이 안 되는 대체에너지를 개발하겠다는 꿈을 밝힌 것은 백신 개발과는 전혀 다른 영역의 내용으로 역시 연계성이 없다. 따라서 자신만의 스토리 구성에도 실패한 사례라 볼 수 있다.

어떤 내용이 들어가야 하는가?

- 다른 학생과 다른 나만의 장점과 특성
- 진로 목표에 대한 조기 설정 과정
- 영재고, 과학고의 경우 이공계 및 순수과학 분야의 재능
- 진학플랜의 구체성과 목적성, 연관성
- 과학, 수학 분야에 대한 열정 + 융합적 소양
- 영어능력, 글쓰기와 어문학적 능력(인증점수 기재불가)
- 그간의 열정과 전공적성
- 앞으로의 학습계획의 구체성

4
자기소개서의 시작은 **마인드맵**이다

스토리가 있는 자기소개서의 중요성에 대해 많이들 얘기한다. 그런데 스토리가 있다는 것은 어떤 의미일까? 스토리에서 가장 중요한 것은 주인공이다. 자기소개서의 주인공인 나 자신이 중심이 되어야 한다는 뜻이다.

최근 기업 채용에서도 스펙보다는 자신의 스토리를 구성해서 쓴 자기소개서가 좋은 평가를 받는다는 기사가 나왔다. 물론 자신의 스토리 구성에 외부의 객관적인 평가 결과를 넣는 것은 심사에 도움이 된다. 공모전이나 각종 논문대회 결과 수상자들을 우대하는 것은 자신만의 스토리에, 한 발 더 나아가 자신의 창의력과 능력을 이미 검증받았다는 뜻이기 때문이다. **진로 계획을 위해서든 이를 잘 표현해 담는 자기소개서를 위해서든 마인드맵을 미리 정리해 둔다면 큰 도움이 된다.**

마인드맵이란, 말 그대로 생각의 지도를 뜻한다. 자신의 생각을 이미지화하고 이를 지도처럼 그려내는 것으로, 어떠한 상황이나 계획에 대해 마인드맵을 그려두면 머릿속에 제대로 자리 잡아 그 길을 가는데 혼란이 없도록 도와준다. 진로 마인드맵의 경우 정해진 진로의 방향으로 나아가는데 기준이 되며 선택과 집중에 큰 도움이 된다. 이러한 이유로 기업에서도 업무 능력 향상에 마인드맵이 큰 도움이 된다고 하여, 직원교육 시 마인드맵 훈련을 하거나, 마인드맵 형태로 사업 계획을 그리게도 한다. IBM, 골드만삭스, 보잉, GM 등 유수한 기업체들이 마인드맵 이론과 교재를 사원교육에 활용하고 있다. 최근에는 마인드맵을 그리는 데 도움이 되는 소프트웨어나 각종 애플리케이션도 등장하여 관심을 끌고 있다.

목표와 방향을 분명하게 설계하도록 도와주는 연계성 있고 스토리가 있는 마인드맵 샘플을 준비하였다.

잘 만든 마인드맵의 예

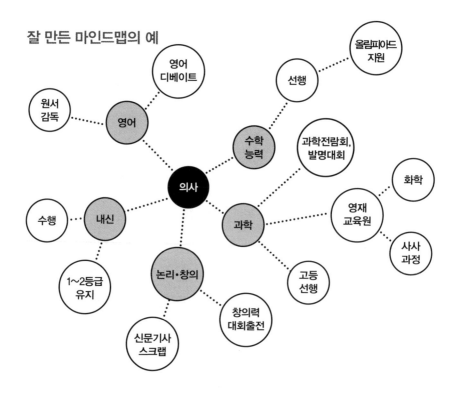

먼저, 의사라는 자신의 진학 목표를 설정한 것이 칭찬할만하다. 최종 목표를 먼저 설정해 두고 그 목표를 이루기 위해서 필요한 공부를 연계성 있게 진행하는 것은 주어진 시간을 효율적으로 활용하고 있다는 뜻이고, 아울러 해당 목표를 이루기 위해 필요한 지식과 경험을 쌓기 때문에 해당 분야의 전문가가 될 수 있다는 뜻도 되기 때문이다.

의사가 된다는 막연한 생각만 하고 별반 노력을 하지 않는 경우가 많다. 학년이 올라가면서 꿈은 점점 작아지게 마련이고, 학생 스스로 현실을 직시하게 되면서 새로운 길을 찾는 긍정적인 마인드를 보여주는 경우도 있지만, 그보다 먼저 꿈을 품었다면 효율적인 준비 방법을 찾아 최선을 다해 노력하는 자세가 필요하다. 요즘 네이버 지식인 등에 진로에 대한 고민을 털어놓는 경우도 많다. 지인에게 물어보는 방법보다는 스스로 정보를 찾아가면서 자신만의 미래를 설계해 나가는 것이 중요하다는 점에서 칭찬할만하다.

또한 한 가지 염두에 둘 것은 과거와 현재는 대학입시 자체가 변했고, 이는 시대의 변화에 따라 인재상이 변했다는 것을 인지해야 비로소 입시에서 성공할 수 있다. 최근 수능 만점을 받고도 의대에 떨어진 학생의 사례는 우리에게 많은 시사점을 준다. 지식의 양을 평가하는 것이 아닌, 진로에 대한 열정과 적성 그리고 그간의 노력과정을 평가한다는 점을 인식하고 적절한 계획을 세우는 것이 중요하다.

자기소개서를 쓰기 전에 자신의 꿈이 중심이 된 마인드맵부터 그리고, 이 과정을 통해 빠져있는 것은 무엇인지 확인하고 실행계획을 꼼꼼히 세운다면 진로계획과 자기소개서 작성에 큰 도움이 될 것이다.

〈작성시 유의사항〉

1. 자기소개서는 지원자 본인이 작성하여야 하고, 사실에 입각하여 정직하게 지원자 자신의 능력이나 특성, 경험 등을 기술하여야 합니다.
2. 자기소개서에 기술된 사항에 대한 사실 확인을 요청할 경우 지원자는 적극 협조하여야 합니다.
3. 제출된 자기소개서는 표절, 대리 작성, 허위사실 기재, 기타 부정한 사실 등의 검증을 위해 유사도 검색을 실시하고, 해당 사실이 발견될 경우 불합격 처리되며 합격 이후라도 입학이 취소될 수 있습니다.
4. 자기소개서에 다음 사항을 기재할 경우 서류 평가에서 "0점"(또는 불합격) 처리됩니다.

공인어학성적
영어(TOEIC, TOEFL, TEPS), 중국어(HSK), 일본어(JPT, JLPT), 프랑스어(DELF, DALF), 독일어(ZD, TESTDAF, DSH, DSD) 러시아어(TORFL), 스페인어(DELE) 상공회의소한자시험, 한자능력검정, 실용한자, 한자급수자격검정, YBM 상무한검, 한자급수인증시험, 한자자격검정

수학 · 과학 · 외국어 교과에 대한 교외 수상실적	
수학	한국수학올림피아드(KMO), 한국수학인증시험(KMC), 온라인 창의수학 경시대회, 도시대항 국제 수학토너먼트
과학	한국물리올림피아드(KPHO), 한국화학올림피아드(KCHO), 한국생물올림피아드(KBO), 한국천문올림피아드(KAO), 한국지구과학올림피아드(KESO), 한국뇌과학올림피아드, 전국정보과학올림피아드, 국제물리올림피아드, 국제지구과학올림피아드, 국제수학올림피아드, 국제생물올림피아드, 국제천문올림피아드, 한국중등과학올림피아드
외국어	전국 초중고 외국어(영어, 중국어, 일본어, 프랑스어, 독일어, 러시아어, 스페인어) 경시대회, IET 국제영어대회, IEWC 국제영어글쓰기대회, 글로벌 리더십 영어 경연대회, SIFEC 전국영어말하기대회, 국제영어논술대회

* 위에서 열거된 항목 외에도, **대회 명칭에 수학·과학(물리, 화학, 생물, 지구과학, 천문)·외국어(영어 등) 교과명이 명시된** 학교 외 각종 대회(경시대회, 올림피아드 등) 수상실적을 작성했을 경우 "0점"(또는 불합격) 처리

** '교외 수상실적'이란 학교 외 기관이 개최한 대회 수상실적을 의미하며, **학교장의 참가 허락을 받은 교외 수상실적이라도 작성시 "0점"(또는 불합격) 처리**

5. 학생부 위주 전형의 자기소개서는 공교육 내에서 이루어진 활동을 작성하는 취지이므로, 위에서 제시되지 않은 항목이라도 사교육 유발요인이 큰 교외 활동(해외 어학 연수 등)을 작성했을 경우, 해당 내용을 평가에 반영하지 않습니다.

   ⇒ 본인은 자기소개서 작성에 관한 유의 사항을 숙지했으며, 유의 사항 위반에 따른 조치에 대해서는 이의를 제기하지 않겠습니다. (동의 : □)

〈공통문항〉

1. 고등학교 재학기간 중 학업에 기울인 노력과 학습 경험에 대해, 배우고 느낀 점을 중심으로 기술해 주시기 바랍니다 (1,000자 이내).

2. 고등학교 재학기간 중 본인이 의미를 두고 노력했던 교내 활동을 배우고 느낀점을 중심으로 3개 이내로 기술해 주시기 바랍니다. 단, 교외 활동 중 학교장의 허락을 받고 참여한 활동은 포함됩니다 (1,500자 이내).

3. 학교 생활 중 배려, 나눔, 협력, 갈등 관리 등을 실천한 사례를 들고, 그 과정을 통해 배우고 느낀 점을 기술해 주시기 바랍니다 (1,000자 이내).

〈자율문항〉

1. 지원 동기 등 학생을 종합적으로 판단하기 위해 필요한 경우 대학별로 1개의 자율 문항을 추가하여 활용하시기 바랍니다 (글자 수는 1,000자 또는 1,500자 이내로 하고 대학에서 선택).

〈작성시 유의사항〉

1. 교사추천서는 추천자 본인이 작성하여야 하고, 사실에 입각하여 정직하게 지원자의 능력이나 특성, 경험 등을 기술하여야 합니다.
2. 교사추천서에 기술된 사항에 대해 사실 확인을 요청할 경우 작성한 교사 및 지원 학생은 적극 협조하여야 합니다.
3. 제출된 교사추천서는 표절, 대리 작성, 허위사실 기재, 기타 부정한 사실 등의 검증을 위해 유사도 검색을 실시하고, 해당 사실이 발견될 경우 지원한 학생이 불합격 처리 되거나, 합격 이후라도 입학이 취소될 수 있습니다.
4. 자기소개서에 다음 사항을 기재할 경우 서류 평가에서 "0점"(또는 불합격) 처리됩니다.

공인어학성적	
영어(TOEIC, TOEFL, TEPS), 중국어(HSK), 일본어(JPT, JLPT), 프랑스어(DELF, DALF), 독일어(ZD, TESTDAF, DSH, DSD) 러시아어(TORFL), 스페인어(DELE), 상공회의소한자시험, 한자능력검정, 실용한자, 한자급수자격검정, YBM 상무한검, 한자급수인증시험, 한자자격검정	

수학 · 과학 · 외국어 교과에 대한 교외 수상실적	
수학	한국수학올림피아드(KMO), 한국수학인증시험(KMC), 온라인 창의수학 경시대회, 도시대항 국제 수학토너먼트
과학	한국물리올림피아드(KPHO), 한국화학올림피아드(KCHO), 한국생물올림피아드(KBO), 한국천문올림피아드(KAO), 한국지구과학올림피아드(KESO), 한국뇌과학올림피아드, 전국정보과학올림피아드, 국제물리올림피아드, 국제지구과학올림피아드, 국제수학올림피아드, 국제생물올림피아드, 국제천문올림피아드, 한국중등과학올림피아드
외국어	전국 초중고 외국어(영어, 중국어, 일본어, 프랑스어, 독일어, 러시아어, 스페인어) 경시대회, IET 국제영어대회, IEWC 국제영어글쓰기대회, 글로벌 리더십 영어 경연대회, SIFEC 전국영어말하기대회, 국제영어논술대회

* 위에서 열거된 항목 외에도, **대회 명칭에 수학·과학(물리, 화학, 생물, 지구과학, 천문)·외국어(영어 등) 교과명이 명시된** 학교 외 각종 대회(경시대회, 올림피아드 등) 수상실적을 작성했을 경우 "0점"(또는 불합격) 처리

** '교외 수상실적'이란 학교 외 기관이 개최한 대회 수상실적을 의미하며, **학교장의 참가 허락을 받은 교외 수상실적이라도 작성시 "0점"(또는 불합격) 처리**

5. 학생부 위주 전형의 자기소개서는 공교육 내에서 이루어진 활동을 작성하는 취지이므로, 위에서 제시되지 않은 항목이라도 사교육 유발요인이 큰 교외 활동(해외 어학 연수 등)을 작성했을 경우, 해당 내용을 평가에 반영하지 않습니다.

⇨ 본인은 자기소개서 작성에 관한 유의 사항을 숙지했으며, 유의 사항 위반에 따른 조치에 대해서는 이의를 제기하지 않겠습니다. (동의 : □)

1. 지원자의 학업 관련 영역에 대해 "V"로 표기해 주시기 바랍니다. (평가하기 어려운 경우 '평가 불가'를 선택)

공인어학성적	평가 대상			매우 우수함	우수함	보통	미흡	평가 불가
	3학년 전체	계열 전체	학급 전체					
학업에 대한 목표의식과 노력	□	□	□	□	□	□	□	□
자기주도적 학습 태도	□	□	□	□	□	□	□	□
수업 참여도	□	□	□	□	□	□	□	□

지원자의 학업 관련 평가에 추가적으로 고려할 만한 사항이 있는 경우 기술해 주시기 바랍니다 (250자 이내, 개조식으로 기술 가능).

2. 지원자의 인성 및 대인 관계에 추가적으로 고려할 사항이 있는 경우 사례를 기술해 주시기 바랍니다(250자 이내, 개조식으로 기술 가능).

인성 및 대인관계	매우 우수함	우수함	보통	미흡	평가 불가
1) 책임감	□	□	□	□	□
2) 성실성	□	□	□	□	□
3) 리더쉽	□	□	□	□	□
4) 협동심	□	□	□	□	□
5) 나눔과 배려	□	□	□	□	□

지원자의 인성 및 대인 관계에 추가적으로 고려할 사항이 있는 경우 사례를 기술해 주시기 바랍니다(250자 이내, 개조식으로 기술 가능).

3. 지원자를 평가하는데 도움이 되는 내용을 기술해 주시기 바랍니다(1,000자 이내).

5

좋은 자기소개서 vs
부적절한 자기소개서
사례

매년 5, 6월 정도면 대학부설 영재교육원에 설명회가 열린다. 전국의 대학부설 영재교육원은 대체로 다음의 방식으로 입학생을 선발한다. 서울교대 영재교육원의 요강을 함께 살펴보자. 서울에만 550개 초등학교가 있고, 서류전형에 지원하는 학생은 해마다 15,000~2,000명가량 된다. 이 중에서 정원의 2배수를 선발하게 되니 1차 전형에서 250명 정도가 선발된다. 따라서 250명 안에 들어야 면접을 볼 기회를 잡을 수 있다.

250명 안에 드는 좋은 자기소개서와 부적절한 자기소개서의 공통점을 정리해 보았다.

좋은 자기소개서

- 장래희망이 구체적이고 활동에도 이유가 드러나 있음
- 구체적인 사례 중심의 기술
- 질문내용에 적합하게 핵심사항 기술
- 관심분야 관련 노력사항의 일관성

- 주변에서 문제를 발견하고 구체적으로 해결한 차별화된 노력과 실천 방법

- 과장되지 않은 표현

- 입학을 원하는 이유가 구체적이고 설득력 있음

- 충실한 지면 활용

부적절한 자기소개서

- 장래희망이 모호하거나 자신의 준비하고 있는 활동과 무관

- 질문자의 요점파악을 못 하고 다른 질문에서 같은 답변을 반복

- 분량 부족

- 보여지기 위한 느낌과 과시적인 표현

- 추천서 내용과 자기소개서 내용이 판이하게 다름

- 자신의 능력과 재능에 대해 주관적인 표현만을 사용

- 입학을 원하는 이유가 모호함

좋은 자기소개서는 우선 질문의 항목에 맞도록 구성되어야 한다. 그리고 각 활동에도 이유가 구체적으로 드러나 있어야 하며, 주관적인 표현이 아닌 구체적인 사례 중심으로 기술되어 있고 관심분야에 대한 노력이 일관적이어야 한다. 이러한 것이 모이면 결국 스토리가 된다.

또한 문제를 해결한 증거가 있어야 하는데, 각종 대회에서 문제 해결을 했던 사례들이 중요하다. 수상을 했다, 혹은 하지 못했다라는 결과를 쓰는 것은 좋은 평가를 받을 수 없다. 문제 해결과정에서 어떻게 자신의 능력을 발전시켰고, 상황에 대한 창의적 문제 해결력이 있는가가 더 중요하다. 또 객관적인 평가의 근거로 심사

평이나 대회 결과를 우회적으로 명시하는 것은 필요하다. 예를 들어 금상의 경우 최고의 성과를 거두었다는 정도로 기록하고, 은상이나 동상의 경우에는 우수한 성과를 거두었다 등으로 표현하면 좋다.

또 하나 명심할 것은, 질문자의 요점을 파악하지 못하고 지면 가득히 자기가 하고 싶은 말을 쓴 경우와 추천서의 내용과 자기소개서가 내용이 달라 감점되는 경우가 많다는 것이다. 주관적인 표현과 내용들로 자화자찬 격의 내용을 쓰는 것 또한 좋은 평가를 받기 어렵다.

아래의 자기소개서는 위와 같은 사항을 잘 반영하여 작성한 자기소개서의 사례이다. 어떤 점이 우리 아이의 자기소개서의 다른지 비교하며 살펴본다면 큰 도움이 될 것이다.

〈대학부설 영재교육원의 좋은 자기소개서 사례〉
1) * * 대학교 과학영재교육원이 지원자를 선발해야 하는 이유를 지원 동기 및 장래 희망을 중심으로 기술하고, * * 대학교 과학영재교육원의 교육을 통하여 지원자가 자신의 성장에 기대하는 바를 기술하시오. (띄어쓰기를 포함하여 자필로 500자 이내로 작성하시오.)

저는 미생물에 관심이 많습니다. 미생물은 우리의 주변에 있으면서도 우리가 잘 알지 못하는 신비한 존재이기 때문입니다. 어려서부터 미생물을 관찰하고 실생활에 활용하는 방법을 생각해 보았습니다. 그런데, 이 세상에는 아직 치료법이 개발되지 않는 질병이 수없이 많고, 그 존재조차 알지 못하는 '불치병'이 있습니다. 그러한 질병들을 치료하기 위해 특성이 다양하고, 번식을 잘하는 미생물을 활용하는 약을 개발해야겠다고 생각하였습니다. 지금은 친구들과 함께 나쁜 미생물을 유익하게 발전시킬 수 있는 방법을 탐구해 보고 있습니다. 나중에는 몸속에서 병균이 반대로 작용해 약을 먹지 않아도 저절로 면역체계가 강해지도록 만들 것입니다. 그 미생물은 잘 활용하는 방법을 알아보기 위해서는 관찰과 지식의 확장, 의견교환이 꼭 필요하기 때문에 저는 **대학교 과학영재교육원에 지원하였습니다. **대학교 영재교육원에서 탐구를 열심히 해서 박완철 교수가 발견한 똥을 끊임없이 먹는 간균처럼, 병균을 끊임없이 먹어 발전할 수 있는 이익균을 찾아내고 싶습니다.

2) 지원자는 지원 분야와 관련된 능력 계발을 위해 현재까지 어떤 노력을 해왔으며 앞으로 무엇을 어떻게 할 것인지를 기술하시오. (띄어쓰기를 포함하여 자필로 300자 이내로 작성하시오.)

저는 교육청 과학영재교육원에서 친구들과 함께 여러 과학원리에 대해 공부하고, 토의 및 실험을 해 왔습니다. 곰팡이의 문제를 해결해 주는 EM에 대해서 배운 후, 그 효과가 얼마나 좋을까 궁금증이 생겼습니다. 그래서 빵, 치즈, 그리고 과일을 각각 습기가 많고 어두운 환경이 놓은 후 곰팡이가 피기를 기다렸습니다. 마지막에 곰팡이가 핀 후, 고온에 보관해둔 EM을 뿌려 곰팡이가 제거되는 모습을 볼 때에는 신기했습니다. 이후 저는 궁금증을 해결하기 위해 많은 책들을 찾아보고, 또 깊이 생각해보며 답을 찾았습니다. 최근 해바라기균에 대해서 알게 되었기 때문에 유해균을 바꾸어 신약개발에 활용할 수 있는 유익균으로 바꿀 수 있는 방법을 찾으려고 합니다. 조금 더 먼 미래로 나아가면, 인간의 몸에 병을 일으키는 것들을 미생물을 활용해 역습을 해서 면역을 일으키는 물질로 만들어 많은 사람들이 질병에 강해지도록 만들 것입니다.

3) 자신의 강점(일반 학생보다 뛰어나다고 여기는 점)과 약점(보완이 필요한 점)에 대하여 기술하시오. (띄어쓰기를 포함하여 자필로 300자 이내로 작성하시오.)

저는 집중력이 강합니다. 과학에서도 한 가지 주제에 관심이 간다면, 온갖 궁금증을 풀어놓고, 몇 시간이 지나는지도 모르고 그 해답에 매달립니다. 과학과 관련된 책들을 읽을 때도 새로운 사실을 알게 된다는 것이 좋아 계속 읽게 됩니다. 그 때문에 엄마가 부르셔도 잘 듣지 못합니다. 어떤 때는 대답만'네'하고 말해서 곤란한 상황이 벌어지기도 했습니다. 그 때문에 저에게 집중력은 강점이 되기도, 약점이 되기도 합니다.

그리고 저는 늘 긍정적으로 생각합니다. 책에서'어른 돼서는 아이였을 때보다 100번은 덜 웃는다'는 말을 읽었을 때부터 많이 웃도록 노력하고, 그 때문에 어떤 대상에 대해서 저는 논리적으로 말하는 것을 좋아합니다. 과학으로 토론하는 상황에서 볼 때, 이 성격은 끊임없는 근거를 추구하기 때문에 아주 좋은 장점이지만, 이것이 일상생활에서 친구들과 대화할 때도 사용되어 가끔씩 친구들이 이해하지 못합니다.

4-1) 자신이 ＊＊대학교 과학영재교육원의 해당 분야(수학/과학/정보 중 한 분야)에 지원하기까지 지원 분야와 관련된 책 중 가장 많은 성취감을 얻

은 도서 1권을 선정하고, 이 책을 통해 배운 내용 또는 영향받은 내용을 기술하시오.

- 지원자가 지원 분야와 관련되어 읽은 도서 중 가장 큰 영향을 받은 책을 선택하면 됩니다.
- 분량은 띄어쓰기를 포함하여 자필로 300자 이내로 작성하시오.

선정 도서	**도서명** Discovery Education #47. 질병과 건강
	저자/역자 민주영　　　　　　**출판사** 주니어 김영사

　저는 이 책을 통해서 제 꿈에 대해서 많은 생각을 하게 되었습니다. 수많은 질병들을 설명해 줌과 동시에, 그 원인이 되는 미생물과 그 치료법까지 구체적으로 나와 있는 이 책은, 미생물로 사람을 치료하겠다는 꿈에 더 가까이 가는 데 큰 도움을 주었습니다. 미생물로 일어난 병은 미생물로 치료할 수 있지 않을까 라는 궁금증을 갖게 해 주고, 현재 어떤 약의 단점이 논란이 되고 있다는 등의 정보를 주었습니다. 그리고 중요한 미생물의 특성에 대해서도 알게 되었습니다.

　독감과 감기의 차이점과 그 원인이 되는 미생물, 그리고 연쇄상구균과 포도상구균에 의해 발생하는 농가진 등 여러 톡특한 병과 미생물에 대해 알게 되었습니다.

4-2) 자신이 ＊＊대학교 과학영재교육원에 지원하기까지 본인의 장래 희망 또는 인격 형성에 가장 큰 영향을 받은 도서 1권을 선정하고, 이 책을 통해 배운 내용 또는 영향받은 내용을 기술하시오.

- 지원자가 지원 분야와 관련되어 읽은 도서 중 가장 큰 영향을 받은 책을 선택하면 됩니다.
- 분량은 띄어쓰기를 포함하여 자필로 300자 이내로 작성하시오.

도서명 사람은 무엇으로 사는가

저자/역자 톨스토이   **출판사** 대한교과서

저는 교내 독서토론대회를 준비하기 위해 톨스토이의 '사람은 무엇으로 사는가' 라는 책을 읽었습니다. 이 세상의 몇몇 사람들은 보통 사람들이 실천하기 어려운 것들을 사랑이란 이름으로 실천하고 있고, 또 그 사람들은 그만큼 좋은 일이 돌아온다는 것을 알게 되었습니다. 사랑은 베푼다고 해서 줄어드는 것이 아니고, 또한 나눠준다고 해서 손해를 보는 것이 아니라는 점을 깨닫게 된 후부터는 나보다는 타인을 더 많이 생각하게 되었습니다. 사랑은 쉬운 것처럼 보였으나, 실제로는 대부분 어려웠기 때문에 스스로 성취감을 느껴 지속적으로 실천할 수 있었습니다. 이러한 생각을 표현한 저는 최우수상을 수상하였고, 그 책을 통해 소중한 가치란 무엇인지 더 깊이 생각할 수 있었습니다.

5) 자신이 이제까지 공부한(또는 공부하고 있는) 내용 중 가장 흥미로웠거나 해결한(알고 난) 후에 가장 자랑스러웠던 문제 또는 탐구과제는 무엇이었는지 기술하시오.

예 : 그동안 자신이 풀어보았던 가장 어렵거나 복잡한 수학 문제나 퍼즐, 자신이 관찰한 동물/식물 관찰 일지, 자신이 직접 프로그래밍한 소프트웨어 등

• 분량은 띄어쓰기를 포함하여 자필로 500자 이내로 작성하시오.

제게 가장 인상 깊었던 실험은 3가지가 있었습니다.

첫째로, 오래전 학교에서 두부 만들기 실험을 하였습니다. 모둠으로 나누어 실험을 하던 도중, 저의 모둠만 두부가 너무 덩어리져서 만들 수 없게 되었습니다. 그때, 친구들은

짜증을 내며 운이 좋지 않다며 투덜댔고 저도 순간 슬퍼졌습니다. 다시 하기에는 시간도 부족했고, 좋지 않은 결과를 생각하니 화가 나기도 했지만, 침착하게 재실험을 시작했고, 성공적으로 두부를 만들어 냈습니다. 저는 그때 처음으로 실패는 성공의 어머니라는 말을 몸소 체험하였습니다. 한 번의 실패를 통해 그 문제점을 고쳐 나가 새로운 성공을 만들어 나갈 수 있다는 것을 깨달았고, 성취감은 더욱 컸습니다. 에디슨의 말처럼 한 번의 두부 만들기 실험을 실패하는 방법을 배웠고, 더 이상 그 방법은 사용하지 않을 것이라는 생각을 하니 마음은 더욱더 가벼워졌습니다. 그때 이후로는 실패를 하여도, 그 문제점을 찾아 발전시켜 나갔습니다.

둘째로, 영재원에서의 구조물실험은 또 다른 흥미를 가져다 주었습니다. 평범하게 보이는 수많은 건물 등의 구조물들을 가장 튼튼하게 만들 수 있는 방법을 모둠별로 연구해 보았는데, 선생님께서는 삼각형으로 이루어진 트러스트 구조가 힘을 골고루 잘 분산하여 무거운 물체를 잘 지탱할 수 있다고 하셨고, 우리 모둠은 나무를 깎아 직접 설계한 구조물을 만들었습니다. 참신한 아이디어로, 결과 또한 좋았고 서로의 장점도 배울 수 있는 기회가 되어, 조금씩 더 친해질 수 있었습니다. 무엇보다 누구의 도움도 없이 우리 스스로 만들었다는 점에서 매우 자랑스러웠습니다.

셋째로, 골드버그라는 실험에서는 구슬을 여러 가지 구조를 통해 이리저리 움직이게 하여 결국은 목적지에 도달하게 하는 과제가 주어졌습니다. 창의적인 구조와 전체 길이 조정, 정해진 시간 안의 도착이 관건이었습니다. 우리는 이것을 매우 어려워했습니다. 정해진 시간보다 길거나 짧으면, 그만큼 빼거나 더해야 하고, 그 시간을 정확히 맞추려면, 정확한 것을 더하거나 빼야 했기 때문입니다. 우리 모둠은 결국 과제를 성공적으로 했고 아름답게 완성해서 정말 자랑스러웠습니다.

1) 지원자의 학업능력이나 영재성에 대해 구체적인 관찰 사례 중심으로 기술하여 주십시오.

＊＊＊학생은 자기 주도 학습력이 뛰어나 자학자습의 태도가 잘 갖추어져 있어 학습 결과물이 우수하며 전 교과에 대한 이해도가 높습니다. 하지만 자신의 재능과 성취에 만족하기보다는 더 노력하고, 발전하려는 의지가 강해서 담임으로써 도움을 주기보다는 스스로 성장할 수 있도록 격려하고 즐거운 마음으로 지켜보고 있습니다. 교내에서 진행하는 대부분의 대회에 참여하여 우수한 성취도를 보여주며, 특히 독서, 수학, 과학, 영어 부분에서 최우수와 우수를 석권하고 있습니다. ＊＊초등학교 교사라면 ＊＊＊학생 남매를 대부분 다 알고 있을 것입니다. 이번에도 교내 학생탐구발표대회에서 4학년과 5학년 최우수상을 남매가 나란히 수상하였습니다. 4학년인 동생은 '음료수의 당도에 관한 연구'로 최우수상을 수상하고, 5학년인 오빠 ＊＊는 '과일과 야채의 항산화 효과에 대한 연구'로 최우수를 수상하였습니다. 또한 교내 대표로 교육청에 출품하여 나란히 동상과 은상을 수상하였습니다.

＊＊＊학생은 워낙 탐구력이 강하고 독서 경험이 풍부하며 과학 분야에 대한 장래희망을 키우고 있습니다. 4학년 초반에 진로 찾기 대회가 있었는데, 뛰어난 표현력과 창의력으로 치과의사를 섬세하게 묘사한 그림 작품으로 최우수를 수상하였습니다. "＊＊는 의사가 정말 어울려." 동료 교사들과 이러한 말도 나눈 적이 있었는데, 최근에는 신약을 개발하는 의사가 되겠다고 하니 ＊＊＊학생의 미래가 정말 기대가 되며, 평소 보여준 집중력과 탐구력으로 충분히 자신의 꿈을 이룰 것이라고 확신합니다. ＊＊는 특유의 탐구력을 모든 영역에서 보여줍니다. 최근에도 사회과 탐구보고서 제출 시에 다른 친구들보

다 풍부한 자료를 활용하여 탐구주제에 알맞은 내용을 잘 정리하여 사고력이 전 교과에서 눈에 띄게 작용하고 있다는 생각을 하였습니다. 또한 언어적인 능력도 뛰어납니다. 수업 시간에 대화를 잘 이끌어 내는 법에 대해서 탐구하고 발표하는 시간이었는데, 대부분의 학생들은 선뜻 대답을 하지 못하고 어색한 시간이 지나고 있었습니다. ＊＊는 당당히 손을 들고 "구성원의 흥밋거리를 중심으로 대화를 시작해서, 점차 다른 영역으로 대화 내용을 확대해 나가는 것이 대화를 잘 이끌어 내는 방법입니다."라고 말하였습니다. 4학년 중에서 조숙하고 생각이 깊은 아이인 줄은 알고 있었지만, 발표력과 사고력이 정말 뛰어나다는 것을 이렇듯 수업 시간 중에도 자주 느끼게 됩니다.

저는 초등교사로서 4학년까지의 아이들은 많은 경험을 하고 탐구하고 책을 많이 읽는 것이 최선의 학습법이라고 생각해 왔습니다. 저희 학교는 지역적인 특성상 사교육에 많은 시간 노출되고 선행에만 집중하는 학생들이 많은데, 생각보다 사고력도 부족하고 수학적인 문제해결력이나 과학적인 창의성이 부족하다는 느낌을 많이 받았습니다. 하지만 4학년 때 ＊＊의 담임을 맡게 되면서 제 교육철학에 대해서 다시 한 번 확신을 가지게 해 주었습니다. ＊＊는 사교육을 받고 강제적으로 문제만 풀면서도 생각이 닫힌 다른 아이들과는 근본적으로 다른 탐구력과 창의력이 있고, 자기주도학습이 가능하며 매사 목표의식이 높고 학습 열정이 풍부한 학생입니다. 물론 수학, 과학적 재능으로 심화 학습은 충분히 되어 있으며 교내 수학, 과학 경시에서도 1, 2등을 다투는 실력을 가지고 있습니다. 하지만 풍부한 독서 경험을 통해서 사고가 개발되어 자신의 재능을 직접 드러낼 곳과 드러내지 않아도 될 곳을 알아서 시종일관 겸손한 자세를 보여줍니다. 그래서 학급 친구들과도 유대가 좋고 인기가 높습니다. ＊＊는 진정 과학, 수학적인 탐구와 도전을 즐기는 학생이라는 생각이 듭니다. 지금도 과학관의 프로그램을 수강하면서 다양한 과학적인 경험을 쌓고 있다는데, 앞으로 ＊＊대학교 영재교육원에 들어가게 된다면, 학교에서 감출 수밖에 없는 ＊＊의 숨은 재능까지 풍부하게 펼치면서 더욱더 성장하리라 판단됩니다. 담임교사로써 ＊＊가 자신의 재능을 계발할 수 있는 ＊＊대학교 영재교육원에서 공부할 수 있게 되기를 진심으로 바랍니다.

2) 학업능력 이외의 개인적 특성 (독서량, 잠재력, 열정, 리더십, 공동체 의식 등)을 중심으로 지원자를 이해하는 데 도움이 되는 내용이나 지원자를 추천하는 이유에 대하여 기술하여 주십시오.

＊＊가 항상 반에서 눈에 띄는 특성은 특유의 적극성입니다.

어느 순간엔가 ＊＊는 자연스레 대표가 되어 친구들을 이끌고 있습니다. 권정생 선생님의 "강아지 똥"을 읽고 가장 인상적인 내용과 그림에 대해서 모둠끼리 토론을 하고 발표하는 시간이 있었습니다. 다른 모둠에서는 장난스러운 대화가 오고 간 반면, ＊＊의 모둠은 ＊＊의 주도로 깊이 있는 토론을 하고 있었습니다. 그리고 ＊＊는 토론 사항을 조목조목 학생들 앞에서 발표하였고, 저는 그 모둠 전체에게 많은 칭찬을 해 주었습니다. ＊＊의 리더쉽은 자연스럽게 모둠의 친구들을 이끌어 주어서 ＊＊가 속해있는 모둠은 언제나 우수한 성취도를 보여 줍니다. 모둠의 성취도가 본인의 역량으로 향상되고 있음에도, 겸손하게 친구들의 노력과 활동사항을 대신 어필해 주는 여유도 보여줍니다. 항상 친구들에게 인기가 많지만, 몇몇 친구들과 깊은 우정을 나누는 모습도 보았습니다. ＊＊의 독서력은 수학, 과학, 문학 등 모든 영역에서 발휘되며, ＊＊는 주어진 모든 과제에 대해 최선을 다하고 스스로 심화단계까지 이루어 내려고 노력하는 특성이 있습니다. 천재는 노력하는 사람을 이길 수 없고, 노력하는 사람은 즐기는 사람을 이길 수 없다는 말처럼 ＊

＊는 정말 노력하는 사람에서 이제는 즐기는 사람이 되어가고 있다는 생각을 항상 하게 됩니다.

＊＊가 ＊＊대학교 영재교육원에 들어갈 수 있다면 특유의 목표의식과 성실성, 높은 성취동기를 발휘하여 영재교육원의 학습 내용과 과제를 열정적으로 수행해 나갈 것이라고 확신합니다. 학교에서는 다른 친구들이 롤모델이며, 멘토이지만 ＊＊ 자신에게도 반 발짝 앞선 리드와 동료그룹에서의 멘토와 롤모델이 필요하다고 보여집니다. ＊＊대학교 영재교육원의 우수한 학생들과 함께 어울리며, ＊＊는 자신의 재능을 더 계발 할 수 있을 것이라 확신하기에 추천하게 되었습니다.

3) 지원자의 가정환경 (성장 과정, 생활여건 등), 학교 및 지역 환경 등과 관련하여 평가 시 고려할 만한 사항이 있는 경우 구체적으로 기술하여 주십시오.

＊＊는 의사이신 아빠, 과학을 전공하셨지만 전업주부이신 엄마의 안정된 가르침 속에서 성장하여 가정환경이나 생활여건이 누구보다 우수합니다. 하지만 이를 밖으로 드러내지 않고 겸손하며 항상 어려움을 겪는 친구들을 잘 돕는 ＊＊는 마음이 정말 넓은 학생입니다. 보통 부유한 아이들은 자신의 조건을 자랑하며 과시하는 경향도 있어 친구들과 잦은 충돌을 일으키는데, ＊＊는 정말 겸손하며 그저 자신의 호기심을 탐구와 독서로서 해결하는 즐거움에만 빠져 있습니다. 올해 교내 학생탐구발표대회에서 최우수상을 수상한 것도 어쩌면 탐구와 독서를 장려하는 가정 특성상 당연한 결과였는지도 모릅니다. ＊＊는 주말에는 아빠의 병원에서 시간을 보내며 함께 여행이나 현장학습을 자주 다

닌다고 합니다. 아빠의 영향으로 ＊＊는 어릴 때부터 의사의 꿈을 키우다가 요즈음 신약 개발에 대한 꿈을 키우게 되면서 화학분야에 많은 호기심을 보이고 있습니다.

　　1학기 때는 과학팀장으로 활동하면서 실험을 이끌며, 각 조의 아이들에게 많은 과학적인 조언을 해 주었습니다. 아이들의 눈높이에서 질문에 대답을 해 주기 때문에, 아이들은 담임인 저보다 ＊＊에게 더 질문을 많이 합니다. ＊＊를 보면 선택과 집중의 효율적인 교육이 얼마나 위대한가를 알 수 있습니다. 항상 목표 없이 바쁘게 여기저기 학원만 많이 보내는 학부모님들에게 상담 시에 이 남매의 사례를 본보기로 이야기해 주기도 합니다. ＊＊는 어린 시절부터 풍부한 경험과 탐구를 통해 호기심을 키워왔고, 이제는 자유탐구와 독서 그리고 과천과학관 수업을 통해서 깊이 있는 실험을 하는 것이, 장차 창의적 인재 양성이라는 교육의 목표를 가장 잘 실천하고 있는 가정이라고 생각됩니다.

6
〈자기소개서〉
속 시원한
19문 19답

저자는 연 100회 이상 많은 설명회의 강연회를 진행하고 있다. 그동안 학부모님들이 가장 많이 궁금해했던 질문들을 정리해 보았다. 생생한 다른 학부모들의 질문을 통해 그동안 궁금했던 독자들의 궁금증도 풀어 보도록 하자.

1) 자기소개서에 대회 수상경력을 쓰지 말라고 되어 있는데 선생님은 왜 대회 수상경력을 쓰라고 하시나요?

영재교육원의 입시요강을 먼저 살펴보자.

영재교육원 자기소개서 안내

1. 자기소개서에는 지원 동기, 장래희망, 학습 과정·진로계획, 기타 사교육과 관련 없이 교육적 의미를 갖는 활동에 대해 형식에 얽매이지 않고 자유롭게 기술한다.

2. 자기소개서는 영재교육대상자 선발 입학전형에서 매우 중요한 자료로 활용되므로 반드시 지원자 본인이 작성하여야 한다.

3. **각종 대회 수상실적과 수학, 과학, 영어 등 각종 인증시험·능력 시험 점수 등을 기재하지 않는다.**

4. 개인을 식별할 수 있는 어떤 표시도 할 수 없으며, 반드시 흑색 펜(연필 제외)을 사용하여 자필로 작성하여야 한다.

5. 자기소개서에 고의적으로 허위 사실 기재, 대리 작성 등 기타 부정한 사실이 발견될 경우 합격취소, 향후 본 영재교육원에서 시행하는 영재교육대상자 선발입학전형에 지원 자격을 박탈당하는 등의 불이익을 받을 수 있다.

수상경력 자체만을 쓰지 말라고 하는 것이지 대회 참여 여부는 쓰지 말라는 이야기가 없다. 간혹 자기소개서에 대회이름과 수상한 상장 명만 잔뜩 기록해 놓은 자기소개서가 있는데, <u>사실 입학담당관들은 이러한 수상 경력 자체를 보겠다는 것이 아니라 그러한 준비 과정에서 무엇을 느꼈는지, 그리고 어떤 새로운 것을 배우고 도전 과정에서 배운 것은 무엇인지 등의 학생의 성장 스토리를 듣고 싶어 한다.</u> 때문에 수상 자체가 중요한 것이 아니라 도전 과정이 중요한 것이다. 자기소개서 작성 시 주의점을 읽을 때 왜 그러한 주의점을 적어 두었을까를 고민해 봐야 한다. *** 본책 25페이지에 수상경력 기재시 0점 처리되는 대회 목록 참고.**

2) 영재교육원 수료 여부도 당락을 좌우하는 건가요?

초등학교 3~5학년 때 주로 치르게 되는 영재교육원 시험은 내 아이가 최상위권 이냐 아니냐를 나누는 기준으로 여겨 왔다. 아이에 대한 환상이 1차로 깨지는 순간이 영재교육원 합격생 발표다. 서울특별시의 경우 초등 2학년부터 영재교육원에 학생들을 선발하기 때문에 조기 교육에 대한 기대치도 높은 상태지만, 결론은 영재교육원 수료 여부로 과학고 영재고에 붙고 떨어지는 것은 아니라는 점이다. **단 영재교육원을 수료하는 과정에서 산출물을 내는 수업을 많이 진행하기 때문에 나중에 영재학교나 과학고 전형에서 재능입증자료를 제출할 수 있다는 장점이 있다. 하지만 재능 입증자료로 논문이나 산출물을 내게 될 때 꼭 영재교육원이나 대회에 출품했다는 이력이 없어도 무관하다. 입학 담당관들은 대개 스토리와 연관성이 있는 산출물인지, 또 그 산출물의 본인의 기여도와 수준은 어느 정도인지를 본다. 그래서 영재교육원에 다니는 것과 다니지 않는 것이 당락을 좌우하는 것은 절대 아니다.**

통계를 확인하면 더 명확해진다.

통계자료를 보면 전국에 수학 과학 영재교육 대상자 수는 98,452명이다. 학년을 나눠보게 되면 대략 학년별 1만 명 이상의 학생이 영재교육을 받게 되는 셈이다. 특목고를 지원한다고 해도 영재교육원 수료 자체가 변별력을 갖기는 어렵다. 그런데 이상하게도 영재교육원 출신들이 특목고 진학률이 높다. 이는 아무래도 차별화된 교육 경험을 통해서 사고력이 계발되었고, 선진 교육프로그램을 우선적으로 제공받는 그룹이라는 점과, 또한 최근 개인 산출물이나 논문에 대한 평가가 강화되면서 영재교육원 재학 중에 구성한 산출물들이 좋은 영재성, 재능 입증 자료가 된다는 것이다.

3) 과학예술영재학교의 자기소개서는 어떻게 다른가요?

최근 신설된 세종과학예술영재학교의 경우 문과적인 재능과 이과적인 재능을 동시에 가진 학생들을 선발할 것으로 보인다. 그렇다면 영재학교를 지원할 때와는 어떤 점에서 차별화가 필요할까? 우선 무엇보다 융합적인 재능 사례를 가지고 있어야 한다. 예를 들어서 대한민국학생창의력올림피아드 같은 창의력 대회나 골드버그 대회 같은 융합적인 대회에 출전해서 작품을 완성해 보고, 그 결과를 산출물로 구성하는 방법이 있다. 또한 산업디자인 등의 재능사례로 학생디자인전람회 등에 출품할 작품을 만들어 보는 것도 좋다. 또 발명 작품들은 대표적인 융합과 창의력 산출물이 된다. 발명대회에 출전하고 결과로 특허를 내서 제출하는 등 각각 다른 결과물들을 재능 사례로 넣으면 좋겠다. 단, 염두에 둘 것은 각각의 개성이 강한 학생들이 모일 것이라는 점이다. 올림피아드나 경시를 준비하는 것은 적절한 과학예술영재학교의 전형 준비방법이 아니다. 자신의 개성과 재능을 살릴 수 있는 창의적인 아이템을 개발하여야 한다. 물론 일정 수준 이상의 최상위권 내신과 교내 생활기록부 관리는 필수이고 어느 정도의 선행 지식도 필요하겠지만, 그것은 어디까지나 부수인 평가 기준이라는 점이다. 과학예술영재학교의 특성상 오히려 자신의 개성과 적성 그리고 재능에 대해 가진 강점을 어필하는 것이 당락을 좌우할 것으로 보인다.

과학예술영재학교 교육과정 예시

교과목의 편성 예시와 비율(졸업학점 185학점 기준)

영역		교과내용 및 예시	비율
보통/전문 교과		• 기초지식 습득 및 문제해결능력 등 기본 역량 배양 - 인문·사회, 예술, 체육 / 수학, 과학, 정보과학 등	120 (65%)
융합· 창 의 교 과 (STEAM 교과)	기반교과	• 융합에 대한 철학·역사 이해 및 기초 융합 역량 함양 - 과학문명사, 공학개론, 커뮤니케이션, 디자인 등	12 (6.5%)
	전문교과	• 융합의 실제를 경험할 수 있는 주제 중심의 교과 - 응용과학(STEM) 교과 : 수·과학과 공학·기술을 융합한 교과 - 융합과학(STEAM) 교과 : 수·과학뿐만 아니라 인문·예술 분야까지 융 합하는 혁신적 융합 교과목	30 (16%)
융합·창의활동 (STEAM Activity)		• 학생 중심의 융합 주제 선정과 탐구활동을 통한 창의적 융합역량 계 발 활동 - 창의탐구, 소그룹 연구, 개인 심화 연구 단계로 운영	23 (12.5%)

4) 이공계 입시에 도움이 되는 대회를 알려주세요.

　이공계를 지망하는 학생들은 대부분 초등학교 때부터 물로켓, 과학상자, 브레드보드 등의 대회에 참석하면서 과학의 달을 보내는데, 최근 연구프로젝트의 중요성이 강조되면서 탐구토론대회, 과학탐구대회, 과학전람회, 발명품대회 등에서 자신만의 연구 결과나 산출물이 중요해졌다. 학교에서 진행하고 있는 과학대회에 참여하는 것은 가장 좋은 방법이다. 그런데 전국에 학교는 3,000개 내외라고 생각해 본다면, 이공계 입시에서 어느 학교에서나 하는 대회에 참여하는 것은 생활기록부 내에서 하나의 내신관리가 된다. 학교에서 열정적으로 생활했으며 또한 과학 관련 재능이 있고 꾸준히 노력해 왔다는 흔적을 드러내는 것이다. 그래서 마침내 학교 대표로 외부 대회에 참여하게 되어 전국규모의 대회에서 겨뤄봤다면 그 경험들은 큰 장점으로서 중요하게 평가될 것이다. 또 한 가지, 교육청에서 진행하는 수학 과학 경시대회는 단순한 스펙의 하나가 아닌 부족한 내신을 만회하는

자기소개서에 스토리 구성이 가능한 대회 목록

비율	1월	2월	3월	4월	5월	6월	7월	8월	9월	10월	11월	12월
전람회					예선		서류마감, 본선	작품전시			계획서 체출	
발명 창의력 10종 경기								예선예정				
학생발명 경진대회					예선	본선서류 접수	작품전시					
KISEF ISEF-K	발표 및 전시											
YSC						접수					과제지원 마감	
KSA 과학 축전			프로젝트 계획서 제출		과학 에세이 제출 1차	2차		3박 4일 동안 캠프진행				
통계대회					참가 신청		제출					
과학탐구 토론대회			교내 예선		교육청	시도			시도			
과학탐구 실험대회					예선	지역 본선	전국					
자연관찰 대회							예선	본선				
한국 창의력대회							예선	본선				
청소년 과학탐구 대회					지역 예선	지역 본선						
한국학생 골드버그 창작대회						예선 예정						
국제학생 창의력올림피아드		본선										예선
수학, 과학 경시대회												
세계 창의력 경연 대회						지역 예선				세계 대회		

수단이 될 수 있다. 예를 들어서 학교 대표로 지역 수학경시에 나가게 되었다고 하자. 교내에서 수학 점수가 답안지 마킹을 잘 못해서 60점을 받은 적이 있어서 계속 껄끄러웠는데, 지역 수학 경시에서 금상을 탔다면 이를 자기소개서에 간접적으로 자연스럽게 표현한다면 수학 실력을 인정받을 수 있는 기회가 될 것이다. 수학 관련된 대회 중에서 전국학생통계활용대회가 있는데 올림피아드 대신 수학에 대한 재능을 평가받을 수 있는 중요한 기회가 될 수 있다.

5) 과학대회 등에서 팀장이나 반장 등 리더로서의 역할만 의미가 있을까요? 또 전교회장 등을 하는 것이 과학고를 가는 데 도움이 될까요?

자기소개서와 면접으로 학생들을 평가할 때 우리가 흔히 하게 되는 오해가 하나 있다. 반장, 팀장, 전교회장 등을 하는 것이 중요한가, 에 대한 오해이다. "이번에 과학고에 가는데 전교 부회장을 한 번 하고 가는 게 낫지 않을까요?" 라는 질문을 많이 받는다. 회장은 시간 많이 빼앗기고 부회장이 적절한 것 같다는 이야기다. 그런데 중요한 것은 "내가 부회장이었다. 회장이었다.'를 자기소개서에 쓰는 것이 중요한 것이 아니라, 회장이 되어서 무엇을 했는지, 무엇을 느꼈는지, 그리고 수행 과정에서 어려운 점은 무엇이었는지, 그 어려움을 어떻게 슬기롭게 극복했는지에 대한 것이다. 그러기 위해서는 뭔가 한 일이 있어야 하는 것이다. 반장이나 팀장이 아니더라도 서포터즈로서 팀이 당면한 문제를 슬기롭게 해결하여 좋은 성과를 거두는데 핵심적인 역할을 했다면 팀장보다도 더 훌륭한 서포터즈로 평가받을 수 있는 것이다. 사실 전교 회장이라는 위치도 전국 2,300개 이상의 고등학교를 놓고 본다면 2,300명이 될 것이고, 반장이라고 하면 학교 수에 학급수를 더한 만큼 존재하는 것이므로, 반장이었는가 그렇지 않은가는 결국 큰 의미가 없는 것이다.

2014년 서울대 면접 문제 중에 "회원들과 잦은 마찰을 겪은 동아리 회장이 자기소개서에 원만하게 지냈다고 적은 것을 알았을 때 어떻게 할 것인가?"가 있었다. 이러한 문제의 이면에는 회원들을 잘 통솔 못 하고, 리더로서의 자격이 없는 동아리 회장들이 있다는 것을 입학사정관들이 이미 알고 있다는 것이다. 결국 동아리 회장이었는가가 중요한 것은 아니다. 입시에서 이러한 질문을 하는 본질적인 의미 파악에 주력하는 것이 중요하다.

6) 한자능력 시험이나 영어 인증시험도 자기소개서 쓸 때 도움이 될까요?

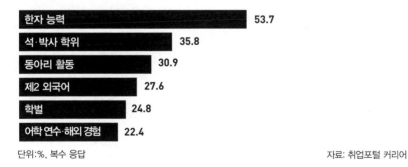

인사담당자가 뽑은 잉여 스펙

한자 능력	53.7
석·박사 학위	35.8
동아리 활동	30.9
제2 외국어	27.6
학벌	24.8
어학 연수·해외 경험	22.4

단위:%, 복수 응답 　　　　　　　　　　　　　자료: 취업포털 커리어

현재 한자능력 시험을 준비하는 경우는 중국어 학습 계획이 있거나, 우리말에

한자어 표현이 많기 때문에 단어의 뜻을 파악하기 위한 경우가 많다. 상형문자의 형성 원리를 익혀서 두뇌계발을 돕는다는 의미로 초등학생들이 한자능력시험을 보기도 한다. 하지만 별다른 목표 없이 그냥 초등학교나 중학교 때 한자능력 시험을 준비하는 것은 좋은 선택은 아니다. 실제로 한 취업 포털에서 인사담당자들에게 불필요한 잉여스펙에 대해 설문한 결과 1위를 한자능력시험이 차지했다. 초등학생의 경우에도 한자가 아니더라도 사고력을 계발할 수 있는 방법은 수없이 많고, 창의적인 아이디어를 쏟아낼 수 있는 말랑말랑한 머리를 만드는 대신 암기를 하는 것으로 시간을 할애한다면 소모적인 학습이 될 수 있기에 한자능력시험은 상대적으로 중요성이 떨어진다. 더욱이 인증시험점수를 자기소개서에 쓰는 경우 0점 처리가 될 예정이다.

선발 담당자들은 또한 현장경험 없이 학위만 늘어난 경우와 목적 없이 양만 많은 해외 연수와 해외 경험 등을 잉여스펙으로 꼽았다. 최근에 학생들이 많이 참여하는 고가의 해외 캠프는 좋은 평가를 받기는 어렵다. 대신 특허청이나 한국과학창의재단 등 국가비로 진행되는 캠프들이 있는데 선발을 거친 학생들을 대상으로 무료로 진행된다. 이러한 캠프는 스펙도 되고, 참가를 위한 선발 과정이 있기 때문에 자신의 실력을 검증받을 수 있는 좋은 기회가 될 것이다.

선발과정을 거치는 국내 무료 캠프

- 발명장학생 캠프
- KSASF 한국영재학교 과학축전
- 대한민국발명전시회 수상자 캠프
- YSC 과학캠프
- 영재교육원 집중교육

7) 초등학생 때 꼭 개발해야 할 역량에는 어떤 것이 있을까요?

초등학교에 다니는 내내 선행과 진도 빼기 식으로 학습을 지도하는 부모나 교사들을 쉽게 볼 수 있다. 하지만 이보다 더 중요한 것은 아이의 특성을 파악하는 것이다. 선행도 필요한 학생과 필요하지 않은 학생이 있다. 다양한 재능을 모색하고 가장 창의적인 능력을 발휘하는 분야가 무엇인지를 알아내는 것이 초등학생 때 해야 할 가장 중요한 일이다. 폭넓은 경험을 통해 아이가 흥미를 가질 수 있는 분야를 찾고 이를 위해 어떠한 공부가 필요한지, 경험이 필요한지를 파악하여 그에 맞게 진로를 설계한다면 흔들림 없이 꿈을 키우고 이룰 수 있을 것이다.

초등학생 대상 재능개발을 위한 융합 커리큘럼 사례

1. 체험학습 : 과학, 발명과 관련된 현장 방문 체험학습

    공연 예술 관람 및 후기 쓰기

    발명 교육센터 온라인 교육 참가

2. 대회참가 : 학생발명품 대회 참가

    대한민국학생발명 전시회 참가

    한국 청소년 디자인 전람회 참가

    대한민국학생창의력챔피언 대회 참가

    통계활용대회 참가

3. 발명 공작활동, 창의력 계발, 프로젝트 학습

4. 영재교육원 수료

5. 수학, 과학 지식과 경험의 내공 쌓기

요즘 초등학생들을 보면 마치 1970년대 프랑스 중산층을 따라 하고 있는 것이

아닐까 싶을 때가 많다. 외국어 구사능력을 기르기 위해 영어 학원에 다니고, 스포츠를 직접 즐길 수 있도록 수영, 스키, 인라인 등을 배운다. 태권도 학원에도 다니고, 피아노나 바이올린 악기도 하나 해야 한다. 반장이나 회장 등을 하기 위해서 선거에도 출마하고… 무엇을 위해서라기보다 남들이 다 한다고 하니 만물박사 식으로 스펙 끌어모으기에 정신이 없다. 물론 다양한 체험을 통해 창의력을 키우고 진정 좋아하는 것을 찾아가는 것은 중요할 일이다. 하지만 중학교에서 실기 만점을 받기 위해 피아노를 배우고 미술을 배우고, 스펙 한 줄 쓸 것을 늘리기 위해 회장선거에 나가는 식은 곤란하다. 일반고등학교에 가려면 중학교 내신은 필요 없을뿐더러, 특목고를 가는데 미술, 음악 내신이 들어가는 것이 아니라는 것을 분명히 인지해야 한다. 그런 시간에 수학을 좋아한다면 수학 동화를 하나 함께 써본다거나, 과학을 좋아한다면 실험을 하거나 관찰활동을 하나 더 하는 것이 아이의 특성을 키우고 자기소개서의 스토리텔링에 힘을 싣는 데도 더 도움이 될 것이다. 진학과 진로 목적에 맞는 선택과 집중, 재능을 키워 강점을 강화해나가는 것이야말로 "특별한 자소서"를 위한 지름길임을 잊지 말자.

8) 장래 희망이 수시로 바뀌고 있는데 문제없을까요?

초등학교 5학년 때는 만화가였다가 6학년 때 과학자로 바뀌고 현재는 변호사가 꿈이라는 아이가 있다. 자기소개서에 장래희망을 쓰는 란에 이러한 장래희망의 변천 과정을 썼는데, 문제가 없을지 고민이라고 했다. 사실 초등학생들의 꿈은 일 년에도 몇 번씩 바뀌는 경우가 허다하다. **중요한 것은 바뀌는 과정에서 또 새로운 꿈**

을 위해 줄곧 어떤 노력을 해 왔는지, 그리고 노력과 경험의 과정에서 다음 꿈으로 넘어가는 계기가 있었는지를 제대로 표현하는 것이다. 하지만 중학교, 고등학교로 넘어가면서부터는 한 가지 일관된 장래희망을 정하고 일관된 노력을 통해서 해당 분야에 최고가 된 경험이나, 재능, 성과물 등을 쌓아 놓는 것이 필요하다.

9) 서울과학영재학교에 진학하려고 하는데요, 스펙이 많이 도움이 될까요? 각 영재학교별로 선발 경향에 어떤 차이가 있나요?

각 영재학교는 나름의 특성을 가지고 있다. 해마다 바뀌는 부분도 있지만, 서울과학영재학교의 경우에는 지원자 수와 1단계 선발 인원이 유사해서 결국 서류로는 큰 변별이 되지 않고 오히려 지필고사에서 당락이 좌우된다. 그 이후에 최종 선발 캠프에서 자기소개서를 보고 심층면접을 진행하게 되긴 하지만 3단계가 큰 변별력을 가지진 못한다. 따라서 서울과학영재고의 경우에는 수학 과학 심화 선행을 통해서 기본기를 쌓고, 창의 사고력 문항을 많이 풀어보는 것이 중요하다. 이러한 경향은 경기과학영재학교와 대구과학영재학교도 유사하다.

단, 한국영재학교와 대전과학영재학교의 경우 1차 선발 인원을 감안할 때 서류의 비중이 크므로 자신만의 재능과 전공적성을 살릴 수 있는 스펙을 쌓는 것이 반드시 필요하다. 과학고등학교의 경우도 마찬가지이다.

서류접수에서 학교생활기록부와 자기소개서(자기계발계획서) 추천서 등을 중심으로 선발하기 때문에 사실 과학고는 내신의 비중보다는 스펙의 비중이 커지고 있다. 실제로 서울에 있는 한성과학고와 세종과학고의 경우 내신 평균이 5~10%

학교	연도	지원자 수	1단계	2단계	최종
서울과고	2013	2,030명	약 2,000명	200명	120명
	2014	1,962명			
경기과고	2013	2,426명	1,000명	800명	120명
	2014	2,181명	2,000명	300명	
한국과학영재	2013	2,562명	1,000명	230명	144명
	2014	2,295명			
대구과고	2013	1,498명	720명	240명	90명
	2014	1,132명	1,200명	180명	
대전과고	2014	2,055명	1,000명	300명	90명
광주과고	2014	692명	600명	180명	90명

이다. 서울에 중학교의 개수를 감안하면 300명을 선발하는 상황에서 극상위권 내신보다는 스펙으로 변별될 수 있다는 결론이 나온다.

10) 면접은 어떻게 준비해야 할까요?

2014학년도 대학수학능력시험에서 자연계열 학생 중 유일하게 만점을 받은 전봉열 씨(21)가 서울대학교 의과대학 정시모집에서 불합격했다.

서울대 면접뿐 아니라 현재 진행되는 입시에서의 면접 스타일은 거의 꼬리에 꼬리를 무는 방식으로 추가 질문을 연결하듯 진행된다. 그래서 경험이 많고 할

경향신문 기사 중

전 씨는 지난 4일 자신의 사회관계망서비스(SNS)를 통해 이같은 사실을 알렸다. 전씨는 "면접 괜찮게 보고 왔다고 생각했었는데, 이렇게 떨어지니 붙을 것처럼 행세하고 다녔던 게 부끄럽네요."라고 운을 뗀 뒤, "그래도 다른 방향으로 생각해보면, 저도 성격 괜찮다는 말 듣고 살았는데 떨어졌다는 것이 저보다 훨씬 더 인품 좋은 사람들이 의료계에 많이 왔다는 것을 뜻할 수도 있으니 한편으로는 좋기도 하고 그러네요."라고 말했다. 아울러 "저는 지난 삼수 생활도 좋았고, 지금까지의 합격도 분에 넘칠 정도로 만족스러우니 괜찮습니다."라고 덧붙였다.

전 씨는 5일 경향신문과의 통화에서 "중학교 때부터 '사람 살리는 일'이란 데 매력을 느껴 의사를 꿈꿨는데 그 첫걸음을 시작하게 돼 열심히 공부한 보람이 있다."며 "여러 가지 아르바이트를 하면서 다양한 경험을 쌓는 대학생활을 하고 싶다."고 말했다. 전 씨는 연세대 의과대학에는 수능 성적만으로 선발하는 우선선발 전형에 합격한 상태다.

허남설 기자 nsheo@kyunghyang.com

말이 많은 학생이 유리하다. 자기소개서도 마찬가지지만, 면접의 경우도 단기 대비가 어렵고 평소에 공동 실험 및 토론 수업을 하는 특목고가 대입에 유리할 수밖에 없는 것은 결국 토론 면접의 기회가 많았기 때문이다. 그렇다고 말하는 연습이 중요하다는 것이 아니라, 경험과 관련 지식을 기반으로 한 자신만의 생각이 있어야 한다는 것이다. 화려한 언변이 있어도 논리가 맞지 않고 논거가 충분하지 못하면 심사위원을 설득할 수 없다.

이번 서울대 의대 면접에서 독감 발병률이 표시된 세계지도를 2분간 검토하게 한 뒤 지역별 원인과 어떤 의료행위가 가능할지 8분간 질문하였다. 최근 이슈였던 빅데이터에 대해서 한 번이라도 들어보았다면 독감에 대한 검색 횟수가 늘어나기 시작하면 2달 후에 독감이 유행하기 시작한다는 이야기로 시작할 수 있을 것이다. 따라서 사람들의 이동 경로나 지역적인 특성을 근거로 독감의 치료 및 예방 행위를 적절히 구상할 수 있을 것이다. 또한 독감 발병률이 높은 지역부터 그다음 해에 우선적으로 예방접종 계획을 세우거나, 독감 발병률이 높은 지역의 독감 바이러스가 변종 바이러스가 되는 주기 변화에 대해 추가 연구를 하거나, 해당 지역의 기후적인 특성을 연구하는 것이 필요하다는 등의 전망도 가능하다.

대입 수시 심층면접 문제

1. 인생에서 가장 힘들었던 순간은?

2. 친구와 인도여행을 떠나려고 하는데, 어떻게 경비를 마련하고 일정을 정할 것인가?

3. 우리나라 대학 진학률이 매우 높은 것에 대해 어떻게 생각하는가?

4. 독감 발병률이 표시된 세계지도를 2분간 검토하게 한 뒤 지역별 원인과 어떤 의료행위가 가능할지 8분간 질문한다.

5. 3명이 협업해서 제한된 시간 안에 대입 과학실험을 해야 하는데, 한 학생이 늦었을 경우에 어떻게 할 것인가?

6. 회원들과 잦은 마찰을 겪은 동아리 회장이 자기소개서에 원만하게 지냈다고 적은 것을 알았을 때 어떻게 할 것인가?

7. 과학대회에서 대다수가 자신을 팀장으로 추천하는데 자신은 하기 싫으면 어떻게 할 것인가?

11) 영재성 입증자료는 어떻게 준비해야 할까요?

최근 1~3건의 영재성 입증자료를 자기소개서와 함께 제출하는 경우가 많다. 우선 사전에 영재성 입증자료들을 준비하기 위해서 명심해야 할 것은 무조건 양보다 질이라는 것이다. 수학, 과학일기를 아무리 5년간 썼어도 그것을 통해서 어떤 능력이 향상되었는가 하는 것이 더 중요하므로, 잘 쓴 과학일기 한 편이 더 가치를 갖는다.

영재성 입증 자료로 필요한 것

1. 교내 수학, 과학 대회 수상 실적 관리
2. 교사에게 칭찬받은 내용들을 수첩에 기록
3. 학생의 재능에 대한 어린 시절부터의 구체적인 기억정리(지적 호기심, 창의성, 독립심, 도전정신, 자신감, 끈기와 집중력, 자기 통제력, 종합적 사고 능력, 언어능력)
4. 수학 또는 과학에 집중된 특별한 학생의 성과물 첨부(수학일기, 과학일기, 프로젝트, 수학 문제 만들기 등)
5. 학생의 장래희망 및 진로 계획 조기 설정
6. 자기 주도적인 학습 및 창의적인 체험활동

또한 영재학교와 영재교육원 모두 영재성 입증자료를 사전에 준비하는 것이 필요하다. 아래 자료들을 보면 영재교육원 및 영재학교에 영재성 입증자료로 제출된 사례들이 있다. 첫 번째 하노이 탑의 규칙 같은 경우 평이한 입증자료이기 때문에 소개하고자 한다. 사실 하노이 탑의 규칙은 기존의 규칙과 다른 새로운 규칙을 발견한 것이라면 충분히 영재성을 입증할 수 있지만, 제시된 사례의 경우 기존에 발견된 규칙을 스스로 탐구하고 재정리한 것에 불과하므로, 좋은 입증사례로 보긴 어렵다.

다음으로, 원자의 성질을 이용한 카드게임의 경우 좋은 입증자료 사례에 속한다. 기존에 없는 작품을 창의적 산출물의 형태로 만들어낸 점 그리고 친구들과 함께 즐길 수 있도록 설계한 점 등이 좋은 평가를 받을 수 있다. 더불어 과학 에세이에 대한 입증 자료 사례도 소개하니 자료 준비에 참고하기 바란다.

수학분야 재능입증자료 사례

<table>
<tr><th>연번</th><th>자기소개서 해당 번호</th><th>제작 연월일</th><th>제 목</th></tr>
<tr><td>1</td><td></td><td>2011년 2월 25일</td><td>하노이 탑의 규칙</td></tr>
</table>

증빙자료

하노이 탑에서 n개의 원판이 있을 때 필요한 원판의 이동 횟수를 알아본다.

n개의 원판이 있을 때 모두 옮기는 데 필요한 원판의 이동 횟수를 $P(n)$이라 하고

그러면, $P(1) = 1$, $P(2) = 3$, $P(3) = 7$이다.

$P(n)$은 $P(n-1)$로부터 유도할 수 있다.

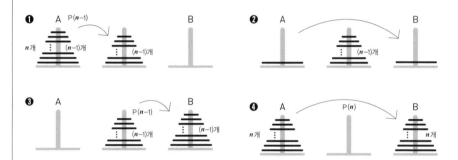

모든 자연수 n에 대하여 우리는 관계식을 알 수 있다.

$P(n) = 2P(n-1) + 1$, $P(1) = 1$

$P(2) = 2P(1) + 1 = 2 + 1 = 3$, $P(3) = 2P(2) + 1 = 2 \times 3 + 1 = 4 + 2 + 1 = 7$

$P(4) = 2P(3) + 1 = 2 \times 7 + 1 = 8 + 4 + 2 + 1 = 15$

1) 등비수열을 이용해서 공식을 찾아본다.

등비수열의 합 공식을 이용하면

$$P(n) = 1 + 2 + 2^2 + \cdots + 2^{n-1} = \frac{2^n - 1}{2 - 1} = 2^n - 1$$

2) 시그마(Σ)를 이용한 식

$P(n) = 1 + $ 시그마1부터 $(n-1)$까지의 $2n$이므로 $P(n) = 2n - 1$이다.

$P(2) = 1 + $ 시그마1부터 1까지의 2^m이기 때문에 $1 + 2^m 1 = 3$이다. 같은 방법으로 $P(4)$를 구하면 $1 + $ 시그마1부터 3까지이므로 $1 + 2^1 + 2^2 + 2^3 = 1 + 2 + 4 + 8$이다. 따라서 15이다.

시그마를 이용하면 식에서 계차수열이 나오지만 마지막에는 등비수열의 합공식이 나와 위의 답과 같다는 것이 나온다. 등비수열이란 각항이 그 앞의 항에 일정한 수를 곱한 것으로 이루어진 수열이다.

이 수열의 다른 이름은 기하수열이다.

증빙자료	**문제** 하노이 탑에 차례대로 a, b, c의 기둥이 있을 때 원판이 8개 있을 때 100번 옮겼을 때, 3번의 위치는 어디일까?
	풀이 63번 옮겼을 때는 6개의 원판이 C기둥에 있고, 7번, 8번 원판 중 7번 원판을 b기둥으로 옮기면 움직인 수 64번이 된다. 그러면 100번 중에서 36번이 남는데, 36에 가깝게 이동한 횟수는 기둥 5개를 움직인 것이다. 그러면 1,2,3,4,5번의 원판을 a로 옮기면 31번이 움직이는데 그럼 36−31=5번이 남는다. c기둥에 있는 6번 원판을 b로 옮긴 후 차례대로 1번을 b로, 2번을 c로, 1번을 다시 c로 그리고 마지막으로 3번을 b로 옮기면 총 4번 시행되어 **3번이 b기둥에 온다.**

| 내용 | **※ 증빙 자료에 대한 요약 설명**

저는 하노이 탑의 규칙에 대하여 흥미를 가지고 있었는데, 일정한 규칙으로 움직이는 것이 수학적으로 어떻게 되는지 궁금하였습니다. 저는 5학년 겨울방학 때 수열에 대하여 공부를 하였는데, 수열에서 하노이 탑의 규칙을 발견하여 혼자서 문제를 만들어 보고 원판이 움직이는 횟수를 찾아보니 직접 원판을 움직여서 나오는 결과와 같다는 것을 알게 되었습니다.

수열의 종류는 여러 가지가 있는데 그중에서 등차수열, 등비수열, 계차수열이라는 것을 공부하면서 시그마(Σ)라는 것도 알게 되어서 더욱 간단하게 수열에 대하여 문제를 풀 수 있었습니다. |

영재성 입증자료 요약서 ❶

- 2009. 03. 01. 이후의 자료를 요약해야 하며 수학, 과학 관련 입증자료 이외에도 예·체능을 포함한 모든 자료 가능합니다.
  (단, 입상실적, 자격증 등은 일절 기록할 수 없습니다.)
- 동기, 장소, 방법, 주요 내용, 느낀 점, 사진, 추후 연구계획, 입증 자료로 선택한 이유 등을 자유롭게 작성하면 됩니다.
- 워드프로세서(글꼴 모양-신명조, 크기-10pt, 줄 간격-160%) 또는 수기로 작성하며 양식은 변경하면 안됩니다.
- 아래의 틀을 벗어나서 작성할 수 없으며, 입증자료의 원본을 요구할 경우 제출하여야 합니다.

연번		성명		접수번호		주민등록번호	
지원자 확인		이 자료는 사실만을 요약한 것이며 직접 작성하였습니다. 성명 _____(인)					
제작 연월일 **(활동 연월일)**		2011년 3월 30일 ~ 2011년 4월 3일			**연구자 수** **(2인 이상인 경우)**		5 명

내용

[과학에세이] 체로노빌, 후쿠시마의 교훈

"과학기술은 지구를 살리는 데에 쓰여져야 한다. 그것이 진정 인류를 위한 길이다."라는 제 생각들을 확고히 하고 제게 앞으로의 연구 방향을 제시해 주는 에세이를 소개 해 드리겠습니다.

일본은 사상 초유의 지진 해일의 피해를 겪으면서 발생된 후쿠시마 원전 사고도 과학기술로 충분히 해결할 수 있다고 쉽게 생각했지만 결국 대규모 방사능 유출 사고와 해양 방사능 오염을 일으키게 되었습니다. 자연 재해가 결국 인재로 마무리되고 만 것입니다. 원자력 발전이 화석 연료의 배출을 혁신적으로 줄이고 효율적으로 전기를 생산하는 것은 맞지만 지구 환경을 사람이 살 수 없도록 파괴시킬 수 있는 무서운 선택이라는 생각을 하게 되었습니다. 이러한 사회적인 이슈가 발생할 때면 저는 에세이를 쓰면서 생각을 정리하고 새로운 사실들을 찾아 제 의견을 수렴하면서 앞으로 과학기술이 나아가야 할 길을 생각해 봅니다. 생산의 효율성과 이익만을 따지기보다는 지구 환경 파괴와 생태계 파괴라는 무시무시한 결과를 초래할 수 있는 위험을 최소화 하는 방향의 개발 계획을 세워야 한다고 생각합니다. 원자력은 근본적으로 개발하지 않는 것이 옳다고 생각하게 되었으며 석유 대신사용 할 수 있는 대체 에너지를 개발하는 것이 너무나 절실하다고 생각합니다. 이 외에도 구제역 파문, 신기술에 대한 의견들, 태양폭풍에 대한 제 나름대로의 예측을 담은 에세이 자료들이 제 세 번째 입증 자료입니다. 이렇게 개인적인 탐구 노력과 연구 그리고 장래 희망을 설계하고 과학적 지식과 첨단 과학에 대한 안목을 갖출 수 있도록 해 준 자료들을 영재성 입증 자료로 제출합니다. 자료를 구성하면서 환경 과학자가 되어 대체 에너지 개발에 대해 하루빨리 연구를 시작해 인류의 발전을 위해 최선을 다해 보고 싶은 의지가 더 강해짐을 느낍니다. 하루빨리 **과학영재학교에 입학해서 제 이러한 꿈을 구체적으로 실현하고 싶습니다.

교과교사 추천서 작성 추천인 또는 사실을 확인해 줄 수 있는 교사(교수) 확인	소속	휴대전화	전화
	이 자료가 사실과 같음을 확인하였으며 이 요약서와 관련하여 내용 확인을 요청할 경우 협조하겠습니다. 성명 _____(인)		

영재성 입증자료 요약서 ❷

- 2009. 03. 01. 이후의 자료를 요약해야 하며 수학, 과학 관련 입증자료 이외에도 예·체능을 포함한 모든 자료 가능합니다. (단, 입상실적, 자격증 등은 일절 기록할 수 없습니다.)
- 동기, 장소, 방법, 주요 내용, 느낀 점, 사진, 추후 연구계획, 입증 자료로 선택한 이유 등을 자유롭게 작성하면 됩니다.
- 워드프로세서(글꼴 모양-신명조, 크기-10pt, 줄 간격-160%) 또는 수기로 작성하며 양식은 변경하면 안됩니다.
- 아래의 틀을 벗어나서 작성할 수 없으며, 입증자료의 원본을 요구할 경우 제출하여야 합니다.

연번		성명		접수번호			주민등록번호	
지원자 확인			이 자료는 사실만을 요약한 것이며 직접 작성하였습니다. 성명_____(인)					
제작 연월일 **(활동 연월일)**		2011년 1월 4일 ~ 2011년 1월 6일				**연구자 수** **(2인 이상인 경우)**		5 명

내용

창의산출물 **원자의 성질을 이용한 카드 게임**

2007년 12월 태안반도에서의 기름 제거 봉사활동을 계기로 지구 환경 문제를 창의적으로 해결하는 환경 과학자가 되기로 결심하고 지금까지 하나의 목표를 향해서 꾸준히 성장하고 있습니다. "과학기술은 지구를 살리는 데에 쓰여 져야 한다. 그것이 진정 인류를 위한 일이다."라는 생각으로 인류에게 청정에너지를 안정적으로 공급할 수 있는 방법에 대해 연구하여 실용화시키는 것이 제 앞으로의 연구 계획입니다. 연구를 위해서는 수학, 화학, 지구과학, 물리학 등의 전반적인 지식이 필요하여 우선은 그 부분을 보완하기 위해 하이탑을 꾸준히 혼자 공부해 오고 있으며 과학적인 원리를 더 잘 이해하고 활용할 수 있는 방법들을 제 나름대로 고민했습니다. "원자의 성질을 이용한 카드 게임"입니다. 원자에 대해 공부하면서 각 원자의 특성들을 정리하다 보니 친구들도 제가 가진 화학에 대한 관심들을 공유할 수 있는 기회가 있었으면 좋겠다고 생각하였습니다. 그래서 원자의 성질을 카드 게임으로 더 쉽고 재미있게 공유할 수 있도록 구성하였던 것입니다.

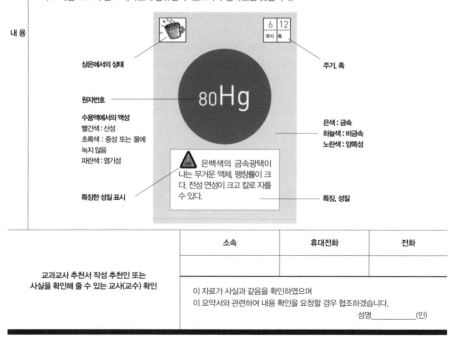

		소속	휴대전화	전화
교과교사 추천서 작성 추천인 또는 **사실을 확인해 줄 수 있는 교사(교수) 확인**				
		이 자료가 사실과 같음을 확인하였으며 이 요약서와 관련하여 내용 확인을 요청할 경우 협조하겠습니다. 성명_____(인)		

12) 영재성 입증자료 목록, 요약서를 준비하는 방법을 알려주세요.

영재성 입증자료 목록을 작성할 때는 몇 가지 항목이 있는지를 먼저 확인해야 한다. 그리고 다른 사람과 중복되지 않으면서도 나만의 개성이나 재능이 드러나는 항목, 그리고 지원한 영역과 관련이 있는 항목 순서로 목록을 작성하고 내용을 요약해 간다. 특히 연구 논문의 제목이 있거나, 발명품 이름 및 특허 번호 등이 있으면 요약서에 기재하고, 입증자료가 적어서 개수가 부족하다면 독서나 에세이 등을 첨가하는 것이 좋다.

영재성 입증자료 목록 예시 ❶

순서	이름	설명
1	과학 대제전	제가 과학대제전을 준비하고 발표하면서 느낀 점을 간략하게 정리한 내용입니다. 과학은 우리 생활과 가장 밀접하며, 또 이러한 행사를 통해서 많은 학생들이 과학에 대한 호기심을 갖게 되고, 새로운 개념을 알게 되는 것이 신기하고 뿌듯합니다.
2	창의 산출물	수학 중에서도 실생활에서 이용되고 있고 또 가장 신비로운 수인 소수에 관해서 정리한 내용입니다. 소수에 대한 정리와 가설들 또한 소수를 깊이 있게 이해하고 해석하는 데 도움이 되었습니다. 세계의 미해결 과제 중의 하나인 리만 가설이 풀리면 암호체계가 바뀌어야 할 정도로 소수는 중요한 수입니다.
3	탐구 보고서 호기심 노트	제가 공부하면서 겪었던 문제들을 풀이하고 정리한 것입니다. 제가 열심히 자료를 직접 찾아가면서 정리해서 더 정이 가고, 자료를 찾는 과정에서 또 다른 문제가 발견된 적도 있고, 해결하지 못한 문제도 우연의 일치로 해결된 사례들을 정리했습니다. 호기심은 모든 탐구의 시작이며, 문제 해결의 열쇠가 된다고 생각합니다.
4	수학 과제 해결	수학을 공부하면서 만났던 특이한 문제들 중에서 기억에 남는 문제들을 선정해서 문제를 쓰고 정리한 내용입니다. 수학에서 새로운 문제를 만나는 것은 가장 매력적인 일입니다. 새로운 과제를 해결할 때면 문제를 해결해내기까지 어려움이 따를 때도 많지만, 그것을 해결해 냈을 때의 쾌감은 정말 최고입니다.
5	마라톤 도전	제가 어렸을 때 자주 했던 운동인 마라톤에 관해서 정리했습니다. 마라톤은 제게는 커다란 의미가 있는 내용으로 재미있고 즐거웠던 제 경험담이 녹아있습니다. 처음엔 완주할 수 있을까 스스로 의구심도 갖게 되었고, 막상 달리면서도 힘들고 괴로워 포기할 뻔한 적도 있었지만, 완주하고 나면 엄청난 성취감으로 힘들었던 것도 잊고 한동안 흥분 상태로 지냅니다. 수학문제를 해결하는 것과 마라톤은 과정과 결과가 정말 제게는 비슷하게 느껴집니다. 그래서 마라톤과 수학을 좋아하는가 봅니다.

영재성 입증자료 목록 예시 ❷

순서	이름	설명
1	발명품	제가 최근 개발한 발명품입니다. 평소 발명을 즐기며, 과학적 지식을 응용하려 노력합니다. 에너지 절약 알루미늄 블라인드는 날개 면의 한쪽은 무광블랙으로 태양열을 최대한 흡수하고 각도 조절을 통하여 흡수한 열을 효과적으로 실내에 전달합니다. 날개의 다른 면은 은색 시트를 접착하여 태양열을 최대한 반사하고 양방향 각도조절을 통하여 창문을 열었을 때 통풍과 시야도 확보에 용이하여, 겨울에는 실내 온도가 2도 상승하는 결과를 얻었습니다. 스위치 작동 캐릭터 로봇은 박수를 치면 소리를 인식해 모터가 작동해서 스위치를 직접 켜고 끄는 것입니다.
2	자연축전지 탐구 보고서	자연축전지 개발을 위한 선행연구라는 탐구 보고서입니다. 우리나라뿐만 아니라 전 세계적으로 에너지 문제는 현대 과학기술이 해결해야 할 가장 큰 숙제라고 생각됩니다. 저는 ＊＊과학영재학교에 가서 연류전지에 대한 공부를 더 깊이 있게 하고 싶고, 제 발명아이디어와 지식을 응용해서 최대한 빨리 자연 축전이 가능한 여러 가지 전지를 만들어낼 것입니다. 현재까지 전지와 관련하여 제가 공부한 내용, 관련된 자료 분석과정과 탐구과정이 들어있고 아주 초기개발 단계의 아이디어 전개 과정들이 들어 있습니다.
3	과학에세이	평소 알게 된 지식이나 사회적인 문제들을 머릿속으로 정리해보고, 제 나름의 의견과 해결방안 등을 담은 에세이를 즐겨 씁니다. 에세이를 쓰다 보면 또 다른 궁금증이 생겨서 지식도 넓고 깊어지고 과학 관련 뉴스나 잡지 기사를 볼 때마다 새로운 아이디어의 단초가 되기도 합니다. 비슷한 형식이 좀 답답해서 태양폭풍에 관련된 과학소설을 써 보기도 했습니다. 최근 이슈들에 민감해지면서 앞으로 과학이 나아가야 할 방향과 필요한 연구 영역들이 보다 명확하게 와 닿아서 목표의식을 뚜렷이 갖게 되었습니다.

13) 내신이 좋지 않은데 대학부설 영재교육원에 지원하는 것이 의미가 있을까요?

우선 대학부설 영재교육원의 경우에는 내신의 비중이 별로 크지 않다. 학교생활기록부를 아예 제출하지 않는 경우도 많기 때문이다. 대학부설 영재교육원은 학교에서 추천한 학생들만 지원하기 때문에 기본적으로 학업성취도가 좋은 학생들이라고 판단하는 경우도 있지만, 특히 초등학생의 경우에는 〈학교생활기록부 Ⅱ〉에 '매우 잘함' '잘함' 등과 같은 성취도 표시가 되지 않는다. '잘함'을 하나 받았다고 해서 생활기록부에 성취도 란에 못한다고 적을 담임선생님은 없을 것이다.

따라서 영재원에 지원하는 경우 내신은 별로 의미가 없다는 것이다. 단, 학교에서 추천을 받을 때 필요한 경우가 종종 있다. 수학, 과학 시험 점수 제한을 두는 학교가 있기 때문이다. 최근에는 거의 관찰추천 선발을 진행하기 때문에 이때도 누구든 시험에 응시할 수 있도록 자격을 확대하고 있다.

14) 과학고, 영재고를 갈 때 올림피아드 성적은 중요한가요?

최근 올림피아드나 경시 성적을 자기소개서에 쓰지 말라고 알고 있는데 일반 학원에서는 반대로 올림피아드 성적을 몰래 확인한다는 식으로 소문을 만들고 있다. 몇 년 전까지도 간혹 올림피아드 성적이 반영되어 합격한 듯한 느낌의 합격자들을 볼 수 있었다. 하지만 그나마도 금상 등 최고 실적을 내는 몇몇의 학생만이 맞는 혜택이었다. 현재는 올림피아드 성적은 반영 안 하고 있는 것이 맞다. 경기과학영재학교나 서울과학영재학교의 경우 어차피 서류보다는 지필고사 성적으로 학생들을 걸러내고 있기 때문이다. 실제로 응시생의 10%만 수상권 안에 드는 실정이라는 것을 아는 학부모들은 아예 올림피아드에 준하는 실력을 쌓는 것을 목표로 두고 무리한 선행 속도전에서 빠지는 양상을 보인다. 결국 올림피아드 성적이 있다 없다 보다는 그에 준하는 실력을 쌓는 것에 포커스를 맞추는 것은 영재고등학교 진학 이후에도 도움이 될 것이다.

서울대 자기소개서의 경우에는 국제올림피아드 국가대표만 기재가 가능하다고 명시되어 있는데 국제올림피아드에 출전하는 경우는 각 과목별로 6명뿐이다. 기껏해야 한 해에 전국에서 40명 이내의 학생들이 과목별 국제올림피아드에 참석

한다. 따라서 고등부의 경우에는 이미 실력을 쌓았다면 국가대표에 도전할 수 있는 실력이 아니라면 올림피아드 보다는 개인의 연구결과물을 구성하여 전공적성을 살리는 데 집중해야 한다.

15) 의대를 지원하려고 합니다. 영재고를 들어가는 것이 유리할까요?

과거에는 영재고등학교 학생들이 의대에 많이 진학을 했었다. 그런데 최근 과학고, 영재고의 설립취지에 대한 재논의가 진행되면서 이공계 진학률을 높이는 방향으로 진로지도를 하고 있다. 따라서 영재고 학생들을 되도록 의대로 가지 않도록 유도하고 있다. 의대를 지원하고자 한다면 영재고 진학 계획은 보류하는 것이 좋다. 단 개인적인 실력을 쌓는 데 주력하고 중학생이라면 좀 더 상황을 봐서 진학 계획을 쌓는 것이 좋다.

16) 학교에서 이미지 관리가 필요한가요?

추천서를 잘 받기 위해서 학교에서 이미지 관리를 한다는 학생들도 있는데, 성실하고 좋은 태도는 자신의 실력과 능력과도 연결되기 때문에 꼭 추천서를 위해서가 아니라 자기 스스로를 위해서도 좋은 이미지를 쌓아갈 필요가 있다. 예의 바른 태도나 배려심 등은 자연스럽게 몸에 배어 자신의 태도와 매너를 형성한다. 요즘 학교에서 거만하거나, 태만한 태도를 보이는 학생들도 많은데 이러한 경우 추천서의 내용에도 문제가 생길 뿐 아니라 습관처럼 몸에 배인 나쁜 생각과 태도를 고치는데도 많은 시간이 들 것이다.

추천서를 위해서 꼭 한 가지 만들어 나가야 할 자신의 이미지는 자신의 진로에 맞는 재능을 드러내는 것이다. 과학, 발명하면 누구, 수학하면 누구 이렇게 학교에서 눈에 띄는 학생이 되는 것이 정말 중요하다. 이러한 경우 추천서를 부탁하지 않아도 선생님께 영재교육원이나 과학고에 진학하는 것이 좋겠다는 권유를 받게 될 것이다.

17) 우리 담임선생님께서 추천서를 잘 써주실지 너무 걱정이 많습니다. 옆 반 선생님은 추천서 잘 써주기로 유명하신데, 추천서를 잘 써주는 것이 당락에 영향을 많이 미치나요? 추천서를 부탁할 때 어떻게 해야 하나요?

영재교육원의 경우 자기소개서와 추천서의 내용을 위주로 평가를 하게 된다. 추천서는 당락에 큰 영향을 주는 만큼 매우 중요한데, 추천서를 선생님이 아무리 잘 써준다고 해도 학생의 재능을 입학담당관과 공감할 만한 실제 사례들이 있는가, 하는 것이 더 중요하다. <u>학생이 아무리 우수하고 뛰어나고, 해당 영역에 재능이 있다고 해도 모두 주관적인 평가만 나열된다면 입학담당관들은 높은 점수를 주지 않는다.</u> 그러므로 선생님 개인의 주관적인 판단을 평가에 반영하는 것은 매우 부적절하다. 입학담당관들에게 선생님으로서 객관적인 재능 사례들을 소개하고 평가에 도움을 주는 것이 추천서인 만큼 선생님들께 추천서에 풍부한 재능사례들을 반영해 주실 수 있도록 포트폴리오를 만들어 제출하는 것이 좋다. 너무 분량이 많은 포트폴리오보다는 담당선생님의 추천서에 꼭 들어갔으면 하는 내용을 간단하게 파일에 넣어서 제출하면 좋겠다. 선생님께 칭찬받았던 에피소드 등을 기록해서 드리는 것도 방법이다. 많은 아이들을 가르치다 보니 특정 학생 하나하나에 대해 에피소드들을 기억하기는 어렵기 때문이다. 또 추천서를 받을 선생님을 선택할 때는 이왕이면 담임선생님이 가장 좋고, 최근 영재학교의 경우 두 분 정도의 선생님께 추천서를 받도록 되어 있으므로, 영재교육원의 경우에도 학생과 교류내용이 가장 많은 선생님께 연서를 받아서 내용을 추가하는 방식으로 추천서를 완성하는 것도 도움이 될 것이다.

18) 제한된 글자 수 내에서 한가지의 구체적인 사례를 담는 게 좋을까요, 아니면 여러 가지 내용을 나열하는 게 좋을까요?

본인의 재능을 드러낼 수 있는 큰 에피소드가 있다면 한 가지만을 강조해서 쓰는 것도 좋다. 하지만 대부분의 학생들은 최고가 되어 본 적보다는 차상위권이나 그 이하인 경우가 더 많다. 이런 경우 여러 가지 경험을 짜임새 있게 구성하여 도전한 과정을 기술한다면 자신만의 열정과 적성을 어필하는데 더 도움이 될 것이다. 예를 들어, 과학에 흥미가 있어 발명 대회에 참여하여 유리창을 닦는 다양한 도구들을 만들었다면, 그 과정에서 물기를 제거하는 고무와 우레탄폼이 신기해서 폴리우레탄을 제작하는 약품을 구해 조성을 달리하여 다양한 우레탄을 만들어 활용해보았다, 라는 식으로 <u>관심사를 개발하고 발전시킨 사례들을 정리한다면 어떠한 수상 경험보다 면접관에게 더 많은 관심을 이끌어 내 유리한 질문을 받을 수 있고 합격에</u>

도 도움이 될 것이다.

19) 솔직한 자기소개서와 어느 정도 꾸며진 자기소개서, 둘 중 어느 방향이 좋을지 고민입니다.

물론 꾸미는 것보다는 솔직한 자기소개서가 좋겠지만, 한 가지 꼭 당부하고 싶은 것은 너무 솔직하게 하여 자신의 단점을 드러내는 것은 곤란하다는 것이다. 자기소개서의 제한된 분량을 생각한다면 자신만의 강점을 어필하기에도 부족하다. 장래희망을 기술하라는 질문에 아직은 장래희망을 찾지 못했다거나, 단점을 쓰라는 질문에 집중력이 약해 책상에 오래 앉아 있지 못한다거나, 지구력이 부족하여 끈기있게 실험을 하기 어려웠다거나, 하는 등의 약점을 여과 없이 드러낸다면 도리어 당락에 결정적 영향을 미칠 수 있다. 강점을 중심으로 정리하되, 단점을 꼭 써야 한다면 학습 태도나 성과에 크게 영향을 주지 않을만한 것으로, 특히 어떠한 방법으로 보완하고 있다는 내용을 구체적이고 긍정적으로 기술해주는 것이 중요하다.

7
전국 100명 이상
쓰지 못할 특별한
내용으로 무장하라

많은 지원자들이 쓰는 평범한 자기소개서 내용

- 생활기록부에 있는 내용
- 책 많이 읽는 것! 천 권 만 권 ….
- 300명 이상이 가는 사설 캠프에 다녀온 것
- 수학 문제 오래 풀고, 열심히 풀고, 풀릴 때까지 수학문제 무용담
- 과학실험 경험
- 단순 영재교육원 수업 내용
- 만 명 이상이 보는 사설 경시대회 참가기

자기소개서는 예술 작품이 아니다. 내 아이의 진로 적성을 찾기 위한 노력의 과정을 담은 진솔한 성장스토리이다. 화려한 문장력도 구상력도 아닌 그 안에 입학담당관들이 내 아이의 재능사례를 평가할 수 있는 다양한 에피소드와 사실들을

중심으로 기재되어야 한다.

자기소개서 샘플을 제공하는 포트폴리오뱅크(www.portfoliobank.co.kr) 사이트에 가면 더 최신 자기소개서들을 업데이트하고 있다. 간혹 자기소개서를 잘 못 쓰겠다면서 대필이 가능한지를 묻는 사람들도 있고, 실제로 대필하는 사이트도 있는데, 문장력은 그리 중요한 것이 아니다. 내 아이의 성장 스토리를 제일 잘하는 것은 학생 본인과 부모다. 그러기에 가장 좋은 자기소개서를 쓸 수 있는 것이다.

이 책에는 영재교육원 특목고의 자기소개서들이 들어 있는데 대체로 자신의 꿈이 있고 논리적으로 꿈을 가지게 된 계기와 일관되게 노력한 사례들이 적혀 있다. 따라서 우선 꿈을 가지는 것이 자기소개서 구성을 위한 첫걸음이라고 생각하면 좋겠다. **기업들도 선발방식을 바꿔서 창의적인 인재, 미래지향적인 인재를 선발하고 있고 대학입시와 특목고 영재교육원 선발 방식도 바뀌고 있다. 지식을 많이 쌓는 것만이 진학에서 평가되지 않는다.** 자기소개서 지도를 하다 보면 꿈을 아직 정하지 못했다는 학생들이 많다. 그리고 수학, 과학을 공부하면서 앞으로 차차 꿈을 정해보겠다고 기록하는 학생들이 많은데, 이는 장래희망은 무엇이냐는 질문에 "앞으로 찾아보겠다"는 답은 적절한 대답이 아니다. 학생 때 정한 꿈은 성장하면서 으레 바뀌기 마련이다. 그런데 마치 수학 문제에서 정답을 찾듯이 장래희망에서도 확실한 정답을 찾으려고 한다면 그리 바람직하지 않다. 학창시절이란 꿈을 찾아가는 시기라 생각하고 다양한 관심사를 가지고 현재 흥미로운 분야에 대해 지식을 쌓고 경험을 늘려서 장래희망을 보다 구체화한다면 입시뿐만이 아니라 긴 인생에 더 큰 도움이 될 것이다.

또 학교 안에서 과도하게 경쟁하지 말라고 당부하고 싶다. 최근 학교에서 과도한 내신 경쟁으로 다양한 분쟁 사례들을 듣게 된다. **그런데 특목고나 대학을 진학할**

때는 결국 전국구의 경쟁을 해야 한다. 교내에서의 경쟁에만 집중하는 것은 좁은 안목이다. 원활한 교내활동과 상호 시너지가 날 수 있는 생활을 위해서는 아래의 사항을 명심하는 것이 좋다.

좋은 자기소개서 구상을 위한 행동지침

1. 우수한 팀워크를 형성할 라이벌급의 우수한 친구들을 찾아라.

2. 혼자 할 수 있는 것은 무조건 혼자 해라.

3. 우리 스스로를 경계해라!

4. 엄마 아빠 재력으로 돕긴 하지만, 아이의 스펙은 돈으로만 만들지 마라.

5. 대학부설 영재교육원이나 교육청 영재교육원, 동아리 활동 등 소속을 만들어라.

6. 특별한 스펙을 하나 만들고 뭐든 연계성이 중요하다.

7. 목표에 맞는 대회나 스펙만 준비해라. (계속성, 지속성)

8. 너나 할 것 없이 싸우지 말고 잘 지내라.

9. 남들이 한다고 벌떼같이 몰려가지 마라.

10. 학교 홈페이지를 두 곳 이상 검색해라.

11. 원하는 학교의 입시전형을 품고 다녀라.

엄마가 넓은 시야를 가지고 멀리 보고 아이의 흥미를 찾아 탐구하며 엄마와 아이 함께 자라는 것이 중요하다. 보다 멀리 보고 여유를 가지고 넓게 생각하며 아이의 꿈을 찾아서 함께 만들어가는 자기소개서를 엄마와 함께 작성해 본다면, 분명 진학에도 성공할 것이고, 무엇보다 행복하게 자신의 미래의 주인공을 성장할 수 있을 것이다.

2장

실전!
합격 자기소개서
따라잡기

60명 합격생의
자기소개서
대공개

　자기소개서를 잘 쓰기 위한 가장 효과적인 방법은 제대로 쓴, 실제로 합격을 이끌어준 자기소개서를 많이 보는 것이 아닐까 싶다. 독자들에게 좀 더 직접적인 도움이 되고자 총 60개에 달하는 실제 합격생 혹은 합격생은 아니지만 수준높은 자기소개서를 정리하였다. 60명 학생들의 자기소개서를 읽다 보면, 각각의 합격생들이 언제부터 어떻게 자신의 특성을 살려 학습하고 포트폴리오를 쌓아왔는지를 알 수 있을 것이다. 이 책을 읽는 학생들과 학부모들에게 좋은 자극 겸 참고자료가 될 것이라 자신한다.

　자기소개서를 쓰던 당시 학생들의 학년을 초등저, 초등고, 중등, 과학고, 특목고 지망으로 구분하고 이들이 자기소개서에서 핵심적으로 어필하고자 한 내용을 키워드로 정리하여 독자들의 이해를 돕고자 하였다. 그리고 미리 준비한 예상문제와 답변, 그리고 현장에서 실제로 심사위원들로부터 질의 받은 내용을 정리하여 독자들이 실제 면접에서 참고할 수 있도록 하였다. 또한 과학고 지원자들의 자기소개서도 첨부하여 이공계 영재들이 자기 목표를 뚜렷하게 세우고 나아갈 길을 모색하는 데 도움이 될 것이다.

학생들이 쓴 자기소개서를 최대한 그대로 유지하였으나, 올바른 전달을 위해 편집과정에서 일부 바르지 못한 단어와 문장, 표현들은 수정하였음을 미리 알려 둔다. 간혹 존댓말과 반말이 혼재된 자기소개서가 있는데, 지정된 글자 수를 맞추기 위해 학생들이 조정한 경우에는 그대로 두었다. 또한 지원자들과 해당 교육원의 보호를 위해 교육원의 이름과 지원자들의 신상은 무기명으로 처리한 점에 대해 독자 여러분의 이해를 부탁드린다.

안녕하십니까? ＊＊초등학교 4학년에 재학 중인 ＊＊＊입니다. 저는 유치원을 다닐 때 창의력 상을 탔습니다. 개구쟁이로 새로운 것을 잘 만들어 내던 저의 숨겨진 재능을 칭찬한 상이었습니다. 수학을 푸는 데에 이러한 창의성은 큰 도움이 되었습니다. 저학년 때 저는 수학을 그리 잘하는 편이 아니었습니다. 하지만 교과 수학과는 전혀 다른 사고력 수학을 접하면서 수학을 좋아하게 되었습니다. 단순한 문제들보다는 비록 시간과 노력은 많이 들더라도 복잡하고 어렵게 꼬여 있는 문제들을 해결할 때 오히려 즐겁게 문제를 풀 수 있었습니다. 그러다 보니 자연스럽게 수학 실력도 차츰 늘어나게 되고 제 실력을 더 발전시키고 싶은 욕심이 생겨 이렇게 ＊＊대 영재교육원에 지원을 하게 되었습니다.

수학과 과학은 모든 학문에 기초가 된다고 들었습니다. 그래서 저는 수학을 좋아하지만 저의 장래 희망을 위해 과학도 열심히 하려고 합니다. 하지만 수학은 모든 학문의 기본이고, 가장 자신 있는 과목이라고 생각하여 수학을 전공으로 택하게 되었습니다.

저는 하루일과 중 잠자리에서 책을 읽는 것을 좋아합니다. 잠자기 전 보통 한 권 정도를 꼼꼼히 읽습니다. 한 권의 책이라도 또 읽고 꼼꼼히 되새겨 보다 보면 새롭게 깨닫게 되는 부분이 생기게 되는 것이 정말 즐겁습니다.

올해 교내에서 실시한 독서 퀴즈 대회에서 은상을 받았습니다. 다양한 책을 읽다 보면 내 생각을 논리적으로 표현하는 데 도움이 됩니다. 지식을 쌓는 것도 중요하지만 표현하는 것도 중요하다고 생각합니다. 과학 에세이를 쓰거나 독서록을 써가며 표현력을 키우고 있습니다.

저는 수학분야 중에서도 도형에 관한 분야를 특히 좋아합니다. 글과 숫자가 아닌 그림에서 숨겨진 규칙을 찾아내는 것이 재미있고, 특히 도형은 머릿속에서 그림을 그리듯 보이지 않는 부분을 그려내어 해결해야 한다는 것이 더욱 흥미롭게 합니다. 어려운 문제를 보면 피하기보다는 오히려 더 풀고 싶은 마음이 들고, 풀어냈을 때 기분은 말로 표현할 수 없을 정도로 기쁨을 줍니다.

저의 장래 희망은 의사입니다. 인체에 관한 책을 보면 무척 흥미롭습니다. 우리의 몸에 대하여 알게 되어 평소에 중요하게 느껴지지 않던 몸이 중요하게 느껴집니다. 최근 신종 인플루엔자로 인해 전 세계에서 많은 사람이 죽었습니다. 이런 새로운 병은 치료법을 모르기 때문에 사람이 많이 죽은 것입니다. 이런 병을 막는 치료법을 연구하고 싶습니다. 병을 치료하는 의사가 되어 경험을 쌓은 후, 세계보건복지기구와 같이 세계를 위해 일하고 싶습니다.

저는 **대 영재교육원에서 훌륭한 교수님의 교육을 들으며 저의 꿈을 위해 열심히 노력하겠습니다.

 ## 자기소개서 연관 예상 질문과 답안

대표 예상 질문
Q 수학을 배우는 목적과 그에 맞는 이유 2가지는?

예상 답안
A 생각의 힘을 기르는 데에는 수학이 가장 좋은 학문이다. 우선 생활에 필요한 단순 계산들을 빠르게 해결할 수 있고, 창의적인 아이디어도 남들보다 더 쉽게 떠오른다. 무엇보다도 분석력과 종합력, 그리고 사고력을 기르는 데에 수학이 필요하다.

 ## 추가 예상 질문

❶ 수학은 왜 모든 학문의 기본이 되는 것이라 생각하는가?
❷ 책 읽는 것을 좋아한다고 했는데, 특별히 기억에 남는 과학책과 그 이유는? 또, 어떤 분야의 서적에 관심이 있는가?
❸ 단순한 계산문제보다는 창의성을 요구하는 문제를 좋아한다고 했는데, 한 문제를 소개하고 풀이를 해보라.
❹ 장래 희망이 의사라고 했는데, 수학을 공부해서 어떻게 의학에 적용할 수 있다고 생각하는가?

KEYWORD

수학
과학자
소피 제르맹
(수학자)

안녕하세요. 저는 수학을 너무너무 좋아하는 ＊＊초등학교 4학년 ＊＊＊입니다. 저는 수학이 좋아서 수학을 소개하는 책이며, 만화책이든 이야기책이든 가리지 않고 몇 번이고 읽고 또 읽습니다. 그러다 보니 학교에서 수학을 배우면서 왠지 모르게 부족함을 많이 느꼈고 그래서 수학 문제집을 사서 풀었는데, 모르는 것과 궁금한 것들이 더 많아졌습니다. 그것을 알게 되신 학교 담임선생님께서 저에게 ＊＊대학교 영재교육원에서는 수학의 모든 궁금증을 다 풀어주신다고 하시면서 추천해 주셨습니다. 그래서 저는 ＊＊대학교 영재교육원에 입학해서 수학에 대해서 궁금했던 것들을 자세히 알고 싶고, 수학 공부를 더 많이 하고 싶어서 지원하게 되었어요.

저는 수학 문제 풀 때가 제일 즐겁고 재미있어서 아주 많이 집중하게 됩니다. 좀 어려운 문제는 며칠씩 고민해서 푸는데, 풀고 나면 며칠 동안은 날아다니는 것처럼 기분이 좋습니다. 저는 수학 중에서 수열을 제일 좋아합니다. 수열은 어떤 규칙들이 숨어 있고 그 규칙을 찾아서 풀게 되는데, 규칙을 찾아내고 문제를 해결할 때마다 너무너무 기분이 좋고 뿌듯합니다. 예전에 정말 고민을 많이 했던 문제가 있었는데, 삼각형 안에 있는 4개의 숫자들의 규칙을 찾아서 둘째, 셋째, 넷째 번째에 있는 삼각형 안에 그 규칙을 적용하여서 규칙이 적용되면 마지막에 있는 삼각형의 가운데 숫자를 채워 넣는 것이었어요. 저는 일주일 동안 정말 많은 고민을 하다가 결국은 스스로 답을 찾았는데, 그때는 진짜 너무 기뻤고, 방방 뛰어다니며 누구든지 붙잡고 그 규칙을 설명해 주고 싶었습니다. 저는 수학자들 중에서 '소피 제르맹'이라는 프랑스의 여성 수학자를 가장 존경합니다. 그 시대에는 '여자가 수학을 공부한다는 것은 여자답지 못하다'고 수학 공부를 못 하게 했답니다. 그런데 '르블랑'이라는 남자 이름을 빌려서까지 수학 공부를 했던 열정과 끈기가 정말 감동적이었습니다. 저도 소피 제르맹의 수학적인 열정과 끈기를 갖고 수학을 열심히 공부해서 소피 제르맹 같은 수학자가 되고 싶습니다.

저는 요즘 학교에서 수학을 어려워하는 친구들에게 수학을 가르쳐 주고 있습니다. 가르치는 것이 재미있고 좋아서 저의 장래 희망은 수학자가 되는 것입니다. 수학자가 장래 희망인 저는 ＊＊대학교 영재교육원에 꼭 합격해서 다니고 싶습니다. 그래서 수학 교수님들께 수학에 대하여 많은 것을 공부하고 싶고, 궁금한 점들을 여쭤보고 싶습니다.

 자기소개서 연관 예상 질문과 답안

대표 예상 질문

Q 삼각형이 만들어지기 위한 조건과 삼각형만이 가지고 있는 특징을 말해보시오.

예상 답안

A 삼각형은 변이 3개이다. 또한 삼각형을 합쳐서 다른 n각형을 만들어 낼 수 있다. 한 개의 변의 길이가 다른 두 변의 길이의 합보다 작다.

 추가 예상 질문

❶ 수학 교수님들께 질문할 내용을 하나만 들어보라.
❷ 친구들에게 수학을 가르쳐줄 때, 어떤 면모가 필요하다고 생각하는가?
❸ 자기소개서에서 언급한 수학 문제를 간단히 풀이해보라.
❹ 수학을 만화책과 이야기책으로 각각 배웠을 때, 어느 것이 더 이해하는 데 효과적이고, 기억에 오래 남았는가?
❺ 평소에 끈기를 가지고 포기하지 않았던 일이 있었는가? 무엇이었나?

1. ＊＊대학교 과학영재교육원 해당 전공으로 지원하게 된 동기에 관하여 기술하십시오.

저는 어려서부터 숫자에 관심이 많았고, 선생님들께서는 숫자 감각이 좋다고도 말씀해 주셨고요. 그래서 자연스럽게 수학과 과학을 좋아하게 되었습니다. 3학년 때부터 지금까지 어린이 과학동아와 수학동아 잡지를 구독해 보는데 그 속은 너무나 신기한 세계였습니다. 전기로 불을 끄는 방법, 누런 이가 더 좋은 이유, 플라시보 효과 등 정말 신기한 과학 원리들이 있었습니다. 그래서 저는 2주에 한 번 오는 과학동아가 도착하는 날만을 손꼽아 기다리기도 했습니다. 저는 과학동아에서 알려주는 다양한 과학 실험들을 직접 해보기도 하고, 4학년 때는 학교 과학영재 학급에 당당히 합격하여 수학과 과학 원리를 더 깊게 배우며 흥미를 높이고 있습니다.
점점 커져가는 과학에 대한 호기심을 ＊＊대 영재 심화반에서 더욱 깊게 배우고 연구해서 과학자가 되고 싶습니다.

2. 지원한 전공과 관련하여 스스로 영재성이 있다고 생각하게 된 계기나 경험들을 3가지 이내로 기술하십시오.

저는 과학·수학 잡지를 보는 일이 제일 행복합니다. 한 호를 두세 번 보는 것은 기본이지요. 또, 거기서 배운 내용들을 이모에게 문제 내기를 좋아합니다. 이모가 말한 답이 틀렸는데도 우기실 때 제가 보았던 잡지와 과학책들을 뒤져서 이모에게 제 말이 맞음을 증명해 보였습니다. 이런 일은 지금도 매우 자주 일어납니다.
저는 책에서 배운 과학 원리를 생활 속에 잘 적용합니다. 엄마께서 두통 때문에 드신 약이 나중에는 진통제가 아니었음을 알았을 때 제가 위약효과 즉 플라시보 효과라고 말해서 가족이 모두 제게 제일 유식하다며 놀라셨습니다.

4학년인 지금은 직접 실험, 관찰하는 것을 좋아합니다. 책에서 배운 것을 직접 찾아보는 일이 재미있어요. 특히, 문제집에서 어려운 문제나 처음 접하는 문제를 끙끙거리며 푸는 것을 좋아합니다.

3. 지원 전공과 관련된 내용을 학교에서 배울 때 가장 흥미로웠던 학습 주제를 소개하고 그에 관해서 심화해서 배우거나 연구한다면 어떻게 학습할 것인지 간략한 학습 계획을 작성해 보세요.

저는 3, 4학년 때 했던 생물 관찰이 재미있었습니다. 특히 식물의 한살이나 누에의 한 살이, 메추라기의 부화와 성장 관찰이 매우 흥미로웠지요. 왜냐하면 우리 생활모습과 많이 비슷하기 때문입니다. 제가 관찰한 것들은 짧게 살고 죽지만 우리가 태어나서 죽는 것과 닮았습니다. 우리도 생물이니까요. 지금은 생물이 살고 있는 땅과 하늘에 대해서 관심이 생깁니다. 학교에서 지층에 대해서 배웠는데 오랜 시간 동안 깎이고 쌓이는 과정이 반복되어 지형이 변한다는 것이 신기했지요. 지금도 그렇게 변하고 있으니 연구해 보고 싶습니다. 또 얼마 전에 역사책에서 보았는데 옛날에는 천문학자들은 매우 유식한 사람이었고 높은 벼슬을 하기도 했답니다. 천문학을 통해 농사도 짓고 전쟁도 했기 때문이래요. 저는 심화반이 되면 지구과학에 대해 더 깊게 공부하고 싶습니다.

4. 앞으로의 진로 계획 및 장래 희망에 대하여 기술하고, 선택한 진로를 위해 앞으로 어떤 노력을 할 것인지 계획을 써 보세요.

저는 과학자나 수학자가 되고 싶습니다. 아직 어느 분야가 더 좋은지 잘 모르겠습니다. 그래서 지금은 생물, 화학, 물리, 지구과학, 기계, 수학 등 다양하게 배우고 싶습니다. 그러다가 제가 중학생이 되면 좋아하는 분야가 생길 것 같고 그때 그 분야를 더 집중적으로 공부할 생각입니다. 심화반 공부를 하면서 구체적인 전공을 찾고 싶습니다.

저는 어떤 분야가 되든 노벨상을 받을 만큼 훌륭한 연구를 하는 학자가 될 것입니다. 그래서 그 연구가 이태석 신부님처럼 여러 사람들을 위해 사용되었으면 좋겠습니다. 그러기 위해서 집중하고, 책을 많이 읽고 무엇이든 흥미를 가지고 생각을 깊게 하는 노력을 하겠습니다. 항상 생활 주변에서 일어나는 현상들에 대해 호기심을 갖고 관찰하겠습니다. 그리고 항상 겸손하게 많은 사람들에게 덕을 베풀 수 있도록 할 것입니다.

 자기소개서 연관 예상 질문과 답안

대표 예상 질문

Q 도형이란 무엇인가? 왜 도형이 수학에서 중요한 영역인가? 도형이 실생활에 사용되는 예를 3가지 들어 보시오.

예상 답안

A 수학이 실생활에 적용되려면 어떠한 형태로써 표현되므로 그 기반이 되는 도형이 수학에서 중요하다. 직사각형 모형의 벽돌, 둘둘 말아놓은 두루마리 휴지, 직사각형으로 이루어진 수납장

 추가 예상 질문

❶ 수학/과학동아에서 나온 원리(전기로 불을 끄는 방법, 누런 이가 더 좋은 이유 등)에 대해 설명해보라.

❷ 자신이 연구한 내용으로 다른 사람을 돕고 싶다는 생각이 든 이유는? 동기가 있었는가?

❸ 지금까지 본인이 관찰한 생활 주변에서 일어나는 현상들은 무엇들이 있었는가?

❹ 다른 친구들과는 달리, 왜 아직까지 본인이 연구하고 싶은 분야를 찾지 못했다고 생각하는가?

❺ 학교 영재학급을 통해 얻은 점은 무엇이고, 어떤 내용들을 배웠나?

Case

04

KEYWORD

모형항공 경진대회
KME 수학경시대회
물리

저는 ＊＊초등학교 4학년에 재학 중인 ＊＊＊입니다. 어린이 과학잡지를 정기구독하던 저는 그 책을 통해 과학에 대해 조금씩 재미를 느끼게 되었습니다. 특히 책 속에서 소개되는 과학실험과 책의 부록인 과학실험 키트를 하며 과학실험이야말로 재미있고 열심히 공부하고 싶은 분야라는 것을 알게 되었습니다. 엄마께서는 좀 더 체계적이고 좋은 환경 속에서 과학을 접하게 해주고 싶다고 하시면서 ＊＊대 영재교육원에 도전하도록 권유를 하게 되셨습니다. 그리고 열심히 노력한 덕분인지 2차까지 합격하게 되어 정말 기쁘고, 얼마 남지 않은 면접까지 최선을 다해 노력하겠습니다.

저는 엄마와 함께 서점에 가서 과학 관련 책이나 잡지를 찾아보고 읽어보는 것이 취미입니다. 책을 읽다 보면 제가 경험해보지 못했던 세상이 있는 것 같고, 그런 이론이나 경험들을 언젠가는 꼭 직접 해보고 싶다는 욕심이 생기게 됩니다. 또한 저는 과학이 일상생활에서도 많이 접해있다고 생각을 합니다. 그래서 과학은 정말 꼭 필요한 공부이며 열심히 공부하여 많은 사람들에게 도움을 줄 수 있는 과학자가 되고 싶습니다.

저는 실험하는 것과 여러 가지 재활용품으로 새로운 물건을 만드는 것을 좋아합니다. 집에서 쓰고 남은 여러 용기로 미래의 멋진 우주선도 만들어 보았고, 재활용처럼 전혀 다른 물건들을 이용해서 어떤 새로운 걸 만들지 생각하는 건 정말 즐거운 일입니다. 올 봄 교내에서 있었던 모형 항공기 경진 대회에서 글라이더를 만들어 최우수상을 받았습니다. 그리고 이번 가을 ＊＊＊ 수학경시대회에서 금상을 받게 되었습니다. 또한 ＊＊＊ 한국 과학영재올림피아드 대회에서 아직 시상식은 하지 않았지만 장려상도 받게 되었습니다. 큰상은 아니지만 너무 기쁘고, 부모님께서도 많은 격려와 칭찬을 해주셨습니다. 이런 상들을 받으면서 자신감이 많이 생기는 것 같고, 앞으로도 더욱 열심히 공부해야겠다는 욕심도 생기게 됩니다. 그래서 내년에도 도전해볼 생각입니다.

＊＊대 영재교육원에 합격을 하게 된다면 제가 생각으로만 해오던 실험과 공부를 열심히 하고 싶습니다. ＊＊대 영재교육원에서 열심히 배운 후 더 큰 꿈인 과학고에 진학 후 창의적이고 사고력적인 공부를 하여 대학 진학 시 물리학을 전공해서 이 사회에서 꼭 필요로 하는 물리학자가 되고 싶습니다. 저의 미래의 꿈을 위해 첫발을 내디딜 수 있는 좋은 기회인 ＊＊대 영재교육원에서 훌륭하신 교수님들과 열심히 배우고 공부하여, 제가 미처 몰랐던 새로운 일들에 대해서도 더 알고 배우고 싶습니다.

감사합니다.

 자기소개서 연관 예상 질문과 답안

대표 예상 질문

Q 실험이 어려운 것이 있는데, 내일까지 결과 보고서를 내야 되는 상황이다. 친구는 실험을 하지 않아도 충분히 보고서를 조작해서 쓸 수 있다고 한다. 어떻게 하겠는가?

예상 답안

A 실험을 여러 번 진행해서 평균값을 도출하면 더 정확한 결과를 얻을 수 있겠지만, 시간이 촉박한 상황에서 반드시 보고서를 제출해야 한다면 실험을 간단히 정리하여 진행하고 우선 결과보고서를 작성한다. 그리고 시간적 여유가 있을 때 부족했던 추가실험을 진행한다.

 추가 예상 질문

❶ 많은 수학, 과학 대회에 참여했는데, 이를 통해 얻은 점은 무엇인가?
❷ 물리학자가 사회에 필요한 이유는 무엇이라고 생각하는가? 구체적인 예도 함께 들어보라.
❸ 직접 재활용품으로 새로운 물건을 만들어보았다고 했는데, 발명의 차원에서 도움이 될만한 물건을 만든 적이 있는가? 있다면 소개해보라.
❹ 올림피아드에서 시상은 하지 못하였지만, 그동안 준비를 하면서 얻은 게 있다면 말해보라.
❺ 부모님께서 자신의 학업에 구체적으로 어떻게 도움을 주시는가?

Case
05

KEYWORD

수학경시대회
대학영재
건축

1. **대학교 과학영재교육원에 지원하게 된 동기를 기술하세요.

2학년 때 **대 영재로 선발되어 3학년 1년 동안 과학영재교육원에서 공부를 하였고 4학년 때는 학교에서 단위학급영재에 선발되어 지금 수학과 과학을 공부하고 있습니다. 영재원에서 공부할 때였습니다. 무게중심 찾기 수업이 있었는데 어떤 모양이든지 규칙에 따라 무게중심을 찾아내는 방법이 너무나 재미있었습니다. 건축에 대해 공부할 시간이 있었는데 이 시간은 저의 꿈인 건축가가 되기 위해 필요한 것을 배우는 유익한 시간이었습니다. 이 수업에서 탑 높이 쌓기 대결을 해서 우리 팀이 가장 높이 쌓았던 것이 기억에 남습니다. 제가 좋아하고 제게 꼭 필요한 수학을 좀 더 재미있고 집중해서 배우고 싶어서 지원하게 되었습니다. 즐겁게 영재 수업을 받았던 때처럼 열심히 하겠습니다.

2. 지원 전공(수학 또는 과학)에 대하여 흥미와 관심을 가지게 된 계기를 기술하세요.

집에 있던 반 고흐의 작품 '해바라기' 500피스 퍼즐을 며칠 동안 모두 맞춘 이후 퍼즐을 맞추는 취미를 가지게 되었습니다. 단위학급 영재 수업 때 스핑크스 퍼즐로 정삼각형을 만드는 수업을 했는데 다른 친구들 모두 4개를 만드는 동안 저는 혼자서 10개를 만들어 변함없는 퍼즐 실력을 가지고 있다고 생각합니다. 수학 학원에 다녀본 적이 없는 저는 집에서 수학 심화 문제 푸는 것을 즐겨합니다. 제 실력이 어느 정도인지 점검해 보고 싶어서 도전했던 **대와 수학 경시대회에서 좋은 결과를 얻었고, 지금도 틈틈이 심화 문제를 풉니다. 평상시 규칙이나 수열 같은 것에서 공식을 찾아내는 것을 좋아하는 저는 영재원 수업 중 시어핀스키 피라미드 공부시간에 피라미드 개수를 구하는 공식 2^2n을 찾아내기도 하였습니다.

3. 교내(영재학급, 과학영재교육원 포함)에서 참가, 참여했던 지원 전공 분야(수학 또는 과학) 관련 대회 또는 활동 중 가장 인상 깊었던 과정과 그 내용을 기술하세요.

4학년 1학기 때 8단원 규칙 찾기가 가장 흥미로웠습니다. **대 영재교육원에서 공부하게 되면 다양한 규칙 찾기에 대해 공부하여 여러 수열을 만들어 보고 피보나치 수열처럼 주변에서 많이 찾을 수 있는 수열에 대해 여러 가지 연구를 하고 싶습니다. 요즘 저는 똑같이 생긴 아파트의 배열도 피보나치 수열로 하면 어떨까 하고 생각했었습니다. 지금의 아파트 모양을 만약 다른 배열로 한다면 어떤 배열이 가장 효율적인지, 햇볕이 어떻게 하면 많이 올지, 앞의 전망이 좋으려면 어떻게 해야 할지를 피보나치 수열과 관련지어 연구하고 싶습니다. 황금비에 대한 것도 함께 연구할 것입니다. 그래서 제가 크면 연구한 것을 바탕으로 저만의 아파트 단지를 건설하고 싶습니다.

4. 지원 전공 분야 외에 본인이 가장 자신 있는 분야와 자신 있어 하는 이유를 기술하세요.

앞으로 건축가가 되는 것이 저의 꿈입니다. 아름답고 멋진 건축물이 주위 환경과 조화를 이루는 모습을 생각하면 기분이 너무 좋습니다. 건축가가 되기 위해서 **대학교 과학영재교육원에서 심화, 사사 과정을 거쳐 영재고등학교에 간 뒤 과학과 수학을 더 많이 공부할 것입니다. 수학을 많이 공부해서 더 아름다운 건축물을 설계할 것입니다. 오랫동안 건물을 안전하게 보호하는 내진 설계, 힘의 분산과 같은 물리적인 법칙도 공부할 것입니다. 건축을 위한 여러 가지 공부를 하기 위해 틈날 때마다 도서관에서 많은 책을 읽고 있습니다. 건축 잡지도 재미있습니다. 앞으로 다양한 실험을

해 보고 유명한 건축물을 보면서 그 속에 숨어 있는 수학적인 규칙
을 찾으면서 앞으로 세계 최고의 건축물을 만들어 보겠습니다.

자기소개서 연관 예상 질문과 답안

대표 예상 질문

Q 도형이란 무엇인가? 왜 도형이 수학에서 중요한 영역인가? 도형이 실생활에 사용되는 예를 3가지
들어 보시오.

예상 답안

A 수학이 실생활에 적용되려면 어떠한 형태로써 표현되므로 그 기반이 되는 도형이 수학에서 중
요하다. 직사각형 모형의 벽돌, 둘둘 말아놓은 두루마리 휴지, 직사각형으로 이루어진 수납장
등을 들 수 있다.

추가 예상 질문

❶ 과학적 원리가 건축에 구체적으로 적용되는지 예를 하나 들고 설명하라.
❷ 본인이 생각하는 아름다운 건축물의 조건은 무엇인지 들고, 그에 맞는 유명 건축물은 무엇이
있는지 예를 들어보라.
❸ 피보나치 수열이 실생활에 적용되는 예를 들어보라.
❹ 건축가가 되어 건물을 설계한다면, 어떤 점에 가장 중점을 둘 것인가? 건축가의 자질은 무엇
이라고 생각하는가?

1. ＊＊대학교 과학영재교육원 해당 전공으로 지원하게 된 동기에 관하여 기술하십시오. (400자 이내)

저는 수학에 흥미가 많고 외교관이 꿈인 4학년 ＊＊＊입니다. 저는 어려운 문제를 풀 때면 머릿속에 문제가 그려지면서 쉽게 빠져듭니다. 그게 너무 재밌어요. 책을 볼 때도 그래요. 최근에 스티브 잡스가 애플이라는 회사를 새로운 제품들에 대한 아이디어로 부도 위기에서 구할 수 있었다는 내용을 읽는데 그 상황이 머릿속에 그려졌어요.

분수에 대한 책을 읽으면 주위에 있는 물체들을 나눠보면 크기가 어떻게 될까? 어떻게 나눠볼 수 있을까를 상상하게 돼요. 이렇게 하다 보니 더 복잡한 문제를 풀고 싶어지고 새로운 것을 많이 공부하고 싶어서, 학교에서 영재반 수업을 들었어요. 평소 수업시간에도 많은 칭찬을 해주시던 선생님께서 ＊＊대 영재교육원에 들어가면 어떻겠냐고 추천해 주셔서 지원하게 되었습니다.

2. 지원한 전공과 관련하여 스스로 영재성이 있다고 생각하게 된 계기나 경험들을 3가지 이내로 기술하시오. (400자 이내)

어려서부터 지금까지 엄마 자기 전에 꼭 책을 읽어주셨어요. 그래서인지 이해력이 빠르다는 얘기를 자주 듣습니다. 영재학급 수업을 들으면서 선생님께서 제가 다른 친구들보다 문제를 잘 푼다는 칭찬을 많이 하셨어요. 한 번은 파리가 움직인 총 거리를 구하는 문제를 푸는데 기관차가 돌진해 오는 속력과 파리가 움직이는 속도를 계산해서 차분히 문제를 풀었어요. 꼼꼼하게 풀이과정을 잘 쓴다며 스도쿠도 제일 빨리 풀었다는 것을 기억해주셔서 스도쿠가 더 재밌어졌어요. 또 퍼즐을 맞추는 모습을 보시고 대개 여자 친구들은 별로 좋아하지 않던데, 하시며 "우리 ＊＊는 퍼즐과 도형에 가장 킹하구나"라고 말씀해주셔서 정말 신이 났습니다.

3. 지원 전공과 관련된 내용을 학교에서 배울 때 가장 흥미로웠던 학습 주제를 소개하고, 그에 관하여 심화해서 배우거나 연구한다면 어떻게 학습할 것인지 간략한 학습 계획을 작성해보세요. (400자 이내)

간이 사진기를 만든 적이 있는데 구멍 뚫린 통을 원래 통과 멀리할수록 상이 커지는 것이 신기했어요. 그림자가 생기는 위치도 변하는데, 레오나르도 다빈치가 원근법을 잘했다는 것을 위인전에서 읽은 것이 생각났어요. 간이 사진기 안에도 원근법이 들어있다는 것을 알게 된 후, 직접 종이에 선을 그리고 다양한 닮은 도형을 그려 보았어요. 멀어질수록 도형이 커졌어요. 이번에도 또 과학 속에서 수학을 찾을 수 있었어요. 어려운 내용을 배우고 나면 우리 주변에서 과학 속에 들어있는 수학을 더 찾을 수 있을 것 같아요. 또한 요즘 대체에너지 문제에 대해 배우고 있는데 과학으로 에너지를 절약하는 법에 대해 연구하고 직접 실천해서 수학적으로 얼마나 절약되는지도 알아보고 싶습니다.

4. 앞으로의 진로 계획 및 장래 희망에 대하여 기술하고, 선택한 진로를 위해 앞으로 어떤 노력을 할 것인지 계획을 써 보세요. (400자 이내)

얼마 전에 분수에 대한 책을 읽었는데 정말 흥미로웠어요. 수학을 우리 생활에 이용해서 공평하게 나누는 것이 중요하다는 생각을 자주 하게 되었습니다. 그래서 전 공평하게 나라 사이의 문제를 해결하고 나라 간의 이익을 잘 계산해서 싸움이 일어나지 않도록 노력하는 외교관이 되고 싶습니다.

저는 외교관이 되기 위해 필요한 수학, 영어, 과학에 관한 책을 많이 읽고 잘 기억하려고 독서록을 쓰고 있으며, 단위 영재학급 수업도 누구보다 열심히 듣고 있습니다. 하지만 제 꿈을 이루기 위해서 더 크고 배울 것이 많은 ＊＊대 영재교육원에 꼭 들어가서 제 실력이 어디까지인지 알아보고 싶고 끝없는 도전을 해보고 싶습니다. 감사합니다.

 자기소개서 연관 예상 질문과 답안

대표 예상 질문

Q a, b, c, d 네 사람이 자원봉사를 하려고 한다. 봉사지는 두 곳인데 두 사람이 같은 봉사를 해야 한다. 두 사람이 함께 할 수 있는 방법은 모두 몇 가지인가?

예상 답안

A (4명의 사람을 2그룹으로 나누는 경우의 수)X(2가지장소)를 계산하면 되므로 3X2=6가지이다.

 추가 예상 질문

❶ 스티브 잡스에 대한 책을 읽었다고 했는데, 이 사람의 어떤 점이 존경스럽다고 생각하는가?
❷ 도형 문제를 풀 때 쉽고 빠르게 풀 수 있는 방법은 무엇이라고 생각하는가? 자신만의 방법이 있다면 소개해보라.
❸ 만들어 본 간이 사진기의 원리에 대해 설명하고, 실제 사진기와의 공통점이 무엇인지 구체적인 부분을 설명하라.
❹ 분수에 대한 책을 읽었다고 했는데, 흥미로운 부분이 구체적으로 어떤 내용인지 말하고, 분수란 무엇인지 정의를 말하라.
❺ 수학 공부를 하는 것이 외교관이 되는 데에 어떤 도움을 줄 수 있다고 생각하는가?

Case
07

KEYWORD

수학
가우스
KME 경시대회
도형
방정식

＊＊초등학교 4학년 ＊＊＊입니다.

평소에 여러 과목 중 수학에 대해 흥미와 재미를 느끼고 있습니다. 언제나 수학을 즐겨서 그런지 학교 담임선생님께서 제게 ＊＊대 영재교육원은 교수님이 재미있고 특별한 수업을 한다고 하시며 열심히 해서 꼭 들어가라고 응원해 주셨습니다. 그래서 ＊＊대 영재교육원에 들어가겠다는 목표를 세우고 마음에 연산과 도형 공부를 혼자서 꾸준히 풀어 보고 모르는 것은 담임선생님께 여쭤가며 공부를 했습니다.

저는 수학자 가우스를 좋아합니다. 가우스가 10세 때 학교 선생님이 1부터 100까지 더해보라고 문제를 냈을 때 1+100, 2+99, 3+98, 즉 101×50=5050이라고 5분 만에 푼 이야기를 읽고 수학자 가우스를 좋아하게 되었습니다. 또, 가우스는 18~19세기 수학을 크게 발전시킨 수학자라고 알고 있는데 저도 가우스와 같은 뛰어난 수학자가 되고 싶습니다. 그래서 누구나 쉽게 수학 문제를 해결하고 수학을 좋아할 수 있는 방법을 연구하고 싶습니다.

특히, 저는 수학에서 도형과 방정식을 좋아합니다. 왜냐하면, 도형은 컴퍼스와 자를 이용하여 도형을 그리는 것이 재미있고, 방정식은 모르는 숫자를 식을 세워서 풀었을 때 그 숫자를 알 수 있는 것이 재미있습니다. 미지의 수 x, y, n, a, b가 무엇일지 미리 생각해 보고, 계산해서 제가 생각했던 것과 같은 답이 나왔을 때 제일 신이 납니다. 문제를 푸는 즐거움 때문에 경시대회에 출전한 적도 많은데, 제 ＊회 KME에서 '동상'을 수상하였습니다.

저는 평소 ＊＊대 영재교육원에 들어갈 수 있다면 교수님과 새로운 문제를 풀어서 답이 나왔을 때의 기분을 상상해 봅니다. 혼자서 공부하는 것보다 영재교육원에 들어가서 친구들과 어려운 문제를 해결하는 방법에 대해 토론도 하고, 교수님들이 주시는 새로운 문제에 함께 도전하면 너무 행복할 것 같습니다. 저처럼 수학을 좋아하고 수학에 빠져있는 친구들과 함께 공부하고 싶습니다.

제 꿈은 수학 문제를 해결하는 것이 얼마나 즐거운가를 학생들에게 재미있게 가르칠 수 있는 수학교수가 되는 것입니다. 수학은 우리 생활 어디에나 있다고 생각해서 제 눈엔 수학이 너무 재미있고 흥미롭습니다. 그런 것을 널리 알릴 수 있는 교수가 되고 싶습니다. 그리고 그 꿈을 이루기 위해서라도 ＊＊대 영재교육원에서 꼭 공부하고 싶습니다. 감사합니다.

 ## 자기소개서 연관 예상 질문과 답안

대표 예상 질문
Q 수학이 무엇이라고 생각합니까?

예상 답안
A 내가 생각하는 수학이란 실생활에 묻어나는 학문인 거 같다. 아직까지 내가 배운 내용이 진짜 수학의 아주 일부분이어서 그런 것일지도 모르겠지만, 내가 무언가를 배우면 항상 이것들은 어디에 이용되고 있는지 찾아보곤 하는데, 때문에 수학이 실생활과 그렇게 멀리 떨어져 있는 학문이 아니라는 것이 느껴진다. 또한 매 순간 물건을 사거나 무언가 계산할 때도 그런 생각이 든다.

 ## 추가 예상 질문

❶ 가우스처럼, 본인이 풀어본 문제 중에 다른 친구들과는 다르게 창의적인 방법으로 해결한 문제를 제시하고, 풀이하라.

❷ 도형과 방정식을 이용해서 실생활에 어떻게 문제를 해결할 수 있을지 예를 들어 보시오.

❸ 수학을 잘 못하는 친구가 문제를 물어봤을 때, 어떤 식으로 설명을 해줘야 잘 이해할 것이라고 생각하는가? 문제를 하나 들고, 친구에게 알려주듯이 설명해보라.

❹ 수학교수가 되고 싶다고 했는데, 장래 희망을 갖게 된 동기가 있나? 존경하는 수학 선생님이 있다면 그 이유는 무엇인가?

Case

08

KEYWORD

대학 영재
수학
과학

제가 다섯 살 때의 일입니다. 친구들과 블록 놀이를 하던 중에 다툼이 일어났는데, 서로 더 많은 블록을 가지겠다고 욕심을 부려 일어난 다툼이었다고 합니다. 그때 사칙연산을 모두 알고 있었던 제가 나눗셈을 이용하여 친구들에게 똑같이 나누어 주는 것을 어머니께서 보시고, 놀라신 적이 있다는 말씀을 언젠가 해 주셨습니다. 친구들은 모두 똑같은 개수의 블록을 가지게 되었고, 더 이상 다투지 않게 되면서 저는 나눗셈에 고맙다고 하면서 더 열심히 공부를 했다고 합니다. 어머니의 말씀을 들으면서 수학에 대한 소중함과 재미를 수학을 더욱더 좋아하고 수학에 빠져들게 되었습니다. 어머니의 그 말씀이 제게는 수학자의 꿈을 키우게 해 주었습니다. 수학이 우리 생활에 얼마나 중요한 학문인지를 있는지를 깨닫게 된 후, 수학을 우리 생활에 직접 영향을 미치는 유용한 학문으로 만드는 수학자가 되겠다고 결심한 것입니다.

과학은 우리 생활을 편리하게 만든다는 생각을 가지고 있지만, 대부분의 사람들이 수학을 어렵고 복잡하게만 생각하고 있다는 것을 알고 있습니다. 친구들 중에도 수학을 무조건 거부하고 어렵게만 생각하는 사람들이 많이 있습니다. 그 친구들도 수학이 우리 생활 사소한 곳곳에서 무의식 중에 쓰이고 있다는 것을 깨닫게 되면 분명 수학을 좋아하게 되리라 생각합니다.

제 소중한 꿈을 이루기 위해 더 많은 것을 배우고자 ＊＊대학교 수학 영재원에 지원하게 되었습니다. 올해 ＊＊대학교 영재교육원에서 수학을 배우고 수료하면서 ＊＊대학교에 영재교육원에 들어가면 더 많은 것을 배울 수 있을 것이라는 기대를 더 많이 하게 되었습니다. ＊＊대 영재교육원에 입학하게 되면 최선을 다해 더 열심히 공부할 것이며, 우리 생활에 숨어있는 수학을 찾아내어 친구들에게 알리는 역할을 하고 싶습니다. 감사합니다.

자기소개서 연관 예상 질문과 답안

대표 예상 질문

Q 수학, 과학을 공부해야 하는 이유는?

예상 답안

A 수학과 과학은 문제를 해결할 때 다양한 방법을 시도해보고 원리나 원칙을 생활에 적용하는 데
에 중요하다. 따라서 이런 학습을 통해서 문제를 해결할 때 창의적인 아이디어를 생각해내거나
사고력을 기르는데 이 과목들이 가장 적합하다.

 추가 예상 질문

❶ 수학과 과학이 우리 생활에 직접 영향을 미치는 예를 몇 가지 더 들어보라.

❷ 본인의 꿈을 구체적으로 말하고, 그러기 위해 지금까지 어떤 노력을 해왔고,
앞으로 어떻게 할 계획인지 말하라.

❸ * * 대학교 영재교육원에서 배운 내용 중 인상 깊은 것을 말해보라.

❹ 사칙연산을 5살 때 배웠다고 했는데, 다른 친구들보다 선행학습을 해서 도움이 된 것과,
부정적인 측면은 무엇이었는지 말해보라.

Case
09

KEYWORD

다독상
생물학

＊＊초등학교 4학년 ＊＊＊입니다. 저는 어려서부터 엄마께서 늘 책을 읽어주시고 도서관에 다녀서인지 책 읽는 것을 아주 좋아합니다. 책을 한 번 잡으면 도중에 절대 그만둘 수가 없을 만큼 거기에 푹 빠져듭니다. 그래서 엄마 몰래 알람을 새벽 3시에 맞추어 놓고 일어나 보기도 합니다. 물론 어른들은 건강을 해친다고 걱정하시지만 저는 책이 너무 좋아서 늦게까지 책을 볼 수 있는 방학이 기다려집니다. 다행히 집 가까이에 도서관이 있어서 그곳을 항시 이용합니다. 그래서 세 차례나 도서관에서 다독상을 받기도 했습니다.

어머니는 제가 어릴 적부터 여러 분야의 책들을 접할 수 있도록 지도해 주셨는데, 그 덕에 저는 다양한 분야에 대한 관심을 갖고 있습니다. 미술 등 예술분야 관련 서적이나 소설 등 문학 서적을 통해 작가의 무한한 상상력을 배울 수 있었고, 과학 분야의 책을 통해서는 신비로운 자연 현상 속에 숨겨진 법칙을 배울 수 있었습니다. 그렇지만 제가 만난 모든 책들은 결국 우리가 살고 있는 세상에 대한 따뜻한 사랑을 나누는 법을 가르치고 있다고 생각했습니다. 특히 제가 가장 큰 관심을 가진 자연과학도 마찬가지입니다.

과학 분야에서는 생물과 환경 관련 분야가 특히 흥미롭고 재미있습니다. 그중 재미있게 본 책은 장 앙리 파브르의『파브르 곤충기』, 제인 구달의『인간의 그늘에서』, 레이첼 카슨의 전기, 그리고 박병상 선생님의『우리 동물 이야기』등 이었습니다.

파브르와 제인 구달은 관심 분야는 다르지만 오랜 시간 끈질기게 현상을 관찰하고 기록하고 연구하는 진정한 과학자의 태도를 보여주었습니다. 특히 침팬지에 대한 연구에 일생을 보낸 제인 구달은 정말 위대하다고 생각합니다. 박병상 선생님의 책은 영재교육원 시험 보러 가면서 전철에서 읽었는데 시험의 긴장감을 덜어 주기도 한 책입니다. 우리 주변의 동물과 식물들이 우리 인간에 의해 위협받고 있다는 사실을 알게 되면서 답답하고 속상했습니다. 레이첼 카슨의 전기는 특히 인상적이었습니다. 그녀는 생물과 화학을 연구하는 데 그치지 않고 인간이 이룩한 과학 발전이 환경을 파괴하는 문제를 알리기 위해 노력했는데, 사람들의 차가운 시선에도 아랑곳하지 않고 끊임없이 글을 썼다는 사실이 놀랍고 존경스러웠습니다. 조만간 레이첼 카슨이 쓴 『침묵의 봄』을 꼭 읽어볼 것입니다.

책은 몰랐던 많은 것을 알려 주기도 하지만 저에게는 꿈도 심어 주었습니다. 책들은 재미와 지식만이 아니라 앞으로 내가 무엇을 해야 할지도 알려 주었습니다. 환경과 생물학에 대한 공부를 해야겠다는 꿈이 생겼기 때문입니다. 앞으로 과학은 편하고 빠른 것만을 생각해서는 안 된다고 생각합니다. 내가 공부하는 생물학이 앞으로 자연과 우리 인간이 함께 어울려 살 수 있는 좋을 길을 안내해 줄 수도 있을 거라고 생각합니다. 다행히 저는 글쓰기를 좋아하니 제가 공부하고 연구한 것을 알기 쉽게 글로 써서 사람들에게 알려 줄 것입니다. 레이첼 카슨처럼 말입니다.

대부분의 친구들이 학교에 갔다 오면 학원에 가지만 저는 학원에 다니지 않습니다. 집중력과 끈기가 있는 편이라 학교 공부가 어렵다고 생각된 적은 없습니다. 그렇지만, 비슷한 관심을 가진 친구들과 함께 실험하고 토론하는 창의적인 수업을 받고 싶었습니다. 외국에서는 그런 수업이 많다는 얘기를 듣고 부러워한 적도 있습니다.

얼마 전 학교에서 ＊＊대 영재교육원 이야기를 듣고 지원해 보고 싶었지만, 대부분 아이들이 많이 준비해 왔다는 이야기를 듣고 처음에는 걱정을 했습니다. 하지만 용기를 내서 지원하였고 다행히 2차까지 붙게 되어서 정말 좋았습니다. 그러나 시간이 갈수록 점점 욕심이 생겨납니다. 과학영재교육원에 꼭 합격해서 이곳에서 제 꿈을 펼쳐 나갈 것입니다.

자기소개서 연관 예상 질문과 답안

대표 예상 질문

Q 미술 숙제를 완성해서 제출하려는 찰나, 항상 미술대회에서 1등을 하는 짝이 실수로 내 그림 위에 물을 쏟았다. 나는 어떻게 해야 할까?

예상 답안

A 속상하겠지만 선생님께 말씀드리고 제출을 다시 할 수 있도록 부탁을 드릴 것이다. 솔직하게 말씀드리고 진심이 통한다면 기회는 다시 올 수 있다고 생각한다. 그리고 친구에게도 이 일로 인해 많이 속상한 마음을 솔직하게 표현하여 서로 오해가 생기지 않도록 할 것이다.

추가 예상 질문

❶ 예술 관련 분야의 책을 많이 읽은 것 같은데, 기억에 남는 작품은? 또한 미술에 과학이 어떻게 적용되는지 예를 들어보라.

❷ '묵의 봄'은 읽어 보았는가? 줄거리와 배운 점은 무엇인가? 읽지 않았다면, 읽고 싶다고 생각한 이유는 무엇인가?

❸ 기존 학교수업은 창의적인 수업이라고 하기에 어떤 점이 부족하다고 생각하는가? 영재교육원에 들어와서 배우고 싶은 것은 무엇인가?

❹ 생물학을 배우고 싶은 구체적인 이유는 무엇인가? 동기가 있다면 소개하라.

❺ 생물학은 화학과 함께 많은 실험을 진행하는데, 평소에 잘 알고 있던 생물 실험이 있다면 과정과 결과를 소개하라. 만약 없다면, 어떤 실험을 하고 싶은지 계획해보라.

1. ＊＊대학교 과학영재교육원에 지원하게 된 동기를 기술하세요.

전 꿈이 생물학자인 ＊＊＊입니다. 전 어렸을 때부터 살아있는 것
이 신기했고 어떻게 움직이는 지도 신기했습니다. 그래서 과학책
을 많이 읽었습니다. 그중에서 가장 인상 깊게 읽었던 책은 다윈
의 진화론입니다. 다윈의 진화론은 먹이가 부족해지면 동물들이
먹이를 얻으려고 싸웁니다. 그러면 환경에 적응한 동물만 살아남
고 그렇지 못한 동물은 사라지는 것입니다. 저도 다윈처럼 새로운
사실을 밝히고 싶습니다. 그리고 해부도 하고 싶습니다.
레오나르도 다빈치도 해부를 많이 하였습니다. 해부는 그림에도
도움이 많이 되는 것 같습니다. 레오나르도 다빈치도 그림에 도움
이 크게 되는 것 같아서 해부를 한 것 같습니다. 저는 저번에 조개
를 한번 해부해 보았는데 신기하고 재미있었습니다. 하지만 이상
한 냄새도 많이 났습니다. 그래도 해부를 하는 것이 재미있어서
많이 불평하지는 않았습니다. 그때부터 해부가 재미있어졌습니
다. 해부는 희귀한 곤충이나 동물로 하고 싶습니다. 왜냐하면 희
귀한 곤충으로 해부를 하게 되면 사람들이 지금까지 몰랐던 곤충
에 사실을 알아낼 수도 있기 때문입니다. 하지만 희귀한 곤충이나
동물의 시체로 하는 것이 좋을 것 같습니다. 그 이유는 희귀한 동
물이나 곤충은 구하기 힘들고 제가 해부해 보면 죽게 되기 때문에
가슴이 아플 것 같습니다. 실험으로 어떤 이로운 곤충을 만들어서
번식시키고 싶습니다. 예를 들어 안 좋은 곤충을 먹는 개미라든지
아니면 번식이 빠른 지렁이 같은 것을 만들고 싶습니다. 그리고
지능을 높은 장수풍뎅이를 만들어서 헤라클레스 장수풍뎅이나
코카서스 장수풍뎅이 같은 강한 장수풍뎅이를 이겨보고 싶습니
다.

2. 지원 전공(수학 또는 과학)에 대하여 흥미와 관심을 가지게 된 계기를 구체적으로 기술하세요. (인물, 사건, 서적 등)

제가 과학에 관심을 가지게 된 것은 어렸을 때부터 곤충에게 관심이 많았던 형을 따라서 곤충에게 관심을 가지고 관찰하게 된 이후부터입니다. 형에게 추천받은 곤충에 대한 책, 과학에 대한 책을 많이 읽었습니다. 그중에서 가장 기억에 남는 책은 다윈의 진화론입니다. 가장 인상 깊은 부분은 다윈의 진화론은 환경에 따라 모습이 변하고 사라지기도 한다는 내용이었습니다. 왜 사라지는 것이냐면 먹이가 부족해서 싸우게 되면 환경에 적응한 족만 살아남고 그렇지 못한 족은 사라진다는 것입니다. 저는 이러한 기록을 남긴 다윈이 부러웠습니다. 그리고 저는 그래서 저는 다윈보다 훌륭한 것을 기록하기로 마음먹었습니다. 그리고 꿈을 생물학자로 정하였습니다.

전 곤충, 동물 등을 많이 키워 보았습니다. 잉꼬, 거북이, 소라게 등을 키워 보았습니다. 그리고 많은 곤충들도 채집해 보았습니다. 특히 여름에는 가지각색 여러 가지 소리를 내는 매미가 너무 신기했습니다. 그리고 전 어떻게 매미가 소리를 내는지 알아보았습니다. 매미의 배에는 발음기가 있는데 그것을 울려서 소리를 내는 것이었습니다. 전 이런 생물들을 채집하고 키워 보면서 정말로 생물은 신기한 것이라는 생각을 했습니다.

저는 * *대 영재반에서 조개해부를 해 보았습니다. 저는 기관들을 해부해 보면서 해부가 정말 재미있는 것이라고 생각했습니다. 전에 과학 선생님이 곤충에 관한 문제를 내셨는데 거기서 제가 답을 말하자 친구들이 저를 바보라고 놀렸습니다. 답이 제가 말한 답과 같아서 친구들이 곤충에 대해 잘 안다고 칭찬을 해주었습니다. 그 문제는 메뚜기에 귀는 어디에 붙어 있는지 말하는 것이었습니다. 제가 말한 답은 메뚜기에 귀는 배 쪽에 붙어 있다는 것이었습니다. 친구들은 귀가 배에 붙은 동물이 어디 있냐고 놀렸지만 정답을 맞추었다는 선생님의 말씀에 친구들이 더 놀랐습니다. 저는 이러한 지식들이 친구들보다 많아서 친구들이 가끔 제게 모르는 것을 알려달라고 하기도 합니다. 그럴 때면 저는 정확하게 알려주려고 노력합니다. 하지만 가끔은 틀릴 때도 있습니다.

그리고 선생님들은 제게 자주 대회를 추천해 주십니다. 전 그 이유가 제가 다른 친구들보다 재능이 많아서인 것 같습니다. 또한 전 학교 공부보다 어려운 공부가 하고 싶어졌습니다. 그래서 영재반을 알아보던 중 ＊＊대학교 영재반이 눈에 띄었습니다. 저는 그래서 공부를 열심히 해서 이 자리까지 오게 된 것입니다. 지금까지 열심히 노력해 왔습니다. 감사합니다.

3. 교내(영재학급, 과학영재교육원 포함)에서 참가, 참여했던 지원 전공분야(수학 또는 과학) 관련 대회 또는 활동 중 가장 인상 깊었던 과정과 그 내용을 기술하세요.

저는 저번에 조개 해부를 해보았는데 아주 재미있었습니다. 처음에 핀셋으로 조개를 열고 그다음엔 여러 가지 장기들을 만져 보았습니다. 그리고 고기 같이 생긴 것을 보았습니다. 선생님께서 그걸 손으로 떼서 저에게 보여주시면서 이건 근육으로 이루어져 있다고 말씀하셨습니다. 저는 가면 갈수록 정말 재미있고 신기한 것들이 많다고 생각했습니다.

제가 또 기억에 남는 실험은 무지개 실험입니다. 물감에 물을 넣어서 색을 만든 다음에 설탕에 양을 다르게 하면서 통에다 스포이트로 물감을 벽면으로 흘러 보내면 물과 기름같이 서로 섞이지 않습니다. 저는 이 실험으로 밀도의 차이로 인해서 생기는 것이라는 생각을 했습니다. 저는 과학이 무궁무진하기 때문에 아직 알아낼 것이 많기 때문에 끌리는 것 같습니다.

그리고 화장품 만들기도 재미있었습니다. 화학 쪽에 해당하는 화장품은 피부를 보호해 주고 예쁘게 칠해주기도 하는 화장품이 신기했습니다. 어렸을 때 바다에 놀러 간 적이 있었는데 가족 모두가 '선크림'을 피부에 발랐습니다. 저는 엄마에게 왜 바르냐고 물어보았습니다. 엄마는 태양 때문에 피부가 화상을 입는 것을 막기 위해서라고 말씀해 주셨습니다. 하지만 저는 '에이~ 설마~ 이 미끌미끌 한 게? 아니겠지~ 엄마가 장난친 거야~'라고 생각하며 모두 물로 씻어냈습니다. 그리고 바다에서 실컷 놀았습니다. 그리고 집에 와보니 가족들은 거의 아무렇지 않은 피부가 저만 빨갛게 붙고 따끔따끔하고 까졌습니다. 선크림을 물로 깨끗하게 씻어냈기 때문이었습니다. 영재반에서 비누를 만들있는데 화장품을 바르지 않아서 아팠던 과거가 있었던 저는 화장품에 필요성을 잘 알 수 있었습니다. 먼저 영재반에서 배운 내용은 화장품이 하는 것 역할이었습니다. 선생님께서는 화장품은 피부보호뿐만 아니라 치장을 위한 역할도 한다고 알려주셨습니다. 저는 화장품을 만드는 것을 정말 재미있게 생각되고, 꼭 한번 도전해보고 싶습니다.

4. 지원 전공분야 외에 본인이 가장 자신 있는 분야와 자신 있어 하는 이유를 기술하세요.

제가 과학 말고 잘하는 것은 축구입니다. 자신 있어 하는 이유는 공이 제일 세게 나가는 곳을 세게 차고 다른 선수들에 움직임을 잘 봐서 패스를 잘 막고 잘 읽습니다. 그리고 공을 잘 봐서 공을 어디로 차야 어디로 가는지 잘 알고 있습니다. 그래서 골을 잘 넣습니다. 저는 땅을 보고 달리지 않고 다른 선수들의 움직임을 보면서 작전을 짜고 팀을 승리하도록 이끕니다. 그래서 친구들이 제가 같은팀이 되기를 원하는지도 모릅니다. 저는 특히 골키퍼를 잘합니다. 상대가 페널티킥을 할 때 방향을 잘 예측하고 잘 잡습니다. 상대의 모습을 보면 공을 어떻게 찰지 예상이 잘 됩니다. 미리 무게중심을 옮기는 등 선수들은 최대한 공을 세게 차기 위해서 달려오면서 몸을 움직이는데 그 움직임이 제게는 잘 읽힙니다.
제가 또 잘하는 것은 피아노입니다. 저는 1학년부터 지금까지 피아노를 하고 있고 결석도 거의 하지 않았습니다. 저는 박자와 리듬이 꽤 좋습니다. 피아노를 칠 때 연습도 필요하겠지만 요령도 중요한 것 같습니다. 그 요령은 4년 동안 배워 오면서 많이 터득한 것 같습니다. 그 요령은 공부할 때 이해하면서 외우는 것이 더 잘 외어지는 것과 같은 요령인 것 같습니다. 피아노도 외어야 하는 기호가 많습니다. 예를 들어 ff=포르티시모 매우 세게, mf=메조 포르테 조금 세게, f=포르테 세게, mp=조금 여리게 등 많은 기호를 이해하고 외워야 됩니다. 그렇기 때문에 머리가 매우 안 좋은 사람은 피아노를 잘 칠 수 없을 것 같습니다. 요즈음은 기술적으로 피아노는 치는 것보다는 곡의 느낌을 최대한 표현해서 치라는 선생님의 말씀에 따라서 감정을 살리려고 노력하고 있습니다.

5. 나의 장래 희망을 기술하세요.

저의 꿈은 생물학자입니다. 그중에서도 해부학자가 되고 싶습니다. 전 '해부로 알아내기 프로젝트'를 수행하고 싶습니다. 이 프로젝트는 해부를 희귀한 곤충이나 동물로 해서 사람들이 지금까지 몰랐던 곤충의 사실을 알아내는 프로젝트입니다. 하지만 희귀한 곤충이나 동물의 시체로 하는 것이 좋을 것 같습니다. 그 이유는 희귀한 동물이나 곤충은 구하기 힘들기 때문입니다. 그리고 그 프로젝트를 발전시켜서 이로운 곤충을 만들어서 번식시키고 싶습니다. 안 좋은 곤충 예를 들어 바이러스를 가지고 있는 중국 매미를 먹는 개미라든지 아니면 번식이 빠른 지렁이 같은 것을 만들고 싶습니다. 그리고 지능을 높은 장수풍뎅이를 만들어서 헤라클레스 장수풍뎅이나 코카서스 장수풍뎅이 같은 강한 장수풍뎅이를 이겨보고 싶습니다.

저는 해부가 재미있어서 해부학자가 되기로 마음을 먹었지만, 해부라는 연구를 통해서 동물이나 식물의 연구에 도움이 될 수 있는 많은 자료들을 만들어내고 싶습니다. 감사합니다.

자기소개서 연관 예상 질문과 답안

대표 예상 질문

Q 오징어, 지렁이, 잠자리, 고래, 게 등 여러 가지 동물 이름이 있다. 이 동물들을 두 종류로 분류하고 또한 나누어진 것을 다시 두 종류로 분류해보시오.

예상 답안

A 동물이 딱딱한 부분이 있는지 없는지에 따라 오징어, 지렁이 그리고 잠자리, 고래, 게 등으로 구분할 수 있다. 그리고 오징어와 지렁이는 서식지에 따라 나눌 수 있고, 잠자리, 고래, 게는 상대적인 크기에 따라 잠자리, 게 그리고 고래로 나눌 수 있을 것이다.

추가 예상 질문

❶ 이로운 곤충을 만들어서 번식시키고 싶다고 했는데, 이에 따른 생태계의 부작용은 무엇이 있고, 어떻게 해결된다고 생각하는가?

❷ 축구와 피아노를 즐겨 하는 것 같은데, 이런 활동들이 자신에게 어떤 도움을 주는 것 같은가?

❸ 해부를 통해서 과학, 의학적인 정보를 얻어 낼 수 있지만 동물보호협회에서는 이를 반대하는데, 어떻게 생각하는가? 해부는 꼭 필요한 활동인가?

❹ 밀도 차이를 이용한 실험을 해봤다고 했는데, 몇 가지 액체를 제시하여 밀도가 큰 순으로 말해보라. 또, 밀도차이에 의한 현상에는 무엇이 있는지 예를 들어보라.

❺ 평소에 공부를 하다가 풀리지 않는 문제가 생겼을 때, 어떻게 해결해 왔는가?

로봇과학

영재 수업

우주소년단

1. ＊＊대학교 과학영재교육원에 지원하게 된 동기를 기술하세요.

안녕하세요? 미래의 로봇과학자를 꿈꾸며 열심히 공부하는 ＊＊ 초등학교 4학년 ＊＊＊입니다. 부모님께서는 제가 어릴 적부터 매일 "아는 만큼 보인다, 그러니 우선 아는 것이 많아야 한다."고 말씀하셨습니다. 그 뜻이 무엇이냐면 돼지 목에 진주 목걸이를 걸어도 귀중한 것인지 모르면 소용이 없다는 뜻입니다.

그래서 전 많은 것을 보기 위해 먼저 많이 알아야겠다는 생각을 하고, 책을 정말 많이 읽었습니다. 과학책과 수학책 그리고 역사책까지 학교에서 돌아오면 대부분의 시간을 책을 읽었습니다. 책을 읽으면 제가 그 시대나 그곳에 있는 느낌이 들고 주인공에게 힘든 일이 일어날 때 포기하지 않으면 언젠가는 반드시 이룰 수 있다는 것. 또한 제가 알고 싶어 하는 우주나 자연 동물들에 대해서 언제든지 알 수 있기 때문입니다.

전 또한 실험하는 것을 정말 좋아합니다. 4학년부터 학교 영재 수업을 받으면서 전 저와 같은 꿈이 있는 친구들과 실험하며 결과를 비교하고 생각을 서로 주장하면서 실험에서의 실수나 말 속에 실수가 저절로 다듬어지고 고쳐지는 경험을 하였고, 처음부터 끝까지 내가 실험 시간에 책임감을 갖고 수업을 했을 때의 벅찬 느낌과 뭔가 뿌듯하고 보람 있는 행복한 경험을 잊을 수가 없습니다. 이렇게 실험하고 토론하는 시간이 더 있었으면 좋겠다는 생각에 늘 과학적으로 생활하는 전 겉으로는 벌써 과학자가 된 거 같지만 항상 더 알고 싶고 더 많은 실험을 하고 싶다는 생각을 했습니다.

얼마 전 학교 영재 수업 선생님께서 우리 중에서 몇 명을 뽑아 ＊＊대 영재교육원에 추천해 줄 생각이라고 하셨습니다. 그리고 제가 추천되었다고 말씀하셨습니다. 과제도 있고 어려운 수업이라고 들어서 어떤 내용을 더 공부할 수 있을지 너무 궁금하고 기대가 되어 꼭 ＊＊대 영재교육원에서 공부하고 싶습니다. 저에게 꼭 기회를 주십시오. 정밀 열심히 공부하고 최신을 다해 노력하겠습니다.

2. 지원 전공(수학 또는 과학)에 대하여 흥미와 관심을 가지게 된 계기를 구체적으로 기술하세요. (인물, 사건, 서적 등)

제게 과학자의 꿈을 심어주신 분은 부모님입니다. EBS에서 나오는 과학 프로를 보고 있었는데 드라이아이스로 구름을 만드는 실험이 나왔습니다. 너무 신기해서 저는 "엄마 저 실험 실제로 해 보고 싶어요. 정말 신기해요." 라고 말씀드렸는데, 그 날로 저에게 실험을 할 수 있도록 아이스크림 가게에서 드라이아이스도 사오시고, 부엌에서 그릇들을 이용해서 실험 도구를 대신할 수 있게 준비해주셨습니다. 드라이아이스 실험은 실제로 구름을 만지는 느낌이어서 신기했고 신문을 말아서 빨래통에 넣는 게임을 할 때면 너무 즐거워서 땀이 뻘뻘 났지만 아주 열심히 했던 기억이 납니다.

제가 색깔 책에 관심이 갈 때면 거실에 큰 이불을 깔아주고 큰 엄마 옷을 입힌 후 마음껏 물감 놀이를 할 수 있도록 준비해주셨고, 다 논 후엔 싱크대에서 같이 쟁반에 묻은 물감들을 수돗물에 씻었는데 그때 물에 흘러내려 가는 물감의 모습은 실이 풀려나가는 것 같아서 신기하였습니다. 엄마께서는 실오라기 같은 그 모습이 "확산현상"이라고 말씀하셨습니다.

외출을 할 때면 늘 약속 시간보다 일찍 나가서 제가 마음껏 구경하며 갈 수 있도록 시간을 충분히 주셨고 그 덕분에 전 주변의 나무, 풀이나 바위 위에 사는 달팽이, 땅에서 줄 맞추어 걸어가는 개미 등을 따라갔으며 그 버릇은 지금도 가지고 있어서 학교 끝나고 늦게 온다고 걱정하실 때가 많습니다. 제게는 땅에 기어 다니는 벌레들이 다 제게 말을 걸고 있는 거 같아 그냥 지나치지 않고 끝까지 들여다보는 버릇이 있습니다.

이렇게 부모님의 덕분에 과학에 대해 흥미를 가지게 되었고, 우주소년단에서의 활동을 통해서 과학자가 되겠다는 꿈이 생겼습니다. 처음으로 로봇들을 직접 만들어서 움직여보고 로켓을 만들어 발사하고, 캠프 가서 본 밤하늘의 엄청나게 많은 별들은 놀라웠습니다. 그때 제 영어 이름을 지었는데 astro입니다. 우주소년단의 활동은 우주와 로봇에 대해 많은 책을 읽게 되는 계기가 되었습니다. 요즘도 "별자리 이야기, 우주, 스티븐 호킹 전기" 등의 책을 읽으며 즐거운 상상에 빠져 지내고 있습니다.

3. 교내(영재학급, 과학영재교육원 포함)에서 참가, 참여했던 지원 전공분야(수학 또는 과학) 관련 대회 또는 활동 중 가장 인상 깊었던 과정과 그 내용을 기술하세요.

4월 과학의 달은 학교에서 과학행사가 많기 때문에 바쁘면서도 재미있고 반 친구들에게도 인기가 높아지기에 기다려지는 달입니다. 올해는 모형항공기의 고무줄이 끊어지는 바람에 장려상을 받았지만 저 혼자의 힘으로 직접 만들었기 때문에 더 자랑스럽습니다. 과학상자는 처음 도전했는데 우수상을 탔습니다. 동생은 6살인데 5호, 저는 6호를 엄마가 사주시어 늘 장난감처럼 갖고 놀아서 실력이 좋아진 거 같습니다. 또한 물로켓은 급한 마음에 물을 정확히 담지 못했는지 명중은 못 했지만 날아가면서 쏟아지는 그 물이 머리로 떨어지는 기분은 지금 생각해도 즐겁고 상쾌합니다. 내년에는 올해의 잘못된 점과 부족한 점을 다시 잘 생각해서 성공해야겠습니다.

3학년 여름방학 때부터 해부실험도 했습니다. 처음엔 징그럽고 불쌍해서 망설여졌는데 지금은 기다려지는 시간입니다. 황소개구리의 큰 허파가 심장을 자르자 작아지는 모습은 당연하다고 생각은 되지만 실제 눈으로 보았을 때는 조금 불쌍해 보였습니다. 물고기를 해부했을 땐 물고기의 아가미 같은 기능을 발명해서 사람도 편리하게 수영을 하면 좋겠다고 생각했고, 물고기는 폐가 황소개구리처럼 목 쪽에 있지 않고 등에 있는 것이 신기했습니다. 교내 영재학급의 과학 수업은 평소 집에서 하던 실험에서 아쉬움이 많이 남던 제게 많은 것을 경험해 볼 수 있는 흥미로는 시간이었습니다. 첫날 피리를 만들었습니다. 직접 내 손으로 만든 그 피리가 연주가 되다니… 자랑스러워서 집에 올 때까지 계속 불었습니다.

교내 영재학급이 있는 날은 더 실험을 하고 싶어서 집에 오면 집이 실험실이 됩니다. 공기의 저항을 알아보려고 계란에 낙하산을 설치해서 떨어뜨려 보는 실험을 할 때는 아무리 가벼운 비닐을 달아도 계란이 다 깨져서 실망했지만 물체 사이의 만유인력을 알아보려고 가베틀에 추를 달고 중심을 잡은 후 다른 한쪽 밑엔 무거운 물체를 놓으니 가베 털실이 밑으로 내려가는 것을 눈으로 본 순간 너무 기뻐서 소리쳐 엄마가 제가 다친 줄 알고 달려오신 적도 있습니다. 소풍을 갔을 때 가방에서 매번 물을 꺼내 먹는 것이 불편하여 돌아와서는 어디든지 붙이고 쉽게 물을 먹을 수 있는 물병을 발명했습니다.

4. 지원 전공분야 외에 본인이 가장 자신 있는 분야와 자신 있어 하는 이유를 기술하세요.

과학은 제가 제일 재미있어하는 과목이지만, 수학은 제가 자신 있어 하는 분야입니다. 스티븐 호킹 박사의 전기를 읽을 때면 수학 실력이 있어야 과학을 잘할 수 있다는 생각이 들어서 수학 문제를 푸는 것으로 남은 시간을 활용합니다. 저는 저만의 수학공식 노트가 있습니다. 그 노트에 제가 만든 많은 공식을 적어놨기 때문입니다. 또 선생님께서 바쁘시면 제가 친구들을 가르쳐주고 친구들도 저에게 배우는 것을 좋아합니다. 저는 친구들을 가르쳐주는 것이 좋아 계속 수학을 설명해주고 설명해줄 때 저절로 익히면서 수학의 재미를 깨달았습니다. 시간표에 수학수업이 든 날은 저도 모르게 행복합니다. 그 이유는 친구들에게 설명해주면서 수학을 잘한다고 칭찬을 많이 들어서 인 거 같습니다.

제가 수학을 잘하는 이유는 방학 동안에는 그전 학기 복습을 심화문제집으로 꼼꼼히 풀고 학교 다니는 중에는 예습과 복습 그리고 사고력 수학을 풀기 때문입니다. 사고력 수학 문제집을 풀 때는 눈물이 날 정도로 안 풀리고 무슨 문제인지 이해가 안 될 때도 있지만 그 문제를 잡아먹겠다는 마음으로 계속 풀다 보면 어느 순간 나만의 방법이 생각나고 안 풀리던 문제가 드디어 풀렸을 때는 보물을 찾은 것처럼 기쁩니다. 그 모습을 옆에서 보신 엄마께서는 늘 저보고 좋겠다고 하십니다. 엄마는 42세이신데 처음 보는 문제도 많다고 하시며 고등학교 다닐 때도 몰랐던 원리를 저와 공부하면서 알게 되는 것이 많다고 부럽다고 하십니다. 또 제가 집중력과 끈기가 대단하다고 칭찬도 많이 해주시는데 그럴 땐 정말 자랑스럽습니다.

그리고 또 조금 자신 있는 분야는 영어입니다. 비록 아주 잘하지는 못하지만 이제는 영어공부를 어떻게 해야 하는지 알 거 같고 자신감도 생기고 영어를 배우는 것이 재미있기 때문입니다. 더 열심히 공부해서 꼭 나로 우주센터를 거쳐 나사 우주센터와 러시아 가가린 우주센터에 가보고 싶습니다.

5. 나의 장래 희망을 기술하세요.

현재 제 장래 희망은 로봇과학자 압니다. 작년까지는 블랙홀을 연구해보고 싶어서 우주 과학자가 되고 싶었었는데, 일본에서 지진 피해로 원자력 발전소가 폭발하는 모습을 뉴스에서 보면서 사람 대신 방사능에 노출돼도 문제가 없는 로봇이 직접 현장을 탐사하고 정보를 주는 것이 너무 인상적이었습니다. 생명이 위험한 일에는 로봇을 사용하면 좋겠구나 하는 생각에 로봇과 관련된 책을 찾아보았습니다. 휴보나, 아시모 같은 로봇에 관심이 생겨서 대전엑스포에도 다녀왔습니다.

요즘 이웃 나라 일본에서 화산이나 지진이 계속 일어나는데, 화산과 지진 발생 지역에도 로봇을 활용하면 사람도 구하고, 정확한 정보를 받아서 연구에 사용할 수도 있겠다고 생각됩니다. 영화 트랜스포머를 보면서 그냥 밋밋한 로봇 말고 좀 더 사람과 비슷하고 기능이 다양한 로봇을 만들어야겠다는 생각에 그림을 그려가며 로봇을 설계하고 있습니다.

현재는 제 꿈을 이루기 위해 학교 공부와 영재 학급 수업을 기본으로 알고 최선을 다해서 공부하고 있습니다. 집에서는 책을 많이 읽고, 주말마다 부모님과 함께 과학박물관도 가고 많은 경험을 쌓을 수 있도록 노력합니다. 얼마 전에는 부천 로봇파크에 가서 많은 로봇들을 보고 그림으로 그려두기도 했습니다. 부모님께서는 늘 흥미와 호기심이 중요하다고 강조하시면서 아직은 어린 저희 형제에게 많은 경험을 할 수 있도록 도와주십니다.

제 꿈을 이루기 위해 제가 좋아하는 과학자나 수학자들의 책도 열심히 찾아서 읽고 있습니다. 책을 읽을 때마다 감동하는 것이 두 개 있는데 첫째는 그 시대에 어떻게 공부를 했기에 그런 공식이나 원리를 알 수 있었을까 하고 둘째는 그 과학자나 수학자들에게는 꼭 훌륭한 스승이 계시어 가르침을 받았고 그들도 더욱 훌륭한 스승이 되어 제자들에게 가르침을 나누어 준 것입니다. 저도 나중에 로봇과학자가 되면 훌륭한 제자와 스승이 되기 위해 노력할 것입니다.

우선 ＊＊대 과학영재원에서 공부 할 수 있게 된다면 훌륭한 스승님들께 배우며 훌륭한 제자가 되기 위해 최선을 다할 것입니다. 또 저와 같은 꿈을 꾸는 친구들과 함께 공부할 수 있는 기회를 주신다면 전 분명 그것을 디딤돌 삼아 제 꿈을 꼭 이루기 위해 노력할 것입니다. ＊＊대 초등영재를 거친 후에는 중등부 영재도 도전하고 그 후에는 영재학교에 입학하는 것이 제 꿈입니다.

그리고 로봇을 이용해서 많은 사람을 살리고 도와서 미래에는 노벨 평화상과 노벨 물리학상을 동시에 받는 훌륭한 과학자로 성장하고 싶습니다. 꼭 ＊＊대 영재교육원에서 공부할 수 있었으면 좋겠습니다. 정말 감사합니다.

대표 예상 질문

Q 지구의 중력이 2배가 된다면 어떤 변화가 생길지 최대한 다양하게 적어라.

예상 답안

A 중력이 2배가 된다면 지구 근처에 모여 있는 공기의 양이 훨씬 많아지므로 대기권이 두꺼워질
것이다. 그러므로 가벼운 기체들도 대류권 근처에 있을 수 있고, 이산화탄소들은 온실효과를 가
져올 것이다. 게다가 지구복사에너지 중 일부가 우주공간으로 나가지 못해서 지구의 온도가 상
승할 것이다. 또한 사람들이 발걸음을 내디딜 때마다 더 힘이 든다. 또한 지구 중력이 강해지면
지구의 밀도가 높아지기 때문에 조석간만의 차이가 더 심해져서 수중생물들의 생활이 달라질
것이다.

 추가 예상 질문

❶ 독서를 많이 하는 것 같은데, 우리나라의 유명한 과학자와 그 업적에 대해 말해보라.
❷ 혼자 공부하는 것보다, 친구들과 토론하며 수업하는 방식이 왜 더 좋을 거라 생각하는지 본인의
  의견을 말해보라.
❸ 물감이 풀려나는 것과 같이, 확산현상이 적용되는 예를 몇 가지 더 들어보라. 또 확산현상이란
  무엇인가?
❹ 로봇파크를 견학하면서, 특별히 기억에 남는 로봇이 있었는가?
  어떻게 작동되는지 간단하게 원리를 설명할 수 있는가?
❺ 문제 하나를 제시하고, 두 가지 방법으로 풀어보라.

Case
12

KEYWORD

KMC
KME
수학
과학상상화

1. ＊＊대학교 과학영재교육원에 지원하게 된 동기를 기술하세요.

저는 수학과 독서 그리고 그림 그리기를 좋아하는 ＊＊초등학교 4학년 ＊＊＊입니다.

엄마와 할머니께서 기억하는 저는 말도 잘 못하는 아기 시절에도 숫자에 관심이 많아서 숫자만 보면 꼭 소리 내어 읽고 숫자 카드를 늘어놓는 놀이를 좋아했다고 합니다. 수학이라고 하면 마냥 좋아서 엄마가 일 때문에 참고용으로 가져오신 수학책을 혼자 풀어 보고 시간만 나면 종이와 연필을 들고 엄마 아빠를 졸졸 쫓아다니며 덧셈 뺄셈 문제와 분수 문제를 내달라고 조르곤 했습니다. 엄마는 저를 주인공으로 해서 문제를 만들어 주시기 때문에 더 재미있게 수학을 공부할 수 있었습니다.

초등학교에 입학하고 나서는 선생님이 가끔 내주시는 사고력 문제를 잘 맞히고 재미있어했습니다. 교과서 수학 문제 풀이도 친구들과는 다른 방식 예를 들어 모두들 수 계산으로 풀어내는데 저는 그림으로 풀어내어 선생님께 독특한 방법이라며 칭찬을 받았습니다. 어려운 문제가 있으면 순서나 규칙을 그림으로 그려보면 어떻게 해결해야 할지 길이 보여서 좋습니다. 초등학교 때 부터는 수학에 대한 제 실력을 점검하기 위해서 매년 KMC, KME 등 수학 경시대회에 나가서 상위권으로 수상도 했습니다.

저는 이렇게 어릴 때부터 수학을 놀이처럼 좋아해 왔습니다. 아무리 어려운 문제도 규칙만 찾아내면 쉽게 답을 찾아낼 수 있다는 점이 무엇보다도 흥미로웠습니다.

엄마를 통해 ＊＊대 영재교육원이 전국에서 가장 높은 평가를 받은 영재교육원이라는 얘기를 듣게 되었습니다. 저는 수학 사고력 문제를 풀고 게임을 만드는 것을 좋아하기 때문에 수학을 정말 좋아하는 친구들과 함께 토론하고 연구해 보고 싶다는 생각으로 수학 분야에 지원하게 되었습니다.

2. 지원 전공(수학 또는 과학)에 대하여 흥미와 관심을 가지게 된 계기를 구체적으로 기술하세요. (인물, 사건, 서적 등)

제가 수학, 과학, 독서에 흥미를 가지게 된 것은 어린이 책 편집장이셨던 어머니의 영향이 컸습니다. 아주 어릴 때부터 어머니가 가져오신 동화책과 숫자카드, 잡지를 보며 한글과 숫자에 스스로 관심을 가지게 되었는데, 숫자카드를 늘어놓고 큰 수를 만드는 일, 워크북에 숫자 스티커 붙이는 일, 잡지에 나온 수학 만화를 보는 일이 제게는 가장 즐거운 놀이였습니다. 수학을 좋아해서 열심히 했던 것이 실력으로 이어지는 것 같습니다. 7살이 되던 해에는 설날, 외삼촌 댁에 가서 초등학교 2학년이던 사촌 언니와 두 자리 수의 덧셈 뺄셈 문제와 분수 문제, 수학 문장제 문제를 겨뤄 제가 이겼던 일도 있습니다.

초등학교 1학년 때는 어머니께서 만드신 책 소개가 실린 잡지 〈위즈키즈〉와 〈과학소년〉을 집에 가지고 오셨는데, 〈수학마차 369〉라는 코너가 실린 〈위즈키즈〉와 〈Fun Fun 수학〉이라는 코너가 실린 〈과학소년〉을 보고 수학에 대한 재미있고 다양한 내용을 접할 수 있었고, 어머니를 졸라 정기구독도 하게 되었습니다. 지금도 매달 25일 잡지가 도착하면, 수학 코너를 가장 먼저 읽어 봅니다.

제가 수학에 소질이 있다는 것을 알게 해주신 분은 2학년 담임선생님과, 3학년 때 〈교내 수학과 평가〉를 주관해 주신 교감 선생님입니다. 2학년 담임선생님께서는 수업 중간 중간에 교과서와 별도로 수학 사고력 문제를 내시곤 했는데, 저는 그 시간이 참으로 즐거웠습니다. 맞히는 아이가 적었지만, 저는 저만의 생각으로 풀어보고 답을 잘 맞히었고, 선생님께서는 제게 창의력을 발휘하는 문제에 소질이 있다며 칭찬해 주셨습니다. 3학년 1학기가 끝날 무렵, 교감 선생님께서는 〈교내 수학과 평가〉 대회를 열어, 성적이 우수한 학생들에게 수학 사고력 향상 문제를 공부해 보라고 추천해 주셨습니다. 저는 그 일을 계기로 여름방학부터 수학 사고력 문제를 공부하였고, 어려운 문제를 풀어냈을 때 참 기분이 좋았습니다.

제가 읽었던 책 수학 책 중 가장 인상 깊었던 책은 〈수학의 저주〉 〈위즈키즈-수학마차 369 코너〉 〈과학소년-FUN FUN 수학〉 입니다.

3. 교내(영재학급, 과학영재교육원 포함)에서 참가, 참여했던 지원 전공분야(수학 또는 과학) 관련 대회 또는 활동 중 가장 인상 깊었던 과정과 그 내용을 기술하세요.

수학과 관련된 대회 중 가장 인상 깊었던 것은 ＊＊＊＊년 교감 선생님이 주관하셨던 〈교내 수학 평가〉입니다.

초등학교 3학년 1학기에, 교감 선생님께서 3학년 전교생을 대상으로 수학 평가 대회를 열어, 성적이 우수한 학생을 대상으로 여름방학 동안 사고력 향상 문제를 공부하는 기회를 주신다고 하셨습니다. 저는 대상자로 선정되었고, 그 일을 계기로 여름 방학부터 매일 아침저녁으로 수학 사고력 문제를 공부하기 시작했습니다. 그때까지 수학 학원을 따로 다니지 않았던 저로서는 처음에는 조금 힘이 들었습니다. 1시간을 끙끙대도 도무지 풀리지 않는 수학 문제도 있었고, 심지어는 해설을 살펴봐도 무슨 말인지 이해가 되지 않는 문제도 있었습니다. 하지만 스스로 해결하려고 노력하다가 안 되는 것은 엄마에게 도움을 요청해 설명을 듣기도 하고, 여러 가지 방법으로 생각해 결국 해답을 찾아냈을 때의 그 짜릿함, 어려운 문제일수록 내가 풀어냈다는 커다란 성취감도 맛볼 수 있었습니다. 그 일을 계기로 사고력 수학에 대한 자신감이 생겼고, 수학을 공부하는데 어려운 문제들을 스스로 해결하려고 노력하는 것이 가장 좋은 공부방법이라는 것을 알게 되었습니다.

이렇게 열심히 노력한 덕에, 교감 선생님께서 범위를 정해 주신 첫 번째 시험에서 1등을 차지하게 되었고, 어릴 때부터 수학을 좋아하긴 했지만, 제가 수학에 재능이 있다는 사실도 다시 한 번 깨닫게 되었습니다. 선생님과 부모님의 칭찬도 좋았지만, '내가 스스로 해냈다'는 생각에 정말 좋았습니다. 수학은 저에게 할 수 있다는 자신감과 끈기를 함께 가져다주었습니다.

그 일을 계기로 저는 매일 꾸준히 수학 사고력 문제를 공부해 오고 있습니다. 앞으로도 수학 공부를 통해 저의 수학에 대한 관심과 호기심을 자신감으로 채워 가고 싶습니다.

4. 지원 전공분야 외에 본인이 가장 자신 있는 분야와 자신 있어 하는 이유를 기술하세요.

수학 이외에 제가 자신 있는 분야는 그림 그리기입니다. 만화 그리기, 상상화 그리기, 포토샵으로 만화 만들기 등 그림, 사진으로 표현하는 모든 것을 좋아하고 잘합니다.

초등학교 3학년 때는 '웰컴 투 마법학교(Welcome to magic school)'라는 만화 시리즈를 만들고, 제가 만든 만화 캐릭터를 이용해 공책 게임을 만들기도 했습니다. 게임 속 세상에서 돈을 번 뒤, 상점에서 물건을 사고 자신의 캐릭터를 키우는 간단한 방식의 게임이었습니다.

제가 만든 공책 게임은 친구들에게 커다란 인기였는데, 우리 반 친구 총 23명 중 17명이 그 게임을 하고, 옆 반 친구 1명도 그 게임에 참여했습니다. 게임 콘텐츠 중에서도 친구들이 제일 좋아했던 것은 '상점'이었습니다.

수학 교과서에 나오는 문장제 문제는 지루하고 재미없어하는 친구들이지만, 제가 만든 만화 캐릭터를 이용한 상점 게임은 쉬는 시간마다 친구들에게 즐거운 놀이가 되었습니다.

그림 그리기를 좋아하는 저는 교내 그림 대회에도 많이 참여하여 2학년 때 과학상상화 장려, 3학년 때 알파벳 상상화 최우수, 4학년 때 과학상상화 최우수상을 받았습니다. 제가 그린 그림이 우수한 평가를 받은 것은 기술적으로 제일 잘 그린 그림은 아니지만, 지금까지 보지 못했던 독특한 상상력과 창의력이 담겨 있기 때문이라고 칭찬해 주셨습니다.

제가 본 엄마의 책 중 〈영화를 믿지 마세요〉라는 만화가 있습니다. 15년 동안 군만두만 먹고 살 수 있을까? 마천루를 날아다니는 스파이더맨이 그렇게 많고 질긴 거미줄을 쏴대기 위해서 섭취해야 하는 단백질의 양은 얼마나 될까? 등 우리가 자칫 속을지도 모를 영화의 거짓말들을 모은 이야기입니다. 저는 영화 속 수학 이야기를 만화적 재미와 관찰력으로 즐겁게 풀어내 보고 싶습니다.

5. 나의 장래 희망을 기술하세요.

저의 꿈은 만화가입니다. 그중에서도 수학, 독서, 만화 그리기를 좋아하는 저의 재능을 살려, 재미있는 수학 콘텐츠 개발자가 되고 싶습니다. 바로 그림, 만화, 게임 등을 이용해 어린이들이 쉽게 수학을 이해할 수 있는 수학 콘텐츠를 개발하는 것입니다.

저는 초등학교 1학년 때 〈위즈키즈-수학마차 369〉 코너에 실린 '1, 1, 2, 3, 5, 8, 13, 21, 34, 55, □'라는 규칙이 있다. '□에 들어갈 수는 무엇인가?'라는 내용을 보고, 그 규칙이 '피보나치 수열'이라는 걸 알게 되었고, 수학에 좀 더 깊은 관심이 생겼습니다. 이렇게 저는 〈위즈키즈-수학마차 369〉 코너와 〈과학소년-Fun Fun 수학〉 통해서 수학에 대한 호기심을 채울 수 있었습니다.

제가 하고 싶은 일은 〈수학마차 369〉보다 더 발전된 형태, 다양한 수학 개념을 놀이처럼 즐길 수 있는 콘텐츠를 개발하는 것입니다. 만화도, 게임도, 인터넷 콘텐츠도 개발하고 싶습니다. 일본 애니메이션의 거장 미야자키 하야오는 세계의 어린이들과 어른이 함께 즐길 수 있는 만화영화를 만들어 냈는데, 저는 저만의 수학 애니메이션을 만들어 보고 싶습니다. 수학 만화와 수학 애니메이션은 많은 어린이들이 저처럼 수학을 재미있게 느끼게 되는 계기를 만들어 줄 것입니다. 수학적 사고력을 바탕으로, 아직은 잘 모르지만 세상에 없는 새로운 것을 만들어 내는 매력적인 일을 미래에 꼭 하고 싶습니다.

그림책 〈수학의 저주〉 속 내용처럼 일상 속 모든 것에 숨어 있는 수학! 제가 ＊＊대 영재교육원을 통해 수학적 사고력을 키운다면 앞으로 제가 하고자 하는 일에 큰 도움이 될 것이라고 생각합니다.

자기소개서 연관 예상 질문과 답안

대표 예상 질문
Q 수학이란 무엇이고, 우리가 수학을 배워야 하는 이유는 무엇입니까?

예상 답안
A 생각의 힘을 기르는 데에는 수학이 가장 좋은 학문이다. 우선 생활에 필요한 단순계산들을 빠르게 해결할 수 있고, 창의적인 아이디어도 남들보다 더 쉽게 떠오른다. 무엇보다도 분석력과 종합력, 그리고 사고력을 기르는 데에 수학이 필요하다.

 추가 예상 질문

❶ 단순 계산문제를 하나 제시하고, 이것을 새로운 문장제 문제로 만들어보라.

❷ 읽었던 인상 깊었던 책 중 하나를 골라 간략한 줄거리와 배운 점을 말해보라.

❸ 교내 수학 평가에서 사고력문제를 공부하면서 기억남은 문제는? 풀이해보라.

❹ 과학상상화 그림대회를 나갔을 때, 본인이 그린 작품들에 대해서 설명해보라.

❺ 본인이 생각하는 '수학적 사고력'이란 무엇을 의미하는 것 같나? 이것이 어디에 도움될 것이라 생각하는가?

Case
13

KEYWORD

수학

수학캠프

수학동화

1. ＊＊대학교 과학영재교육원 해당 전공으로 지원하게 된 동기에 관하여 기술하십시오.

2학년 때 저학년 영재선발을 위한 수업을 받던 기억이 납니다. 소마큐브와 펜토미노로 맞추기도 하고, 설탕으로 물탑도 만들고 정말 신이 났습니다. 하지만 최종선발에서는 안 되서 너무나 아쉬웠고, 어떻게 하면 들어갈 수 있는지 물었더니 책을 많이 읽으면서 열심히 어려운 수학 문제를 풀면서 실력을 키우라고 하셨습니다. 수학캠프도 보내주셨는데 처음 만난 친구들과 3박 4일간 재미있는 공부하던 것, 토론하면서 UCC 만들기 하던 것, 맨 마지막 프로젝트로 우리 모둠이 원기둥으로 받쳐서 A4용지 1,800장을 올리기에 성공해서 1등상을 받았던 것이 특히 기억에 남습니다. 또한 저는 이 캠프에서 모범학생으로 뽑혔습니다.

이번에는 ＊＊대 영재교육원에 합격해서 이렇게 수학을 좋아하는 친구들과 함께하고 싶다는 생각에 지원하였습니다.

작년 겨울에 ＊＊교대 수학영재캠프에 참가했었습니다. 한동안 과학을 좋아하다가 수학으로 관심이 넘어간 저는 수학 놀이와 게임 위주의 캠프가 있다는 소식에 참 기대감이 컸습니다. 단순 계산이 아니라 한 프로그램마다 서로 협동하고 토론하면서 새로운 결과물을 만들어 냈는데, 정말 이것은 제가 원하던 것이었습니다. 가장 기억에 남는 활동은 도화지 한 장으로 기둥을 만들어 A4 용지를 어느 모둠이 더 많이 받치는가 하는 시합이었습니다. 저희 모둠에서는 토론 끝에 삼각기둥보다 원기둥으로 기둥을 만들기로 했습니다. 저는 원기둥을 여러 개로 만들어서 힘을 분산시키고 기둥 하나가 받는 힘을 적게 해서 쉽게 찌그러지지 않게 만들어야 한다고 했습니다. 우리 모둠은 1,800장을 버텨서 1등을 하였습니다. 저는 1등을 했다는 기쁨보다 목표했던 1,000장 돌파의 기쁨이 더 컸습니다. 그때의 벅찬 기쁨을 이곳에서 많이 경험하고 싶어서 지원하게 되었습니다.

2학년 때 ＊＊대 저학년 영재선발 수업을 받던 기억이 납니다. 펜토미노로 맞추기도 하고, 설탕으로 물탑도 만들고 정말 신이 났었습니다. 최종합격이 안 되어서 계속 수업을 받을 수 없는 것이 너무나 아쉬웠습니다. ＊＊대 합격을 위해 지식인에서 본 공부 방법은 수학, 과학책을 많이 읽으면서 열심히 어려운 수학 문제를 풀고 실력을 키우라는 것이었습니다. 그때부터 더 열심히 노력했고, 수학캠프도 참여했습니다. 처음 만난 친구들과 3박 4일간 공부하고, 토론하고, UCC 만들고, 맨 마지막 프로젝트로 우리 모둠이 원기둥으로 받쳐서 A4용지 1,800장을 올리기에 성공해서 1등상을 받았고, 수학이 더 좋아졌습니다.

＊＊대 영재교육원에서도 이렇게 수학을 좋아하는 친구들을 만날 수 있으리란 생각에 도전하게 되었습니다.

2. 지원한 전공과 관련하여 스스로 영재성이 있다고 생각하게 된 계기나 경험들을 3가지 이내로 기술하시오.

첫째는 저의 독서경험에서 찾고 싶습니다. 2학년 때『과학공화국 수학법정』을 재미있게 읽으니까 그때부터 아빠께서는 온갖 수학책을 다 사주셨습니다.『수학자들이 들려주는 수학 이야기』시리즈부터『친절한 수학 교과서』같은 문답식 수학책, 여러 가지 수학 동화, 심지어『대수학』까지. 그때부터 제 머리가 깨치기 시작한 것 같습니다. 그 덕분인지 3학년 때는 선생님께서 분단을 돌아가며 급식을 3번 거쳐서 먹자고 하실 때, 책에서 본 경우의 수 기초가 떠올라서 선생님께 모두 6가지 방법이 있다고 말씀드렸더니, 선생님께서는 이런 것도 아냐고 물어보셨고, 도서를 구입하려고 하니 책을 추천해 달라고 하시기도 하셨습니다.

마지막은 학교 영재 수업을 받는 과정에서 있었습니다. 단순 계산이 아니라, 칠교놀이 같은 창의 수업이거나 매지믹서 수업 같은 논리적 사고 수업이 참 마음에 들었습니다. 그동안 읽은 책과 연결되는 부분이 많아서 그게 그거였구나, 하는 깨달음도 얻다 보니, 내가 수학에 재능이 있구나 하는 자신감을 갖게 되었습니다.

3. 지원 전공과 관련된 내용을 학교에서 배울 때 가장 흥미로운 학습 주제를 소개하고, 그에 관하여 심화해서 배우거나 연구한다면 어떻게 학습할 것인지 간략한 학습 계획을 작성해보세요.

얼마 전 영재학급 수업에서 수학동화 『수학귀신』에 나오던 내용이 문제로 나왔었습니다. 이미 독서를 통해 알고 있었던 내용이 수업에도 나오니까 더 흥미로웠습니다. '파스칼 삼각형' 이야기가 신기하게도 피보나치 수열과 연관되어 있었습니다. 파스칼 삼각형은 1부터 시작해 위쪽 두 수를 더해 중간에 적으며 계속하면 되는데, 파스칼 삼각형을 변형한 삼각형의 성질에 대해 더 알아보고 싶었습니다. 어느 한쪽으로 가다가 반대쪽으로 꺾으면 긴 선에 있는 수를 더한 것이라는 건 알았지만, 처음 수를 1이 아닌 숫자로 한다면 어떻게 될까 더 궁금해졌습니다. 그리고 파스칼의 삼각형 원리를 이용한 것이 실생활에 어디에서 사용되고 있나 알아보고 싶어졌습니다. 이것을 알아보기 위해서는 직접 변형 삼각형을 만들어보고 성질을 분석한 뒤 원래 파스칼 삼각형과 비교해 보겠습니다. 잘 안 되면 영재학급 선생님이나 ＊＊＊교수님께 문의하겠습니다.

4. 앞으로의 진로 계획 및 장래 희망에 대하여 기술하고, 선택한 진로를 위해 앞으로 어떤 노력을 할 것인지 계획을 써보시오.

저는 연구원으로 일하면서 수학동화 작가가 되고 싶습니다. 수학 선생님이셨다가 수학동화를 많이 쓴 ＊＊＊ 선생님과 ＊＊＊ 교수님처럼 되고 싶습니다. 그러기 위해서 저는 이곳 영재교육원에 꼭 들어가서 재미있는 수학 활동을 하고 싶습니다. 학교 수업과 문제집 스스로 푸는 자기 주도적 학습으로 만족할 것이 아니라 더 실력을 높여서 다양한 수학 경시대회에 도전을 하고 싶습니다. 그

다음 ＊＊영재과학고를 진학하거나 ＊＊과학고에 들어가 토론, 탐구와 같은 창의적으로 공부하고 싶습니다.

또 유학을 가야 하기 때문에 영어 실력이 지금 중1 수준이라는데 더 실력을 높여서 영어로 된 두꺼운 책도 어려움 없이 읽도록 영어 실력도 키울 것입니다. 그래서 꿈을 크게 꾸고 수학처럼 질서 있는 행복한 세상을 만들고 싶습니다.

 자기소개서 연관 예상 질문과 답안

대표 예상 질문
Q 예술 세계에서 찾을 수 있는 수학을 말하시오.

예상 답안
A 파르테논 신전의 황금률과 황금분할 사각형
　 피라미드에 숨은 피보나치 수열

 추가 예상 질문

❶ 수학캠프에서 만든 UCC에 대해 간단히 설명하라. 또 그곳에서 무엇을 배웠나? 인상 깊은 것이 있다면?

❷ 읽었던 책 중 한 가지를 골라 줄거리와 느낀 점을 말하라.

❸ 본인이 공부한 피보나치 수열이 실생활에 적용되는 예에는 어떤 것이 있는가?

❹ 수학동화를 어떤 식으로 만들어야 아이들에게 수학적 흥미를 일으킬 수 있을까? 본인이 구상하고 있는 내용은 있는가?

❺ 자기 주도적 학습 외에 토론이나 다양한 활동을 활용하는 수업이 수학실력 향상에 도움이 될 거라고 생각하는 이유는?

Case

14

KEYWORD

발명영재
수학경시대회

＊＊초등학교 4학년에 재학중인 ＊＊＊입니다.

제가 영재교육원에 지원을 하게 된 동기는 얼마 전 우연히 읽은 '과학자와 놀자'라는 책 때문입니다. 그 책을 읽으면서 수학 공부를 더 열심히 해야겠다는 생각을 하게 되었습니다. 왜냐하면 '전기학의 아버지 패러데이'가 수학을 잘 몰랐기 때문에 평생 수없이 되풀이한 12,000건이나 되는 실험 자료들을 이론적으로 정확하게 증명해내지 못해 전기와 자석 주변의 신비한 힘에 대해 이야기를 해도 과학자들로부터 무시와 비웃음을 받았습니다. 그러다 수학의 대가 '제임스 맥스웰'을 만나고 나서 패러데이의 실험들이 이론으로 정리되기 시작했습니다. 훗날 아인슈타인은 맥스웰이 발견한 '빛에 관한 방정식'을 연구해서 위대한 '상대성 이론'을 생각하게 되었습니다.

만약, 패러데이가 수학을 잘했었더라면, 그래서 실험 자료들을 좀 더 일찍 과학적 이론으로 증명해 보였었더라면 아마 이 세상의 역사는 달라질 수 있지 않았을까요? 그런 생각을 하다 보니 수학 문제를 푸는 것이 너무나 즐겁고 재미있어지기 시작했습니다. 특히, 단순한 수학 문제가 아닌 심화문제와 사고력 문제들에 더욱 많은 관심을 갖게 되었습니다.

저는 수학뿐만이 아니라 과학에도 관심이 많아서 3학년 때는 ＊＊초등학교에 있는 ＊＊과학교육관에서 '초등학교 저학년 학생, 학부모 과학 공동학습' 프로그램에 선발되어 교육을 받았고, 지금은 ＊＊발명교실 발명 영재반에서 공부하고 있습니다.

지난봄에는 할머니께서 해마다 힘들게 분갈이하시는 것을 보면서 '어떻게 하면 쉽게 분갈이할 수 있는 방법이 없을까?' 고민하다가, 우리 주변에서 흔히 볼 수 있는 수채화 용구의 하나인 '자바라 물통'에서 힌트를 얻어 식물의 키가 자라는 속도에 맞춰서 자바라의 높이를 한 단계씩 위로 당겨줌으로써 힘들게 분갈이해주지 않고도 쉽게 식물을 기를 수 있는, 자바라 화분을 만들어 할머니와 실험을 했습니다. 그리고 엄마 인형 안에 아기인형이 들어 있는 러시아의 인형 '마트로시카'에서 힌트를 얻어 엄마가 높은 싱크대 위에 있는 물건들을 쉽게 꺼낼 수 있게 만든 '쭉쭉이 의자'를 생각해내서 교내 발명품 아이디어 공모전에서 우수상을 받았습니다. 그리고 얼마 전에는 교내 수학경시대회에서 최우수상을 받았습니다.

아버지께선 IT산업 분야에서 오랫동안 엔지니어로 일을 하고 계십니다. 아버지께서 늘 말씀하시길 엔지니어나 과학자는 외롭고 힘들지만 아버지는 그 일에서 보람을 느낀다고 하셨습니다. 대학에 다닐 때도 어려운 수학, 과학 문제들을 해결하느라 밤을 샌 적도 많다고 하셨습니다. 그런데 저는 아버지의 말씀을 들으면서 외롭고 힘들겠다는 생각보다는, 저도 꼭 그렇게 하고 싶다는 생각이 들었습니다. 저도 아버지를 닮았나 봅니다. 낯설고 어려운 문제를 접할 때면 꼭 해결하고 싶다는 욕심이 생깁니다.

제가 영재교육원에 합격해서 공부할 수 있다면 학원이나 문제집에는 없는 수학 심화 사고력 문제들을 해결해 보고 싶습니다. 영재교육원에서 열심히 배우고 공부할 수 있는 기회를 꼭 주시기를 바랍니다. 감사합니다.

자기소개서 연관 예상 질문과 답안

대표 예상 질문

Q 장래 희망은 무엇인가? 또한 수학이 장래 희망을 이루는데 어떤 도움을 주는가? 20년 후에 나는 어떤 사람이 되어있을까?

예상 답안

A 난 과학 선생님이 되고 싶다. 누군가 같은 내용을 설명해도 어떤 학생은 쉽게 이해하고 누군가는 잘 받아들이지 못한다. 이것처럼 만약 가르치는 사람이 다양한 방법으로 시도한다면, 배우는 사람도 더 쉽고 많은 학생들이 이해할 수 있을 거라는 생각이 들었다. 내가 수학 과학 등을 쉽게 배우고 이해하는 데 도움을 주신 선생님들처럼 나도 그런 사람이 되고 싶다. 수학 문제를 풀다 보면 같은 문제도 다양하게 해결할 줄 아는 능력을 기르게 되는데, 내가 이해하기 쉬웠던 방법들을 기억해서 학생들에게 이를 알려주면 도움이 될 것 같다.

추가 예상 질문

❶ 단순한 수학 문제보다 더 어려운 심화문제나 사고력문제에 관심을 갖게 된 이유는?
❷ 본인이 발명한 발명품들에 대해 제작 과정을 설명해보라.
❸ 본인이 밤새 수학, 과학 문제를 풀면서 어떤 보람을 느끼는가?
　그것이 자신의 꿈에 어떤 도움을 주는 것 같은가?

1. ＊＊대학교 과학영재교육원에 지원하게 된 동기를 기술하세요.

어렸을 때부터 수학을 좋아했습니다. 아주 어릴 적에는 퍼즐을 맞추거나, 색칠공부를 하는 것을 좋아했습니다. 면에 색이 입혀지면서 새로운 모양이 만들어지는 느낌이 들어서 퍼즐이나 색칠공부나 같은 즐거움을 주었습니다. 그렇게 시작한 수학 공부가 6살 때부터 덧셈, 뺄셈을 배우게 되면서 좀 더 즐거웠습니다. 왜냐하면 두 수를 더하면 답이 딱 떨어지는 즐거움이 있었기 때문입니다. 한 번은 컴퍼스를 이용하는 활동을 한 적이 있었는데, 컴퍼스로 동그라미를 그리다가 종이를 오려서 컴퍼스 대신 연필 하나로 누르고 다른 연필 하나로 둥글게 원을 그렸는데, 친구들이 어디서 배운 것인지 신기해했습니다. 꼭 어디서 배워서 그런 것이 아니라 생각해 보면 알 수 있다고 말했는데, 친구들이 잘난 체를 한다면서 놀렸습니다. 저를 이해해 주는 친구가 있었으면 좋겠다고 생각하였습니다. 선생님은 잘했다고 칭찬을 해 주셔서 위안이 되었습니다. 그러던 중 선생님께서 ＊＊대 영재교육원에 들어가면 제가 좋아하는 퍼즐을 맞추고 어려운 수학 문제도 풀 수 있다고 추천해 주셨습니다. 선생님의 말씀을 들은 후로는 ＊＊대 영재교육원에 들어가서 수학 공부를 열심히 하고 싶습니다. 기회를 주시기 바랍니다.

2. 지원 전공(수학 또는 과학)에 대하여 흥미와 관심을 가지게 된 계기를 구체적으로 기술하세요. (인물, 사건, 서적 등)

수학을 지원한 계기는 독서를 하면서 가우스라는 수학자를 감명 깊게 읽었습니다. 가우스는 1에서 100제가 까지 수의 합을 10초도 안 돼서 5,050이라고 대답했습니다. 가우스는 독일의 수학자이며 역사상 매우 위대한 수학자 가운데 한사람이었습니다. 어려서부터 수학에 뛰어난 재능 보였으며 19살 때 자신의 첫 번째 독창적인 연구 결과를 완성하였고 이 연구에서 가우스는 자와 컴퍼스만을 이용한 정17각형 작도법을 증명하였습니다. 또한 수론, 기하학, 천문학에서도 뛰어난 연구 성과를 남겼으며 모든 대수 방정식에 해가 존재한다는 대수의 기본 정리를 증명하였습니다. 또한 가우스는 전신기를 발명하였으며 전자기학을 수학으로 이론화하는데 중요한 업적을 남겼습니다.

이 책을 읽으면서 저도 수학에 대한 관심을 가지게 되었습니다. 4학년 때에는 적성검사를 한 적이 있는데 계산능력과 기초통계능력이 매우 뛰어났으며 수리개념 및 사고력 문제에도 매우 뛰어났다는 평가를 받았습니다. 결과를 보면서 제가 가우스 같은 계산능력을 가지고 있을지 한 번 시험해 보고 싶었습니다. 그래서 무작정 가우스 합의 원리를 이용해서 1~2,000까지 단숨에 계산을 해보았습니다. 정말 합이 금방 구해지고, 정확하였습니다. 연산뿐만 아니라 수학의 모든 문제에는 이렇게 단숨에 할 수 있는 풀이 방법이 분명히 있겠구나 생각이 들었습니다.

3. 교내(영재학급, 과학영재교육원 포함)에서 참가, 참여했던 지원 전공분야(수학 또는 과학) 관련 대회 또는 활동 중 가장 인상 깊었던 과정과 그 내용을 기술하세요.

해법 사고력 수학이나 창의력 수학 문제집을 사서 혼자 풀다 보니 더욱더 많은 생각을 하게 되었습니다. 수학에 흥미가 생긴 후로 책을 보면 항상 수학에 대한 책을 찾아서 보았습니다. 피타고라스 정리 등과 같이 수식증명문제와 관련이 된 책들을 매우 좋아했습니다. 특히 가우스에 대한 전기문을 읽은 것이 수학 분야에 대한 꿈과 자신감을 얻는 중요한 계기가 되었습니다. 또 학교 수업시간에 마방진을 푼 적이 있었는데 1~9까지의 수를 주어진 칸에 배열하여 한 가운데를 5로 놓고 하면 되겠다는 생각에 금방 해결했는데, 선생님이 왜 5를 가운데 넣어야 하느냐고 물었습니다. 저는 그냥 가운데 수인 5를 가운데 넣으면 된다고 순간적으로 생각한 것인데, 이유를 물으시니 잠시 생각에 잠겼습니다. 그러다가 대각선 가로세로로 더했을 때 1과 9, 2와 8은 모두 같은 합이 나오는데, 이렇게 짝을 짓다 보면 5만 남게 되어서 5를 가운데에 쓴 것입니다 라고 답을 해서 선생님께 칭찬을 받았습니다. 이러한 계기로 수학이 더 좋아지고, 열심히 공부하게 된 것입니다.

또한 학교에서 과학 미술 시간에 그림 조각 맞추기를 하였는데, 전체공간이 한눈에 들어와서 무엇을 어느 자리에 놓아야 하는지 딱딱 들어맞았습니다. 혼자서도 쉽고 재미있다고 생각했었는데, 다른 친구들은 어렵다고 하였습니다. 친구들에게 어려운 수학이 제게는 쉽다는 생각에 저는 수학을 더 열심히 해서 친구들을 가르쳐줘야겠다고 생각하게 되었습니다.

4. 지원 전공분야 외에 본인이 가장 자신 있는 분야와 자신 있어 하는 이유를 기술하세요.

저는 6살 때부터 꾸준히 독서를 좋아하고 매일 하루에 2권씩 책을 읽었습니다. 그래서 수학 외 국어에 가장 자신 있습니다. 그리고 독후감 쓰는 게 매우 재미있고 자신 있습니다. 그런데 수학에 대한 관심이 높다 보니 요즈음은 책도 수학 책을 많이 읽습니다.

예전에 읽었던 책이 생각납니다. '갈릴레오 갈릴레이'는 이런 말을 했다고 합니다. "과학의 진리는 우주라는 거대한 책에 씌어 있는데 그 책은 수학이라는 문자로 되었다." 우주가 생겨날 때, 수학은 없었다고 합니다. 수학은 약속의 학문이라고 합니다. 순전히 인간의 약속에 의해 존재한다고 하는데 정말 믿음을 갖게 하는 말인 것 같습니다. 약속을 잘 지키면 정답이란 기쁨이 활짝 웃고 약속을 지키지 않으면 오답이 눈살을 찌푸리게 하는 것 같습니다.

어렸을 때부터 저희 엄마께서는 "약속은~?" 이라고 말씀하시면 저는 "지키는 거다!"라고 아무 생각 없이 말을 했었는데 너무도 기쁘게 이런 말이 수학과 관계된다고 생각하니 수학은 저의 필연적 만남이 아닐까 하는 생각을 해 봅니다.

저의 일상이 수학을 바탕이라도 하듯 어렸을 때의 외침이 지금의 저의 생활과 일맥상통하는 말이 되고 말았습니다. 독서와 수학 그리고 일상생활에서의 수학을 발견하는 과정이 너무 흥미롭고 **대 영재교육원에서 저와 비슷한 흥미가 있는 친구들을 빨리 만나보고 싶습니다.

5. 나의 장래 희망을 기술하세요.

수학과 과학의 원리를 통한 하늘을 나는 비행조종사 되는 것이 저의 장래 희망입니다. 얼마 전 글라이더를 만들어 보게 되었는데 비행기가 뜨는 원리 날아가는 원리가 너무 신기하였습니다. 그래서 비행과 관련된 책을 많이 읽으며 지냈는데, 고도, 높이 기류에 따라서 순간순간 판단력이 요구되는 직업이라고 하였습니다. 순간적인 판단력이 좋다는 칭찬을 많이 듣고 자랐기 때문에 내가 비행기 조종사가 되면 좋겠다는 생각이 문득 들었습니다.

방학이 끝난 후 친구들에게 양력에 대해서 설명했는데, 친구들은 거의 관심이 없었습니다. 친구들과는 운동도 하고 친하게 지내지만 제가 궁금한 것을 함께 궁금해하는 친구는 찾기 어려워 외롭기도 합니다. 책을 통해서 궁금증을 해결하기도 하지만, 거의 대다수의 궁금증은 해결 못 한 채로 지냅니다. 담임선생님과 엄마께서는 제가 **대 영재교육원에 가면 저와 비슷한 것을 궁금해하고, 저와 말이 아주 잘 통하는 친구들이 많이 있을 것이라고 말씀하셨습니다. 그러한 기대감에 **대 영재교육원에 정말 꼭 들어가고 싶습니다. 저의 꿈을 이루는데 아주 큰 영향을 줄 수 있는 곳이 **대 영재교육원이라고 생각하게 되었습니다. 제가 **대 영재교육원에 간다면 과학, 수학책도 더 많이 읽고 실험도 많이 하고 호기심도 더 많이 키워서 비행기 조종사라는 제 꿈을 이룰 수 있도록 최선의 노력을 다할 것입니다.

자기소개서 연관 예상 질문과 답안

대표 예상 질문
Q 손가락 구구단(9단)이 가능한 이유를 설명하시오.

예상 답안
A 구구단 9단에서 곱셈결과의 각 자릿수 합은 9이어야 하고, 십의 자리수가 0부터 시작하여 7까지 1씩 증가하는 규칙을 이용하면 손가락으로도 구구단 9단의 곱셈결과를 알 수 있다.

추가 예상 질문

❶ 정리나 수식에 관련된 책을 좋아한다고 했는데, 자신이 가장 좋아하는 정리와 그 이유는 무엇인가?

❷ 자신이 순간판단력이 좋다고 했는데, 어떤 상황이 있었는지 예를 들어보라.

❸ 일상생활에서 수학을 발견할 때, 추상적인 내용이 아닌 구체적인 예가 무엇이 있을지 말해보라.

Case 16

KEYWORD

수학

비행조종사

1. ＊＊대학교 과학영재교육원 해당 전공으로 지원하게 된 동기에 관하여 기술하십시오. (400자 이내)

저는 과학자가 되고 싶은 ＊＊＊입니다. 그 이유는 어릴 때 뉴턴에 대해 책을 읽고 만류인력의 법칙을 알고서부터였습니다. 과학자가 되어 꼭 뉴턴 책을 읽고 만다는 다짐을 하였습니다. 과학이 너무 흥미롭고 재미있어 좀 더 넓게 배우려고 학교 영재학급에 들어가서 여러 가지 실험을 하였는데 해부실험이 제일 재미있었습니다. 오징어, 개구리, 쥐를 해부했는데 오징어 눈의 막을 한 꺼풀씩 벗겨 내어 수정체를 찾았습니다. 쥐를 가위로 배를 잘라보았더니 배 속에 내장, 심장, 콩팥 등의 생김새와 구조를 알게 되었습니다. 이것을 보고 사람의 소화기능과 비슷하다는 것을 알았습니다. 이렇게 흥미로운 실험을 하면서 과학에 대한 재미를 많이 느껴 깊게 공부하고 싶어 이번에 ＊＊대 과학영재교육원에 지원을 하게 되었습니다.

2. 지원한 전공과 관련하여 스스로 영재성이 있다고 생각하게 된 계기나 경험들을 3가지 이내로 기술하십시오. (400자 이내)

2학년 때부터 〈내일은 실험왕〉이라는 책을 읽으면서 과학실험이 너무 재미있고 하고 싶어졌다. 그래서 혼자 책 속의 해식동굴 생성과정을 실험하였는데, 해안 지형의 파도를 일정하게 만들어 파도에 의해 지형이 바뀌어 해식동굴이 생성되는 것을 알게 되었다. 그리고 산화, 환원반응 실험을 하였는데 시안화은산칼륨 용액을 비커에 넣어 -펜던트, +은판에 연결하여 용약에 담아 은도금을 하였다. 금도금은 20% 수산화나트륨에 아연가루를 넣고 가열하여 펜던트를 집어넣다 빼서 불꽃에 가열하면 완성된다. 또 도화지를 이용하여 의자를 만들어 아빠에게 선물을 드려 생활물건 만들기도 시도를 하였다.

이처럼 여러 실험을 통하여 과학에 너무 흥미를 느껴 많은 분야의 실험을 하여 원하는 꿈을 키우고 싶다.

3. 지원 전공과 관련된 내용을 학교에서 배울 때 가장 흥미로웠던 학습 주제를 소개하고, 그에 관하여 심화해서 배우거나 연구한다면 어떻게 학습할 것인지 간략한 학습 계획을 작성해보세요. (400자 이내)

학교 영재학급에서 자격루 프로젝트를 하였는데 물을 파수호로 보내는데 일정하지 않아 조건을 바꿔가며 실험을 하였다. 그러던 중 수를 늘릴수록 일정해진다는 것을 알 수 있었다. 나의 자동십오장치는 부표가 올라오면서 통을 쳐 구슬이 굴러가 레일을 지나면서 마지막에 물레방아를 지나 시소에 있는 구슬이 종을 치게 된다. 실험과정에서 부표가 떠오르지 않아 요인을 찾아보니 부표를 크게 만들어 아래쪽에 물이 들어가지 않고 위에만 물이 들어갔다. 그래서 부표를 작게 만들어 다시 해보니 부표 아래로 물이 서서히 들어가 뜨게 되어 성공하게 되었다.

이를 통해 실험설계의 중요성을 알았고 그 구성에 대해 좀 더 공부하여 여러 실험을 통해 지식을 쌓아 나의 꿈에 한발자국 다가가고 싶다.

4. 앞으로의 진로 계획 및 장래 희망에 대하여 기술하고, 선택한 진로를 위해 앞으로 어떤 노력을 할 것인지 계획을 써 보세요. (400자 이내)

과학고에 입학하여 화학과 물리에 대해 공부하여 대학에 들어가 환경오염을 줄이고 보존할 수 있는 분야의 공부를 하고 싶다. 풍력, 조력, 파력 등의 자연환경을 이용하여 깨끗한 에너지를 만들어 사람들에게 주어 환경오염을 줄이고 환경을 깨끗하게 정화하는 시약을 개발하여 세계 각국에 널리 알려 모든 인류가 행복하고 아름다운 지구를 만들고 싶다.

그리고 세계 5개 국어를 능통하게 하여 과학자들과 많은 정보교류를 하고 약품 개발을 연구하고 싶다.

현재는 모두가 느끼는 분야이지만 과학을 통합한 새로운 분야를 만들어 깨끗한 지구 환경 만들기에 앞장서고 싶다. 이렇게 하기 위해 꼭 ＊＊대 영재교육원을 입학하여 우수한 교수님께 배워 꿈을 실행하기 위한 첫걸음을 내딛고 싶다.

자기소개서 연관 예상 질문과 답안

대표 예상 질문

Q 소리의 속도가 줄어든다면 어떤 일들이 벌어질지 상상하여 최대한 많이 적으시오.

예상 답안

A 우선 사람들이 서로 대화하는 시간이 길어질 것이다. 따라서 멀리 있는 사람들끼리는 대화하는 것이 거의 불가능해질 것이다. 사람뿐만 아니라 물속에서 소리의 파동을 이용해서 대화하는 생물들도 정보교환에 어려움을 겪을 것이다. 또한 소리를 통해서 반응하게 되는 경우에 사람들이 둔화될 것이다.

추가 예상 질문

❶ 소화기관 해부실험을 했을 때, 사람과 동물의 공통점과 차이점은 무엇이었는가?

❷ 깨끗한 환경을 위해 자연환경을 이용하여 에너지를 만들고 싶다고 했는데, 그 에너지에 어떤 조건이 필요한지 말해보라.

❸ 여러 동물을 해부해봤는데, 한 가지를 정해 내부기관이 어땠는지 설명해보라.

❹ 과학이 각 분야가 독립적이지 않고, 서로 교류가 될 때 어떤 장점이 있을지 말해보라.

1. 자신의 수학, 과학적 능력에 대해 스스로 평가해 보십시오.

학교에서 수학 경시대회에서 1, 2등을 다투면서 수학만큼은 정말 자신이 있습니다. 얼마 전 ＊＊대 수학경시대회에서도 좋은 성적을 거두고 수상하면서 ＊＊초등학교에서 수학하면 ＊＊＊라는 이름을 떠올리는 선생님들도 많으십니다. 수업 시간에도 성실하게 참여하면서 일상 속에서 수열, 규칙성, 입체도형 측정하기 등과 같은 수학적 경험을 많이 쌓으려고 일부러 노력합니다. 여름방학에 아르키메데스 다면체를 만드는 활동을 하다가 거의 하루 종일 색종이만 오리는 저를 발견하였습니다. 이렇게 해서는 안 되겠다고 생각하고 다면체의 한 면은 다른 한 면과 맞닿아 있으므로 가장 큰 색지를 사서 그 위에 전개도를 그려 보았습니다. 사실 도형 하나하나를 만들게 되면 가위질을 그만큼 많이 해야 하기 때문에 최소의 가위질 수를 계산해 보려고 시도한 것입니다.

이러한 제 특성은 평소에도 수학을 쉽게 해결하고, 가장 쉬운 방법으로 문제를 풀어내려고 하는 고민에서도 찾을 수 있습니다. 먼저 충분한 생각을 하고 문제를 해결하는 것이 무조건 시도하는 것보다 더 시간이 덜 걸린다는 것을 평소 느끼면서 제 수학적인 능력을 개발하려고 노력하고 있습니다. 과학의 경우 이미 혼자 하이탑을 독학할 정도로 수준급입니다. 많은 과학책과 잡지를 읽어 둔 것이 제 과학 실력의 밑거름이 되었습니다. 초등 내내 실험을 할 수 있는 기회를 많이 가진 결과 다양한 아이디어들이 생겨서 과학 발명품 대회에 출품하거나, 과학전람회, 탐구토론대회 등에 출전하여 전국대회까지 진출하는 결과를 얻으면서 과학에 대해서도 자신감이 생겼습니다. 올해 겨울방학에는 세계창의력올림피아드, 올봄에는 대한민국창의력챔피언 대회에 나가서도 즉석 과제를 해결하면서 제 수학, 과학적인 실력을 점검해 볼 수 있었습니다.

앞으로 ＊＊대 영재교육원에 들어갈 수 있다면 친구들과 힘을 모아서 다양한 대회에 도전하면서 제 수학, 과학적 실력을 더 발전시키기 위해 긴장하고 노력하고 싶습니다.

2. 현재 흥미를 가지고 있는 구체적인 수학 또는 과학문제에 대해 기술하십시오.

수학심화를 하면서 고등부 수리논술 문제를 풀어 보다가 일상생활과 연관된 수학 문제를 만들어 보았습니다. 현재 짓고 있는 제2롯데월드가 100층이라고 가정하고 그 안에 엘리베이터와 에스컬레이터를 몇 개 어떻게 배치하는가에 대해 그림을 그리면서 다양한 경우의 수를 만들어 보았습니다. 제2롯데월드의 연면적, 유동인구, 상점배치, 주차장 위치, 출입구 위치 등을 파악하기 위해 조감도를 보면서 문제를 해결하였습니다. 엘리베이터의 위치를 생각하는데도 정말 많은 수학적, 과학적 요소를 고려해야 한다는 사실을 알았고, 하루하루 새로운 아이디어가 떠올라서 수정하고 있습니다. 또한 선행이나 심화에서 배운 수학적인 내용들을 중심으로 중학교에 가서는 중등수학올림피아드에 출전할 계획으로 열심히 올림피아드 수학을 공부하고 있습니다.

과학에서는 '꽃이 시드는 속도를 늦출 수 있을까?' 라는 연구주제로 ＊＊시 과학전람회에서 초등부에서는 유일하게 특상을 받고 전국대회에 출전하여 우수상을 받았습니다. 집에서 먹던 블루베리의 항산화 효과에 대해 흥미를 가진 후 1년 이상의 장기간 다양한 과학실험을 하면서 서울대 융합기술대학원과 블루베리 농장에 견학도 가고, 도서관에서 논문도 읽으며 문제 해결 과정에서 많은 것을 배울 수 있는 시간이었습니다. 현재는 블루베리의 비만 치료효과에 대해 연구 중이며, 이러한 연구 결과를 가지고 세계에서 가장 큰 온라인 경시대회인 Google Science Fair 그리고 국제청소년학술대회(ICY-international Conference for Youth)에 도전해볼 계획입니다. 이 대회를 통해 나는 세상을 바라보는 시각을 더 넓힐 수 있는 기회를 갖고 싶고, 제 이름 ＊＊＊를 세계에 알릴 것입니다. 국내외의 다양한 사람들과 제 연구에 대해 토론하고 이야기한다는 것 상상만 해도 가슴이 뜁니다.

3. 앞으로 하고 싶은 일, 혹은 해결해보고 싶은 일에 대해 구체적으로 기술하십시오.

수학이 일상생활에서는 사용되지 않는 쓸모없는 학문으로 생각하기가 쉽습니다. 그러나 일상생활 곳곳을 찾아보면 수학이 여러모로 활용도 높게 쓰이고 있는 것을 볼 수 있을 것입니다. 물건값 계산하기, 합리적인 의사결정, 미래 예측, 어떠한 상황에 대한 평가 등이 수학이 사용되는 대표적인 예입니다. 저는 ＊＊대 영재교육원 수학 전공에 입학하게 되면 일상생활에서 수학의 의미와 중요성에 대해 일깨우는 연구를 진행하고 싶습니다. 위에서 소개해 드린 엘리베이터 문제처럼 수학에 좀 더 관심을 갖고 우리 실생활에서 수학 문제를 찾아내어 해결하고 싶습니다.

또한 과학과 수학을 연결하여 에너지 절약에 대한 아이디어도 찾고 싶습니다. 올해 대한민국창의력챔피언 대회에서 은상을 받았는데, 그때 우리 팀의 주제가 나비효과였습니다. 우리가 무심코 한 작은 행동들이 큰 문제가 될 수 있다는 것을 수학적으로 인식시키기 위해서 우리가 하고 있는 에너지 낭비량을 수학적으로 계산하여, 우리 학교 학생, 우리 국민이 그와 같은 일을 했을 때 어떤 에너지 낭비가 되는지를 분석하는 것도 흥미로울 것입니다. 이를 위해 엘리베이터 문제처럼 일상생활의 문제를 해결하여 보는 연습을 꾸준히 할 계획이며, 이를 블로그에 올려서 친구들과 공유하는 작업을 하고 싶습니다.

제가 아는 형 중에 ＊＊대 과학영재교육원을 수학 전공을 수료하고 ＊＊영재학교를 간 형이 있는데, ＊＊대 ＊＊교육원에 가면 수학을 제대로 배울 수 있고, 비슷한 녀석들이 많아서 수학적인 농담도 하고 무척 재미있다는 말을 들은 적이 있습니다. 그래서 ＊＊대 영재교육원에 가면 친구들과 수학적인 토론도 하고, 새로운 문제도 함께 해결하면서 성장할 수 있겠다는 생각이 들어서 지원하게 되었고, 지금은 가장 최우선으로 ＊＊대 영재교육원 수학 전공에 입학하는 일이 가장 하고 싶은 일입니다. 이후 영재학교에 진학하여 제 꿈인 융합수학자가 되기 위해 노력할 것입니다.

영재교육원에서 선생님께 미래는 융합의 시대라고 들었습니다. 한 가지 학문만 잘해서는 해결할 수 있는 문제가 적다는 것입니다. 이러한 사실을 바탕으로 에너지와 자원의 문제를 수학적, 과학적으로 해결하는 융합수학자가 될 것입니다. 영재학교 졸업 후에는 수리통계학과에 진학하고 싶습니다. 그래서 사람들을 설득하고, 건축물을 설계하고, 미래의 정책을 마련하는데 수학적인 근거를 제시하는 다양한 연구를 하고 싶습니다.

 자기소개서 연관 예상 질문과 답안

대표 예상 질문

Q ＊＊야구장에 관중이 꽉 들어차 있다. 관중의 수를 셀 수 있는 방법을 다양하게 말해보시오.

예상 답안

A관중석의 의자는 같은 밀도로 배치되어 있기 때문에 일정 크기의 구역으로 나눈다.
그 위 한 구역에 있는 사람 수를 세고, 구역의 수를 곱하면 관중 수를 알 수 있다.

 추가 예상 질문

❶ 본인이 생각하는 일상생활에서 수학의 의미는 무엇인가? 그리고 수학은 어떻게 적용되는가?

❷ 에너지 절약에 대한 아이디어도 내고 싶다고 했는데, 본인이 평소에 에너지절약을 위해 하고 있는 노력이 있다면?

❸ 건축자가 우리 사회에 기여하는바가 무엇이라고 생각하는가?

❹ 과학 탐구대회에서 연구한 내용에 대해 간단히 설명하라. 이 연구를 통해 얻은 의의는 무엇이었는가?

❺ 수학올림피아드를 준비할 때, 평소 수학 공부보다 특별히 신경을 쓴 부분이 있다면?

KEYWORD

해부
식물분류
생물교수

1. ＊＊대학교 과학영재교육원 해당 전공으로 지원하게 된 동기에 관하여 기술하십시오. (400자 이내)

저는 생물학과 교수가 되고 싶습니다. 저는 집에서 아빠가 잡아주신 개구리를 과학 선생님이셨던 엄마와 함께 해부해 보았습니다. 저희 집에는 책들이 수두룩한데, 그중 '나의 탄소 발자국은 몇 kg일까?' 라는 책을 읽고, 식물과 동물, 그리고 사람이 점점 자연으로부터 위협을 받고 있다는 것을 알았습니다. 저는 생물학과 교수가 되어서 온난화를 막을 수 있는 여러 방법을 연구하여 세상에 널리 알리고 싶습니다. 또, 저는 화학에도 관심이 있어 얼마 전 책에서 본 양배추 지시약이 기억에 남습니다. 지시약으로 산성과 염기성을 구분할 수 있다는 것에도 많은 관심을 가지게 되었습니다. 이번에 초등 과학영재에 지원해서 이미 수료한 초등 저학년 영재과정보다 더 신 나고 재미있는 수업을 하고 싶습니다.

2. 지원한 전공과 관련하여 스스로 영재성이 있다고 생각하게 된 계기나 경험들을 3가지 이내로 기술하십시오. (400자 이내)

저는 엄마, 아빠의 도움으로 지렁이를 해부해 보았습니다. 작아서 하기가 힘들었지만 인터넷에서 설명을 찾아서 그림과 비교해 보니 이해가 쉬웠습니다. 그리고 스스로 끝까지 끈기를 보였던 모습과 탐구를 하면서 식물을 절대 포기하지 않았습니다. 또한 저는 제가 학교 단위영재에서 허브향수와 잎맥 표본, 그리고 물의 성질에 대해 기다리고, 관찰하고, 잎이 찢어져도 그 잎을 포기하지 않았습니다. 물의 성질에 대한 것에는 표면장력이 물을 둥그런 모양에도 호기심을 가지고 탐구 하여서 저는 제가 영재성이 있다고 생각하였습니다. 마지막으로 저는 3학년 때, 종물, 온도, 지금은 식물에 대해 실험도 열심히 하고, 즐겁게 하고 있다는 점에서 저는 제가 영재성이 있다고 생각하였습니다.

3. 지원전공과 관련된 내용을 학교에서 배울 때 가장 흥미로웠던 학습 주제를 소개하고, 그에 관하여 심화해서 배우거나 연구한다면 어떻게 학습할 것인지 간략한 학습 계획을 작성해보세요.

저는 학교에서 식물의 한 살이, 동물의 한살이에 대해 배웠습니다. 동물과 식물의 서식지나 먹이에 대해 배우면서 식물의 유전자 조합과 동물의 유전자 조합에 대해 낱낱이 연구하고 싶습니다. 그래서 만약, 제가 **대학교 초등심화과정에 들어가게 된다면, 앞으로의 제 생활에 큰 도움이 되리라 믿습니다. 또, 저는 혼합물에 대한 것과, 빛, 물에 대한 것에도 큰 관심을 가지고 있어서 알갱이가 아닌 액체의 분리과정과 빛의 속도나 빛의 특징에 대해 더 배우고 싶습니다. 마지막으로 물이 가진 힘이나 물의 특별한 특징에 관해 자세히 배워서 제가 커서 생물학과 교수가 된다면, 꼭 생물만이 아닌 물리나 화학에 대해서도 알아보고 싶습니다.

4. 앞으로의 진로 계획 및 장래 희망에 대해 기술하고, 선택한 진로를 위해 앞으로 어떤 노력을 할 것인지 계획을 써 보세요.

저는 앞으로 생물학과 교수가 되기 위해서 생물, 화학, 물리, 정보 등 모든 책을 골고루 읽고, **대학교 영재교육원 중등 심화, 중등 사사반까지 올라가서 저의 능력을 키워서 꼭 훌륭한 생물학과 교수가 되고 싶습니다. 그리고 생물학과 교수가 되기 전에 우리나라에서 가장 유명하고 좋은 서울대에 들어가서 생물학과 교수가 되고 싶습니다. 그리고 지금 저는 중등 심화반과 중등 사사반, 중학교 고등학교 그리고 서울대학교에 가려고 지금 제가 지원하려는 초등 심화과정에서부터 시작하려 합니다. 지금 이 과정을 계기로 저는 꼭 훌륭한 생물학과 교수가 되고 싶습니다.

자기소개서 연관 예상 질문과 답안

대표 예상 질문

Q 영재원에 들어오기 위해 무엇을 했는가?

예상 답안

A 영재원에 들어가기 위해서는 단순히 기본적인 내용뿐만 아니라 이를 적용할 수 있는 응용력을 길러야 한다고 생각했다. 때문에 수학 문제를 풀 때에도 단순한 계산문제뿐만 아니라 응용문제들을 위주로 공부했고, 과학도 법칙이나 원리들을 배우면 이것들이 실생활에 어떻게 적용돼서 나타나는지 관심을 갖고 공부했다.

추가 예상 질문

❶ 생물교수가 되고 싶은데, 다른 분야(물리, 화학, 지구과학) 등까지 공부해야 한다고 생각한 이유는?

❷ 자신이 단지 실험을 열심히 하고 인내심이 있다는 면에서 영재성이 있다고 하였는데, 수학·과학적 능력은 판단의 근거가 되지 않는다고 생각하는가? 영재에게 가장 필요한 자질은 무엇인가?

❸ 지구온난화를 막는데 기여하고 싶다고 하였다. 현재 지구온난화를 일으키는 원인에는 무엇들이 있는지 설명하라.

❹ 지구온난화 외에도 지구환경을 안 좋게 하는 현상들에는 무엇이 있는가?

❺ 서울대에 가고 싶다고 했는데, 영재교육원이 여기에 어떤 도움을 줄 수 있을 거라 생각하는가?

Case 19

KEYWORD

영재학급
항공교통관제사
화학
플롯

1. ＊＊대학교 과학영재교육원 해당 전공으로 지원하게 된 동기에 관하여 기술하십시오. (400자 이내)

＊＊대 영재원에서 화학을 공부하고 싶은 이유는 우리가 만지고 느끼고 보고 냄새 맡고 하는 물체들이 어떻게 이루어져 있는지 더 자세히 알고 싶어서입니다. 어떤 물질이 사람에게 그리고 자연에게 꼭 필요한 것인지, 해를 준다면 무엇 때문에 문제가 발생하는지를 알아내어 유용하게 사용하도록 만들 것입니다. ＊＊대에서 화학의 탐정 놀이를 한다는 얘기를 들은 적이 있는데, 벌써부터 흥미진진함이 느껴집니다.

학교에서는 부족한 실험 기구와 다양한 문제 해결하는데 부족함 그리고 함께 공부하는 친구들이 저와 비슷한 생각을 가지고 있지 않아 아쉬울 때가 많습니다. 과학영재교육원에서 화학분야에 관심이 많은 친구들과 함께 공부하면 화학 공부에 대한 지식과 경험을 몸으로 느끼며 과학을 좋아하는 선생님들의 가르침으로 시작하고 싶습니다.

2. 지원한 전공과 관련하여 스스로 영재성이 있다고 생각하게 된 계기나 경험들을 3가지 이내로 기술하십시오. (400자 이내)

모든 일을 적극적으로 즐기며 하다 보니 5학년 때부터 현재까지 단위영재학급의 일원으로 호기심을 해결하며 다양한 책도 읽고 탐구도 하고 있습니다. 저는 영재학급 수업이 너무 즐겁고 아는 내용이라도 또 배우게 되면 친구들을 도와 우리 조가 더 잘할 수 있도록 돕습니다. 제가 제일 좋아하는 것이 하나 더 있는데 플루트입니다. 작년 저희 학교 졸업식 때 졸업하시는 선배님들을 위하여 학교대표로 플루트를 연주한 적이 있었습니다. 모두 박수를 치면서 두고두고 친구들이 잘한다며 칭찬을 해 주어서 악기연주에 재능이 있다는 것도 알게 되었습니다. 3학년 때 다친 엄지손가락에 붕대를 감고 '전국학생음악콩쿠르'대회에 나간 적이 있었는데 다쳤음에도 불구하고 최고상을 받은 이후 다시 한 번 악기 연주에 대한 재능을 발견했습니다.

3. 지원 전공과 관련된 내용을 학교에서 배울 때 가장 흥미로웠던 학습 주제를 소개하고, 그에 관하여 심화해서 배우거나 연구한다면 어떻게 학습할 것인지 간략한 학습 계획을 작성해보세요. (400자 이내)

학교에서 소금물로 가는 자동차에 대해서 실험을 했습니다. 자동차에 소금물을 떨어뜨렸을 때 자동차가 잘 움직이는지 실험하는 것이었습니다. 자동차에 소금물을 떨어뜨리고 시간이 지나자 자동차가 앞으로 나아갔습니다. 소금물의 농도가 높을 때 자동차가 더 빨리 움직였습니다. 그 이유는 농도가 높을수록 용액에서 작용하는 힘이 더 크기 때문이었습니다. 실험이 끝나고 저는 소금이 아닌 바닷물을 사용해도 자동차가 나아갈지 의문을 갖게 되었습니다. 또 더 무겁고 큰 자동차도 바닷물로 움직일 수 있을지 궁금해졌습니다. 지구에서 바닷물은 지표의 70%나 차지하고 있고, 빗물에 의해 계속 늘어나서 보충되기 때문에 바닷물로 큰 자동차나 특히 거대한 배를 움직이게 할 수 있도록 계속 여러 가지를 연구하고 싶습니다.

4. 앞으로의 진로 계획 및 장래 희망에 대하여 기술하고, 선택한 진로를 위해 앞으로 어떤 노력을 할 것인지 계획을 써 보세요. (400자 이내)

서쪽 하늘의 붉은 노을이 질 때쯤 고속도로를 달리는 기분은 하늘을 나는 것처럼 신 나고 흥분됩니다. 날씨의 좋고 나쁨을 잘 파악하여 안전하게 비행기를 몰 수 있도록 안내해 주는 '항공 교통 관제사'가 되고 싶습니다. 화학을 잘 이해하여 이다음에 사회에서 꼭 필요한 인재로 거듭나서 사람들에게 또는 자연에게 도움이 되는 일을 할 수 있는 사람이 되고 싶습니다. 당장 눈에 보이는 일에만 매달리지 말고, 멀리 앞날을 내다보며 자신의 이상과 꿈을 향해 열심히 모든 일에 도전하고자 합니다. 학문에 대한 이해를 높이기 위하여 화학, 수학, 물리, 생물 등의 실력 향상은 물론이고, 세계로 뻗어 나갈 수 있게 외국어 실력도 차곡차곡 쌓고자 합니다. 호기심에 대한 마음이 하나 둘 씩 풀릴 수 있도록 ＊＊대학교 영재교육원에서 공부할 수 있는 기회를 주시기 바랍니다.

자기소개서 연관 예상 질문과 답안

대표 예상 질문
Q자연재해가 우리에게 피해만 주는 것은 아니다. 지진, 태풍, 화산이 인류에게 어떤 도움을 주고 있는지 이야기해 보시오.

예상 답안
A화산에 의해서는 지열로 인해 에너지 발전을 할 수 있고 관광지나 휴양지를 만들어 낼 수 있다. 또한 새로운 기름진 땅이 만들어진다. 태풍은 지구계 에너지 순환을 돕고, 지진은 지구 내부물질을 연구하는데 도움이 된다.

추가 예상 질문

❶ 악기연주에 재능이 있다고 했는데, 이것이 본인의 장래 희망과 연결 지어 어떤 도움을 줄 수 있을 것이라 생각하는가?
❷ 항공교통관제사에게 필요한 자질은 무엇인가? 과학이 이 일에 어떻게 도움을 준다고 생각하는가?
❸ 지금까지의 지식을 토대로, 물질에 어떻게 이루어져 있는지 어린 동생이 이해할 수 있도록 쉽게 설명해보라.
❹ 소금물로 가는 자동차에 대해 배웠을 때, 농도가 높을수록 용액에서 작용하는 힘이 더 큰 이유를 설명할 수 있는가?

1. **대학교 과학영재교육원 해당 전공으로 지원하게 된 동기에 관 기술하십시오. (400자 이내)

저는 어려서부터 숫자를 빨리 익히고 저만의 계산법으로 덧셈, 곱셈 등을 잘하여 주위로부터 많은 관심을 받았습니다. 퍼즐 맞추기를 좋아하고 책 읽기를 좋아하여 유치원 때는 WHY 과학학습백과를 읽으며 배수, 약수, 소수 등의 개념을 알았고 초등학교에 들어와서는 수학귀신, 플라톤 삼각형의 비밀, 피타고라스 구출작전 등 수학논리, 사고력 등을 키워주는 동화를 여러 번 읽으며 원리를 깨우치고 수학적 호기심을 키웠습니다. 책을 읽으면 관련된 문제도 내보고 어머니께 문제를 내달라고 부탁도 드려보며 수학 문제를 푸는 것을 즐겼습니다.

수학은 원리를 알면 문제 풀기도 쉽고 재미와 흥미를 자극해서 제가 제일 좋아하는 과목입니다. **대 과학영재교육원에서 좀 더 심화되고 논리적인 공부를 하여 생각하는 힘을 키우고 싶습니다.

2. 지원한 전공과 관련하여 스스로 영재성이 있다고 생각하게 된 계기나 경험들을 3가지 이내로 기술하십시오. (400자 이내)

7살 때 초등백과를 읽으며 분수를 보게 되었는데 분수의 계산원리가 궁금해서 아버지께 여쭈어 보았더니 10분 정도 계산법을 가르쳐 주셨습니다. 저는 문제를 많이 내달라고 해서 분수의 덧·뺄셈을 하고 통분, 약분, 가분수를 대분수로 고치며 뭔가를 알아간다는 것이 너무 재미있었습니다. 그리고 올해 수학 시간에 선생님께서 수업이 일찍 끝나 성냥개비를 이용한 창의력 문제를 내주셨는데 제가 5분 만에 풀었습니다. 선생님께서는 교사경력 10년 동안 저처럼 빨리 푸는 학생은 처음이라며 크게 칭찬해 주셨습니다. 저는 매우 기분이 좋았고 친구들이 어려워하는 것을 풀 수 있다는 게 정말 뿌듯했습니다. 영재학급에서도 사고력 문제를 푸는데 친구들은 1시간이 되도록 못 푸는 문제를 저는 30분 만에 쉽게 풀 수 있었습니다.

3. 지원 전공과 관련된 내용을 학교에서 배울 때 가장 흥미로웠던 학습 주제를 소개하고, 그에 관하여 심화해서 배우거나 연구한다면 어떻게 학습할 것인지 간략한 학습 계획을 작성해보세요. (400자 이내)

제가 가장 흥미로웠던 학습 주제는 규칙성과 문제 해결입니다. 그 학습 주제를 특히 좋아하는 이유는 도형의 규칙을 찾아내어 답을 구하는 과정이 재미있기 때문입니다. 또 함께하는 스도쿠도 매우 흥미로웠습니다. 어머니께서 평소 자주 핸드폰으로 스도쿠를 하셔서 어머니께 배우게 되어 어렵지 않고 재미있게 할 수 있었습니다. 만약 ＊＊대 영재교육원에서 규칙성과 문제 해결 스도쿠를 더욱 심화하여 배운다면, 문제의 해결 방법을 구체적으로 찾아보고 왜 그 답이 나왔는지 꼼꼼하게 살펴볼 것입니다. 그리고 일본에서 만들어진 스도쿠를 넘어서는, 규칙성을 이용한 게임을 만들어 일본에 전파하는 역할을 하고 싶습니다.

4. 앞으로의 진로 계획 및 장래 희망에 대하여 기술하고, 선택한 진로를 위해 앞으로 어떤 노력을 할 것인지 계획을 써 보세요. (400자 이내)

어렸을 때 꿈이 수학자, 과학자였다가 1학년 때는 피아노를 잘 치고 좋아해 피아니스트이기도 했고, 수학과 과학을 좋아하지만 정보의 시대이기 때문에 3학년 때부터는 컴퓨터에 많은 관심이 생겨 프로그램을 개발해 보고 싶어서 컴퓨터 프로그래머가 되고 싶어졌습니다. 꿈이 프로그래머인데 수학을 전공하고 싶은 이유는 일단 컴퓨터의 언어도 2진법이어서 수학을 꼭 알아야 하기 때문이고, 또 컴퓨터의 수많은 프로그램도 모두 수학으로 이루어져 있기 때문입니다. 또 저의 꿈인 컴퓨터 프로그래머가 되기 위해 수학을 열심히 공부하고 컴퓨터의 언어와 기술에 대해서도 열심히 공부하겠습니다.

 자기소개서 연관 예상 질문과 답안

대표 예상 질문
Q A, B, C, L, I, S, H를 어떤 기준에 따라 분류하되 되도록 문제 해결을 쓰시오.

예상 답안
A A, B, I, H - 한 획으로 쓸 수 없다. C, L, S - 한 획으로 쓸 수 있다.

추가 예상 질문

❶ 중간에 꿈이 변했는데, 앞으로 새로운 학문을 더 배우면서 수학·과학이 아닌 새로운 꿈이 생긴다면?
❷ 규칙성에 관련된 문제를 하나 제시하고, 풀이하라.
❸ 최근에 배운 수학 원리나 법칙을 설명하고, 어디에 적용되는지 설명하라.
❹ 프로그래머가 되어, 특별히 어떤 프로그램을 개발하고 싶은가? 그것이 어느 곳에 어떤 도움을 줄 수 있는가?

Case 21

과학
물리
판
IT

1. ＊＊대학교 과학영재교육원 해당 전공으로 지원하게 된 동기에 관하여 기술하십시오. (400자 이내)

고지식하고 옳고 그름이 분명한 미래의 판사 ＊＊＊입니다. 특히 과학적 전문 지식이 필요한 특허와 IT 관련 담당 판사가 제 목표입니다. ＊＊대 과학영재교육원을 통해 학교에서 접할 수 없는 공부를 하고 꿈에 한 발짝 더 다가가는 계기를 만들고 싶습니다.

항상 책으로 상상의 여행을 떠나는 것이 취미입니다. 갈릴레이 갈릴레오 이야기를 읽으면서 물리에 대해 처음 알게 되었습니다. 세상을 움직이는 원리와 힘이 물리학이라는 것을 알게 되어 흥미로운 영역이라 생각합니다. 물리를 직접 공부하고 특히 전자와 관련된 영역을 연구하고 싶어 ＊＊대 영재원을 지원하게 되었습니다. 스마트폰과 관련된 프로젝트도 하고 전자기기들의 원리도 알고 싶습니다. 현재 가장 관심을 갖고 있는 것은 삼성과 애플의 특허 소송입니다. 꿈을 이루기 위해 꼭 함께 배우고 싶습니다.

2. 지원한 전공과 관련하여 스스로 영재성이 있다고 생각하게 된 계기나 경험들을 3가지 이내로 기술하십시오. (400자 이내)

3학년 때 담임이셨던 ＊＊＊ 선생님의 권유로 경험 삼아 치른 영재시험에 합격하였습니다. 합격 후 영재시험을 미리 준비한 친구들이 합격하지 못한 것을 알게 되었습니다. 이것을 계기로 내 가능성에 조금은 자신감과 자존감을 갖게 되었습니다. 영재 수업을 받으면서 수업내용에 흥미를 갖게 되자 더 몰두할 수 있었습니다. 수업내용도 다른 친구들보다 빠르게 이해할 수 있었기 때문에 발표에도 자신이 있습니다. 간혹 수업 중 엉뚱하게 실수도 하지만 아무도 풀지 못한 수학 문제를 풀었을 때 영재성이 있다고 생각하게 되었습니다.

기회는 누구에게나 오지만 그 기회를 잡고 최선을 다하는 사람은 그리 많지 않습니다. 학교와 영재 수업 외에 다양한 활동은 못 하였지만 누구보다 성실함에는 자신이 있고 제 성실성은 재능을 계발하는데 타고난 영재성보다 더 중요하다고 생각합니다.

3. 지원 전공과 관련된 내용을 학교에서 배울 때 가장 흥미로웠던 학습 주제를 소개하고, 그에 관하여 심화해서 배우거나 연구한다면 어떻게 학습할 것인지 간략한 학습 계획을 작성해보세요. (400자 이내)

저는 학교에서 영재 수업 시간 중 롤러코스터 에너지보존법칙과 원심력에 대해 배우고 직접 만들어 봤을 때가 가장 흥미로웠습니다. 많은 사람들이 살아가는 데 필요한 전자물리학의 전문지식을 많이 공부하여 실생활에 적용하고 싶습니다. 과학의 기초이며 세상을 움직이는 원리와 법칙들이 존재한다는 것을 알게 되었습니다. 물체가 어떤 힘에 의해 움직이고 휴대폰과 같은 전자기기의 작동 원리도 좀 더 자세하고 구체적으로 공부할 것입니다. 물리법칙의 적용과 힘이 어떻게 이루어지는지와 그 힘이 활용되는 것을 자세하게 알아보고 싶습니다.

살아가면서 모든 것에 적용되는 전자와 관련된 지식이 많아야 전자분야의 분쟁이 생겼을 때 전문지식을 가진 법조인으로서 정확하게 이해하고 판단할 수 있기 때문에 깊이 있게 물리학을 배워나갈 계획입니다.

4. 앞으로의 진로 계획 및 장래 희망에 대하여 기술하고, 선택한 진로를 위해 앞으로 어떤 노력을 할 것인지 계획을 써 보세요. (400자 이내)

얼마 전 매일 읽고 있는 동아일보 어린이신문을 보다가 IT와 관련된 재판에 대하여 읽었습니다. 판사가 전문지식 부족으로 내용을 이해하지 못해 시간도 오래 걸렸습니다. 또한 나라마다 판결 결과가 다를 수 있으며 배심원 제도가 있는 나라의 경우는 배심원과 판사의 판결이 정반대로 나오는 경우도 있다는 것을 알게 되었습니다. 세상을 움직이는 힘과 원리를 알고 IT관련 내용을 깊이 있게 이해하고 공부를 하겠습니다. 신문기사에 다루어지는 내용처럼 억울한 경우가 생기지 않게 하기 위해 사법고시 시험에 합격하여 합리적이고 정의로운 판사가 될 것입니다.

바보처럼 순간의 이익에 눈이 멀어 불의와 타협하고 공부하지 않는 이가 되지 않도록 노력할 것입니다. ＊＊대 영재원에서 배움과 다양한 독서를 통해 유연한 사고를 가진 나라의 인재가 되겠습니다.

 자기소개서 연관 예상 질문과 답안

대표 예상 질문

Q 민들레를 보고 만든 것이 낙하산이다. 이것과 같이 생물의 모습을 보고 만든 물건 5가지를 말해보시오.

예상 답안

A 단풍나무씨앗으로 헬리콥터, 잠자리로 비행 기계의 가능성, 도깨비 풀이 씨앗을 퍼뜨리는 방법에서 찍찍이, 도꼬마리 열매의 잘 떨어지지 않는 성질로 매직 테이프, 장미 덩굴로 철조망, 또한 조개껍데기 모양으로 오페라하우스를 만들었다.

 추가 예상 질문

❶ IT 관련 판사는 주로 하는 일이 무엇이며, 이에 필요한 자질은 무엇인가?
❷ 삼성과 애플의 소송에 관심이 있다고 했는데, 현재까지의 진행상황에 대해 간단히 설명해보라.
❸ 롤러코스터에 적용되는 과학적 원리에 대해 설명하라.
❹ 영재학급에서 배운 인상 깊은 내용을 설명하고, 어떤 점을 더 공부하고 싶은가?

새총 쏘기 대회
물로켓 대회
실험 의사

1. ＊＊대학교 과학영재교육원 해당 전공으로 지원하게 된 동기에 관하여 기술하십시오. (400자 이내)

축구를 하다 다리를 다쳐서 정형외과에 갔는데, 선생님은 X-ray를 찍으시고, 레이저 치료와 전기치료를 해주셨습니다. 눈에 보이지 않는 빛과 전기를 이용한 치료가 효과가 있는지 궁금했습니다. 집에 와서 물리치료에 대하여 과학잡지, 과학백과, 사전, 인터넷을 찾아보고 원리를 알아보았습니다. 뢴트겐이 X-선을 발견하고 마리 퀴리가 라듐을 발견했으며 이를 의학적으로 활용하기 시작했다는 것이 신기했습니다. 저도 아픈 사람들을 도울 발명을 하고 싶어서 팔이 없는 장애인들을 위한 우산을 발명해 보기도 하였습니다. 하지만 아이디어는 있는데, 기능을 실현하기 어려워 아쉬웠습니다.

＊＊대 영재교육원 물리 전공에서 공부할 수 있다면 제 아이디어를 실현할 수 있는 다양한 방법을 배우며 발전하고 싶습니다.

2. 지원한 전공과 관련하여 스스로 영재성이 있다고 생각하게 된 계기나 경험들을 3가지 이내로 기술하십시오. (400자 이내)

과학은 호기심에서부터 시작하여 계속 발전하는 것이라고 생각합니다. 저는 다른 친구들과 다른 독특한 생각을 하며 모르는 것은 꼭 알 때까지 묻고 해보려고 노력합니다. 저의 담임선생님은 저에게 정신력이 무지 강하며 열정도 활활 타오른다고 말씀하셨습니다.

＊＊＊년, 가족과학축제 골드버그대회에 참여한 적이 있는데, 현장미션 준비물이 미니카, 양초, 휴지, 카드, 컵이었습니다. 저는

양초를 선택하여 양초 불 끄기 미션을 물을 부어 산소를 차단하는 방법으로 성공하여 우리 가족은 좋은 성적을 거두었습니다. 4학년 때는 새총 쏘기 대회에서 달구지가 움직이는 방향, 관성, 포물선의 과학 원리를 계산하여 쏴서 1등 상품으로 쌀을 받아 엄마께 드렸더니 굉장히 기뻐하신 적이 있습니다. 학교에서 물로켓 대회를 할 때, 물 대신 사이다를 넣으면 어떻게 될지 궁금해서 해보았는데 사이다의 탄산이 폭발하여 로켓이 더욱 멀리 날아갔습니다.

3. 지원 전공과 관련된 내용을 학교에서 배울 때 가장 흥미로웠던 학습 주제를 소개하고, 그에 관하여 심화해서 배우거나 연구한다면 어떻게 학습할 것인지 간략한 학습 계획을 작성해보세요. (400자 이내)

학교에서 얼음이 물보다 밀도가 낮아 물에 뜨는 것처럼, 기름과 알코올도 물보다 더 밀도가 낮아 물에 뜨게 된다는 실험을 하였으며, 코르크 마개, 초, 고무마개를 물에 띄우는 실험을 하였습니다. 그런데 저는 여기서 밀도에 대해 호기심이 생겼습니다. 밀도는 모양에 따라서는 변하지 않는다는 실험 결과 나왔지만, 온도와 압력에 따라서는 변할 수도 있지 않을까라는 생각을 하였습니다. 그래서 밀도에 관해 연구한다면, 먼저 물체의 온도가 10도 이하일 때, 90도 이상일 때, 50도일 때 각각 같은 양의 물에 물체를 띄워 결과를 관찰할 것입니다.
또한 물과 물체를 진공실험장치에 넣고, 기압을 변화시키면 물체의 부피는 기압이 낮아질 경우에 더 커질 것이므로, 밀도가 작아져서 물에 매우 잘 뜰 것이라고 예상하는데 정말 그런지 실험으로 확인하여 보고 싶습니다.

4. 앞으로의 진로 계획 및 장래 희망에 대하여 기술하고, 선택한 진로를 위해 앞으로 어떤 노력을 할 것인지 계획을 써 보세요. (400자 이내)

3학년 때 울지마 톤즈, 라는 다큐영화를 보았습니다. 아파도 치료

받지 못하는 그곳의 아이들을 보면서 저는 아픈 아이들을 치료해 주는 의사가 되기로 하였습니다. 특히, 아픈 아이들 중에서도 장애를 가진 아이들이 많습니다. 그래서 저는 그런 장애를 가진 아이들을 치료하면서 그 아이들에게 도움이 되는 기구를 발명하는 의사가 되고 싶습니다. 그러기 위해서는 중학교, 고등학교 때에도 단순한 물리 공부보다는 지금처럼 더 심화된 공부를 계속하여, 친구들과 팀을 이루어 사람들에게 편리한 생활을 줄 수 있는 연구를 할 것입니다.

제가 5학년, 6학년 때 과학전람회를 혼자 연구하고 실험하였는데, 힘든 점이 많이 있었습니다. 그래서 이번에 ＊＊대 영재원에 입학하여 친구들과 함께 연구도 하고 실험도 한다면, 두 배의 연구 성과를 거둘 것이라고 생각합니다.

 ## 자기소개서 연관 예상 질문과 답안

대표 예상 질문
Q 공기가 일정한 부피를 차지하는 것을 증명하기 위한 실험을 제안하시오.

예상 답안
A 수조에 물을 가득 담고 빨대를 이용해서 입김을 불어넣으면, 물속에 들어간 공기만큼 수조에서 일부의 물이 흘러넘칠 것이다. 흘러넘친 물의 양을 측정하면 입김으로 불어넣은 공기의 양을 알 수 있다. 즉, 입김(공기)도 일정한 부피를 차지한다.

 ## 추가 예상 질문

❶ 본인이 구상해낸 장애인을 위한 우산의 기능을 간단히 설명해보시오.
❷ 새총 쏘기 대회에서 적용한 과학적 원리에 대해 설명해 보시오.
❸ 여러 가지 실험을 많이 해 본 것 같은데, 가장 인상적인 실험의 과정과 결과를 설명하시오.
❹ 의사가 아닌 다른 방법으로 수학, 과학을 이용하여 사람들에게 도움을 줄 수 있다면 무엇이 있을까?

Case 23

KEYWORD

영어 말하기 대회
걸스카우트 대장
수학경시대회
창의력대회

1. ＊＊대학교 과학영재교육원에 해당 전공으로 지원하게 된 동기에 관하여 기술하십시오.

저에겐 2살 많은 오빠가 있습니다. 오빠도 수학, 과학을 좋아하며 현재 교육청 영재교육원에 다니고 있습니다. 저는 어렸을 때부터 공부 욕심이 많아서 오빠가 공부하는 책을 몰래 많이 읽었습니다. 어릴 때는 오빠를 이기려고 오빠가 보던 한글 공부 책을 가져가서 제가 풀었다고 부모님께서 말씀하셨습니다. 며칠 전에도 오빠가 푸는 문제집을 제가 풀다가 방에서 쫓겨난 적도 있습니다.

어릴 적부터 수학 동화를 엄마께서 많이 사주시고 읽어주셔서 저희 남매는 수학을 좋아하였고, 수학개념을 빨리 깨우친 것 같습니다. 엄마께서 제가 수학동화를 하도 많이 읽어 달라고 조르는 바람에 목이 쉰 적도 있다고 하십니다. 오빠는 과학고에 가기 위해 준비하고 있어서 요즘 저도 자연스레 수학과 과학에 관심을 가지고 흥미를 느끼게 되었습니다.

제가 ＊＊대 영재교육원을 알게 된 것은 오빠를 통해서였습니다. 오빠는 이미 시 교육청 영재에 합격하여 다니고 있으면서도 오빠가 좋아하는 생물을 열심히 공부하고 싶다면서 ＊＊대 영재교육원에 다니고 싶다는 이야기를 하였습니다. 저는 갑자기 욕심이 생겼습니다. 오빠가 바라던 ＊＊대 영재교육원에 오빠 대신 내가 꼭 합격하겠다는 생각에 불이 붙어서 ＊＊대 영재교육원에 가기 위해 정말 열심히 공부하였습니다. ＊＊대 영재교육원은 우리나라에서도 1등인 최고의 영재교육원이라는 것을 인터넷에서 본 적이 있습니다. 원래는 중1 때 가는 줄 알았는데 6학년이 된 지금 기회가 왔고 그간 제가 준비해 온 모든 실력을 펼쳐 보일 수 있는 기회가 왔다고 생각하니 기쁩니다. 저는 현재 사전에 충분히 준비해 온 만큼 자신감에 넘칩니다.

오빠에게 자랑하는 일 말고도 저에게는 영재교육원에 꼭 가고 싶은 이유가 있습니다. 장래 희망을 꼭 이루고 싶기 때문입니다. ＊＊대 영재교육원에 가서 한층 더 성장하고 저와 같은 꿈을 꾸는 친구들과 공부를 하며 생각을 나눌 수 있도록 기회를 주시기 바랍니다.

2. 지원한 전공과 관련하여 스스로 재능이 있다고 생각하게 된 계기나 경험들을 구체적으로 기술하십시오.

저는 수학 중에서도 규칙을 정해서 게임을 하거나 규칙을 이용해 문제를 푸는 것을 좋아합니다. 교내 영재학급에서 'set'이라는 카드 게임을 하는데 다른 친구들보다 빨리 해결을 해서 선생님께서 재능이 있다고 해주셨습니다. 수학을 풀 때 새로운 것을 알게 되면 너무 흥미롭습니다. 그리고 새롭게 알게 된 것을 적용하여 또 다른 새로운 문제를 해결하는 데 사용할 수 있다는 것이 제가 수학을 좋아하는 이유입니다. 저는 집중력도 좋지만 승부욕도 강해서 빠르고 정확하게 문제를 먼저 풀고 다른 아이들이 문제를 푸는 동안 기다리는 것을 즐깁니다. 물론 친구들이 어려워하면 힌트를 주거나 중간과정을 검토해 주기도 합니다. 무엇이든 집중력 있게 빠르고 정확하게 해결하기 때문에 수학 시간에 익히기 문제를 풀 때는 제가 항상 가장 빨리 풀어냅니다. 이럴 때마다 항상 뿌듯합니다.
저희 학교는 1년에 2번씩 중간고사와 기말고사의 수학 성적이 좋은 사람을 뽑아서 교내 수학경시대회를 합니다. 저는 교내 수학경시대회에서 매번 상을 수상하였습니다. KME, 수학·과학 창의력 대회 등 여러 가지 대회에도 나가 수상 하였습니다. 그럴 때마다 친구들이 부러워하기도 하고 질투의 대상이 되기도 합니다. 친구들과 여러 가지 보드게임을 할 때에도 친구들이 부러워합니다. 할리 갈리나 루미큐브 같은 게임은 수학과도 관련된 게임이기 때문에 제가 이기는 경우가 많습니다. 지금 오빠가 중학교 2학년인데 오빠가 푸는 수학 문제집들을 몰래 꺼내서 풀어볼 때에는 오빠에게 들킬까 봐 걱정이 되는 마음도 있지만, 오빠만큼의 수학 실력을 어느새 갖추었다는 생각에 저 스스로도 너무 뿌듯하고 가족들에게 몰래 자랑을 합니다.

어느 날은 친구들과 영화를 보러 갔는데 친구들이 가격을 똑같이 나누기 위해 계산을 하는데 계산을 이상하게 하고 있어서 제가 바로잡아 주었더니 친구들이 칭찬을 해주었습니다. 수학을 잘하게 되면 자신감도 생기지만 일상생활에서 수학을 활용할 수 있게 되어 점점 더 수학의 매력으로 빠져드는 것 같습니다. 저는 수학을 좋아해서 수학체험전에도 간 적이 있습니다. 그곳은 저에게 정말 흥미롭고 재미있는 곳이었습니다. 여러 가지 새로운 도형도 알고 퀴즈도 많이 알 수 있었습니다.

저희 집에는 '수학귀신'이라는 책이 있습니다. 그 책은 두껍지만 너무 재미있습니다. 그 책을 읽다 보면 문제가 나오는데 그 문제를 지금 6학년이 배우지 않는 것이지만 풀고 난 후 답이 맞을 때 정말 행복합니다. 이런 제게 엄마는 오빠가 없을 때면 '우리 집 수학귀신아 저녁 먹자'라고 장난을 치기도 합니다. 저는 그 말이 제 수학 실력을 칭찬해 주는 말 같아서 정말 좋습니다.

4. 앞으로의 진로 계획 및 장래 희망에 관하여 기술하고, 선택한 진로로 가기 위해 그동안 노력해온 과정을 기술하십시오.

저는 아직 되고 싶은 것도 많고 하고 싶은 것도 많습니다. 저는 수학을 좋아하지만 과학에 관한 직업도 재미있을 것 같습니다. 수학이건 과학이건 어떤 직업이든 새로운 것을 발견해내면 참 기쁘고 그때까지 해온 노력이 헛된 것이 아니라고 생각될 것이기 때문입니다.

저는 현재는 수학과 교수가 되고 싶습니다. 수학에 대해서 깊이 연구를 해보고 싶습니다. 가우스가 1에서 100까지의 합이 금세 '5,050'이라는 걸 알아낸 것처럼 저도 미래를 위해 생활 속에서 쓰일 수 있는 수학을 연구해보고 싶습니다. 지금은 제 장래 희망을 이루기 위해서 수학 문제도 만들어서 풀어보고 문제집을 풀 때는 다른 풀이방법은 없을지 한 번 더 풀어보곤 합니다. 아르키메데스가 왕이 순금인지 아닌지 판별해 달라는 부탁을 받고 우연히 목욕을 하다가 발견한 것처럼 수학은 우연히 발견할 수 있는 것입니다. 그래서 저는 항상 수학적인 것을 일상생활에서 찾기 위해서 노력하고, 생활의 문제를 다시 수학으로 해결하려고 노력합니다. 또 수학은 우리 생활과 가장 가까이 있으며 과학을 연구하는 기초가 됩니다. 수학이 없으면 과학도 없는 것입니다. 수학이 지금은 많이 발달되어있어서 저의 친구들은 그까짓 식이 뭐 그리 대단하다는 듯이 말을 하지만 그때에는 매우 큰 발견이었다는 것을 알고 있습니다. 지금까지 노력해온 것보다 더 노력을 해서 수학에 한 획을 긋는 사람이 될 수 있도록 노력을 할 것입니다.

저는 예습보다는 복습을 합니다. 친구들은 예습을 주로 해서 제가 학교 수업시간에는 조금 위축되는 것 같습니다. 하지만 예습을 해서 과학 실험을 할 때 결과를 알아버리면 실험에 흥미가 없어집니다. 또한 예습을 하다 보면 오히려 잘 못 알 수도 있기 때문에 주로 복습을 많이 합니다. 대신 복습 과정에서 심화문제나 서술형 문제를 많이 풀어 봅니다. 심화 문제들은 복잡하기는 하지만 꼬인 실타래를 풀듯이 풀어내고 나면 수학이 점점 더 좋아집니다. 좋아하다 보니 더 열심히 하게 됩니다.

5. 친구 관계 및 자신과 선생님과의 관계에 대해 기술하고, 봉사활동 중 적절한 사례를 선택하여 내용과 느꼈던 점을 기술하십시오.

저에게는 여러 대회에서 함께 경쟁을 한 친구가 있습니다. 그 친구는 저를 이기려고 하고 저는 친구를 이기려고 합니다. 경쟁을 하다 보니 실력도 점점 늘어나는 것 같습니다. 저희 둘이서 과학전람회에 나간 적도 있고 각종 대회를 같이 나간 적도 많습니다. 이번 **대 영재교육원에도 같이 지원을 하였습니다. 그 친구는 다른 과목을 지원하였지만 둘 다 합격해서 함께 다닐 수 있으면 좋겠습니다.

오빠에게도 경쟁심이 발동하고 친구에게도 경쟁심이 발동해서 그들이 읽고 있는 책, 풀고 있는 문제집 등을 몰래 알아내어 사서 풀기도 하지만, 오빠도 친구도 제게는 정말 소중한 사람들입니다. 그래서 좋은 관계를 유지하고 겉으로는 경쟁심을 드러내지 않기 위해서 노력합니다.

학년마다 선생님들께서는 저에게 자기 주도 학습이 뛰어나다고 칭찬해주셨습니다. 저 같은 아이들이 여러 명 있으면 수업하기 쉽겠다고 말씀하시기도 합니다. 현재 교내 영재학급 과학 선생님이 오빠 6학년 때 선생님이어서 제가 수학에 관심이 많은 것을 알아서 저에게 여러 가지 대회를 많이 추천해주시고 조언을 많이 해주시는 것 같습니다.

저는 걸스카우트 활동을 하고 있습니다. 지금 걸스카우트 대장을 맡고 있어서 활동을 열심히 참여하면서 봉사활동, 체험 활동을 하고 있습니다. 이번 여름방학에는 ＊＊초등학교에서 하는 디자인 캠프에 선발이 되어서 5일간 디자인 캠프를 하였습니다. 마지막 날, 장수천으로 '그린 디자인 맵'이라는 프로그램을 주제로 현장학습을 갔습니다. 그날 그린 디자인에 대해서 배우며 깨끗한 장수천을 만들기 위해 쓰레기 줍기를 하였고 생태계를 관찰하고 자연을 체험하였습니다. 오빠가 청소년생물자원보전 리더라서 팀원 5명과 함께 '검은머리갈매기'를 홍보하고 있습니다. 다들 남자라서 꾸미는 것들을 별로 안 좋아합니다. 그래서 동생들이 조금씩 도와주는데 오빠들이 제가 만든 블로그 스킨 등을 보고 칭찬을 해주셨습니다. 홍보활동을 도와주면서 환경에 대해 관심을 더욱 많이 가지게 되었습니다. 멸종위기의 동물도 많다는 것을 알게 되었고 새들의 종류도 많다는 것을 알게 되었습니다.

자기소개서 연관 예상 질문과 답안

대표 예상 질문

Q 수학을 통해 사람들에게 도움을 줄 수 있는 것이 있다면?

예상 답안

A 실생활에서는 기본연산을 통해 사람들이 물건과 돈을 세면서 거래가 이루어질 수 있다. 크게
는 수학이 학문적으로 발전해서 과학에 도움을 주게 되고, 결국 과학의 발전이 새로운 문명을
만들어 낼 수 있다. 또 가까이는 우리가 현재 사용하고 있는 스마트폰도 결국 과학의 발전을 통
해 만들어진 것이라 할 수 있다.

 추가 예상 질문

❶ 학업에 대한 욕심이 많은 것 같은데, 이에 대한 좋은 점과 나쁜 점은 무엇이라고 생각하는가?
❷ 본인이 수학 공부를 하는데 오빠가 많은 도움을 준 것 같은데, 자신이 오빠에게 도움을 준 적
은 있었나? 있었다면, 무엇이었나?
❸ 생활의 문제를 수학으로 해결하려고 노력한다 했는데, 예를 들어 무엇이 있었는가?
❹ 가우스가 1부터 100까지의 합을 창의적으로 구해낸 것처럼, 독특한 방법으로 풀 수 있는 수
학 문제가 무엇이 있을지 제시해보고, 풀이하라.

Case
24

1. 우리 과학영재교육원이 지원자를 선발해야 하는 이유를 지원 동기 및 장래 희망을 중심으로 기술하고, 본 과학영재교육원의 교육을 통하여 지원자가 자신의 성장에 기대하는 바를 기술하여 주십시오. (400자 이내)

＊＊초등학교 5학년 ＊＊＊입니다. 평소 "저 동물은 어떻게 생활할까?", "저 놀이기구가 움직이는 원리는 뭘까?" 등 의문을 가지고 책을 통해서 지식을 습득하면서 과학을 탐구하며 지냈습니다. 부엌에서 실험하는 것을 좋아하고, 최근에는 전집으로 된 과학자들의 전기를 읽고, 뉴턴과 과학 동아를 꾸준히 읽으면서 과학자의 꿈을 키우던 중 ＊＊대 영재교육원을 알게 되었습니다. 미래 과학자를 키우기 위해 문제 인식능력, 과학적 지식, 창의력 등을 키울 수 있는 곳이라는 기사를 봤습니다. 저도 영재교육원에서 배우게 되면 제가 꿈꾸던 훌륭한 화학자가 될 수 있으리라 생각하고 더 열심히 수학과 과학을 공부하며 준비했습니다. 원소 기호를 보고 전자, 원자핵 등이 움직이는 것을 상상하면 너무 즐겁습니다. ＊＊대 영재교육원에서 제 꿈에 한 발짝 다가가겠습니다.

2. 지원 분야와 관련된 능력 계발을 위해 현재까지 어떤 노력을 해 왔으며 앞으로 무엇을 어떻게 할 것인지를 기술하여 주십시오. (300자 이내)

과학에 관심이 많아서 학교에서 하는 방과 후 실험 수업에 참여했습니다. 이미 책에서 본 내용도 많이 있었지만 실험을 하는 것이 너무 재미있어서 열심히 수업을 들었습니다. 레이저로 빛의 직진과 굴절에 대해서 실험하고, 글리세린과 물엿으로 점성에 대한 것도 배우면서 실험에도 자신이 생겼습니다. 과학적 원리에 대해서도 모르는 것이 생기면 질문하고, 집에 와서 과학책을 읽었습니다. **대 영재교육원에 들어간다면 다양한 실험을 해서 책에서만 배우던 내용들을 직접 체험해 보고 싶고, 아이디어를 얻어서 발명과 연구를 하고 싶습니다.

3. 자신의 강점(일반 학생보다 뛰어나다고 여기는 점)과 약점(보완이 필요한 점)에 대하여 자세히 기술하여 주십시오. (300자 이내)

제 강점은 친구들의 의견을 잘 듣고 간단히 정리하고, 다른 아이들의 생각을 통합해서 좋은 결과를 이끌어 낸다는 것입니다. 과학에 대한 책을 많이 읽어서 친구들은 제 의견을 항상 존중하는 경우가 많았습니다. 고민 끝에 친구들의 의견을 먼저 모두 들어보는 방법으로 회의를 했더니 모두 좋아하고 팀의 일을 효과적으로 할 수 있게 되었습니다. 제 약점은 모르는 것이 있으면 쉽게 머릿속에서 떠나지 않아서 혼자 몇 시간이 걸리더라도 책과 인터넷에서 찾아낸다는 것입니다. 그러다 보니 잠도 부족하고 피곤할 때가 있지만, 그래도 궁금증을 해결하고 나면 뿌듯합니다.

4. 자신이 **대 과학영재교육원에 지원하기까지 가장 큰 영향을 미친 분에게 배운 내용 또는 영향받은 내용을 기술하여 주십시오. (400자 이내)

평소 과학자들의 전기를 읽는 것을 좋아하는데 특히 얼마 전부터 멘델레예프라는 화학자를 존경하게 되었습니다. 불우한 어린 시절을 보냈는데도 불구하고, 과학에 대해 끊임없이 공부하면서 결국 자신의 꿈을 이루었습니다. 남들은 원소가 4개라 생각했지만, 기존의 이론을 과감히 버리고 새로운 연구에 도전해서, 원자량을 조사한 결과를 가지고 8족짜리 주기율표를 만들었습니다. 현대의 주기율표의 기본이 된 멘델레예프의 주기율표는 끝까지 포기하지 않은 노력의 결과물입니다. 보이지 않는 원소들을 꼼꼼하게 분석하는 극복심, 과감함, 꼼꼼함을 배우게 되었습니다.

5. 자신이 이제까지 공부한(또는 공부하고 있는) 내용 중 가장 흥미로웠거나 해결한(알고 난) 후에 가장 자랑스러웠던 문제 또는 탐구과제는 무엇이었는지 기술하여 주십시오. (400자 이내)

금속이 전자를 내어 놓는다는 것이 너무 흥미로워서 금속을 들여다보다가, 황산구리 용액에 넣으면 어떻게 될까에 대해 의문을 갖게 되었습니다. 무턱대고 넣으면 위험할 것 같아서 우선 원자의 구조에 대해서 공부하고, 그 안에서 전자의 이동에 대해서 배웠습니다. 저는 먼저 물은 중성이지만 금속의 전자를 빼앗을 것이라고 예상하였습니다. 제가 가진 마그네슘, 철, 구리를 넣었을 때 기포가 올라왔고, BTB지시약에서 칼슘과 마그네슘이 보라색으로, 물은 pH8~14에 해당하는 염기성으로 변했습니다. 물과 잘 반응하는 금속은 전자를 수소이온에게 전해주어 수소기체를 발생시키며, 물속에 수산화 이온이 남아서 남은 물은 염기성이 된다는 것을 알았습니다. 금속이 녹스는 원리에 대해서도 알게 되었고, 화학자가 된 것처럼 자랑스러웠습니다.

자기소개서 연관 예상 질문과 답안

대표 예상 질문

Q 추운 겨울철에 입는 옷의 특징들을 5가지 이상 설명해 보고, 그것이 보온을 도울 수 있는 이유를 말해보시오.

예상 답안

A 겨울옷의 안감은 여름에 비해 촘촘하기 때문에 바람이 들어오는 것을 막아준다. 또한 패딩점퍼 같은 경우는 털을 부풀려서 그 사이에 많은 공기를 저장할 수 있기 때문에 여러 장의 옷을 입은 효과를 내는 것이다. 얇은 옷을 여러 겹 껴입는 경우도 옷 사이사이마다 공기층이 생기기 많은 공기를 저장할 수 있다.

추가 예상 질문

❶ 평소에 부엌에서 어떤 실험을 진행했는지 설명해보라.
❷ 레이저의 빛과 굴절에 대해 배웠다고 했는데, 실생활에서 굴절이 일어나는 경우를 설명하라.
❸ 과학 전기를 잘 읽는다고 했는데, 멘델레예프처럼 기존의 이론을 깨고 새로운 이론을 제시한 과학자는 누가 있었는가? 그리고 무엇이었는가?

KEYWORD

영재학급
과학영재 CEO 캠프
수학자

1. * *대학교 과학영재교육원에 해당 전공으로 지원하게 된 동기에 관하여 기술하십시오.

**초등학교에 다니며 미래 필즈상 수상을 꿈꾸며 열심히 공부하고 있는 6학년 * * *입니다. 어렸을 때부터 부모님의 도움으로 수학, 미술, 체육 등 다양한 활동을 해보았는데 그중에서 수학에 가장 많은 흥미를 가지고 있습니다. 이 세상 모든 것에 수학이 포함되어 있고 많은 문제를 해결하기도 한다는 점이 특히 맘에 들고 재미있기도 했습니다.

시 교육청 영재학급에서 수학 공부를 하며 다양한 수학의 세계를 접할 수 있었고 수학책을 읽거나 인터넷검색을 하며 수학에는 세계 7대 난제란 것이 있고 이는 수학자들에게는 뿌리칠 수 없는 즐거움이며 숙제이기도 하다는 것을 알게 되었습니다. 세계 7대 난제 해결에 도전하고 싶다는 생각으로 가득 차 수학을 더 열심히 공부하게 되었습니다.

얼마 전까지는 이산수학과 위상수학에 관심이 있었는데 요즘은 기하학에도 관심이 생겼습니다. 수학을 공부하면서 실용수학자가 되기로 결심하였고, 궁금한 분야의 수학을 물음표로 질문하고 느낌표로 답하며 지속적으로 공부하고 있습니다. 머릿속은 온통 수학으로 가득 차 있어서 항상 모든 이야기가 수학 이야기로 바뀌어서 주변에서도 신기하다는 말을 많이 듣습니다. 중학교에 가서도 수학을 즐겁게 공부할 수 있는 곳이 영재원 수업이라는 생각이 들어서 영재원 진학준비를 하고 있었는데, * *대에서도 6학년을 뽑는다는 것을 알게 되어 고민 없이 * *대 수학 전공에 지원하게 되었습니다.

교육청 영재학급에서 해 왔던 것처럼 수학과 과학 두 가지를 공부하는 영재원도 좋겠지만 수학자를 꿈꾸는 제게 수학 한 가지에 몰입할 수 있는 ＊＊대학교 과학영재교육원이 더 적합하다고 생각했기 때문입니다. '2,014는 소수도 완전수도 완전 제곱수도 아니다'라고 제가 말했을 때 2,014라는 숫자에서 우리나라에서 국제수학자 대회가 열리는 해라는 것을 떠올리고 또 노벨상처럼 수학계에도 유명한 필즈상이나 아벨상이 있으며 국제수학자 대회가 있어서 4년마다 학회를 열고 많은 수학자들이 모여 연구한 것을 발표하고 토론을 하기도 한다는 것을 알게 되었습니다.

＊＊대 영재교육원 수학과에서 공부할 수 있다면 2,014라는 숫자로 문제 해결 이야기를 나눌 수 있는 수학을 좋아하고 나눌 수 있는 친구들과 함께 공부할 수 있을 것이라는 기대가 가장 큽니다.

제가 실용수학자의 꿈을 실현하기 위해서 ＊＊대 영재교육원에서 수학에 대해 깊이 있게 공부하고 싶습니다. 제게 꼭 기회를 주시기를 바랍니다.

2. 가정환경(부모 교육관), 학교생활, 자신의 장점 및 단점 등 본인을 소개하는 내용을 기술하십시오.

저는 외동이고 어려서는 몸이 약해서 감기에 걸리면 천식을 앓기도 했고 운동신경이 없다는 말도 자주 듣는 겁이 많고 조용한 아이였습니다. 부모님께서는 저학년 때까지는 공부보다는 건강관리에 늘 신경을 쓰셨고 다른 친구들이 학원에 갈 때도 혼자서 퍼즐을 맞추거나 책을 읽을 수 있는 시간이 더 많았기 때문에 수학적인 재능을 기를 수 있었으리라 생각됩니다.

부모님께서는 제가 좋아하는 것은 집에서 무엇이든 관심을 갖고 해볼 수 있도록 배려해 주셨습니다. 유치원 다닐 때 자전거면허취득이 필수여서 자전거를 무서워하는 저는 네발자전거인데도 두 번이나 시험에 떨어진 적이 있습니다. 여름방학을 하고 방학 내내 저는 엄마랑 자전거를 타고 동네학교에 나가 매일 한 시간씩 자전거 연습을 해서 마지막 시험 때 시간 내에 완주를 잘해서 자전거 1종 면허를 딴 적이 있습니다. 그때 부모님께서는 칭찬을 많이 해

주시며 잘하지 못하거나 겁이 나는 것도 꾸준히 노력하면 아주 잘하는 친구들만큼은 못해도 익숙하게 할 수 있게 된다고 하셨습니다. 전 그때 매일 연습 했던 경험을 떠올리며 지금까지도 힘들거나 어려운 것에 부딪혀도 참고 노력을 해보기도 합니다.

또 학교입학 후 미술 활동을 좋아하는 저를 보며 다양한 재료를 준비해서 미술 활동을 해 볼 수 있게 지도해주셨고 대회에도 참여 기회가 생겨서 전국대회에서 상을 받았습니다. 남들이 하는 그대로 책에서 보이는 그대로를 따라 하기보다 제가 생각해본 방법으로 표현을 해보고 다양한 시도를 해보는 것이 좋은 결과물을 만들어 낼 수 있다는 것을 알게 되었습니다. 이런 경험은 원래 좋은 집중력에 합쳐져 각종 대회나 체험학습에 참여하면 최선을 다해 몰입할 수 있게 해주었고 학교생활에서도 공부를 하거나 여러 활동을 할 때 스스로 컨디션을 조절하며 참여할 수 있는 힘이 되었습니다.

저는 집중력이 좋고 좋아하는 대상이 생기면 몰입을 해서 적극적으로 탐구활동을 하는 장점이 있습니다. 과제수행을 하거나 탐구 활동을 할 때 결과도 중요하게 생각하지만 과정을 중요하게 생각할 줄 알고 친구들과 경쟁에서 이기려는 마음보단 저 자신과의 기준을 정하고 자신과의 싸움을 할 줄 압니다. 친구들과 단체로 과제를 수행할 때는 리더가 돼서 한번은 만화경의 기본원리를 탐구하기도 하였습니다. 밑면 모양을 달리하고 기존에 사용되는 만화경의 삼각기둥형태의 경우 정삼각형과 이등변삼각형으로 나눠보는 활동을 제안하여 수행한 적도 있습니다.

반면 호기심이 많고 하고 싶은 것이 많아서 너무 다양한 활동을 하려고 하는 욕심 때문에 늘 시간이 부족하고 가끔은 건강이 나빠질 때도 있으며 때때로 흥미 없는 활동에서는 성취도가 낮아지기도 합니다. 이 부분에서 부모님께서는 욕심과 가치기준을 구분할 줄 알아야 한다고 말씀하시면서 그걸 조절하는 것도 어른이 되어가며 조금씩 키워 가면 된다고 하셔서 노력하고 있습니다. 모든 것에 최선을 다하며 결과에 대해서는 좀 더 대범해지려고 노력하고 있습니다.

3. 지원한 전공과 관련하여 스스로 재능이 있다고 생각하게 된 계기나 경험들을 구체적으로 기술하십시오.

언제부터인지 기억은 잘 나지 않지만 저는 책 읽는 것을 매우 좋아했습니다. 초등학교에 입학해서는 수학동화를 좋아해서 읽고 또 읽고 했던 기억도 있습니다. 수학 이야기를 좋아하는 저를 위해서 엄마가 퍼즐이란 책을 사서(그 안에 수학게임이나 퍼즐 내용이 있는 청소년 도서였다고 합니다) 제게 게임을 해주려고 하셨다는데 책에서 제가 이해한 내용을 적용해서 엄마께 게임을 하자고 한 적도 있고 수학 마술을(숫자 맞추기) 했던 적도 있습니다.

부모님께서는 제가 4살 무렵 직접 미로찾기 그림을 그려 가족과 친구들에게 선물할 때부터 제가 수학에 재능이 있었다고 말씀하셨는데, 저는 수학으로 상상하는 세상이 그저 즐거울 뿐 제가 재능이 있다는 생각을 해 본 적이 없었습니다. 그런데 3학년 겨울에 시 교육청 영재학급 시험을 통과하고 4학년부터 영재학급을 다니며 제가 친구들보다 수학을 좀 더 좋아하고 조금 더 잘한다는 것을 알게 되었습니다. 4학년 때 10단계까지 소마큐브를 한 적이 있는데 수업시간에 어느 하다가 다 못한 것은 숙제로 내주신 적이 있습니다. 숙제를 받아 온 날 너무 재미있어서 큐브를 조립해가며 제가 푼 조각들을 주신 종이에 모양체크를 했는데 8단계까지는 잘 풀렸는데 9단계가 잘 풀리지 않아 몇 시간을 앉아서 풀어 완성했던 기억이 있습니다. 10단계는 풀리지 않아 속상한 마음으로 다음 수업시간에 갔는데 친구들 중 제일 많이 풀어온 친구는 5단계였고 저만 9단계까지 풀었고 선생님께서 제가 풀어간 것을 똑같이 그려 가셨던 적이 있습니다. 그 이후로도 수학 시간에 다른 친구들보다 활동을 빨리 끝냈고 친구들이 가끔 풀지 못하는 것도 풀어내면서 수학적인 재능을 확인하였고, 수학이 더 즐겁고 자신 있는 과목이 되었습니다. 5학년 때는 교육청에서 주최하는 수학사고력대회에 참여했는데 시험관 선생님께서 서술을 잘 해야 한다고 하셔서 서술하는 것에 너무 신경을 쓰다 시간이 부족해서 2문제를 풀지 못해 속상했는데 생각 외로 금상을 받아서 기뻤던 적도 있습니다.

얼마 전에는 [어느 날 갑자기 24시간의 완벽한 자유가 주어진다면]이라는 과제를 받은 적이 있는데 저는 탈레스처럼 이집트에서 피라미드의 높이 구하기를 하고 밤에 사막에서 별을 관찰해보고 싶다고 썼는데 친구들과 많이 다른 24시간 설계를 보고 제가 수학을 많이 좋아한다는 생각을 했습니다. 학교통학을 할 때도 앞에서 달려가는 차의 번호판을 보고 소수 찾기나 가끔은 사칙연산놀이를 하며 숫자놀이를 하기도 합니다. 그런 저를 보며 친구들과 부모님은 너의 세상의 기준은 수학이냐고 하시기도 합니다. 6학년이 되니 친구들이 선행공부를 해서 가끔 중학교 수학 문제를 갖고 제게 풀이해달라고 하는데 저는 수학을 많이 선행하지 않았고 대신 심화문제나 사고력 문제를 많이 풀었습니다. 중학교 문제를 보면 어떻게 풀어야 할지 방법이 보여 풀어보면 친구들이 답을 확인한 후 기뻐하며 고맙다고 하기도 합니다.

저는 수학에 대해서는 궁금한 것이 많고 하고 싶은 것이 많아서 선행을 의도적으로 하지 않았어도 어떤 것은 수학책에서 본 것도 있고 어떻게 알게 되었는지 잘은 모르지만 알고 있는 내용들도 이미 너무나 많아서 신기합니다. 이번 겨울에는 중학교 과정을 선행하면서 제가 어느 정도로 알고 있는지 학년을 따져가며 실력을 점검해 볼 생각입니다.

4. 지원한 전공 이외의 분야에 관심을 갖고 지속적으로 하고 있는 활동이나 경험이 있다면 기술하십시오.

제가 다니는 초등학교는 3학년 때부터 반장을 뽑는데 3학년부터 5학년까지 반장을 했고 좋아하는 것들이 많아서 학교 관현악반과 학교 방송부원으로 활동하며 미술반, 중국어반, 요들 합창반에서 방과 후 활동을 하고 있습니다. 학교 외부활동으로는 푸른 누리기자와 어린이법제관으로 활동을 해보기도 했지만 활발하게 활동을 하지는 못했습니다. 그 외에도 수학이나 과학 관련 체험학습이나 캠프가 있으면 적극적으로 참여하고 있습니다.

5학년 여름 방학 때 ＊＊대 과학교육원에서 하는 2010 과학영재 CEO 캠프에 참여했었는데 CEO로 뽑혀서 팀원들과 캠프행사에 참여해 보고 싶었습니다. 하지만 장래 희망이 실용수학자라고 팀원들이 CEO보단 CFO가 좋겠다고 CFO를 추천해서 많이 서운했습니다. CFO로 활동해보니 꼭 해보고 싶었던 CEO는 아니었지만 매우 재미있었고 신 나는 활동을 할 수 있었습니다. CFO는 최고재무관리자인데 기업의 전반적인 재무를 담당하며 모의주식투자시간에는 빽빽한 숫자자료들을 보며 자료를 분석해서 주식투자를 하는 역할이었는데 제가 수익을 잘 내서 투자대회에서 1등을 하기도 했습니다. 캠프를 마치고 돌아와 교육청 영재학급 캠프에 가서 프랙탈에 대해서 공부했었는데 주식투자곡선이 프랙탈의 한 형태라는 것을 알게 되면서 캠프에서 분석했던 숫자형태가 프랙탈의 수학이론으로 해석할 수 있다는 것을 알고 우리 생활 속에는 정말 곳곳에 수학이 숨 쉬고 있다는 것에 수학이 더 재미있고 좋아졌습니다.

이러한 활동들은 제가 수학, 과학을 깊이 있게 이해하고, 실용수학자가 되기 위한 꿈을 키우는 데 많은 도움으로 주고 있어서 앞으로도 시간이 허락하는 한은 적극적으로 참여할 예정입니다.

5. 앞으로의 진로 계획 및 장래 희망에 관하여 기술하고, 선택한 진로로 가기 위해 그동안 노력해온 과정을 기술하십시오.

저는 실용수학자가 되어 실용수학을 연구하고 학생들을 가르치는 수학과 교수가 되는 것이 꿈입니다. 세계 7대 난제 중 아직 풀리지 않은 수학 문제들을 풀어내서 한국의 수학을 알리고 싶기도 하고 40세가 되기 전 필즈상을 받고 싶습니다. 아벨상과 필즈상 모두 훌륭한 수학자들에게 주어지는 상이고 아벨상이 상금이 더 크기도 하지만 필즈상은 40세 미만이어야 하며 4년에 한 번씩 주고 마땅한 수상자가 없을 때는 상을 주지 않습니다. 그다음 4년 후로 시상을 미루기 때문에 8년에 한 번 수상자가 나오기도 합니다. 필즈상을 수상한 이후에는 국제수학학회 회장이 되어서 필즈상 후보를 선정하고 선발하며 선발할 때 제 사인이 기록에 남는 것도 해보고 싶습니다.

이렇게 나의 꿈을 이루기 위해서 과학영재학교에 진학해서 같은 생각을 하고 수학을 좋아하는 친구들과 공부를 한 후 서울대에 진학 후 ＊＊＊교수님처럼 하버드대학에서 세계의 여러 수학도 들과 수학을 연구하며 사회에 도움이 될 수 있는 연구를 하는 멋진 수학자가 되고 싶습니다.

저는 수학자가 되기 위해서 수학 공부도 중요하지만 학교에서는 하는 모든 공부도 중요하다고 생각해서 항상 수업시간에 수업에 집중하고 복습이 필요한 과목은 복습도 열심히 했습니다. 선생님께서 내 주시는 숙제도 모두 최선을 다해서 열심히 했고 좀 더 관련 공부를 하고 싶어서 3학년 겨울에 교육청 영재학급에 지원해서 지난 3년간 영재원수업도 열심히 들으며 활동도 열심히 했습니다. 또 캠프나 체험학습도 수학, 과학뿐만 아니라 미술관 박물관 등 다양한 체험을 통해 많은 지식을 얻기도 했고 원래 책을 읽는 것을 좋아했지만 고학년이 되면서 할 것이 많아지며 시간이 부족할 때도 책 읽기를 게을리하지 않으려고 노력했습니다. 5학년부터는 각종 수학·과학대회에도 최선을 다해 참여해보았고 6학년이 되면서 중학교에서도 영재교육을 통해 좀 더 깊이 있는 공부를 하기 위해 영재원 진학 준비 공부도 틈틈이 해오고 있습니다. 실험하는 것을 좋아해서 과학학원에도 다니고 있고 사고력수학 문제집도 구입해서 풀어보고 있습니다. 또 건강해야 공부도 할 수 있는 것이기 때문에 저녁때 줄넘기도 하고 부모님과 동네를 산책하며 대화를 하기도 합니다.

저는 5학년 때 읽은 갈매기의 꿈의 조나단처럼 멋지게 살려고 노력해왔고 앞으로도 최선을 다해 노력하고 성장할 것입니다.

6. 친구 관계 및 자신과 선생님과의 관계에 대해 기술하고, 봉사활동 중 적절한 사례를 선택하여 내용과 느꼈던 점을 기술하십시오.

3학년 때 담임선생님께서 꿈을 이루기 위해 진로설계를 해 보자고 하셔서 그때 처음으로 수학자가 되기 위해 어떻게 살아가야 할지 생각해보게 되었습니다. 선생님께서는 수학자가 되기 위한 학교진학에 대해서도 알려주셨고 꿈을 이루기 위해 다양한 경험을 하고 성실하게 노력해야 한다고도 하셨습니다. 그 이후 나의 꿈을 이루기 위해 내가 해볼 수 있는 것들과 활동들을 생각해보았고 그때부터 머릿속은 온통 수학으로 가득 차 있었습니다. 4학년 때 교내신문 만들기 대회 때였는데 친구들은 가족신문을 만들었지만 저는 수학신문을 만들었습니다. 제 모든 상상력이 수학으로 집중되어 편집자 겸 발행인이 되어 편집자의 글이란 코너도 만들고 수학자 오일러, 한붓그리기, 수학만화, 스도쿠, 수학귀신이란 책을 읽고 가로세로 낱말 퍼즐 채우기 코너도 만들어 제출했는데 대상을 받았습니다. 대상을 받아서 기쁘기도 했지만 그보다는 선생님께 낱말퍼즐이나 스도쿠 코너를 복사해달라고 말씀드려 풀어보는 친구들과 수학만화를 재미있게 읽어주는 친구들, 한붓그리기 코너를 보며 "넌 역시 수학소녀야!" 하고 불러주는 친구들이 많이 생겨서 수학자라는 제 꿈을 선생님과 친구들에게 모두 알리는 계기가 되었습니다.

5학년이 되어서는 수학 시간에 단원별 예비평가를 하고 선생님과 학생으로 수학 시간 짝을 정해주셔서 서로 공부를 도울 수 있도록 하게 하신 담임선생님 아이디어로 평소에도 친구들이 모르는 수학 문제를 풀어주기도 했지만 더욱더 적극적으로 친구와 수학 공부를 하기도 했습니다. 그리고 제가 좋아하는 선생님이 또 계시는데 한 분은 과학부장 선생님이시고 또 한분은 특성화 수업 때 수학반에서 지도해주신 선생님이십니다. 선생님들과 수학에 대해서 토론하고 과학대회 준비할 때 도움을 받으며 지도를 받아보니 전혀 무섭지 않고 오히려 재미있는 선생님이란 것도 알게 되었습니다. 그리고 칭찬도 해주시면서 늘 응원을 해주셔서 공부할 때 더 신 나고 열심히 하게 됩니다. 선생님들의 격려와 응원은 제가 특별한 사람이고 나중에 좋은 수학자가 될 수 있을 것이라는 자신감을 북돋워 줍니다. 저는 학교에서 친구들이 수학 문제를 물어오면 친절하게 설명해줍니다. 친구들을 돕는 것도 즐겁지만 같이 수학 문제를 풀어내는 것도 즐겁기 때문입니다. 가끔은 다른 영재원 친구들이 까다로운 수학 문제를 갖고 와서 물어도 함께 생각해보고 풀이 힌트를 말하며 그 친구가 직접 풀어보게 하기도 합니다. 학년이 올라가면서 점점 더 제가 좋아하는 수학을 친구들과 선생님과 함께할 수 있는 것이 참 행복합니다.

＊＊대 영재교육원 수학 전공에 합격해서 공부할 있게 된다면 이렇게 수학을 좋아하고 즐기고, 항상 함께하는 친구들과 선생님을 더 많이 만날 수 있게 될 것 같아서 벌써부터 기대가 됩니다.

자기소개서 연관 예상 질문과 답안

대표 예상 질문
Q 수학을 못 하는 친구들이 같은 반에 있으면 어떻게 수학을 좋아하게 만들 수 있겠는가?

예상 답안
A 우선 수학을 어려워하는 친구들은 대부분 다양한 문제를 풀어보지 못한 경우가 많다. 따라서 내가 풀어본 문제를 알려주거나, 수학을 쉽게 배우기 위해서 재밌는 이야기 형식으로 바꿔서 설명해주면 이해하기 쉬울 것이다.

추가 예상 질문

❶ 세계 7대 난제 중 아는 것은 무엇이 있으며, 어떤 문제에 가장 관심이 있는가?
❷ 예시문제를 하나 만들고, 친구에게 설명하듯이 문제를 풀어보라.
❸ 흥미 없는 분야의 성취도는 낮다고 했는데, 만약 수학자가 된다면 이 부분들은 중요하지 않다고 생각하는가? 수학자의 자질에 대해서 어떻게 생각하는가?
❹ 수학에 관심이 많다고 했는데, 과학캠프에 참여한 이유는? 또 무엇을 배웠나?
❺ 수학을 연구하는 것 뿐만 아니라, 특별히 수학학회장이 되고 싶은 특별한 이유가 있는가?
　이 직위에 오르면 상을 수여하는 것뿐만 아니라 해보고 싶은 일이 있다면?

Case
26

KEYWORD

사육사
영재반
해부 과학

1. ＊＊대학교 과학영재교육원에 지원하게 된 동기를 기술하세요.

환경보호운동을 하면서 멸종위기의 생물을 보호하는 사육사가
되고 싶은 ＊＊＊입니다. 지구가 쓰레기로 오염되고, 이산화탄소
량도 많아지고, 동물을 약으로 사용하게 되면서 멸종되는 동물의
숫자가 늘고 있습니다. 멸종위기 생물을 보호하기 위해서는 연구
도 해야 하고 환경보호 운동도 해야 합니다. 제가 지금 할 수 있는
것은 쓰레기 분리수거나 학교에서 급식을 남기지 않고 먹는 것뿐
이라 너무 안타깝습니다. 멸종위기의 동물에게 도움이 되기 위해
과학과 수학 공부를 열심히 해서 나중에 훌륭한 사육사가 되고 싶
습니다.

＊＊대 영재교육원에서 실험도 많이 하고, 해부도 하고, 토론도
하고, 숙제도 열심히 하고, 많은 책도 읽고 싶습니다. 저는 꼭 ＊＊
대에서 공부할 수 있었으면 좋겠습니다. 감사합니다.

**2. 지원 전공(수학 또는 과학)에 대하여 흥미와 관심을 가지게 된 계
기를 기술하세요.**

어릴 적부터 수학 계산이 빨라서 학교에서 줄곧 계산기라는 별명
을 달고 다녔습니다. 퍼즐도 좋아했는데, 특히 그림 맞추는 퍼즐
을 제일 좋아했습니다. 엄마가 바쁘실 때도 퍼즐 하나만 있으면
움직이지 않고 맞추어서 신기했다고 합니다. 최근에 철갑상어를
해부하면서 과학에 대한 관심이 생겼습니다. 철갑상어 몸의 구조
와 각도를 수학적으로 그려보고, 상어가 왜 빠르고, 날카로운 이
빨로 상대를 공격할 수 있는지에 대해서도 생각해 보았습니다. 동
물에 대한 다양한 책을 더 많이 읽게 되었고, 이상하게 동물의 종

류별로 이름도 잘 외워지고, 책의 내용도 마치 외운 것처럼 머릿속에 남아서 과학에 대한 재능도 발견할 수 있었습니다. 지금은 사육사의 꿈을 키우면서 동물의 특성을 공부하고 있으며 동물도감을 즐겁게 읽고 있습니다.

3. 교내(영재학급, 과학영재교육원 포함)에서 참가, 참여했던 지원 전공분야(수학 또는 과학) 관련 대회 또는 활동 중 가장 인상 깊었던 과정과 그 내용을 기술하세요.

생물과 동물에 대해 관심이 많았던 저는 학교에서 해부 수업을 들었는데, 친구들은 신이 났지만, 저는 동물이 너무 불쌍하다는 생각이 들어서 동물을 보호사는 사육사가 되어야겠다고 생각했습니다. 사육사가 하는 일은 TV 동물 농장에서 본 적이 있어서 "동물"이라는 책을 사서 읽으며 동물의 특징들을 살펴보고 적당한 먹이와 생활환경을 익혀 나갔습니다. 특히 멸종위기 동물들이 서식하는 주요 나라에 대한 설명이 들어 있었습니다. 또 약으로 쓰기위해 밀렵을 하는 경우도 있고, 아열대 기후로 환경이 바뀌면 먹이가 줄어들어서 멸종하는 동물도 있었습니다. 저는 멸종 위기의 동물을 구하기 위한 방법을 정리했고, 과학일기로 적어서 학교 선생님께 칭찬을 받았습니다. 앞으로도 멸종 위기의 동물을 구하는 방법을 연구할 것입니다.

4. 지원 전공분야 외에 본인이 가장 자신 있는 분야와 자신 있어 하는 이유를 기술하세요.

＊＊대 초등 영재반에 입학하면 문제 해결 생물들로 실험도 하고 물리 화학 실험도 하면서 사육사의 꿈을 키워나가고 싶습니다. 좋은 사육사가 되려면 지식이 많아야 합니다. 책도 많이 읽고, 동물에 대해서도 혼자 정리해 나갈 것입니다. 그리고 중학교에 가서도 ＊＊대 영재교육원에서 공부하면서 연구하고 싶습니다. 프로젝트 반과 사사반이 있다고 학교 선생님이 말씀해 주셨는데, 거기서는 어려운 수학, 과학을 배울 수 있어서 좋을 것 같습니다. 그다음

에는 과학고등학교에 입학하고 싶습니다. 거기서는 더 많은 기구들로 연구를 할 수 있다고 들어서 좋을 것 같습니다.

천재는 노력하는 사람을 이길 수 없고, 노력하는 사람은 즐기는 사람을 이길 수 없다는 우리 반 급훈처럼, 저는 계속 노력하면서 제 꿈을 이룰 것입니다.

자기소개서 연관 예상 질문과 답안

대표 예상 질문
Q 아주 깊은 바닷속에 사는 물고기의 생김새 5가지 이상을 쓰고 이유를 말해 보시오.

예상 답안
A 심해에는 태양 빛이 들어오지 않기 때문에 직접 보지 않고 먹이를 찾는 방법이 발달했을 것이다. 따라서 일부의 어류들은 몸속에 발광기관을 갖고 있거나, 안테나를 이용하여 먹이를 탐지한다. 또한 심해의 수압을 견디고 이곳에서 움직임에 의한 에너지 소비를 최소화하기 위해 부드러운 몸체를 가지고 있을 것이다.

추가 예상 질문

❶ 사육사가 되고 싶다고 했는데, 생물 외에 다른 과학분야가 여기에 어떤 도움을 줄 수 있다고 생각하는가?

❷ 혹시 애완동물을 키우고 있는가? 그렇다면, 애완동물을 보호하고 사육하기 위해서 본인이 어떤 노력을 하고 있는가? (그렇지 않다면, 키우고 있다는 가정하에)

❸ 철갑상어를 해부 해 본 적이 있다고 했는데, 어떤 몸의 구조가 상어의 이동속도를 빠르게 해준다고 생각하는가? 또 철갑상어만의 특별한점은 무엇이었는가?

❹ 사육사가 되려면 지식이 많아야 한다고 했는데, 구체적으로 어떤 분야의 지식들이 필요할지 말해보라.

Case 16

KEYWORD

동물보호
해부
생명과학
봉사활동

1. * * 대학교 과학영재교육원에 지원하게 된 동기를 기술하세요.

"침팬지의 친구 제인 구달"을 여러 번 읽으면서 청진기를 귀에 걸고 생활해서 웃음거리가 되기도 했습니다. 과학에 대한 책도 많이 읽고, "곤충 체험전", "인체의 신비" 등 전시회도 많이 갔습니다. 어렸을 때는 병에 걸린 사람과 동물을 치료하여 생명을 구하는 의사나 수의사가 되고 싶어 공부를 열심히 했던 것 같습니다.

어느 날 다큐멘터리를 보다가 동물보호협회가 있다는 것을 알게 되었습니다. 그 단체는 생명을 치료하는 일뿐만 아니라 직접 멸종 위기의 동물을 보호하는 캠페인도 하며 생명 존중을 몸소 실천하고 있었습니다. 그때부터 꿈이 바뀌었습니다.

* * 대 영재교육원에서 생물을 전공하여 영재 수업을 받고 지식을 쌓은 후 더 많은 사람들에게 생명의 소중함을 알리고 싶습니다. 제게 기회가 온다면 최선을 다해 공부하고 노력하겠습니다.

감사합니다.

2. 지원 전공(수학 또는 과학)에 대하여 흥미와 관심을 가지게 된 계기를 기술하세요.

저는 4학년 때부터 지금까지 * * 시 * * 홀 봉사활동을 통하여 여러 가지 체험 활동을 하였습니다. 그중에서도 저는 월 4회씩 승마장을 찾아 활동을 하면서 말과의 교감을 접하고 동물에 대한 사랑을 느낄 수 있었습니다. 그때부터 말과 동물의 사육과 건강, 특성에 대한 책도 많이 보고 다양한 동물에 대한 호기심과 상식을 키웠습니다. 그 이후부터 동물에 대한 궁금증이 생기면 친구들이 으레 제게 물어봐서 제가 동물에 대한 많은 상식을 가지고 있다는 것을 알게 되었습니다. 또한 캠페인 활동도 하였는데 그중에서는 매년 열리는 청소년 금연 마라톤대회에서 캠페인 리더로서 미래를 책임질 청소년들에게 생명의 소중함을 일깨우고 흡연으로 인한 건강 파괴와 질병, 환경 파괴의 심각성을 알리는 역할을 하였습니다.

3. 교내(영재학급, 과학영재교육원 포함)에서 참가, 참여했던 지원 전공분야(수학 또는 과학) 관련 대회 또는 활동 중 가장 인상 깊었던 과정과 그 내용을 기술하세요.

학교 과학 시간에 개구리를 해부 해보았습니다. 여러 신체기관들이 "인체의 신비전"이나 책에서 봤던 우리의 몸속 국방부 직할부대 및 기관들과 비슷하다는 것을 알게 되었습니다. 그 실험은 생물과 관련하여 가장 흥미로웠던 실험이었습니다. 해부 뒤에 개구리가 너무 불쌍하여 눈물이 났고 우리 조 개구리의 배를 제가 꿰매서 잘 묻어주긴 했지만, 가슴이 아팠습니다.

제가 만약 심화해서 배울 수 있다면 기본적인 동물의 몸속 구조, 각 기관의 기능들까지 학습할 것입니다. 그다음에 각각의 기관들이 몸속에서 하는 일들의 관련성을 알고, 생명이 얼마나 신비롭고 위대한지를 알리는 포스터를 만들 것입니다. 그리고 포스터를 보기 전과 본 후에 생명에 대한 사람들의 생각이 어떻게 달라졌는지 알아보는 앙케트 조사와 연구를 할 것입니다.

4. 지원 전공분야 외에 본인이 가장 자신 있는 분야와 자신 있어 하는 이유를 기술하세요.

저는 제 이름을 걸고 생명보호협회를 운영하는 것이 꿈입니다. 동물보호 협회에서 생명의 소중함을 알리는 활동을 뉴스에서 보면서 깨달은 것이 많습니다. 요즘 사람들은 작은 생명을 소중히 여기지 않고 심지어 자신의 생명조차도 소중함을 모른다는 생각에,

생명보호에 대한 캠페인을 하고 싶다는 생각이 들었습니다. 생명과학에 대해 더 공부하고 작은 생명도 소중하게 여기며 생명을 보호하기 위한 목적의 동물실험만 허용해 주는 생명보호협회를 운영하고 싶습니다.

＊＊대 영재교육원에서 공부하고 연구하며 사사 과정을 마치면 영재학교에 가서 더 심화된 지식을 배우고 싶습니다. 그리고 대학에서 생명과학에 대해 배우고 비슷한 생각을 하는 친구들과 생명보호 캠페인과 같은 동물과 관련된 봉사활동을 할 것입니다.

 자기소개서 연관 예상 질문과 답안

대표 예상 질문

Q 동물에 관련된 봉사활동을 한다면, 어떤 활동이 있을지 말해보라.

예상 답안

A 우선 유기동물보호협회 봉사가 있을 것이다. 버려진 동물을 돌보는 곳에서 고생하시는 분들을 돕고 싶다. 동물보호연합에서 천연기념동물을 보호하는 활동이나 모피반대운동을 도울 수 있을 것이다.

 추가 예상 질문

❶ 멸종위기 동물을 보호하는 것이 생태계와 연관지어 본다면, 어떤 의의가 있는가?

❷ 실험쥐의 사용에 대해서 찬성하는가 반대하는가? 그 이유는?

❸ 동물에 대한 상식과 호기심을 키운 것이 영재성이 있다고 판단하기에 부족한 근거라고 생각하지 않는가? 충분하다면 그 이유와, 그렇지 않다면 스스로 다른 면모가 있는지 소개해보라.

Case

28

KEYWORD

KME경시대회
수학사고력겨루기대회
파일럿

1. ＊＊대학교 과학영재교육원에 해당 전공으로 지원하게 된 동기에 관하여 기술하십시오.

안녕하세요. 저는 ＊＊초등학교 6학년 2반에 재학 중인 ＊＊＊이라고 합니다.

저는 어려서부터 수학을 정말 좋아했습니다. 블록이나 퍼즐을 맞추는 것을 너무 좋아했고, KME 경시나 교내 수학사고력겨루기 대회 등에 나가서 제 실력을 점검해 보는 것을 즐겼습니다. 어렸을 때는 주로 손으로 만질 수 있는 것이나, 도형에 관한 것을 좋아하였는데, 요즈음은 수학과 관련된 책을 읽으면서 사고력 문제를 푸는 것을 좋아합니다. 방학 때면 수학대회를 나가기 위해서 문제집을 사서 많이 풀어보는 것으로 시간을 보냈는데, 요즈음은 수학책을 읽으면서 공식이 만들어지는 과정을 알게 되고, 공식을 이용하여 문제를 풀고 문제를 만들어 보기도 하였더니 더욱더 수학에 대한 자신감이 생겼습니다.

제가 영재교육원에 꼭 들어가야 하는 이유는 첫째, 모든 일에 대한 특히 공부에 대한 승부욕 때문입니다. 저는 저도 하기 힘들고 남들이 못하는 일도 찾아내어 어떻게든 해내고 싶어 하는 마음이 있습니다. 수학 문제를 풀 때도 마찬가지입니다. 친구들도 어려워서 풀지 못하는 문제를 어떻게든 매달려 저 혼자 해결했을 때는 정말 기분이 최고입니다. 신 나는 기분이 저를 더욱 수학에 빠져들게 합니다. ＊＊대 영재교육원에서 교육을 받을 수 있다면 훌륭한 교수님들께 수학을 배우면서 저처럼 수학을 좋아하는 친구들과 경쟁하고 도전하고 싶습니다.

두 번째는 미래의 꿈인 파일럿이 되기 위한 첫걸음이라고 생각하기 때문입니다. 파일럿은 비행을 하는 순간순간 많은 판단을 해야합니다. 고도, 속력, 기류 등을 모두 고려해서 비행기를 조종해야 하기 때문에 논리력과 판단력이 중요한 직업입니다. 수학은 논리력과 생각하는 힘을 키우는 과목이라고 생각하며, **대 영재교육원에서 수학을 공부하면서 생각하는 힘을 기르고 싶습니다.

2. 가정환경(부모 교육관), 학교생활, 자신의 장점 및 단점 등 본인을 소개하는 내용을 기술하십시오.

저희 가족은 엄마, 아빠, 저, 남동생, 여동생 이렇게 다섯입니다. 건축을 하시는 아빠께서는 아침이면 항상 신문을 읽으시고 평소 책을 자주 읽으셔서 저와 제 동생도 항상 시간이 나면 책을 즐겨 읽습니다. 아빠께서는 어려서부터 호기심이 많은 저를 관찰하시곤 제가 좋아하고 관심 있어 하는 것은 대부분 지원해 주시려고 노력하시는 든든한 지원군입니다. 현재는 건축을 하시지만 대학과 대학원에서는 컴퓨터 공학이 전공이셔서 아빠께 컴퓨터도 많이 배웠고, 아주 어려운 수학 문제에 대해서는 제가 혼자 힘으로 풀 수 있도록 슬쩍 힌트를 주시는 분도 아빠입니다. 아빠의 영향으로 제가 컴퓨터, 수학, 건축에 대해서도 흥미와 많은 지식을 가질 수 있게 되었습니다. 또한 아빠는 만능 스포츠맨입니다. 야구, 축구, 족구, 배드민턴, 테니스, 인라인까지 주말이면 아빠와 제 동생과 함께 운동을 합니다. 신 나게 달려서 땀을 많이 흘리고 나면 시원하고 기분이 좋습니다.

엄마께서는 개방적이고 적극적이며 유머감각이 있으신 분입니다. 꼼꼼하시기 때문에 제가 어릴 적에 레고나 장난감을 가지고 놀 때에도 클래식 음악을 틀어서 두뇌 계발을 도와주셨습니다. 작품을 완성하고 나면 무엇을 만든 것인지 물어봐 주시고, 결과에 대해서도 많은 칭찬을 해주셔서가 자신감을 가지고 생활할 수 있도록 키워주신 분이십니다. 엄마는 무슨 일이든 혼자 스스로 해결하는 것이 중요하다고 하시면서 제 의견을 존중해 주시고 제가 자립심을 기를 수 있도록 격려해주십니다.

2학년 때 전학을 온 것을 제외하고는 줄곧 **초등학교에서 생활하고 있습니다. 4학년 때까지는 친구들과 잘 지내기도 하고 가끔 다투기도 하는 평범한 초등학생이었던 제가 수학, 과학 실력을 학교에서 인정받게 되었습니다. 친구들이 수학을 잘한다고 인정해 주고, 과학에 대해서도 질문을 자주 하는 바람에 친구들을 대할 때도 친절하게 대하게 됩니다. 항상 수학 문제는 제가 제일 먼저 해결해야 한다는 제 나름의 규칙이 있어서 수업시간에도 집중하고, 혹시 친구들이 수학 문제를 물어보면 대답을 못 할까봐 평소에 수학 공부도 많이 하고 실수를 줄이려고 노력하다 보니 학교에서는 원래 성격과 달리 조용하고 성실한 모범생으로 통합니다.

3. 지원한 전공과 관련하여 스스로 재능이 있다고 생각하게 된 계기나 경험들을 구체적으로 기술하십시오.

단위영재학급 수업에서 매번 프린트를 나눠주고 문제를 푸는 수업을 받고 있습니다. 얼마 전에는 주어진 그림 속에서 모양의 규칙을 찾고 해당 모양의 전체 등장 횟수를 구하는 문제가 있었는데, 그림도 워낙 복잡하고 프린트 상태도 좋지 않아서 선생님도 친구들도 모두 답을 찾지 못해 고민만 하고 있었습니다. 제 눈에는 규칙이 잘 보여서 제가 앞에 나가서 그 내용을 설명하게 되었는데, 친구들도 선생님도 모두 '대단하다!'라고 말씀해주셔서 쑥스럽기도 했지만, 제가 수학에 재능이 있다는 것을 확인하게 되었습니다. 특히 다른 과목보다는 수학 문제를 풀 때 답이 나오는 것이 재미있었고, 도형을 돌리고 뒤집고 하는 것이 재미있어서 다른 교구를 가지고 놀이를 하는 것을 좋아하였습니다. 사고력 수업시간에는 머리를 써서 문제를 해결하는 것이 재미있었습니다.
요즘은 집에서 수학에 관한 책을 읽고 동생과 보드게임도 하고 대화도 나누고 수학 교구를 만들거나 활용하는 것을 좋아합니다. 4학년부터 "수학은 과학의 여왕이고 정수론은 수학의 여왕이다."라는 가우스가 말한 내용에 반하여 수학이 기본이라는 생각에 수학을 열심히 공부하게 되었는데 흥미를 가지고 열심히 하다 보니 어느 순간 제가 친구들도 인정하는 수학 실력을 갖추게 된 것 같습니다. 문제는 혹시라도 친구들이 수학 문제를 물어볼 때 대답을 못 하게 되면 스스로 충격에 빠질 것 같다는 생각이 듭니다. 한 번은 친구가 물어본 수학 문제에 대한 풀이 방법을 모르겠어서 이리

저리로 도망 다니는 꿈을 꾼 적도 있습니다. 1등은 한 번 하는 것보다 계속 지키는 것이 어렵다는 아빠의 말씀이 이해가 되었습니다. 어떻게 하면 더 확실한 수학 실력을 갖출 수 있을까를 고민하다가 여름방학 동안 마음을 잡고 난이도 높은 사고력 문제집을 사서 처음부터 한 권 다 풀어보았습니다. 그 후로 요즘 무슨 문제든 풀어낼 수 있는 방법이 잘 떠오르며, 단위학급영재에서 **대 영재교육원에 추천할 학생 두 명을 뽑는다고 수학, 과학 시험을 봤는데, 수학 문제가 의외로 술술 풀려서 추천받을 수 있겠다는 자신감이 생겼습니다. 두 문제를 못 풀긴 했지만 선생님께서 난이도가 정말 높게 출제했는데, 생각보다 너무 잘해서 놀랐다고 말씀해 주셔서 더 힘이 났습니다.

수학은 열심히 문제를 풀고 새로운 것을 배우면 배울수록 너무 있었고 더 빠져들게 되는 과목이며, 시험이나 선발을 통해서 실력을 확인하면 자신감이 생겨서 더 좋아하게 되는 것 같습니다. 요즘은 **대에서 공부하는 제 모습을 상상하며 하루 종일 수학에 관한 책과 문제를 풀면서 준비를 하는데 전혀 힘들거나 지루하지 않습니다. 수학에 빠져 사는 시간들이 길어질수록 제게 수학에 대한 재능과 자신감이 쑥쑥 자라게 됨을 느낍니다.

4. 지원한 전공 이외의 분야에 관심을 갖고 지속적으로 하고 있는 활동이나 경험이 있다면 기술하십시오.

수학과 함께 과학을 제일 좋아합니다. 얼마 전 과학수사에 대한 '싸인'이라는 드라마를 보게 되었는데, CSI를 평소 즐겨보던 저는 과학수사에 빠져들게 되었습니다. 과학수사라는 책도 읽어 보고 과학공부를 열심히 해서 과학수사방법을 더 개발하는 상상도 해 보았습니다. 단위학급 영재 과학 수업 시간에 선생님이 "드라이아이스는 공기 중에 있을 때보다 물에 들어가면 왜 더 기체로 빨리 변할까?"라는 질문을 하신 적이 있습니다. 제가 "드라이아이스는 공기보다는 물과 더 많이 닿아 있을 수 있기 때문에 기체가 더 많이 생기는 것입니다"라고 말했습니다. 선생님은 "**이가 정확히 말했네."라고 칭찬해 주셨습니다. 과학에 대한 상식이 풍부해진 것은 '어린이 과학동아'라는 과학 잡지를 구독하면서부터입니다. 한 달에 두 번 오는 잡지가 너무 기다려져서 오죽하면 과학 잡지가 매일 한 권씩 배달되는 행복한 꿈을 꾼 적도 있습니다.

그 외에는 방과 후 수학올림피아드 반에서 1031이라는 사고력 문제를 풀면서 멘사 퍼즐을 하루에 3개씩 해결하는 것이 너무 재미있습니다. 알렉산드르 문제나 확률 문제 등 논리나 추리 영역의 멘사 퍼즐을 제일 좋아합니다. 방과 후 수학 선생님은 "＊＊이는 멘사 퍼즐을 풀기 위해서 이 수업을 듣는 것 같다."고 말씀하셔서 얼굴이 빨개진 적도 있습니다. 또한 저는 요즘 복싱을 배우고 있습니다. 원래 스포츠를 모두 좋아하지만 최근에 복싱을 배우면서 살도 조금씩 빠지고 지구력과 집중력을 기를 수 있어서 좋습니다.

5. 앞으로의 진로 계획 및 장래 희망에 관하여 기술하고, 선택한 진로로 가기 위해 그동안 노력해온 과정을 기술하십시오.

4학년 때까지는 물리학자가 되는 것이 꿈이었는데, 가족과 함께하는 과학탐구대회에 출전한 이후로 비행물체를 날리는 것에 흥미를 느끼고, 파일럿이 되겠다는 꿈을 키우게 되었었습니다. 그런데 최근에는 과학수사관이 되어서 정확한 수사를 해 내고 싶은 생각도 듭니다. 특히 이번 방학 때 '범죄수학'이라는 책을 읽게 되었는데 한 소년이 논리력을 발휘하여 죄가 있는 사람과 없는 사람의 기준을 정해서 정확히 죄인을 찾아내는 부분이 너무 인상적이었습니다. 문제를 푸는 것을 좋아하는 저이기에 '범죄수학'처럼 생각을 해서 주어진 상황에서 방법을 찾아 문제를 풀어내는 것이 수학이나 범죄수사나 비슷하다는 생각이 들었습니다. 또한 다양한 책을 많이 읽고 꼭 수학 독서록을 쓰거나, 수학적인 생각들을 에세이로 적어 둡니다. 수학과 과학은 빠져들면 들수록 신기하고 재미있는 과목이라 항상 열심히 공부하게 됩니다. 파일럿이든 과학수사관이든 제 꿈을 이루기 위해서는 수학 실력이 필수라고 생각합니다. 4학년 때부터 KME경시, 성균관대학교 수학경시대회, 교육청 수학사고력대회를 준비하면서 다양한 문제를 해결하고 몰랐던 문제는 어떻게 풀어야 되는지 고민하고 오답 노트를 만들면서 나만의 방식으로 문제를 해결하여서 대회마다 좋은 결과를 얻고 있습니다. 수학은 문제를 해결하면 답이 나오는 것이 기뻤지만 과학은 과학 실험을 하면서 실험 결과에 놀랄 때가 많았습니다. 내가 생각하지 못했던 결과나 반응이 나오면 너무 신기한 일들이 생겨서 말입니다.

 과학은 물리, 화학, 생물, 지구과학의 각 과목을 공부하면서 모든 반응과 현상들이 신기하고 재미있습니다. 저는 만들기를 좋아하여 집에서 활용할 수 있는 재활용품을 이용해서 창의적으로 만들어 보면서 생각을 키우는데, 여태까지 태양열 하이브리드 배, 스피커, 태양열 선풍기, 책상 전동청소기, 다빈치의 풍향계, 현미경으로 식물의 잎과 나의 혈액과 입안 상피조직을 관찰해보았습니다. 수학, 과학을 꾸준히 공부하고, ＊＊대 영재교육원에서 수학을 더 깊이 있게 배운 후에는 한국과학영재학교에 진학하고 싶습니다.

6. 친구 관계 및 자신과 선생님과의 관계에 대해 기술하고, 봉사활동 중 적절한 사례를 선택하여 내용과 느꼈던 점을 기술하십시오.

학교에서는 컵스카우트 활동을 하고 처음 선서했던 내용을 기억하고 지키며 생활하기 위해서 노력하며 얼마 전 딱따구리 수련원으로 수련회를 갔는데 친구들과 협동해서 탑 쌓기와 도미노 활동 등을 하면서 더 친해지게 되었습니다. 지금은 교내 생활이든 컵스카우트 활동에서든 친구들과 화합하고 함께 활동을 하며 싸우는 일도 거의 없지만, 5학년 때까지는 별 이유 없이 친구들과 싸우기도 많이 해서 부끄럽기도 합니다. 친구들이 말도 안 되는 주장을 하거나, 다른 친구를 놀리면 제 일이 아닌데도 나서서 말싸움을 하거나, 호통을 치는 일이 많았습니다. 좋게 생각하면 불의를 보고 참지 못하는 제 성격이 장점이라고 볼 수 있지만, 나쁘게 생각하면 싸우고 난 친구들과는 그 후로도 사이가 좋지 않아서 불편함도 있고, 반에서 저를 좋아하는 친구들만큼이나 저를 싫어하는 친구를 만들 수 있겠다는 생각이 들었습니다. 6학년부터는 친구들과 싸우지 않고 도와주려고 애쓰며, 수학 과학을 제일 잘한다는 학교에서의 이미지 때문에 조용히 모범적으로 생활하고 있습니다.

저는 5학년 때부터 반에서 수학을 잘 못하는 친구들에게 수학을 가르쳐주었습니다. 선생님께서는 수업 끝나고 남아서 친구들에게 단원평가 결과가 몇 명에게 문제 풀이법을 알려주라고 하셨는데, 처음에는 집에도 못 가고 내가 해야 되는 공부도 많은 데 친구들을 가르치려니 시간을 버리는 것 같고 속상했었습니다. 내가 설명해도 잘 모르고 이해를 못 하는 친구들을 보면서 모르면 학원에 다니지 왜 남아서 날 이렇게 힘들게 하는가 원망도 했었습니다. 집에 와서 어머니께 말씀을 드리니 어머니께서 그런 친구들을 가르쳐주면 저는 그 문제를 확실히 알아서 다음에도 잊어버리지 않게 되니 좋고, 그 친구들이 수학에 관심을 갖고 수학을 재미있어 한다면 얼마나 또 기쁜 일이냐고 말씀하셨습니다. 그때부터 저는 친구들에게 좀 더 쉽게 나만의 비법 노트를 만들어서 보여주고 이해되기 쉽게 연구도 하였습니다. 요즈음은 저희 반 친구들이 저를 수학을 제일 잘한다고 인정하여 주어서 자연스럽게 친구들과 가까워졌고 자신감도 많이 생겼습니다. 6학년이 된 지금도 수학을 모르는 친구들에게 알기 쉽게 설명을 해주고 제 수학적 재능을 이용해서 다른 친구들도 수학을 좋아하도록 만들 수 있는 방법에 대해 고민하고 있습니다.

자기소개서 연관 예상 질문과 답안

대표 예상 질문

Q 올해가 2005년이라고 가정해 봅시다. 2005 네 개의 숫자와 알고 있는 수학 기호를 이용하여 자신이 좋아하는 수를 만들어 보시오.

예상 답안

A 2, 0, 0, 5로 14를 만들면 2×(5+0)+2×2=14

추가 예상 질문

❶자신의 수학 실력을 점검할 수 있는 대회에 많이 봤는데, 대회를 준비하면서 얻은 점은 무엇인가?

❷기존의 풀이방식이 아닌 나만의 풀이방식으로 독창적으로 푼 문제가 있다면 소개해보라.

❸파일럿이 되고 싶은 구체적인 이유는 무엇인가?

❹아버지를 통해 컴퓨터지식을 많이 배웠다고 했는데, 또래 친구들은 잘 알지 못하는 특별한 지식이 있다면? 자신이 아는 컴퓨터 지식에 대해 간단히 설명해보라.

탐구사례발표대회

자동차

화학

1. ＊＊대학교 과학영재교육원에 해당 전공으로 지원하게 된 동기에 관하여 기술하십시오.

저는 어려서부터 과학에 흥미가 있었지만 과학 실험도 하고 토론도 하는 사설교육기관에 다니지는 못했습니다. 하지만 학교에서 과학 시간에 실험실에서 실험하는 시간이 되면 과학이 마술 같기도 하고 과학 같기도 해서 재미있었습니다. 그리고 원리를 알아가는 과정이 흥미로웠습니다. 그러던 어느 날 제가 3학년 때 아버지께서 나이가 드시면서 머리가 많이 희어졌다 하시면서 염색약을 사다가 집에서 염색을 하셨습니다. 신기하게도 정말 하얗던 머리카락이 검정색으로 변했고 아버지는 5년은 젊어 보이셨습니다. 그러시면서 신기할 것 없다 하시면서 "다 화학 반응이야" 하셨습니다. 난 너무 궁금했고 과학책을 읽기 시작했습니다. 지경사의 "과학나라 논술세상"과 성우출판사의 "선생님도 놀란 과학 뒤집기" 등 재미있는 과학책을 읽었습니다. 그 후 화학반응이며 자동차에도 관심이 많아서 솔라카도 태양전지로 움직이는 화학이며 여러 분야에 화학이 존재하는 걸 알았습니다.

저는 솔직히 영재교육원에 지원한 다른 친구들보다 실험을 많이 해보지는 못했지만 꼭 영재교육원에 들어가서 화학분야에 훌륭하신 선생님과 또한 우수한 친구들과 전문적인 공부를 해보고 싶어서 전공과목을 화학으로 지원하게 되었습니다.

2. 가정환경(부모 교육관), 학교생활, 자신의 장점 및 단점 등 본인을 소개하는 내용을 기술하십시오.

부모님 두 분 다 제게 하고 싶은 공부를 해서 공부한 것을 직업으로 가지면 좋겠다고 항상 말씀하셨습니다. 그래서 제가 어려서는 사실 외국어분야에 관심을 많이 보였다고 하시며 문과 공부할 줄 알았다 하시며 지금은 제가 하고 싶어 하는 화학공부에 도움을 많이 주고 계십니다. 신문에서 보시고 적당한 책도 권해 주시며 열심히 해보라고 용기도 주십니다.

저의 학교생활은 굉장히 즐겁습니다. 지금 저는 젊은 남자 선생님이 담임선생님이신데 교사로서 열정이 많으십니다. 지난달에는 쿠폰이 많은 6명의 친구들과 야구장에 가서 저희와 같이 응원도 했습니다. 정말 잊지 못할 추억이었습니다. 그리고 저는 또한 학교행사에 참여하는 것도 재미있습니다. 학예회, 운동회, 과학의 달 행사, 수련회, 수학여행 모두 즐거웠고 학교행사에 참여했는데 상이라도 받게 되면 더욱더 기쁜 일 이였습니다.

저의 장점을 쓰려고 하니 좀 쑥스럽지만, 저의 장점은 친구들을 사귈 때 정말 빨리 사귑니다. 어머니께서는 친화력이 좋고 말에 힘이 있는데다가 유머감각이 뛰어나 친구들이 저를 많이 좋아해 준다고 하십니다. 그래서 지금까지 정말 좋은 친구들과 잘 지내고 있습니다. 그런데 하나님은 저에게 좋은 점만 주시지 않았습니다. 저의 단점은 조금 덜렁대고 종종 작은 실수를 한다는 것입니다. 그래서 수학시험에서 계산실수를 한다거나 합니다. 하지만 그런 저의 단점을 알고 고치려고 노력해서 지금은 많이 좋아졌습니다. 그래서 장점은 좀 더 계발하려고 하고 단점은 고치려고 노력을 많이 합니다.

3. 지원한 전공과 관련하여 스스로 재능이 있다고 생각하게 된 계기나 경험들을 구체적으로 기술하십시오.

저는 어려서부터 다른 친구들보다 관찰력이 좋았고, 과학에 흥미가 있었습니다. ****년 7월 저희 집은 자동차를 쌍용자동차 렉스턴으로 바꾸게 되었습니다. 같은 날 작은 삼촌네도 같은 차로 자동차를 샀는데 작은 삼촌네는 검정색, 저희 집은 흰색 차로 샀습니다. 작은 삼촌네는 저희랑 같은 아파트 같은 동에 살아서 그 차로 이동하는 경우도 많았는데 여름이라고 해도 유난히 그 차는 차 실내가 굉장히 더웠습니다. 궁금했습니다. 그것을 어머니께 물어보았더니 실험을 해보자시며 '색이 있는 물의 온도변화' 실험을 했습니다. 세 가지 색깔의 물 붉은 색소물, 투명한 물, 검정 물(먹물)로 5시간 동안 햇볕이 잘 드는 곳에 놓고 실험을 했는데 검정색(먹물)의 온도가 많이 올라가는 실험 결과를 얻었습니다. 어머니께서는 제게 관찰력이 뛰어나다고 하시며 칭찬을 해 주셨습니다. 그리고 어떤 색은 열을 흡수하고, 어떤 색은 열을 방출한다는 사실이 정말 신 나는 경험이었습니다. 그래서 여름에는 흰색 옷을 많이 입고, 겨울에는 검은색 옷을 많이 입고 다니는 이유도 알게 되었습니다. 그 뒤 5학년 때 그런 경험을 바탕으로 과학탐구사례를 발표해서 장려상을 받았고 상을 받고 나니 제가 이 분야에 재능이 있구나 하는 생각을 했습니다.

그 후 단위학교 영재학급에 들어가게 되었고, 훌륭하신 선생님들과 실험도 하고 토론도 하며 재미있게 공부하는데 영재학급 다른 친구들보다 제가 선생님들에게 칭찬을 많이 듣고 있어서 제가 더 과학에 흥미를 갖게 되고 발전하는 계기가 되었습니다.

4. 지원한 전공 이외의 분야에 관심을 갖고 지속적으로 하고 있는 활동이나 경험이 있다면 기술하십시오.

저는 공부만 하는 사람은 되고 싶지 않아서 4학년 때부터 지금까지 사설 스포츠클럽인 농구부에서 학교친구들 12명과 한팀이 돼서 농구를 해왔습니다. 작년에는 제가 그 기관에서 주최하는 ＊＊ 농구대회에서 5학년 부 MVP가 되기도 했습니다. 친구들과 협동심을 기르고 키가 많이 클 거라고 해서 단순하게 시작을 했는데 이제는 12명의 친구들과 농구의 재미를 느끼며 플레이할 수 있을 정도로 정말 재미있는 운동입니다. 이제는 눈빛만 봐도 사인을 주고받을 정도로 팀워크가 생겼으며 앞으로도 이 친구들과 계속해서 같이 운동하고 싶습니다. 그리고 제 생각에 이런 팀 농구운동이 바탕이 되어 제가 영재교육원에 들어가게 되면 또래 친구들과 같이 실험도 하고 깊이 있는 과학이야기도 하며 즐겁게 공부하고 싶습니다.

5. 앞으로의 진로 계획 및 장래 희망에 관하여 기술하고, 선택한 진로로 가기 위해 그동안 노력해온 과정을 기술하십시오.

저는 어려서부터 자동차에 관심을 갖고 있었는데, 얼마 전 신문을 보는데 한양대 '미래자동차학과' 형, 누나들이 우리의 미래에 대중화될 차를 연구 개발하는 활동과 공부내용에 대해서 기사가 났습니다. 그 기사를 보고 앞으로 제가 하고 싶은 일과 같아서 관심 있게 신문을 보게 되었습니다. 그래서 그때 저는 자동차 학을 전공을 해서 환경오염이 적은 솔라카나 연료전지 자동차 같은 무공해 자동차를 만들고 많은 사람들이 타고 다니게 하기 위해 공부를 계속해보고 싶습니다. 그리고 사실 다른 친구들보다 늦게 과학 공부를 시작했지만 꾸준히 과학책을 읽고 있으며 수학 공부도 꾸준히 하고 있습니다. 이번에 ＊＊대학교 영재원에 꼭 들어가서 좀 더 깊이 있는 화학 공부를 하고 우리나라 화학분야에서 아니 세계적으로 이름을 날리는 세계적인 무공해 자동차를 만들어보고 싶습니다.

6. 친구 관계 및 자신과 선생님과의 관계에 대해 기술하고, 봉사활동 중 적절한 사례를 선택하여 내용과 느꼈던 점을 기술하십시오.

저는 또래 친구들과 금방 친해지는 것이 저에게 큰 장점입니다. 그래서 3학년 때부터 6학년 때까지 1학기 학급회장으로서 선생님과 친구들을 돕는 그런 봉사활동을 해왔고 리더십을 배웠습니다.
제가 잘못하지 않아도 학급을 대표해서 꾸중을 듣기도 하고 학급을 대표해서 칭찬을 듣기도 합니다. 처음 회장이 되었을 때는 이해가 되지 않았지만 지금은 선생님들을 많이 이해하게 되었고 제가 많이 자란 것 같아 뿌듯하기도 합니다. 그리고 지금 6학년에는 특히 마음에 맞는 친구들도 많고 젊으신 남자 담임선생님이셔서 점심시간 저와 친구들은 선생님과 야구도 하고 축구도 합니다. 지난달 저희 반 친구 6명과 담임선생님이 함께 문학구장에 가서 응원도 같이 하고 밥도 같이 먹었습니다. 정말 좋은 추억과 많은 6학년 생활입니다. 그리고 저의 적극적인 성격과 장교 출신인 선생님은 저희 반을 웃음 넘치고, 활력이 넘치는 반으로 만들었습니다. 제가 영재교육원을 지원하게 된 것도 담임선생님의 도전정신의 가르침을 받아서인 것 같습니다. 그러니까 이번 기회에 꼭 영재교육원에서 공부해보고 싶습니다.

Case 30

KEYWORD

연료
엔진 발명대회

1. ＊＊대학교 영재교육원에 지원하게 된 동기를 기술하세요.

환경오염이 없는 자동차 연료와 엔진을 발명하겠다는 생각으로 열심히 수학, 과학 그리고 발명을 공부하고 있는 ＊＊＊입니다. 수학은 어려운 문제를 고민하면서 풀어내는 것이 좋고, 과학은 실험하고 발명하며 과학책을 많이 읽을 수 있어서 좋아합니다. 최근 "가을장마와 세계적인 자연재해"에 대해 어린이 과학 동아에서 기사를 읽으면서 자동차 배기가스와 같은 환경오염 물질이 지구온난화를 일으키고 있다는 것을 알고 더 자세히 과학을 공부하고 싶어서 전공을 과학으로 결정하게 되었습니다. 전국에서 최고인 ＊＊대 영재교육원에 다니게 되면 다양한 실험과 과제를 하면서 지식을 쌓고 제 꿈을 이루는 데 도움을 받고 싶습니다. 최선을 다해 열심히 공부할 각오가 되어 있습니다. 저를 꼭 뽑아주셨으면 좋겠습니다. 감사합니다.

2. 지원 전공(수학 또는 과학)에 대하여 흥미와 관심을 가지게 된 계기를 기술하세요.

저는 호기심도 많고 아이디어를 내는 것을 좋아합니다. 재활용품을 활용하여 피자 상자로 숫자 게임기를 만들어 발명대회에서 상을 탔고, 분실방지용 연필꽂이 작품으로 학교에서 발명영재로 선발되어 ＊＊초등학교 발명반에서 흥미로운 수업을 받았습니다. 호버크래프트 등을 만들면서 빨리 정확히 만든다는 칭찬도 듣고, 과천과학관에서 진행된 발명캠프에서 축구로봇을 만들어 가장 많은 골을 넣었습니다.
어릴 때부터 블록 놀이나 레고를 좋아했지만, 요즘 들어 칭찬을 많이 듣게 되는 것은 일에 집중하면 하던 일을 잘 마무리하는 습관이 몸에 배어있기 때문인 것 같습니다. 또 발명품도 책상에서 자꾸 연필이 떨어지는 장면을 떠올려보고 보완해서 만들었는데, 부쩍 머릿속으로 생각하는 것이 실제 만드는 것과 차이가 없어서 실패가 적어졌습니다.

3. 교내(영재학급, 과학영재교육원 포함)에서 참가, 참여했던 지원 전공분야(수학 또는 과학) 관련 대회 또는 활동 중 가장 인상 깊었던 과정과 그 내용을 기술하세요.

학교에서 수학, 과학 수업은 모두 즐겁지만 최근에 강낭콩의 성장과정을 배운 것은 흥미로웠습니다. 강낭콩은 여러 종류가 있는데 딱딱하고 빨간색의 강낭콩을 흙에 심고 물을 주자 말라있던 콩 속에서 싹이 자라 줄기와 잎이 나고 콩이 열리는 모습을 볼 수 있었습니다. 어린이 과학동아에서 바이오 연료로 콩과 옥수수 기름을 만드는 예를 보았고, 유전자 변형 콩에 대해서도 인터넷을 찾아보았습니다. 저는 콩이 아주 크게 열려서 기름이 뚝뚝 떨어지는 것을 상상하고, 또 자동차에 휘발유 대신 넣으면 좋겠다고 생각했습니다. 콩기름과 옥수수 기름이 휘발유와 비교해서 어떤 특성이 있는지를 알아보기 위해 불을 붙여서 물을 끓이고 그을음을 관찰할 것입니다. 그리고 대체연료로의 가능성을 알아보는 연구를 하고 싶습니다.

4. 지원 전공분야 외에 본인이 가장 자신 있는 분야와 자신 있어 하는 이유를 기술하세요.

어릴 때부터 자동차를 좋아해서 버스 기사, 자동차 설계사를 꿈꾸었습니다. 이제는 환경오염을 일으키지 않는 자동차 엔진과 연료를 개발하고 싶습니다. 그래서 환경오염으로 인한 자연재해를 막고, 사람들에게 많은 도움을 줄 수 있는 사람이 되고 싶습니다. 제 소중한 장래 희망을 이루기 위해서 책을 많이 읽고, 다양한 발명품을 만들면서 필요한 지식을 찾아 공부하겠습니다. ＊＊대 영재교육원 수업을 받게 된다면 실력을 키워서 중학교에 가서도 **대 영재교육원에서 공부한 후 과학영재학교나 과학고에 입학하고 싶습니다. 그리고 자동차 엔진을 만들기 위해 더 많은 실험을 하고 노력해서 자동차 공학과에 입학할 것입니다. 제 꿈을 펼칠 수 있도록 **대 영재교육원 교수님들께서도 도와주시고, 격려해주시기를 부탁드립니다.

 자기소개서 연관 예상 질문과 답안

대표 예상 질문

Q 장래 희망을 이루기 위해 길러야 할 습관 3가지와 그 이유는?

예상 답안

A 우선 다른 사람을 가르칠 때 내가 아는 내용을 모른다고 해서 무시한다거나 거만해져서는 안 된다. 따라서 친구들이 모르는 문제를 물어보거나 할 때 최대한 친절하게 알려주고, 또한 모든 내용을 알려주기보다는 약간의 힌트만을 주고 스스로 문제를 해결할 수 있도록 안내하는 능력이 필요할 것 같다.

 추가 예상 질문

❶ 대체연료로 사용할 것을 점검할 때, 어떤 조건을 확인해야 하는가?

❷ 콩에서 얻는 기름과, 자동차 연료는 어떤 공통점과 차이점이 있는가?

❸ 자동차 배기가스 이외에도 지구온난화를 일으키는 원인에는 어떤 것들이 있으며, 해결방법에는 무엇이 있을까?

❹ 발명을 할 때, 어떤 식으로 아이디어를 떠올리는데?
또한, 발명을 할 때 어떤 것들이 도움이 된다고 생각하는가?

❺ 우리 생활에 유용하게 사용되고 있는 발명품들을 몇 가지 제시하라.

KEYWORD

우주비행사
과학전람회
발명
수학심화반

1. ＊＊대학교 영재교육원에 지원하게 된 동기를 기술하세요.

저는 수학 과목을 가장 좋아하고 미래 우주 비행사를 꿈꾸는 ＊＊
＊입니다. 수학은 우주를 공부하는데 가장 기본이라고 들어서 열
심히 공부합니다. 수시로 수학 경시대회에 나가 실력을 점검해 보
고, 현재는 교육청 영재학급에서 과학과 수학을 공부하고 있습니
다. 학교와 달리 영재학급은 똑똑한 친구들과 함께 수학 문제 풀
고, 발표해서 새로운 풀이를 알게 되어 좋습니다. 친구들은 저를
수학귀신이라고 부릅니다. 빨리, 정확히 푼다고 붙여준 별명입니
다.
또 '금붕어가 살 수 있는 최적의 물 상태 연구'로 과학전람회를 준
비하며 학교 선생님과 실험하는 것이 좋아 이번에 또 출품할 계획
입니다. 더 어렵고 새롭고 재미있는 수학 문제에 도전하고, ＊＊
대 과학영재원에서 교수님들께 체계적으로 수학을 잘 배우고 싶
어 지원하게 되었습니다.

2. 지원 전공(수학 또는 과학)에 대하여 흥미와 관심을 가지게 된 계기를 기술하세요.

저희 학교는 학년별로 수학 심화반이 있습니다. 문제가 교과수업
보다 어렵지만 생각하며 문제를 해결하는 것이 저는 너무 재미있
고 수학에 대한 자신감도 생겼습니다. 선생님께서도 문제를 포기
하지 않고 이해하며 푸는 자세가 정말 대견하다고 칭찬해 주셨습
니다. 얼마 전 학교 대표로 정보올림피아드를 준비하게 되었습니
다. 그동안 공부했던 수학과는 전혀 다른 문제였지만 성실히 문제
를 해결했고 컴퓨터 영역 문제도 잘 풀려서 금상을 받았습니다.

이제 컴퓨터도 더 배우려고 하고, 예전에 물리 문제를 수학으로 풀어냈듯, 다른 과목도 열심히 하려고 합니다. 요즘은 수학으로 에너지 절약을 하는 환경탐구대회에 참여하고 있습니다. 우리가 절약한 에너지의 양을 수학적으로 계산하는 일을 담당해서 팀 내에서 활동 중입니다.

3. 교내(영재학급, 과학영재교육원 포함)에서 참가, 참여했던 지원 전공분야(수학 또는 과학) 관련 대회 또는 활동 중 가장 인상 깊었던 과정과 그 내용을 기술하세요.

저는 학년이 끝나는 해마다 마지막에 공부하는 문제 해결 방법 찾기가 가장 흥미로웠습니다. 그 이유는 모든 친구들이 문제를 푼 방법이 서로 달라서 누구의 풀이가 가장 쉬운지 겨뤄볼 수 있었기 때문입니다. 그런데 문제 해결 방법 찾기 단원은 친구들이 많이 어려워하는 단원이기도 합니다. ＊＊대 영재교육원에서 연구할 수 있다면 저는 문제 해결 방법 찾기를 이용하여 보드게임을 만들어서 다른 친구들도 문제 해결방법을 쉽게 이해하도록 도와주고 싶습니다. 그리고 우주의 행성과 은하의 공전궤도를 순환소수로 만들어보고 싶습니다. 그들이 그리고 있는 좌표들은 분명히 반복되고 있을 것이라고 생각하기 때문입니다. 또한 다이슨 선풍기에 적용된 원리인 베르누이 정리를 이용해서 우주를 빨리 이동할 수 있는 방법을 연구할 것입니다.

4. 지원 전공분야 외에 본인이 가장 자신 있는 분야와 자신 있어 하는 이유를 기술하세요.

제 꿈은 우주비행사입니다. 초등학교 2학년 때 우주에서 살아남기란 책을 읽은 후로 실제로 지구를 넘어 우주를 여행하고 싶습니다. 우주는 너무 크고 넓어서 지금의 로켓기술로는 제 평생을 날아가도 태양계는커녕 화성도 가 볼 수 없습니다. 그래서 수학과 물리를 열심히 공부해서 빠른 우주여행의 방법을 찾아내어 화성에 가 보고 싶다는 꿈을 꾸게 되었습니다. 우주비행과 로켓과학에 대해 책을 찾아 읽을 때마다 수학을 잘 해야겠다는 생각이 듭니다.

＊＊대 영재교육원에서 수학에 대해 많은 것을 배우고 싶습니다. 사사반을 거쳐 한국과학영재학교에 입학하여 공부할 것입니다. 카이스트나 연세대 항공우주공학과에 입학하고 싶습니다. 나로우주센터에 들어가서 우리나라의 기술로 화성에 가는 첫 우주비행사가 되겠습니다. 감사합니다.

 ## 자기소개서 연관 예상 질문과 답안

대표 예상 질문
Q 앞으로 과학이 계속 발전한다면 100년 후에 어떤 일이 일어날까?

예상 답안
A 과학은 아주 오래전부터 지금까지 꾸준히 발전해 왔는데, 현대에 와서 그 발전속도가 무척이나 빨라졌다. 따라서 앞으로는 지금 발전되고 있는 속도보다 훨씬 더 다양한 원리 원칙들이 발견될 것이고 새로운 발명품들도 생겨날 것이다. 따라서 우리 생활은 지금보다 훨씬 편리해지고 지금도 충분히 쉽게 할 수 있는 먼 곳에 있는 사람과의 연락도 아마 3D로 이루어질 수 있지 않을까 생각한다. 또한 상상속의 하늘을 나르는 자동차라든지, 교통이나 통신들이 훨씬 체계적이고 다양해질 것이다.

 ## 추가 예상 질문

❶ 과학전람회의 주제선정 이유와, 금붕어가 살 수 있는 최적의 물 환경을 알아내기 위해 어떤 실험을 했고, 결과는 어떠했는지 말하라.

❷ 현재 우주과학기술이 어느 정도까지 발전했는지 설명하고, 자신이 앞으로 더 이루고 싶은 내용은 무엇인지 설명하라.

❸ 수학 심화반에서 배운 내용과 정규 수학 수업시간에 배운 내용은 어떻게 달랐는가?

❹ 베르누이정리는 일반적으로 유체에 대해 적용되는데, 진공상태의 우주에서 이 원리를 어떻게 적용한다는 것인지 설명하라.

Case 32

KEYWORD

과학자
생물
해부
탐구대회
전교부회장
비만유전자

1. ＊＊대학교 과학영재교육원 해당 전공으로 지원하게 된 동기에 관하여 기술하십시오. (400자 이내)

어려서부터 저의 꿈은 과학자입니다. 유전자 DNA를 만들어보고 나서 유전자 연구에 많은 관심이 생겼으며 식물과 동물에 대한 많은 궁금증이 생겨서 소의 눈알과 황소개구리를 해부하는 수업에도 적극 참여하였습니다. 또한 옥상에서 아버지를 쏘아 벌침이 빠진 벌을 현미경으로 관찰하고 꿈을 이루기 위한 준비를 하고 있습니다. 과학전람회를 준비하면서 오이 40그루를 발코니에 비닐하우스를 만들어 키웠습니다. 영양분에 따른 성장 과정과 재배한 오이의 성분을 비교하고 뿌리를 캐내어 연구할 때는 너무 즐거웠습니다.

이제는 집에 있는 작은 연구실이 아닌 이곳에서 훌륭한 시설과 훌륭한 선생님께 지도받으며 열심히 배워서 "살찌는 유전자의 연구" 등을 비롯하여 인류를 위하여 기여하고 싶습니다. 이곳에서 공부할 수 있도록 저를 꼭 뽑아주세요.

2. 지원한 전공과 관련하여 스스로 영재성이 있다고 생각하게 된 계기나 경험들을 3가지 이내로 기술하십시오. (400자 이내)

1) 5학년 때 해양생태탐구대회에 참가했는데 교육감상을 수상했다. 지질 수업시간에 "내가 이렇게 창의력 있는 대답은 처음 들었다. 대단하다"고 고등학교에 계시는 선생님께서 칭찬을 해주셨다. 결과는 6학년 형들을 이기고 교육감상을 받았다.

2) 학교 선생님들께서는 나를 과학전람회, 발명대회, 창의력챔피언 대회, 과학탐구실험대회 등 과학대회에 추천을 많이 해주시고, 중간이상의 성적이 나온다. 그 이유는 먼저 생각을 깊게 하고

행동을 했을 때 잘 되었다. 과학전람회 심사위원님은 '초등학생이 창의성이 넘치는데? 독특하고 좋아'라고 칭찬하셨다.

3) 3학년부터 계속 학급회장을 하고 올해는 전교 부급회장이 되었다. 친구들은 리더십이 많고 인내심이 많다고 하고 선생님들과 어른들에게 생각이 깊고 사려가 깊다. 나이에 맞지 않게 어른스럽다라는 말씀과 과제집착력과 해결력이 좋다는 말씀을 많이 듣는다.

3. 지원 전공과 관련된 내용을 학교에서 배울 때 가장 흥미로웠던 학습 주제를 소개하고, 그에 관하여 심화해서 배우거나 연구한다면 어떻게 학습할 것인지 간략한 학습 계획을 작성해보세요. (400자 이내)

학교 과학 시간에 생물의 생태계라는 대단원 중 먹이그물과 먹이사슬, 먹이피라미드에 대해 배웠는데 생물들이 먹고 먹히는 관계를 배우게 되니까 더 다양한 생물들이 먹고 먹히는 관계에 대해 더 배우고 싶었다. **대에 들어가서 열심히 공부를 하면서 사사 반에 들어갈 수 있다면 쥐를 이용해서 "살찌는 유전자"에 대한 연구를 하고 싶다. 연구를 위해서 유전자 변형 쥐가 필요하다. 비만 유전자를 가지고 있는 쥐를 구입할 수 있다면 다양한 물질을 먹여서 비만 예방 효과를 검증하고 싶다. 비만 예방 효과를 검증하는 방법은 논문을 읽으며 알게 되었는데, 쥐를 해부해서 심장에서 피를 빼어 혈액검사를 의뢰하면 혈중 콜레스테롤 양을 분석할 수 있고, 내장지방, 피하지방의 양과 간, 콩팥, 심장의 상태를 관찰하면서 확인할 수 있다.

4. 앞으로의 진로 계획 및 장래 희망에 대하여 기술하고, 선택한 진로를 위해 앞으로 어떤 노력을 할 것인지 계획을 써 보세요. (400자 이내)

대학교 중등영재원에 합격하는 것이 나의 첫 번째 목표이다. 최종 목표는 내 이름을 걸고 '* 과학자상'을 만들 수 있는 훌륭한 과학자가 되는 것이다. 나는 친구들과 똑같이 먹어도 아니

조금 덜 먹는데도 살이 쪄서 조금 억울하다. 동갑인 사촌은 더 많이 먹어도 살이 찌지 않는다. 헬스클럽에 다니며 트레이너와 운동을 하는데 너무 힘들어서 거의 쓰러질 지경이다. 살찌는 원인이 엄마에게 물려받은 유전자 때문이라고 생각하기 때문에 살찌는 유전자에 대하여 연구하여 비만과 비만에서 오는 질병으로 고생하는 사람들에게 희망을 주고 싶다.

초등학교 6년 동안 모범어린이 표창을 받는 등 성실함과 인내와 끈기와 도전정신으로 목표를 향해 갈 것이다.

 자기소개서 연관 예상 질문과 답안

대표 예상 질문
Q 수학을 통해 사람들에게 도움을 줄 수 있는 것이 있다면?

예상 답안
A 실생활에서는 기본연산을 통해 사람들이 물건과 돈을 세면서 거래가 이루어질 수 있다. 크게는 수학이 학문적으로 발전해서 과학에 도움을 주게 되고, 결국 과학의 발전이 새로운 문명을 만들어 낼 수 있다. 또 가까이는 우리가 현재 사용하고 있는 스마트폰도 결국 과학의 발전을 통해 만들어진 것이라 할 수 있다.

 추가 예상 질문

❶ 학업에 대한 욕심이 많은 것 같은데, 이에 대한 좋은 점과 나쁜 점은 무엇이라고 생각하는가?
❷ 본인이 수학 공부를 하는데 오빠가 많은 도움을 준 것 같은데, 자신이 오빠에게 도움을 준 적은 있었나? 있었다면, 무엇이었나?
❸ 생활의 문제를 수학으로 해결하려고 노력한다 했는데, 예를 들어 무엇이 있었는가?
❹ 가우스가 1부터 100까지의 합을 창의적으로 구해낸 것처럼, 독특한 방법으로 풀 수 있는 수학 문제가 무엇이 있을지 제시해보고, 풀이하라.

KEYWORD

물리
화학
전람회
과학동아리

1. ＊＊대학교 과학영재교육원 해당 전공으로 지원하게 된 동기에 관하여 기술하십시오. (400자 이내)

2011년 〈Newton〉 1월호에 빅뱅, 항성, 초신성 폭발이 지구 상에 존재하는 모든 원소를 만들었다는 원소의 탄생의 기사는 제가 왜 물리와 화학을 함께해야만 하는지 이끌어 주었습니다. 자연에 존재하는 92종이 서로 결합하여 신비로운 화학반응을 일으키는 세계는 저를 흥분시키기에 충분했습니다. 영국에 있는 입자가속기를 활용하여 언젠가는 스스로 에너지를 생산하는 신물질을 개발하겠다는 꿈을 가지게 되었습니다. ＊＊대 영재교육원의 다양한 수업을 통해서 많이 배웠고, 중학교에 가서는 화학과 물리를 연결하는 연구를 하고 싶어서 물리로 지원하게 되었습니다.
영재교육원 초등과정이 꿈을 향한 첫 발걸음이었다면 중등과정은 과학전문 분야로 들어서는 제 꿈을 향한 두 번째의 큰 발걸음이 될 것입니다.

2. 지원한 전공과 관련하여 스스로 영재성이 있다고 생각하게 된 계기나 경험들을 3가지 이내로 기술하십시오. (400자 이내)

사이버학습에서 화학 과제는 모두 포인트가 최고였는데, 바이오매스 과제에 답변해 주신 댓글로 강한 자신감이 생겼고, 이는 ＊＊＊캠프에서도 인정받았습니다.
학교에서 배운 힘의 분산의 원리와 재료에 대한 특성을 탐구하여 경인 아라 뱃길에 어울리는 다리를 제안한 작품을 과학전람회에 출품하였는데, 심사위원들의 질문에 척척 대답하여 스스로도 놀랐고, 현재는 YSC 과학 동아리로 다리와 연관된 심화연구를 주도

하고 있습니다.

＊＊대와 ＊＊대가 주관하는 단결정 만들기 대회를 소재로 쓴 과학 동화를 직접 읽어보신 선생님께서 이해하기 쉽고 재미있게 잘 썼다는 칭찬을 많이 하셨을 때 새로운 재능을 발견하였고, 현재 알게 된 지식을 다른 사람에게 베풀기 위해 지식인에 과학 관련 답변을 달면서 노력하는 제가 자랑스럽습니다.

3. 지원 전공과 관련된 내용을 학교에서 배울 때 가장 흥미로웠던 학습 주제를 소개하고, 그에 관하여 심화해서 배우거나 연구한다면 어떻게 학습할 것인지 간략한 학습 계획을 작성해보세요. (400자 이내)

신재생에너지에 관한 과제를 수행할 때였습니다. 가지 달린 삼각 플라스크에 과일 껍질과 효모를 넣고 발효시켜 모은 기체의 성질을 알아내기 위한 실험 도중에 액체도 나와서 분별증류실험을 추가하여 그 액체의 정체를 밝혀보려고 하였습니다. 저 스스로 방법을 탐구 설계해서 새로운 실험을 만들었기 때문에 값진 실험이었지만 바이오 연료는 어차피 이산화탄소를 배출하기 때문에, 저는 물리학적으로 버려지는 운동에너지를 활용해서 신재생에너지에 대해 더 연구하고 싶어졌습니다. 베르누이 정리를 응용한 날개 없는 선풍기처럼 과학적인 원리를 이용해서 작은 힘으로 큰 힘을 낼 수 있는 방법이 있을 것이며, 기존에 자동차에 DC 모터를 장착하면 달릴 때 생산되는 에너지를 재활용할 수 있어서 가능성을 밝혀내고 싶습니다.

4. 앞으로의 진로 계획 및 장래 희망에 대하여 기술하고, 선택한 진로를 위해 앞으로 어떤 노력을 할 것인지 계획을 써 보세요. (400자 이내)

어릴 때는 나로우주센터 소장님께서 ＊＊＊도서관에 오셔서 강의하실 때면 우주 과학자를, 교내방사선과학동아리 활동을 하면 원자력 과학자를 꿈꿨지만, 늘 새로운 물질을 탐구하여 연구 개발하는 화학자를 꿈꾸며 공부해 왔습니다.

탐구를 좋아하는 저는 벌써 전람회에 2번이나 출전하여 발표하는 기회를 접했습니다. 여기에 머무르지 않고 전문서적을 많이 읽고 중등심화과정에도 합격해서 과학전람회나 과학탐구대회를 준비하여 실력을 키우겠습니다.

또, 과학자의 꿈을 위해 곧 있을 나사캠프에 참가하여 꿈을 위한 도전목록을 좀 더 선명하게 그려보려고 합니다. 실력과 노력으로 영재학교나 과학고에 들어간 후 카이스트에서 화학을 전공하고 세계적인 연구소에서 실력을 닦아 우리나라를 발전시키는 행복한 과학자가 될 것입니다.

자기소개서 연관 예상 질문과 답안

대표 예상 질문

Q 유리를 씌운 식탁 위에 따뜻한 물이나 음식이 든 그릇을 올려놓으면 그릇이 미끄러지는 경우가 종종 있다. 그릇이 미끄러지는 이유는 무엇인가?

예상 답안

A 그릇 바닥과 식탁 사이에는 빈 공간이 있는데, 그릇에 담은 뜨거운 국에 의해서 빈 공간의 온도가 높아지게 되면 일정한 대기압이라는 가정하에 공간의 부피도 커지게 된다. 따라서 국그릇이 조금씩 들리면서 수증기와 함께 쉽게 밀리는 것이다.

추가 예상 질문

❶ 물리와 화학이 밀접한 연관이 있다는 걸 알게 됐다고 했는데, 본인이 직접 겪거나 실험한 내용 중에서 이 예를 찾아본다면?

❷ 전람회를 2번이나 나갔다고 했는데, 어떤 주제에 대해서 탐구했는지 발표하라.

❸ 앞으로도 대회를 나갈 계획이라고 했는데, 탐구주제를 생각해 본 적이 있는가? 어떤 분야에 대해 연구해보고 싶은가?

❹ 여러 대회와 활동을 통해서 수학, 과학적 자질이 있다는 걸 느꼈는데, 이 외에도 영재에게 필요한 인성적인 자질에는 어떤 것들이 있다고 생각하는가?

❺ 현재 존재하는 신재생에너지에는 무엇이 있고, 각 에너지들은 어떤 장단점이 있는가?

Case 34

KEYWORD

다독상
수학
NXT프로그래밍

1. ＊＊대학교 과학영재교육원에 해당 전공으로 지원하게 된 동기에 관하여 기술하십시오.

안녕하세요. 저는 ＊＊초등학교 6학년 5반에 재학 중인 ＊＊＊입니다.

저는 어려서부터 블록이나 퍼즐을 맞추는 것을 너무 좋아했고, 도형과 관련된 것에 재능이 있었다고 합니다. 가족들과 코엑스 아쿠아리움에 갔을 때에도 수족관에 들어갈 생각은 하지 않고 그 입구 앞에 퍼즐 파는 가게에서 떠나지 않아서, 어머니께서는 제 유별난 퍼즐 사랑에 한글이나 영어 단어를 공부시킬 때도 퍼즐로 만들어 시키셨다고 합니다. 어렸을 때는 손으로 만질 수 있는 것이나, 도형에 관한 것을 좋아하였는데, 요즈음은 수학과 관련된 책을 읽으면서 문제를 푸는 것을 좋아합니다.

5학년 때 어떤 교수님께서 "수학은 오늘 그냥 지나쳐 버린 일상 속에서도 찾을 수 있다, 수학적으로 생각하는 힘을 기르는 것도 중요하지만 자신의 수학적인 생각을 글로 적절히 표현하는 것도 중요하다"시며 숙제로 "피보나치가 들려주는 피보나치 수열"을 읽고 독후감을 써오라고 하셨습니다. 그 책을 읽으며 문제를 푸는 것이 수학인 줄 알았는데 세상의 모든 것들이 수학이라는 틀 안에서 연결되어 있었다는 것이 너무 신기했습니다. 그림을 보아도 일정한 비율로 나누어져 있으며 사람의 몸과 음악, 자연에서도 피보나치 수열의 비율과 수의체계가 적용된다는 사실이 놀라웠습니다. 여름 방학 때 수학이야기시리즈를 하루에 한 권씩 읽으며 수학일기를 쓰면서 새로운 수학의 세계를 경험하게 되었습니다. 방학 때면 수학대회를 나가기 위해서 문제집을 사서 많이 풀어보는 것으로 시간을 보냈는데, 수학책을 읽으면서 공식이 만들어지는 과정을 알게 되고, 공식을 이용하여 문제를 풀고 문제를 만들어

보기도 하였더니 더욱더 수학에 대한 자신감이 생겼습니다.

학교에서 받는 수학 수업도 재미있지만 어렵고 복잡한 문제를 좋아하는 저는 우수한 친구들과 같이 수학을 다양하고 깊이 있게 배우고 서로 토론하며 공부를 하고 싶어서 ＊＊대학교 영재교육원에 수학과목으로 지원하게 된 것입니다.

2. 가정환경(부모 교육관), 학교생활, 자신의 장점 및 단점 등 본인을 소개하는 내용을 기술하십시오.

저의 부모님은 어려서부터 호기심이 많은 저를 관찰하시곤 제가 좋아하고 관심 있어 하는 것을 같이 찾아보고 장난감보다 레고를 너무 좋아하여 레고를 단계에 맞추어서 사주셨는데 저는 부모님께서 사주신 레고를 완성할 때까지 집중하여 만듭니다. 저의 부모님께서는 어려서부터 제가 좋아하고 원하는 것을 지원해주시면서 항상 제가 할 때까지 지켜봐 주시곤 하였습니다. 혼자 스스로 해결하는 것이 중요하다고 하시면서 저의 의견을 존중해주십니다.

5학년 때 다른 학교를 다니다 전학을 왔는데 학교에서 선생님과 반 친구들에게 수학을 잘한다고 인정을 받아 반에서 수학을 못 하는 친구들을 가르쳐주고 그 친구들이 선생님께서 가르쳐주는 것보다 제가 알려주는 것이 쉽다고 하면서 잘 풀 때 저는 정말 기쁨을 느낍니다. 6학년 때는 반에서 부반장이 되어서 맡은 임무에 충실히 하였으며, 수학을 잘 못하는 친구들에게 이해하기 쉽게 수학을 가르쳐주었습니다.

궁금하거나 알고 싶은 것을 책을 찾아보거나 인터넷 매체를 활용하여 찾아서 그것에 대하여 알고 습득합니다. 저는 요즘 친구들이 좋아하는 게임보다는 레고를 만드는 좋아하고 시간이 될 때는 수학 교구를 가지고 규칙성을 찾고 수학 문제를 만들고 수학에 관련된 책을 읽고 나만의 비법 노트를 만드는 것을 재미있어합니다. 그리고 저는 저에게 주어진 일은 열심히 노력합니다. 숙제나 공부, 청소를 하는 것도 그것이 제가 해야 되는 것이면 시간이 걸리더라도 꼭 해냅니다. 저의 단점은 긴장을 하면 저의 실력을 발휘를 못 하는 것 같습니다. 시험을 볼 때나 대회를 나갔을 때 알고 있던 것을 실수로 틀리거나 생각을 하지 못하는 것 같습니다.

저는 수학, 과학에 편중된 공부를 하여서 다른 과목은 좀 소홀히 하고 저 스스로 국어 과목을 못한다고 생각을 합니다. 그래서 지금은 공부하고 시간을 내서 책을 읽습니다. 여러 장르의 책을 읽으면 다양한 지식이 쌓여서 저에게 도움이 되고 이해력이 좋아지는 것 같습니다. 저는 공부하는 것도 중요하지만 앉아서 공부만 하는 것보다 체력을 키우는 것도 중요하다고 부모님께서 말씀하셔서 운동을 하면서 체력도 키우고 있습니다.

3. 지원한 전공과 관련하여 스스로 재능이 있다고 생각하게 된 계기나 경험들을 구체적으로 기술하십시오.

저는 어려서 오르다 게임을 하게 되었는데, 다양한 방식으로 생각을 하도록 돕는 오르다 게임이 너무 좋아서 오르다 선생님이 가신 이후에도 계속 엄마를 졸라 게임을 하였습니다. 주말에는 아빠를 졸라 게임을 하였는데, 아빠를 이기는 횟수가 많아지자 창의적인 수업을 해서 사고력이 좋은 것 같다고 하시며, 연승 기념으로 레고를 선물해 주셨습니다. 레고는 아주 작은 조각부터 큰 조각을 조립하면서 완성할 때까지 몇 시간이 걸리는 작업이 많습니다. 저는 블록이 남지 않을 때까지 집중하여 한 번에 작품을 완성을 합니다. 물론 레고를 통해서 아빠, 엄마와 즐겁게 게임하는 시간이 줄어든 것이 아쉽지만, 요즘도 수학, 과학 관련된 공부를 할 때는 레고나 오르다를 할 때의 집중력이 되살아 나서 오랜 시간 동안 집중해도 별로 힘들지 않은 것 같습니다.

초등학교 3학년 때 ＊＊＊＊라는 영재교육학술원에 다녔는데 선생님께서 저에게 수학적 감각이 뛰어나다고 하셨습니다. 학교 수업과는 다르게 친구들과 어떠한 주제를 가지고 조사하고 그 내용을 발표하고 토론하면서 혼자서 직접 해결해서 오라고 하신 선생님 말씀을 듣고 해결하려고 노력하였습니다. 그 곳의 수업은 수학 시간에 문제를 풀기보다는 도형은 자로 작도를 하고 원주율을 배울 때 배경을 먼저 조사하고 알아 와서 발표하는 수업방식이었습니다. 과학 시간에는 실험을 해서 좋았고 사고력 수업시간에는 머리를 써서 문제를 해결하는 것이 재미있었습니다. 저는 다른 과목보다는 수학 문제를 풀 때 답이 나오는 것이 재미있었고, 도형을 돌리고 뒤집고 하는 것이 재미있어서 다른 교구를 가지고 놀이를 하는 것을 좋아하였습니다. 저는 평상시 집에서 수학에 관한 책을 읽고 수학 교구를 가지고 활용하는 것을 좋아합니다.

제가 4학년 말에 담임선생님 추천으로 ＊＊대학교 영재교육원에서 수시모집을 하여서 수시전형에 지원을 하여 지능검사와 수학, 과학 시험을 보았습니다. 검사 결과는 지능지수도 제가 생각했던 것보다 높았고, 결과지를 듣고 오신 어머니께서 저는 수학적 재능이 뛰어나서 앞으로 꾸준하게 수학 공부를 해서 중학교갈 때 ＊＊대학교에 꼭 지원하라고 하셨다고 말씀하셨습니다. 저는 제가 그렇게 남보다 좋은 지능과 성적인데 왜 ＊＊대학교 영재에 안 되었냐고 물어보니 고학년은 이번에는 안 뽑는다고 하셨습니다. 저는 속상하였습니다. 더 열심히 수학 문제를 풀었고 학교에서 선생님과 친구들이 수학을 잘한다고 하였으며, 여러 가지 문제를 풀면서 저만의 오답 노트를 만들었고 노력하다 보니 어떠한 문제를 풀 때 자신감이 생겼습니다. 자신감이 생기면서 수학이 너무 재미있었고 하루 종일 수학에 관한 책과 문제를 풀어도 지루하지 않았습니다. 열심히 수학 공부를 하다 보니 학교에서 수학대회를 나갈 때도 선발이 되어 좋은 성적을 거두었습니다. 수학은 즐겁게 공부하면 다른 과목보다 이해하고 문제를 해결하면 답이 뚝 하고 나오는 과목인데 어렵다고 생각하여 게을리하면 점점 어려워지는 과목 같습니다.

4. 지원한 전공 이외의 분야에 관심을 갖고 지속적으로 하고 있는 활동이나 경험이 있다면 기술하십시오.

저는 어려서부터 레고를 좋아하여 6살부터 레고에 푹 빠져서 공부하는 것보다 밥 먹을 때보다 레고 만드는 시간이 더 즐거웠습니다. 처음에는 간단한 레고를 부모님께서 사주셔서 그것을 조립하고 다시 조립하였는데, 좀 더 체계적으로 레고에 대하여 수업을 받고 싶어서 6살 때 레고 센터에 다니게 되었습니다. 센터에 가면 저는 다른 친구들과 만들어 놓은 작품이 달랐으며, 무게중심, 지렛대의 원리를 잘 활용 한다고 선생님들께서 말씀하셨습니다.

엄마와 같이 코엑스에서 하는 레고 전람회나 체험전에 가서 레고를 갖고 다양하게 만들어 놓은 것이나 내가 직접 체험하면서 레고 로봇 NXT라는 것이 움직이고 임무를 완수하는 것을 보고 꼭 로봇 프로그램을 만들어 보고 싶었습니다. 저는 3학년 때부터 레고 로봇 NXT프로그래밍을 배웠습니다. 로봇은 내가 프로그램을 어떻게 작성하느냐에 따라 앞으로 뒤로 관절이 움직이고 빛을 감지하고, 초음파를 이용해서 미로를 헤쳐나가는 것을 만들었고, 레고 휴머노이드를 만들어서 일본 로봇 아시모처럼 뛸 수도 있고 걸을 수 있는 로봇을 만들어서 움직이는 것을 보고 너무 기뻤습니다.

3학년 때 친구들과 같이 창의력올림픽 대회를 준비하면서 친구들과 강아지 로봇을 만들어서 제가 프로그램을 담당해서 로봇 강아지가 미션을 잘 수행해서 좋은 결과를 얻었습니다. 저는 ＊＊에서 열린 ＊＊세계도시축전기간에 레고 로봇이 탁구공을 가지고 농구 골대에 골인하는 경기였는데 저는 프로그램을 담당하였고 친구는 로봇 몸체를 만들어서 친구와 팀워크를 이루어 열심히 준비하여 대회에 출전하여 좋은 결과를 얻었습니다.

5. 앞으로의 진로 계획 및 장래 희망에 관하여 기술하고, 선택한 진로로 가기 위해 그동안 노력해온 과정을 기술하십시오.

저는 치과의사이신 아버지를 보면서 어려서부터 치과의사의 꿈을 꾸었습니다. 저의 아버지는 치과의사이시지만 학생들을 가르치시고, 치과의사들에게 강의를 하십니다. 지금도 열심히 공부하시는 모습을 보면서 저도 아버지처럼 훌륭한 치과의사가 되고 싶습니다. 아버지께서는 목표를 세웠으면 그 꿈을 향해서 열심히 해야 된다고 말씀하셨습니다.

저는 수학, 과학을 좋아하여 수학, 과학에 관련된 책이나 잡지, 기사를 보고 그것에 대해서 생각하고 이야기하는 것을 좋아하며, 이해가 안 되거나 모르는 것이 있으면 부모님과 함께 이야기하고 찾아봅니다. 학교에서 배운 내용을 집에서 실험을 할 수 있으면 집에 있는 실험재료로 관찰도 해보았습니다. 저는 수학 문제를 푸는 것을 좋아하며, 4학년 때부터 KME경시, 성균관대학교 수학경시대회, 교육청 수학사고력대회를 준비하면서 다양한 문제를 해결하고 몰랐던 문제는 어떻게 풀어야 되는지 고민하고 오답 노트를 만들면서 나만의 방식으로 문제를 해결하여서 대회에서 좋은 결과를 얻었습니다. 수학은 문제를 해결하면 답이 나오는 것이 기뻤지만 과학은 과학 실험을 하면서 실험 결과에 놀랄 때가 많았습니다. 내가 생각하지 못했던 결과나 반응이 나오면 너무 신기한 일들이 생겨서 말입니다. 과학은 세분화되어 물리, 화학, 생물, 지구과학의 각 과목을 공부하면서 모든 반응과 현상들이 신기하고 재미있습니다. 저는 만들기를 좋아하여 집에서 활용할 수 있는 재활용품을 이용해서 창의적으로 만들어 봅니다. 예를 들어 태양열 하이브리드 배, 스피커, 태양열 선풍기, 책상 전동청소기, 다빈치의 풍향계, 현미경으로 식물의 잎과 나의 혈액과 입안 상피조직을 관찰해보았습니다.

저는 치과의사가 되는 꿈을 가지고 있지만 아직은 어린 초등학생이기 때문에 앞으로 중학교, 영재고등학교를 진학해서 목표를 향해서 열심히 공부를 해야 된다고 생각합니다. 저는 꿈을 향해서 노력할 것입니다.

6. 친구 관계 및 자신과 선생님과의 관계에 대해 기술하고, 봉사활동 중 적절한 사례를 선택하여 내용과 느꼈던 점을 기술하십시오.

저는 5학년 때 반에서 수학을 잘 못하는 친구들에게 수학을 가르쳐주었습니다.

선생님께서는 수업 끝나고 남아서 친구들에게 단원평가 결과가 안 좋은 4명에게 문제 풀이법을 알려주라고 하셨는데, 처음에는 집에도 못 가고 내가 해야 되는 공부도 많은 데 친구들을 가르치려니 시간을 버리는 것 같고 속상했습니다. 내가 설명해도 잘 모르고 이해를 못하는 친구들을 보면서 모르면 학원에 다니지 왜 남아서 날 이렇게 힘들게 하는가 원망도 했습니다. 집에 와서 어머니께 말씀을 드리니 어머니께서 그런 친구들을 가르쳐주면 저는 그 문제를 확실히 알아서 다음에도 잊어버리지 않게 되니 좋고, 그 친구들이 수학에 관심을 갖고 수학을 재미있어한다면 얼마나 또 기쁜 일이냐고 말씀하셨습니다. 그때부터 저는 친구들에게 좀 더 쉽게 나만의 비법 노트를 만들어서 보여주고 이해되기 쉽게 연구도 하였습니다. 그러다 보니 5학년 때 저희 반 친구들이 저를 수학을 제일 잘한다고 인정하여 주어서 저는 전학을 와서 친구들을 사귀기가 쑥스러웠는데 자연스럽게 친구들과 가까워졌고 자신감도 많이 생겼습니다. 6학년이 된 지금도 수학을 모르는 친구들에게 알기 쉽게 설명을 해주고 선생님께서도 제가 풀어 놓은 수학 풀이를 보시면서 다른 방법으로 잘 풀었다고 칭찬해주십니다. 저는 얼마 전 사촌 형과 같이 어려운 분들에게 점심을 드리는 무료 급식소에 갔었습니다. 점심식사 한 끼를 드리는 것이었는데, 너무나 많은 분들이 시간이 되기 전에 오셔서 줄을 서 계셨습니다. 저는 할머니, 할아버지께 반찬을 담아드렸는데, 반찬도 몇 가지 되지 않는데도 너무 즐거워하시고 맛있게 잡수셨습니다. 저는 집에서 반찬 투정을 많이 해서 꾸중을 많이 들었는데 여기에 와서 보니 저는 그동안 너무 맛있고 좋은 음식만 먹었던 것 같아서 그분들께 죄송했습니다. 저는 봉사를 통해 어렵고 힘드신 분들이 많다는 것을 알게 되었고 앞으로 더 많은 시간을 투자해서 어려운 분들을 위해서 봉사를 하기로 마음먹었습니다. 봉사를 하고 나니 몸은 피곤하고 힘들었는데, 처음으로 다른 사람들을 위해서 일을 했다는 것이 너무나 즐겁고 뿌듯했기 때문입니다. 지금은 학교에서 가까이 있는 친구들에게 도움을 줄 수 있으면 공부를 도와주는 것이 제가 할 일인 것 같습니다.

자기소개서 연관 예상 질문과 답안

대표 예상 질문
Q 가장 존경하는 수학자나 과학자는?

예상 답안
A 내가 존경하는 사람은 '에디슨'이다. 그 이유는 그가 이뤄낸 업적도 대단하지만, 그가 힘든 시기를 지내면서 자신이 이루고자 하는 목표를 위해 한 노력과, 그동안의 실패를 긍정적으로 볼 줄 아는 마인드가 나에게 꼭 필요하다고 생각하기 때문이다. 특히 '내가 그동안 실패한 것이 아니라, 전구에 불이 들어오지 않는 이유를 알게 된 것이다'라는 말이 마음에 와 닿았다.

 추가 예상 질문

❶ 피보나치 수열이 무엇인지 설명하라. 이것이 적용되는 구체적인 예를 들어라.
❷ 수학일기를 쓰거나 수학 비법 노트를 만들어 사용하면 어떤 좋은 점이 있는지 말하여라.
❸ 부반장 활동을 하면서 자신이 리더십이 있다고 느낀 적은 언제였는가?
❹ 국어 과목을 잘하지 못해서 책을 읽는다고 했는데, 어떤 도움이 되었는가?
　평소에 즐겨 읽는 장르는 무엇이며, 인상깊었던 책을 소개하라.
❺ 과학의 여러 분야 중 가장 관심 있는 분야는 무엇이며, 더 자세히 연구하고 싶은 주제가 있다면 소개하라.
❻ 친구들에게 공부를 알려주면서 생길 수 있는 장점과 단점은 무엇인가? 이 일에 대한 의미는 무엇이라고 생각하는가?
❼ NXT프로그래밍을 배우면서 느낀 점은? 다른 프로그래밍 언어도 배우고 싶은 의향은 있는가?

Case

35

KEYWORD

생물학자

영재반

해부

1. ＊＊대학교 과학영재교육원에 해당 전공으로 지원하게 된 동기에 관하여 기술하십시오.

전 꿈이 생물학자인 ＊＊＊입니다. 제가 생물학으로 지원하게 된 동기는 어렸을 때부터 곤충을 관찰하고 곤충을 책에서 찾아보고 전문적인 책으로 공부하다 보니 생물에 가장 흥미가 있어서 더 많은 공부를 해보고 싶어서입니다.

얼마 전에 부모님께서 현미경을 사 주셨는데 현미경으로 곤충, 작은 물건 등을 관찰하였습니다. 관찰한 것 중에 가장 기억에 남는 것은 벼룩이었습니다. 길가에 개가 있었는데 딱 보기에도 더러워 보였습니다. 그 개를 자세히 보니 어떤 곤충이 그 개 몸에서 튀고 있었습니다. 전 두려움을 무릅쓰고 곤충을 관찰하고 싶은 마음에 다가갔습니다. 그 개는 의외로 순하고 사람을 잘 따랐습니다. 전 가지고 있던 종이컵으로 그 곤충을 채집하는 데 성공했습니다. 그리고 집에 돌아와서 작은 유리판에 약간의 물을 묻히고 그 위에 곤충을 올려놓고 관찰하였는데 갈고리 같은 앞다리 다른 다리에 비해 길고 튼튼해 보이는 뒷다리 이 모습은 영락없는 벼룩의 모습이었습니다. 그리고 이빨도 인상 깊었습니다. 이빨을 현미경으로 관찰하는 것은 확실히 뭔가 달랐습니다. 아주 미세하게 튀어나왔던 그 곡선이 현미경으로 보니 날카롭게 튀어나와 있었습니다. 그냥 눈으로 보는 세상과 달리 현미경 속 세상은 더 많은 것을 보여주었습니다.

그로부터 얼마 지나지 않아 '학교 학급 영재반'에서 공부하게 되었습니다. 조개해부실험이 있었는데 친구들은 해부를 꺼려했는데 전 오히려 매우 끌렸습니다. 친구들보다 적극적으로 나서서 해부에 참여했는데 선생님께서 처음치고는 잘했다고 칭찬을 해 주셨습니다. 또 ＊＊대 '영재반'에서도 오징어 해부를 했는데 조개 해부보다는 쉬었던 것 같습니다. 그 이유는 조개는 작아 섬세하게 해야 하지만 오징어는 조개에 비해 크고 내장기관도 발달되어 있었기 때문인 것 같습니다. 제가 해부한 오징어는 운이 좋게도 알이 있었는데 신기했습니다. 하얀 색깔에 동아줄 굵기인 것이 머리부터 발톱 위쪽까지 늘어져 있었는데 말랑말랑하고 매끈매끈했습니다. 영재반에서 배우면서 앞으로 더 알아야 할 것이 매우 많다는 것을 깨달았습니다. 하지만 책, 학교, 영재반에도 기간, 배움 등의 한계가 있다는 것을 알았고 그래서 ＊＊대 중등 영재반에 생물학 전공으로 지원하게 되었습니다.

정말로 열심히 노력해서 이 자리까지 왔고 앞으로도 지금까지 해온 것보다 2, 3배 열심히 배우겠습니다. 저를 꼭 뽑아 주세요. 감사합니다.

2. 가정환경(부모 교육관), 학교생활, 자신의 장점 및 단점 등 본인을 소개하는 내용을 기술하십시오.

저희 가족은 총 5명입니다. 엄마, 아빠, 남동생 2명입니다. 먼저 저희 아버지는 회사원이시고 좋은 분이십니다. 쉬는 날에는 같이 축구를 해주십니다. 그래서 저와 동생들은 활기찬 것 같습니다. 그리고 어머니는 일본사람입니다. 그래서 저와 동생들은 일본어를 할 줄 압니다. 그렇게 잘하지는 못하지만 통역, 의사소통은 가능한 정도입니다. 일본에 가끔씩 놀러 가면 외할머니, 이모, 사촌들이 반겨 줍니다. 우리는 그럴 때 마다 방학숙제 등을 같이 합니다.

저희 집은 일요일에는 함께 교회에 갑니다. 부모님께서는 어려운 사람을 도와주는 봉사도 하십니다. 부모님께서는 제가 좋아하고 잘하는 과학 분야에서 인류에게 도움되는 일을 했으면 하십니다. 부모님께서는 저희들의 원하는 것을 잘 들어 주십니다. 특히 학습에 관한 것은 거의 다 들어 주십니다. 전에 제가 부모님께 한번 현미경을 사달라고 한 적이 있습니다. 그런데 그다음 날 밤 택배가 도착해 있었습니다. 저는 그것이 무엇이냐고 물어보았는데 "네가 어제 사달라고 한 거야~ 풀어봐!" 라고 대답해 주셨습니다. 저는 매우 놀랐고 기뻤습니다. 전 그 현미경으로 곤충도 관찰해 보고 잔은 물건도 관찰해 보았는데 재미있었습니다.

집에서는 동생들하고 잘 놀아줍니다. 함께 퍼즐게임, 숫자게임 등을 합니다. 요즈음 가장 많이 하는 게임은 숫자퍼즐 기록 깨기입니다. 먼저 가위바위보를 해서 이긴 사람부터 숫자퍼즐을 맞춥니다. 그 시각을 휴대폰으로 제서 기록이 가장 높은 사람이 이기는 게임입니다. 동생들도 무척 잘합니다. 학교에서는 다른 친구들과 다를 것 없이 평범합니다. 저는 시험을 보면 평균 늘 전교 3등 안에 들어갑니다. 하지만 **대 다문화 영재반을 다녀보니 다른 학교에도 인재가 많다는 생각에 경쟁심이 불타올랐습니다. 이런 계기가 공부를 열심히 하게 만든 것 같습니다.

단점은 말이 많다는 점입니다. 그리고 제 가장 큰 장점은 집중해서 모든 것을 끝까지 해내려는 끈기, 인내심입니다. 다른 친구들은 절대 안 된다는 수수깡 원리 세우기도 2시간 동안 끈기 있게 밝혀서 코를 납작하게 해 주었습니다. 또한 저보다 싸움을 잘 못하지만 계속 놀려도 웃음으로 넘깁니다. 이렇듯 전 끈기, 인내심이 많습니다.

3. 지원한 전공과 관련하여 스스로 재능이 있다고 생각하게 된 계기나 경험들을 구체적으로 기술하십시오.

제가 생물학에 재능이 있다고 생각하게 된 계기는 전에 갯벌에 가서 게를 잡았는데 미리 알고 있던 게의 습성을 이용해 다른 친구들보다 월등히 많이 잡았습니다. 그 습성은 자신의 집에서 떠나지 않는 점입니다. 그래서 다른 친구들이 저한테 어떻게 많이 잡았냐고 물어보면 게가 보이는 곳에 가면 게가 집안에 숨는데 그 안에 손 넣고 땅을 다 파면 그 흙 안에 있거나 그 안에 있다고 알려줬습니다. 얼마 뒤에 제가 알려준 친구들이 많이 잡았다고 고맙다고 인사했습니다.

곤충 박물관, 체험관에 간 적이 있었는데 거기서 친구들은 신기한 곤충을 보고 갑자기 저에게 와서 이 곤충이 어떤 특징을 가지고 있는지 자세히 물어보았습니다. 그 곤충을 보니 암컷 장수풍뎅이였습니다. 전 암컷 장수풍뎅이는 싸울 일이 없어서 뿔이 작아졌다고 알려주었습니다. 그러자 제 친구는 저에게 그럼 그냥 뿔이 필요 없는 것이 아니냐고 물어보았습니다. 그래서 전 알을 낳기 위해선 나무 안에 낳아야 하는데 그 작은 뿔로 나무를 파서 그 안에 알을 낳는다고 알려주었습니다. 그러자 "역시 넌 모르는 게 없구나!" 라는 말을 들었습니다. 저는 그 말을 듣고 '아! 내가 다른 친구들보다 더 많은 지식을 갖고 있구나!' 라는 생각을 했습니다.

그리고 전 4학년 때도 ＊＊대 영재시험을 보았습니다. 그때는 저희 학교에서 저를 포함한 2명이 나갔습니다. 그때 교장선생님과 담임선생님, 다른 반 선생님이 저와 또 다른 애한테 추천을 해주셨습니다. 그리고 또 많은 대회 예를 들어서 과학전람회, 과학탐구대회 이런 대회에도 많이 추천해 주십니다. 전 선생님들이 제게 재능이 있어서 추천을 해 주시는 것이라고 생각하게 되었고 조금씩 확신하게 되었습니다. 그리고 전 학급영재반에서도 선생님이 하시는 말씀이 스스로 책을 보면서 많은 것을 알아낸다고 말씀하셨습니다. 그럴 때마다 더 많은 공부를 하고 지식을 쌓아서 친구, 선생님의 칭찬을 받고 싶은 욕심이 생깁니다. ＊＊대 영재반에서도 선생님들이 저를 잘한다고 해 자주 칭찬해 주시는 것 같습니다. 다른 친구들도 제가 잘한다고 합니다. 이렇게 칭찬만 받다 보니 가끔 제가 모르는 것을 친구들이 물어보면 어쩌지? 하는 걱정에 빠지기도 합니다. 그럴 때마다 정신을 집중하고 새로운 것을 알아내기 위해서 책을 펼칩니다. 절대 우쭐대지 않고 그만큼 더 열심히 공부해 왔습니다.

앞으로도 더 열심히 공부해서 중등부 영재반에 합격해서 앞으로 계속 전진하고 싶습니다. 감사합니다.

4. 지원한 전공 이외의 분야에 관심을 갖고 지속적으로 하고 있는 활동이나 경험이 있다면 기술하십시오.

저는 축구부에서 활동하고 있습니다. 전 저희 학교에서 잘하는 편에 속해 있습니다. 제가 생각하기에 재가 축구를 잘하는 이유는 과학을 잘하기 때문인 것 같습니다. 물론 운동신경, 경험도 많이 필요합니다만 먼저 알고 하는 게 더 빨리 잘하게 되는 것 같습니다. 먼저 공의 회전을 알고 공의 모양을 알고 어딜 차야 멀리 가는지 알면 연습하는 건 이제 시간문제였습니다. 그래서 다른 친구들보다 빨리 깨닫고 지금도 계속해서 하고 있기 때문에 잘하는 것 같습니다.

그리고 전 피아노 학원도 다니고 있습니다. 전 체르니 40입니다. 피아노는 정말 신기한 악기인 것 같습니다. 건반을 치면 피아노 안에 연결된 끈을 치면 소리가 납니다. 그리고 도, 레, 미, 파, 솔, 라, 시에 7음에 소리를 낼 수 있습니다. 그리고 높이도 8가지 있습니다. 그 음의 차이는 끈의 길이에 있습니다. 저는 그 점이 가장 신기한 것 같습니다. 어떻게 끈의 길이에 따라 소리가 달라질 수 있지? 라는 생각을 해서 공기의 진동, 울림에 답이 있다는 걸 알았지만 여전히 신기했습니다. 그리고 전 영어회화부에도 다닙니다. 영어는 과학에 도움이 많이 되는 과목인 것 같습니다. 그 이유는 거의 모든 기호가 영어이기 때문입니다. 하지만 영어는 너무 어려운 것 같습니다. 저는 그래서 방과 후 활동, 과외 2개를 합니다. 그런데도 어려운 걸 보면 영어는 역시 매우 어려운 학문인 것 같습니다. 하지만 전 꼭 성공해서 거의 모든 기호를 영어가 아닌 한국어로 바꾸고 싶습니다.

5. 앞으로의 진로 계획 및 장래 희망에 관하여 기술하고, 선택한 진로로 가기 위해 그동안 노력해온 과정을 기술하십시오.

전 **대 중등부 영재반에 합격하여 곤충과 소통하기 프로젝트를 수행하고 싶습니다. 중등부에서만 하면 기간이 짧은 것 같습니다. 전 그래서 이 프로젝트를 완료할 때까지 장래 희망인 생물학자의 꿈을 이룰 때까지 하고 싶습니다. 그리고 곤충과 소통을 하면 좋은 이유는 곤충은 대부분 크기가 작기고 매우 흔하고 평소에도 접하고 있기 때문입니다. 동물을 이용한 프로젝트는 동물에 크기가 너무 크고 다루기 어렵기 때문입니다.

곤충에게 인공지능을 넣어주면 저희와 의사소통이 가능할 것 같습니다. 그리고 곤충은 작고, 더듬이, 독 등의 작지만 매우 필요한 것들을 갖고 있습니다. 그래서 도둑을 잡을 때 벌에게 독이 아닌 마취제를 주고 도둑을 잡을 수 있을 것 같습니다. 또한 매우 작은 진드기를 이용해서 몸 안에 투여해 로봇이 아닌 곤충으로도 할 수 있을 것 같습니다. 그리고 또 사고가 났을 때 예를 들어 지진, 화산 폭발, 해일 등이 왔을 때 살아있는 사람을 찾을 수 있을 것 같습니다. 이렇듯 곤충을 이용하면 이롭고 이용한 프로젝트는 꼭 이루어져야 할 것 같습니다.

그리고 이로운 곤충 만들기 프로젝트도 하고 싶습니다. 이 프로젝트는 우리 실생활 경제에 도움이 되는 곤충을 만드는 것입니다. 예를 들어 음식물 쓰레기를 빨리 먹는 곤충이나, 산소를 공급하는 곤충 등을 만들어서 경제에 도움이 되는 프로젝트가 됐으면 좋겠습니다. 저는 이 프로젝트를 3, 4학년 때부터 꿈꿔왔습니다. 그리고 이 프로젝트를 수행하기 위해 지금까지 파충류 대백과, 우리곤충도감, 파브르곤충기 등등을 많이 읽어왔고 수많은 박물관에도 갔었습니다. 전 지금까지 이 프로젝트들, **대 영재반 시험을 위해 공부해온 것 같습니다.

앞으로도 이 프로젝트를 수행하기 위해 공부하겠지만 이번 ** 대 중등부 영재반처럼 좋은 기회는 없을 것 같습니다. 저를 꼭 뽑아주십시오.

6. 친구 관계 및 자신과 선생님과의 관계에 대해 기술하고, 봉사활동 중 적절한 사례를 선택하여 내용과 느꼈던 점을 기술하십시오.

전 학습을 어려워하는 친구에게는 도움을 주려고 노력하기도 합니다. 선생님께서는 저를 보고 리더십도 있고 유머감각도 있어서 반의 분위기를 좋아지게 한다고 하십니다. 반장도 해보았습니다. 그리고 선생님께서도 저보고 공부를 잘못하는 친구를 도와주라고 하십니다. 저는 어렸을 때부터 부모님이 봉사활동 하는 것을 많이 지켜봐 왔습니다. 부모님께서는 언제나 남을 위해 도울 수 있는 일을 찾아서 열심히 도우라 하셨습니다. 처음엔 그 뜻을 몰라 궁리하던 중 문득 떠올랐습니다. 이런 것은 생각하는 게 아니

라 찾아오는 것이라고 저는 그 뒤로 봉사활동 등을 하며 차차 찾아
가고 있었습니다.

전 제가 다른 친구들보다 공부, 운동 등을 잘한다고 생각합니다.
친구들에게 공부를 잘하는 법 등을 알려주었습니다. 책 많이 읽
기, 수학을 잘 이해하기, 사회는 외우기 등등 알려주자 고맙다며
바로 실천했습니다. 놀고 싶을 때도 그 친구들을 도와주라는 선생
님에 말씀을 생각하고 도와주었습니다. 저는 이때 자신을 희생해
서 남을 도와주는 게 남을 위해서 사는 것이라고 생각했습니다.

우리 집 가훈은 '경천애인'입니다. 길이 지나가다가 무거운 재활
용 수레를 끌고 다니는 할머니가 계시면 나도 모르게 다가가서 뒤
를 밀려드리기도 합니다. 교회나, 복지관에 가서 거기에 계신 할
아버지 할머니들에게 피아노 연주를 해드리면 너무 기뻐하십니
다. 저도 기쁘고 자랑스럽습니다. 쓰레기 줍기도 공원이나 길에서
도 합니다. 지원한 동기에 도와주고 싶어서도 있는 것 같습니다.

밖에서도 봉사활동을 많이 하지만 집에서도 부모님을 잘 도와드
리고 무엇보다 동생들과 함께 잘 지냅니다. 동생들을 돌보는 일도
제게는 큰 봉사입니다. 혼자 있는 시간이 많은 친구들은 책도 많
이 읽고 하고 싶은 일도 다 하지만, 저는 동생이 둘이라 가끔 제 시
간을 빼앗기기도 하고 물건을 양보해야 하는 일도 많습니다. 그래
도 동생들이 있기에 신 나고 힘이 납니다.

자기소개서 연관 예상 질문과 답안

대표 예상 질문
Q 양초와 전등의 차이점 5가지

예상 답안
A 동시에 양초와 전등에 불을 밝혔을 때, 일반적으로 전등이 더 오랜 시간 빛을 낼 수 있다.
또한 전등은 폐쇄된 공간에서 어느 곳이나 빛의 밝기가 같지만 양초는 양초 근처가 가장 밝다.
전등은 사용할 수 있는 시간이 정해져 있지만, 양초는 휴지 등을 말아서 사용하면 더 오래 사용
할 수 있다.

 추가 예상 질문

❶ 현미경으로 관찰할 때, 주의할 점은 무엇이고 현미경의 구조에 대해 말해보라.
❷ 기존의 과학수업으로는 배움의 한계가 있다고 했는데, 어떤 부족한 점들이 있었고 영재교육
원에서 무엇을 더 배울 수 있을 것이라고 생각하는가?
❸ 모든 기호를 영어가 아닌 한국어로 바꾸고 싶다고 했는데, 이에 따른 장점과 단점은 무엇이라
고 생각하는가?
❹ 본인이 알고 있는 곤충 중에 예를 하나 들고, 그 곤충이 인간이나 환경에게 끼치는 이로운 점
은 무엇인지 말하라.
❺ 학교 수업 외에도 많은 활동을 하고 있는데, 자신이 가장 의미 있게 생각하는 일과 그 이유는?

Case 36

KEYWORD

대학영재

수학

과학

1. ＊＊대학교 과학영재교육원에 해당 전공으로 지원하게 된 동기에 관하여 기술하십시오.

안녕하세요? 저는 ＊＊초등학교 6학년에 재학 중인 ＊＊＊입니다. 저는 평상시에 학교나 집에서도 수학 문제 풀기를 즐겨하는 편입니다. 그런 저를 4학년 때 담임선생님께서도 귀엽게 봐 주셔서 ＊＊대 영재교육원에 추천을 해 주셨고 당당히 합격을 하여 친구들의 부러움을 한몸에 받았습니다. 그때 저에게 ＊＊대 영재교육원에서 공부할 수 있는 기회가 주어졌던 것이 제 인생에서 새로운 도전이자 행운이었다고 생각합니다.

5학년 때 시작한 영재교육원 수업은 최상의 선생님들께 수학 수업을 받으며 저와 비슷한 수준의 아이들과 경쟁하며 수학적 사고를 교류할 수 있다는 점에서 제가 가장 좋아하고 잘하는 과목인 수학을 공부하는 데 있어 저 자신을 좀 더 발전시킬 수 있는 계기가 되었고 자극이 되었습니다. 덕분에 수학 지식에 대한 욕심이 더해져 1일, 1주일, 1개월 단위로 목표를 세워 실천, 평가, 반성하는 과정을 꾸준히 실행하고자 노력하게 되었습니다. 자극이 노력이 되어 어제보다 나은 오늘의 나를 만들기 위해 성실함을 잃지 않으려고 합니다. 이것은 저에게 단 한 번의 결석 없이 영재 수업을 받고 있는 이유이기도 합니다.

작은 고추가 맵다, 라는 말이 있습니다. 또래에 비해 키는 작지만 수학적 지식과 자신감은 뒤지지 않는다고 생각합니다. 아직은 부족한 점이 많이 있지만 앞으로 크게 성장해나갈 가능성은 충분히 있다고 생각합니다. 그래서 저는 더 높은 수준과 능력을 자랑하는 ＊＊대 중등영재에 도전해 보기로 결정했습니다. 다시 한 번 ＊＊대 영재가 되어 수준 높은 아이들과 경쟁하며 제 실력을 더 키워나가며 더욱 체계적으로 공부를 할 수 있다면 장차 수학교수가 되고

싶은 저의 꿈을 실현하는 데 큰 발판이 될 것임을 확신합니다. 꼭
＊＊대 영재가 되어 저의 능력을 발휘하여 제 꿈을 실현시킬 수 있
도록 열심히 노력할 것입니다. 그리고 재학생이 점점 줄어들고 있
는 우리 학교에 졸업하기 전 제가 최초의 ＊＊대 중등영재 합격생
이 되어 학교를 빛내고 싶습니다.

2. 가정환경(부모 교육관), 학교생활, 자신의 장점 및 단점 등 본인을 소개하는 내용을 기술하십시오.

저희 부모님은 저에게 있어 최고의 조력자이십니다. 어렸을 적 제
또래의 아이들이 영어, 피아노, 태권도 등 여러 분야를 배우고 있
을 때 저희 부모님은 조기 교육에 조바심을 내지 않고 묵묵히 지켜
봐 주셨습니다. 대신 서점에 자주 가서 제가 원하는 책을 사도록
해 주셨고 블록이나 퍼즐들을 가지고 놀게 해주셨습니다. 그리고
언제든 제가 배우길 원하는 게 있으면 가르침을 받을 기회를 주셨
습니다. 초등학교에 들어갈 때에는 공부도 중요하지만 인성도 중
요하다고 하시며 예의 바른 학교로 평이 나 있던 ＊＊ 초등학교에
보내주셨습니다. 6학년이 된 지금까지 부모님은 저에게 무엇을
강요하는 게 아닌 대화로 저의 뜻을 존중해 주고 계십니다. 그것
이 큰 힘이 되어 제가 바르게 성장해 나가기를 바라고 계십니다.
학교에서의 교육은 제가 바른 생각과 바른 습관을 갖도록 도와주
고 있습니다. 공손한 말씨와 인사하는 법을 배워 생활화하고 있으
며 어딜 가도 예의 바르다는 말을 듣고 있습니다. 더구나 영어, 중
국어와 같은 외국어 교육에 스케이트, 수영, 골프 등 전문적인 운
동까지 배울 수 있어 다양한 경험을 할 수 있게 되었습니다. 선생
님들께서는 우리가 공부하기 쉽도록 요점 정리나 암기송 등을 만
들어 학업 향상에 도움을 주시고 반 친구들은 서로 도와가며 선의
의 경쟁을 합니다.
저의 가장 큰 장점은 긍정적인 사고방식입니다. 그래서 늘 밝고
명랑하게 생활합니다. 선생님들께서도 저를 평가해 주실 때면 행
동이 활기차며 매사에 말씨와 행동에 붙임성이 있어 교우 관계가
매우 좋다고 말씀해 주십니다. 학습태도가 모범적이라고도 표현

해 주십니다. 모든 일에 긍정적으로 생각하며 행동하다 보니 저도 모르게 명랑 학생이 되었습니다. 친구들은 제가 유머러스하고 저를 볼 때면 유쾌하다고 말을 해 줍니다. 반면에 조금 소심한 면이 있습니다. 어떤 일이든 쉽게 결정을 하기가 힘이 들어 많은 시간을 고민하게 됩니다. 그런데 한번 결정을 내리고 나면 책임감 있게 일을 끝까지 마무리하기 때문에 고민의 시간이 제가 성공적으로 일을 수행하게 만들어주는 계획의 시간이기도 한 것 같습니다.

3. 지원한 전공과 관련하여 스스로 재능이 있다고 생각하게 된 계기나 경험들을 구체적으로 기술하십시오.

저는 어려서부터 수학에 대한 흥미와 호기심이 많았던 것 같습니다. 레고나 퍼즐 맞추기를 즐겨하고 책 읽는 것을 좋아하던 제가 6살 무렵 덧셈, 뺄셈을 배우기 시작하였는데 의외로 곱셈, 나눗셈까지 개념 설명만 듣고서 쉽게 문제를 풀 수 있었고 더욱 어렵고 새로운 문제를 풀고 싶고 궁금한 것이 많아 부모님을 귀찮을 정도로 따라다녔습니다. 그리고 문제를 풀어 정답임을 확신하는 눈빛으로 부모님을 바라보곤 했습니다. 그렇게 정답을 맞히면서 부쩍 수학에 대한 자신감과 재미를 느낄 수 있었고 그런 과정을 겪으면서 논리적이고 명확하게 해결되는 문제들을 보며 수학이라는 학문에 점점 빠져들게 되었습니다. 그러다 보니 그런 저를 보고 주변 분들도 칭찬을 해 주시니 "수학적 재능이 나에게 있구나!" 라는 생각을 갖게 되었습니다.

초등학교에 입학하면서 더 깊이 있게 수학을 공부하고 싶다는 욕심이 생겼습니다. 또 저의 실력도 어느 정도인지 가늠해 보고 싶었습니다. 저는 수학을 좋아하고 실력도 비슷한 친구들이 있을만한 수학 학원을 다녀 보고 싶어 테스트를 하였는데, 가장 상위반에서 공부를 하게 되었습니다. 단순 연산이 아닌 사고력이 요구되는 문제, 창의력 문제들에 도전해 푸는 일이 많아지면서 수학에 대한 재미가 더해졌습니다. 수학 관련 책도 찾아서 보게 되고 따라서 새로운 수학 개념을 접하면서 제 논리력과 창의력은 점점 발달하게 되었습니다. 결과적으로 학교 성적으로까지 이어져 학교 선생님들과 친구들에게 인정을 받게 되었습니다.

5학년 실과 시간엔 가족신문을 만들어오라는 과제를 받은 적이 있습니다. 내용 구상을 하다가 저는 수학 관련 내용을 소개하면 좋겠다, 라고 생각을 하고 수학자 이야기와 게임을 만들어 신문에 실었습니다. 단순했지만 담임선생님께서는 참신한 아이디어라며 칭찬해 주셨고 친구들 역시 저를 부러워했습니다. 좀 더 노력한다면 나만의 독창적인 게임을 만들 수도 있을 거란 자신감이 생겼던 때였습니다.

노력은 성공의 어머니란 말이 있습니다. 타고난 재능에 노력까지 더해진다면 미래의 수학교수가 되는 길은 멀지 않을 것입니다. 제가 쌓은 지식을 여러 학생들에게 진심으로 가르칠 수 있는 인간적인 면까지 두루 갖춘 존경 받을 수 있는 수학교수가 되기 위해 저는 많은 이론들을 배우고, 활용해 나갈 것입니다.

4. 지원한 전공 이외의 분야에 관심을 갖고 지속적으로 하고 있는 활동이나 경험이 있다면 기술하십시오.

아르키메데스나 뉴턴이 수학자이면서도 과학자였던 것처럼 수학적 이론을 토대로 과학의 법칙을 설명할 수 있다는 점에서 과학을 좋아합니다. 생활 전반에 숨어 있는 과학의 원리를 좀 더 쉽게 알아보기 위해 저는 과학 잡지를 구독해서 보고 있습니다. 최근엔 대구세계육상선수권대회에서의 기록 경신은 자세와 도구가 좌우한다는 것을 과학적으로 해석한 내용을 살펴보기도 했습니다. 또 실험, 관찰하는 것을 좋아해서 소라게를 기르며 관찰일지를 쓰기도 했고 식빵에 난 곰팡이를 보고 기르며 관찰 보고서를 쓰기도 했습니다. 작은 생물을 기를 때엔 무한한 애정과 보살핌이 있어야 된다는 것을 느끼기도 했습니다.

저는 글로벌 시대인 만큼 영어 공부 또한 소홀히 하지 않고 있습니다. 듣고 말하는 데 중점을 두어 CD를 듣고 말하는 연습을 꾸준히 하고 있습니다. 올겨울엔 나사 캠프에 참가하여 실제 우주인이 사용했던 기계, 우주복, 식량 등을 보고 실제 우주인을 만나 경험담도 들으면서 우주에 대한 지식을 얻고 영어 수업도 받을 수 있어서

1석 2조의 효과를 얻은 경험도 있습니다. 캠프를 통해 지구과학에 대한 관심이 높아져 베텔기우스라는 초거성 행성을 주제로 프로젝트를 직성하기도 하였습니다.

또한 저는 운동하는 것을 매우 좋아합니다. 특히 축구를 좋아해서 틈만 나면 운동장에 나가 열심히 뛰고 있습니다. 득점을 위해 공의 회전력과 각도를 계산해 골대를 향해 공을 찼을 때 골인이 되는 순간의 기쁨은 너무나 값진 것입니다. 흠뻑 땀을 흘리고 나면 몸과 마음이 개운해지는 것 같아 기분이 좋아집니다.

5. 앞으로의 진로 계획 및 장래 희망에 관하여 기술하고, 선택한 진로로 가기 위해 그동안 노력해온 과정을 기술하십시오.

저는 제가 좋아서 하는 일이 무엇일까?, 평생 즐기면서 할 수 있는 직업이 있다면 정말 좋겠다라는 생각을 많이 해왔습니다. 깊이 고민한 결과 가장 자신 있는 수학과 관련된 수학교수가 되어야겠다는 결론을 내렸습니다. ＊＊대 중등영재에 들어가게 되면 수학을 더 심도 있게 배워 기본 지식을 쌓은 후 과학고에 진학을 하고 카이스트 수학과에 입학하여 학업적 역량을 기른 후 수학 석사, 박사 과정을 거쳐 마침내 수학교수가 될 것입니다. 수학교수가 되려면 학업 성취도를 높여야 한다고 생각합니다. 그래서 저는 매일 자기 전날 밤에 내일의 공부 계획을 적어 놓고 그날 성취한 것은 지워 나가고, 계획을 실천하기 편하도록 과목별로, 시간대별로 가장 효율적으로 공부할 수 있도록 시간표를 짰습니다. 그리고 1주일 단위로 성취 정도를 체크해 나가고 있습니다.

틈틈이 학습일기도 쓰고 있습니다. 이 방법으로 공부하니 계획한 것을 실천하려고 노력하게 되었고 목표 도달을 못 했을 때에는 반성할 수 있는 계기가 됩니다. 이렇게 공부를 하여 학교 성적은 늘 상위권을 유지하고 있습니다. 저는 어렸을 때부터 책 읽는 것을 좋아했습니다. 다양한 분야의 책을 읽으며 수학적으로 사고하기도 하고 새로운 지식을 얻기도 하며 수학 관련 책을 읽고 독후감을 쓰기도 합니다. 또 정보화 시대에 맞춰 컴퓨터 활용 공부도 하고 있으며 교내 정보화 경진대회 파워 포인트 부문에서 금상, 정보 검색대회 은상을 받기도 했습니다.

저의 끊임없는 수학 사랑으로 학교 특성화 교육시간에도 수학 영재반에 지원해 공부하고 있고 노력의 대가였는지 얼마 전에 열린 교내 수학 사고력 겨루기 대회에서 만점을 받아 금상을 받았습니다. 앞으로도 많은 도전과 경험을 쌓아 미래에 수학 교수가 되어 대한민국이라는 나라를 세계에 알릴 수 있는 업적을 쌓고 싶습니다. 이를 달성하기 위해서는 거쳐야 할 과정이 많을 테지만 계속 도전하고 노력할 것입니다.

6. 친구 관계 및 자신과 선생님과의 관계에 대해 기술하고, 봉사활동 중 적절한 사례를 선택하여 내용과 느꼈던 점을 기술하십시오.

저는 항상 긍정적이고 유쾌하여 친구들과 선생님과도 잘 지냅니다. 저희 학교는 6학년 전체가 다른 학교 한 학급 정도의 숫자밖에 되지 않습니다. 그래서 가족처럼 오랜 친구들처럼 아주 정겹게 지내고 있습니다. 요즘 집단 따돌림으로 인한 자살, 학교에서의 체벌 등이 논란이 되어 뉴스에 나오는 것을 종종 볼 수가 있습니다. 가족 같은 분위기 때문인지 서로를 배려하는 덕분인지 우리 학교에서는 따돌리는 일은 거의 없습니다. 집단 따돌림에 대한 나의 생각을 적어본 적도 있는데 저는 친구 관계를 원만히 지내기 위해서는 상대방에 대한 배려심이 있어야 한다고 생각합니다. 모두에겐 장점과 단점이 있고 이를 인정하고 부족한 부분은 보듬어주는 게 진정한 친구라고 생각합니다. 진심이 통하는지 저는 친구들과 사이가 좋습니다. 인기도 많아 친구들은 저를 반장으로도 뽑아주었습니다. 반장으로서의 역할을 다하기 위해 모범을 보이려고 애씁니다. 그런 저를 담임선생님께서는 언제나 따뜻하게 대해 주시고 감싸 주십니다.

이번 ＊＊대 중등영재를 지원하게 될 때에도 충분히 잘할 수 있을 거라며 응원을 해 주셨습니다. 선생님께서는 예의에 어긋나는 행동이 아니면 크게 화를 내시지 않고 저희반 한명 한명을 사랑해 주십니다. 그 마음을 느낄 수 있기 때문에 선생님을 좋아합니다. 지난 스승의 날에는 반 전체 아이들과 깜짝 파티로 선생님의 뱃살보다 우리들의 사랑이 더 커요! 라는 문구로 카드섹션을 했습니다. 선생님께서는 너무 감동받았다고 고마워하셨고 반 친구들과 전 선생님이 기뻐하시는 모습을 보며 하루를 보낸 기억이 납니다. 6학년 평화반답게 반 친구들과 선생님 모두 평화로이 지내고 있습니다.

저는 1학년 때부터 교내외 환경 정화 활동을 하고 있습니다. 학교 구석구석을 다니며 떨어진 쓰레기를 줍기도 하고 걸리면 다칠 수 있는 돌을 주우며 학교 주변 정리하는 일을 하고 있습니다. 점심에는 종종 배식 활동을 하며 저학년의 잔반 처리를 도와주면서 음식을 남기지 않도록 일러 줍니다.

요즘에는 운동회 준비로 운동회 때 필요한 물품을 나르고 정리하는 일을 돕고 있습니다. 이러한 활동을 하면서 몸은 힘들지만 나의 작은 힘이 학교에 보탬이 될 거라는 생각을 하며 즐거운 마음으로 봉사활동을 하고 있습니다.

 ## 자기소개서 연관 예상 질문과 답안

대표 예상 질문
Q 달이 태양과 같이 빛을 낸다면 어떻게 될까?

예상 답안
A 달이 태양과 같이 스스로 빛을 내는 항성이라면 내부에 엄청난 에너지를 가지고 있기 때문에 달과 가까이 위치한 지구는 이미 녹아내렸을 것이다. 또한 달과 태양이 태양계의 두 항성으로 자리 잡아 쌍성계를 이루었을 것이다.

 ## 추가 예상 질문

❶ 공부를 할 때 기간을 정해놓고 목표를 세운다고 했는데, 이렇게 공부했을 때 얻는 장점은 무엇이라고 생각하는가?
❷ 초등영재를 하면서 학교수업과는 다르게 특별한 점이 있었다면? 기억에 남는 활동이 있다면 소개해보라.
❸ 수학을 상위반에서 공부했다고 했는데, 기억에 남는 창의적 문제를 제시하고 풀이하라.
❹ 수학을 단순히 공부하는 것뿐만 아니라 교수가 되어 다른 이들에게 가르치고 싶은 이유는 무엇인가?
❺ 다양한 분야의 책을 읽는다고 했는데, 가장 좋아하는 분야는 무엇이며 기억에 남는 책 한 권을 소개해보라.

Case
37

KEYWORD

동식물
시 교육청영재
자연관찰탐구대회
해부

1. ＊＊대학교 과학영재교육원 해당 전공으로 지원하게 된 동기에 관하여 기술하십시오. (400자 이내)

동물, 식물은 모두 제가 좋아하는 분야입니다. 그중에서도 식물과 동물의 해부 및 조직관찰에 관심이 많습니다. 현재 학교수업이나 시 교육청 영재 수업에서는 생물에 대해서만 깊게 교육을 받지 못하여 아쉬움이 많습니다. 꼭 ＊＊대 생물영재에 합격하여 생물에 대해서 더 많은 지식을 얻고 싶습니다. 교과서에서 나온 정해진 실험 외에 식물과 동물에 대한 해부와 연구를 해보고 싶습니다. 저는 식물과 동물에 대한 스케치에 대한 미술 재능도 가지고 있으며, 모둠 활동과 프로젝트 수업 등을 좋아합니다. 해부를 통해 얻은 지식으로 환경오염 예방, 태풍피해 줄이기 등 인류에 당면한 문제에 대해 탐구해 보고 그 해결방안을 찾아 ＊＊대를 세계 최고의 교육기관으로 만들어 보고 싶습니다. 제게 꼭 기회를 주십시오. 최선을 다하겠습니다.

2. 지원한 전공과 관련하여 스스로 영재성이 있다고 생각하게 된 계기나 경험들을 3가지 이내로 기술하십시오. (400자 이내)

1) 열정 : 5학년 때 학교 대표로 나간 자연관찰탐구대회는 비 온 뒤 곧바로 대회가 시작되어 흙탕물에 빠지고 미끄러지면서도 식물과 동물을 찾아 스케치하고 탐구하여 좋은 성과를 거두었습니다.
2) 적성 : 토끼 해부가 처음에는 징그럽고 불쌍했지만 막상 해부가 시작되니 가장 적극적으로 해부에 참여했다는 칭찬을 들었습니다. 기회가 되면 쥐 등 다른 동물도 해부하고 조직도 띄어서 연구해 보면서 생명의 신비를 밝혀내어 생물들이 잘 공존할 수 있는 방

법을 찾아보고 싶었습니다.

3) 지식공유(전달성) : 6학년 때 과학창의축전에 참가하여 단풍나무 씨의 여행에서 양력 등에 대하여 배웠고, 배운 지식을 곧바로 활용하여 청소년 융합과학 체험전의 부메랑 비행기 제작에 대한 설명을 하며 보람과 희열을 느꼈습니다.

3. 지원 전공과 관련된 내용을 학교에서 배울 때 가장 흥미로웠던 학습 주제를 소개하고, 그에 관하여 심화해서 배우거나 연구한다면 어떻게 학습할 것인지 간략한 학습 계획을 작성해보세요. (400자 이내)

저는 식물과 동물의 구조에 대해 관심이 많았습니다. 학교 수업 중에 백합, 당근 등을 해부를 하면서 식물의 물관과 체관을 구체적으로 알게 되었으며, 최근 태풍으로 인해 피해를 본 농민들을 보면서 매우 마음이 아파 교배 등을 통해 줄기(물관과 체관)와 뿌리가 튼튼한 과일나무나 농작물을 만드는 방법을 연구해 보고 싶습니다. 학교에서는 동물의 구조만 배웠을 뿐 동물 해부의 기회는 없었지만 토끼를 해부한 경험으로, 인간에게 별로 쓸모없는 것으로 생각한 토끼의 맹장이 크다는 사실을 알고 매우 흥미로웠습니다.

대기오염을 일으키는 일산화탄소의 주범인 소의 방귀를 줄이기 위하여 **대에서는 소의 내장을 해부하여 소화기관을 관찰하고 연구하여 일산화탄소를 줄이거나 발생시키지 않는 유전자 변형 소 또는 사료개발을 연구해 보고 싶습니다.

4. 앞으로의 진로 계획 및 장래 희망에 대하여 기술하고, 선택한 진로를 위해 앞으로 어떤 노력을 할 것인지 계획을 써 보세요. (400자 이내)

유치원 때는 막연하게 선생님이 꿈이었지만 3학년 때부터 배우기 시작한 과학에 대한 관심과 흥미가 생겼습니다. 특히 생물에 대한 호기심이 많아 현재는 생물선생님 또는 생물 관련 연구원이 되어서 연구도 하고 여러 학생들에게 많은 생물 지식을 알려주고 싶은 것이 제 꿈입니다. 기회만 된다면 세계 각국의 생물전문가들 앞에서 제 연구에 대해 프리젠테이션 해보고, 의견을 나눠 보면서 공동 연구도 하고 여러 학생들에게 지식도 나누어 주면서 보람을 느껴보고 싶어 영어도 수준급으로 공부하고 있습니다. ＊＊대에서는 식물과 동물에 대한 해부 및 구조, 조직배양 등을 깊게 연구해 보고 싶습니다.

나만의 지식이 아닌 지식을 친구들과 나누고 친하게 지내면서 함께 성장하는 마음을 기르도록 노력하겠습니다.

자기소개서 연관 예상 질문과 답안

대표 예상 질문

Q 갯벌을 탐사하기 위해 필요한 준비물 10가지를 말해보시오.

예상 답안

A 장화, 면장갑, 필기도구, 카메라, 돋보기, 핀셋, 모종삽, 채집통, 밀물과 썰물 때, 여벌 옷 등이 있을 것이다.

추가 예상 질문

❶ 자연관찰탐구대회에서 본인이 탐구한 동식물은 무엇이었는가?

❷ 토끼를 해부한 적이 있다고 했는데, 해부해서 알게 된 토끼의 내부 구조적 특징은 무엇이었는가?

❸ 과학창의축전에서 단풍나무 씨와 관련해 양력에 대해 배웠다고 했는데 설명해보라. 부메랑 비행기를 제작할 때 이를 어떻게 활용하였나?

❹ 지금까지 알고 있는 지식을 토대로, 식물과 동물은 어떤 구조적인 차이가 있는지 설명하라.

38

1. ＊＊대학교 과학영재교육원에 해당 전공으로 지원하게 된 동기에 관하여 기술하십시오.

2011년도 3월에 일본에서 발생한 지진과 쓰나미로 후쿠시마 원자력 발전소에 전력공급이 중단되면서 1~4호기가 연속적으로 폭파되어 방사능이 유출되는 사고가 있었습니다. 폭발 장면을 텔레비전을 통하여 지켜보면서 눈에 보이지 않는 방사능이 얼마나 위험한지에 대해서도 알게 되었고, 원자력에 대하여 깊은 관심을 가지게 되었습니다. 우선 인터넷으로 일본 지진과 원자력 발전소, 그리고 후쿠시마 지역의 방사능 농도, 피해 상황들을 검색해 보았습니다. 또한 현재 집에서 과학동아라는 잡지를 보고 있는데, 매월 연재되는 원자력, 지진, 화산과 관련된 기사를 여러 번 반복해서 읽고 있습니다.

원자력은 1g으로 석유 2드럼의 열을 낼 수 있는 엄청나게 효율적인 에너지 자원이지만, 유출 사고가 발생하면 체르노빌처럼 엄청난 피해를 끼칠 수 있다는 사실을 알게 되었습니다. 체르노빌 사건이 후쿠시마의 미래라고 생각하니 우리나라 원자력 발전소들이 너무 위험하게 느껴졌습니다. 그래서 물리학을 더 많이 공부하여 방사능 물질을 처리하는 방법에 대해서 연구하여, 석유가 나지 않는 우리나라에서 원자력을 좀 더 효율적이고 안전하게 사용할 수 있는 방법을 개발하는 핵물리학자가 되려고 합니다.

원자력에 대한 공부를 보다 폭넓게 하려면 우선 수학, 물리학, 화학, 생물학에 대해서 많이 공부하여 기초지식을 쌓는 것이 필요합니다. 그래서 과학과 수학에 대한 공통된 관심사를 가지고 있는 친구들과 ＊＊대학교 과학영재교육원에서 실험도 하고 토론도 하면서 중등 사사과정까지 진학하고 싶습니다. ＊＊대 영재교육원에서 열심히 공부하여 사사반에서는 원자력에 대한 큰 프로젝트를 수행하여 깊이 있는 지식을 쌓고 싶습니다. 제게 ＊＊대에서 공부할 수 있는 기회가 꼭 주어졌으면 좋겠습니다.

2. 가정환경(부모 교육관), 학교생활, 자신의 장점 및 단점 등 본인을 소개하는 내용을 기술하십시오.

우리 집 가훈은 성실한 사람, 정직한 사람입니다. 아버지 또한 과학에 관심이 많으셔서 교외에서 주최하는 과학캠프, 천문과학관 등을 저와 같이 동행하십니다. 그리고 어머니는 수학을 좋아하셔서 저의 수학 공부에 많은 도움을 주고 있습니다.

나의 학교생활은 수업시간에 적극적으로 참여하고 집중력이 뛰어나 무엇이든지 열심히 하고, 학급 임원생활을 하여 리더십을 발휘하고 친구들과 사이좋게 지내고 있습니다.

나의 장점은 내가 생각했을 때 나는 애들을 이끌어 가는 리더십이 있는 것 같습니다. 나는 학교에서 전교부회장을 하였습니다. 전교부회장을 하면서 각 학년의 반장들을 통솔하고 또한 임원회의를 진행하면서 리더십을 발휘하여 원활하게 회의를 진행하였다. 또 다른 장점으로는 수업시간에 적극적으로 참여하고 집중력이 뛰어나 무엇이든지 열심히 하려는 의지가 있으며, 목표를 세워서 꾸준히 노력하는 점이 다 이러한 결과로 ＊＊교육청, 학교에서 각각 주최한 과학 및 수학에 관련된 경시대회에서 우수한 성적을 받았습니다.

나의 단점은 생각이 자유분방하여 친구들 사이에서 조금씩 간섭을 합니다. 그래서 일명 오지랖이 좀 넓은 것 같습니다. 그래도 친구들 이야기를 많이 들어줘서 내가 배우는 것도 많습니다.

3. 지원한 전공과 관련하여 스스로 재능이 있다고 생각하게 된 계기나 경험들을 구체적으로 기술하십시오.

물리에 대한 재능을 생각하게 된 경험은 먼저 ＊＊교육청 주최 발명대회 에어로켓 부분에서 나는 금상을 수상하였던 기억입니다. 원래 물리학 쪽에 관심이 많아서 힘, 로켓, 전기 등과 관련된 책을 많이 읽었습니다. 에어로켓 대회가 있다기에 출전을 하게 되었는데 실제로 에어로켓을 날려 본 경험은 별로 없지만, 공기의 압력을 최대로 높이고 45도 정도의 각도로 힘껏 발사하는 것이 가장 멀리 간다는 것을 자연스럽게 알고 있었습니다.

＊＊광역시 관내 각각 초등학교를 대표에서 나온 50개 팀에서 2등을 하게 되었는데 당시 저는 목표 지점을 분석하여 적절한 힘의 크기를 생각해 내었습니다. 에어로켓 본체를 만들고, 또한 에어로켓이 목표지점에 도달할 수 있게 정확한 각도를 측정하여 에어로켓이 날아가서 목표 지점에 정확하게 도착할 수 있도록 하였다. 이를 계기로 핵물리학에만 관심이 있던 제가 우주 항공과학에 대한 관심도 깊어져서 요즈음은 우주의 물질과 태양폭풍 현상에 대해서도 스스로 자료를 찾아서 공부하고 있습니다.

또 ＊＊광역시 주최 과학전람회 화학 부분에서 우수상을 수상하였습니다. 물론 물리와 화학은 조금은 다른 분야이기는 하나, 과학의 전체로 보면 과학은 우리 생활과 깊이 있게 연관되어 있기에 모두 중요하다고 생각합니다. 과학전람회 화학 부분을 출품작을 5개월 정도 선생님과 같이 실험 및 연구를 하면서 나 스스로 연구와 관련된 책들을 찾아보고 인터넷에서 검색하면서 과학분야에 재능이 있다는 것을 보았습니다.

한편 학교에서 주체한 학생 과학탐구 사례발표대회(최우수), 교내창의력겨루기대회(장려), ＊＊＊＊＊주최 수학경시대회(최우수)에서 각각 과학과 수학에 관련된 상을 수상하였던바, 제가 생각하기에 과학에 대해 조금은 능력과 재능이 있다고 생각합니다.

현재는 물리 중에서 원자력에 관련된 책들을 읽으면서 머릿속에서 우리나라 울진 원자력발전소처럼 원자력 발전기로 전기를 생산하는 과정과 원자력 물질들에 대하여 공부하고 있습니다.

4. 지원한 전공 이외의 분야에 관심을 갖고 지속적으로 하고 있는 활동이나 경험이 있다면 기술하십시오.

현재 학교 운동장에서 매주 일요일마다 농구경기로 운동을 하고 있는데 농구를 하면서 농구공으로 슛을 할 때에 과학적으로 생각한 각도와 손목에 힘을 생각하고 농구공을 슛을 하면 점수가 잘 나오고 있습니다.

또한 물리 공부를 잘하려면 수학 실력도 우수해야 하는바, 수학 실력 배양을 위해 심화문제 위주로 다양한 문제들을 매일 매일 문제 풀이를 하고 있습니다.

취미로는 노래 부르는 것을 좋아하는데 노래를 할 때도 음색이나, 목소리의 파동 등을 생각합니다. 좋아하는 가수는 남자 4명으로 구성된 빅뱅을 좋아하는데 이유는 4명의 남자들 목소리에서 나오는 각각의 소리는 음색이 다르고 목소리의 파동도 다르다는 것을 느낄 수가 있었습니다.

다른 취미로는 낚시하는 것을 좋아하는데 특히 강가 또는 바다에서 하는 루버 낚시를 하는데 직접 잡아본 물고기는 꺽지라는 민물고기로 낚싯대에서 느끼는 손에서 느끼는 떨림, 즉 파동이 정말 대단했습니다.

5. 앞으로의 진로 계획 및 장래 희망에 관하여 기술하고, 선택한 진로로 가기 위해 그동안 노력해온 과정을 기술하십시오.

저의 진로 계획은 가장 먼저 ＊＊대학교 과학영재교육원에 물리 전공에 합격하는 것이 목표입니다. 이후 ＊＊대학교 과학영재교육원 중등 물리 사사과정을 이수하고 ＊＊과학고등학교에 진학하여 고등학교 3년 동안 물리에 대한 공부와 학교 공부를 충실히 하여 꼭 서울대학교 물리학과를 입학하여 학사과정을 마치고 동대학원 물리학과 석사 과정을 거쳐 박사 학위를 받는 것입니다.

저의 장래 희망은 좀 많은데 첫째 원자력 분야를 다루는 핵물리학자가 되는 것입니다.

둘째는 번개와 태양풍 분야를 다루는 전자물리학자가 되는 것입니다. 최근 우리나라에서 전기 과다사용으로 서울을 비롯한 경기 지역에 일시적으로 정전문제가 발생하여 국민들에게 피해가 발생하였습니다. 위와 같은 문제가 발생한 것은 우리나라에 에너지를 만드는 기술이 부족하여 발생한 현상으로 저는 원자력, 번개, 태양풍을 연구하고 기술을 발전시켜 우리나라가 풍부한 에너지 국가를 이룩하는 데 도움이 되고자 합니다.

제가 선택한 진로로 가기 위해 그동안 노력해온 과정은 학교 교과목 중에서도 특히 과학 과목을 좋아하며 학교에서 실시한 단위학교영재 시험에 합격하여 현재 과학 및 수학 영재 수업을 열심히 하고 있습니다.

현재도 학교와 교외단체에서 주체하는 과학캠프가 있으면 저는 과학공부가 즐겁고, 재미있고, 흥미로워서 평생 이 일을 하고 싶다고 부모님과 상의하여 과학캠프에 참석하고 있습니다.

6. 친구 관계 및 자신과 선생님과의 관계에 대해 기술하고, 봉사활동 중 적절한 사례를 선택하여 내용과 느꼈던 점을 기술하십시오.

물리라는 과목은 다른 아이들이 흔히 말하길 재미없고 지루하다고 생각합니다. 저는 학교 단위영재로 선발되어 과학 시간에 물리에 대한 해박한 지식을 가지고 계신 ＊＊＊선생님, ＊＊＊선생님과 우리 학교 20명의 단위영재 학생들과 함께 물리 실험 및 수업을 하면서 물리에 대한 성취감을 느끼고 그 느낌을 알고 난 뒤로부터는 부쩍 물리에 대한 흥미를 느끼게 되었습니다.

친구 관계는, 친구가 많다고는 생각하지 않지만 적은 것도 아니라고 생각하며 친한 친구는 3명 정도인데, 그 친구들 중에서는 서로 비밀을 나눌 정도로 친한 단짝도 있고 그 친구들 모두 저를 좋아하고 저도 그 친구들을 좋아합니다.

제 단위영재학교 과학 선생님들께서는 항상 저에게 우호적이시고 과학 및 수학에 관심이 많은 저에게 경시대회가 있으면 항상 적극적으로 추천해 주시는 고마운 선생님들이십니다.

저는 봉사활동 또한 열심히 하고 있다고 저 스스로 생각합니다. 봉사활동 중에 특별히 생각나는 봉사활동으로는 양로원에서 할아버지, 할머님들의 방을 청소했던 일과 4학년 때 가족들이 캄보디아로 여행을 하면서 캄보디아 현지 어린이들을 상대로 한 빵 나누어주기 봉사를 하였고, 봉사를 하면서 느꼈던 점은 캄보디아는 후진국으로 어린이들 중에는 교육도 못 받고 먹을 식량이 없어서 굶는 어린이들도 있다고 가이드 아저씨가 이야기해주셨는데, 나라가 부강하기 위해서는 과학기술이 발전해야 하는 점을 느꼈습니다.

 자기소개서 연관 예상 질문과 답안

❶ 원자력발전소가 폭파되어 방사능이 유출되면, 인간과 자연환경에게 어떤 영향을 끼치는지 구체적으로 설명해보라.

❷ 친구들과 '원자력'에 대해 토론을 한다면, 특별히 어떤 주제를 논하고 싶은지 얘기해보라. 또 자신은 그 주제에 대해 찬성하는지 반대하는지 밝히고, 타당한 근거를 말해보라.

❸ 학급임원생활을 하면서 얻은 점과, 자신이 친구들에게 어떤 리더십을 발휘했는지 기억에 남는 상황을 말해보라.

❺ 과학전람회나 탐구사례발표에서 연구한 주제에 대해 실험은 어떻게 진행하였고, 결과는 어떠했는지 발표하라.

❻ 원자력발전소에서 전기를 생산하는 과정을 간략히 말해보라.

1. ＊＊대학교 과학영재교육원에 해당 전공으로 지원하게 된 동기에 관하여 기술하십시오.

해킹, 좀비 PC, 전산망 마비, 대량 정전, 컴퓨터 바이러스와 같은 단어만 나오면 가슴이 뛰고, 마음이 급해지는 저는 ＊＊초등학교 6학년 ＊＊＊입니다. 앞으로는 눈에 보이지 않는 사이버 전쟁을 치러야 하는 시대라고 생각하기에 국방과학연구원에서 우리나라의 안보를 책임지겠다는 꿈을 키우며 오늘도 컴퓨터와 수학 그리고 영어를 열심히 공부하고 있습니다.

학교에서도 수학과 컴퓨터만큼은 최고라고 자부하고 있습니다. 그러기에 최고의 자리를 유지하기 위해 매일 공부하고, 스스로 부족한 부분을 점검하며 최선을 다하는 삶을 살아갑니다. 학교에서 방과 후 프로그램으로 모두 컴퓨터를 배우고 있는데, 담임선생님께서 ＊＊대 영재교육원 지원 시험을 봤으면 좋겠다고 하시는데 수학과 정보과학 중 네가 어떤 것을 해야 할지 고민된다는 말씀을 듣게 되었습니다. 저는 망설일 것도 없이 정보라고 말씀드렸습니다. 그리고 교내선발 시험을 치르게 되었는데 다양한 문제들은 어렵기도 했지만 너무나 재미있어서 시간 가는 줄 모르고 해결을 하였습니다.

학교 컴퓨터 교실에서 RPG XP를 활용한 게임 프로그램을 만든 후 저에겐 어느덧 정보과학이 친근하면서도 자신감 있는 영역이 되어 있었던 것입니다. 학교 시험에서 당당히 정보과학 추천자로 선발되면서 인터넷에서 ＊＊대 영재교육원 정보전공에 대해서 검색을 해 보았습니다. 내가 지금 학교에서 배우고 있는 것만으로는 부족한, 훌륭한 선생님들에게서 나라의 지원까지 받아 나와 같은 생각의 친구들과 공부할 수 있다니 정말 지원하길 잘했다고 생각했습니다. 그리고 실생활에서의 문제를 논리적이고 창의적 문제 해결 방법을 모색한 후, 컴퓨터 프로그램을 통해 표현하는 ＊＊대 영재교육원의 교육은 나의 꿈인 국방과학연구원에서 일하고 싶어하는 제 꿈을 이루는 데 꼭 필요하다는 생각이 들었습니다.

＊＊대 영재교육원 정보 전공에서 공부할 수 있다면 제가 지금 가지고 있는 지식들을 기초로 소프트웨어를 제대로 구성하고 조작할 수 있는 방법을 체계적으로 배우고 싶습니다. 정보과학이라는 무한한 세계에 도전하여 사이버 테러와 사이버 전쟁에서 승리할 수 있는 국방과학연구원이 되어 부강한 나라를 만들어 세계 하나 남은 분단국가의 통일에 이바지할 것입니다.

2. 가정환경(부모 교육관), 학교생활, 자신의 장점 및 단점 등 본인을 소개하는 내용을 기술하십시오.

제 부모님은 저를 소유하는 것이 아니라 하늘이 주신 선물이라고 생각하신다는 말씀을 자주 하십니다. 공부해라, 100점 받아라, 하는 말보다는 조금 늦더라도 이끌어 나가고 채찍질하기보다 옆에서 지켜봐 주시고 기다려 주십니다.

7세부터 아버지는 일요일마다 저와 제 동생을 조기 축구에 데려가 주셨습니다. 조기 축구를 통해 대인관계와 협동심, 리더십을 경험하고 자신감이 생기도록 해주셨습니다. 저희 아버지는 다른 학교와의 친선경기에 심판을 봐 주실 정도로 자율적이며, 내가 나로호를 보고 싶어 하자 가족 모두 전남 고흥의 나로 우주 센터를 방문했을 정도로 전폭적인 지지를 아끼지 않으셨습니다. 하지만 나로호의 발사 실패는 우리나라가 항공 우주분야에서 취약하다는 것을 증명하는 것 같아서 더 국방력이 있고 부강한 나라를 꿈꾸게 되었는지도 모릅니다.

제게는 부모님의 격려가 큰 힘이 되고 주말에 아빠와 함께하는 이러한 경험의 시간들이 너무 즐겁습니다. 얼마 전 프랑스에서 반환받은 외규장각을 보러 국립중앙박물관을 가기로 했는데 어머니는 오늘의 미션이라며 친구들과 지하철을 타고 가보라고 하셨습니다. 그만큼 저를 믿기도 하지만 자기 주도적인 경험을 중요히 여기십니다. 저는 지하철 노선도를 꼼꼼히 보고 환승을 하여 국립 중앙박물관에 다녀오는 미션을 성공적으로 마쳤습니다.

이렇게 전업주부인 어머니는 안정된 환경과 정서를 갖도록 해주셨고 제게 큰 아들로써 책임감과 남을 배려할 줄 알아야 한다고 인성을 강조하십니다. 평범하지만 사회의 일원으로 꼭 필요한 사람이 되길 바라시기에 저도 우리나라에 꼭 필요한 사람이 되기 위해 묵묵히 노력하게 되었습니다. 적극적이고 활달한 성격 때문인지 방학이면 개학을 손꼽아 기다릴 정도로 학교생활이 즐겁습니다. 학교에서 하는 모든 행사에는 적극 참여하고 좋은 성과를 이룰 때가 가장 기쁩니다.

학업도 중요하지만 모든 일을 하려면 체력도 중요하기 때문에 점심시간을 이용하여 친구들과 축구를 하며 우애를 다지고 학교대표로 축구대회에 나갔을 때를 잊을 수가 없습니다. 경기 결과와는 상관없이 친구들과 어울리는 것 자체가 너무 즐겁고 새로운 팀과의 대결을 즐깁니다. 이렇듯 항상 긍정적이며 적극적인 사고방식은 스트레스를 줄이고 제가 도전적인 일을 할 때 큰 장점으로 다가옵니다.

급한 게 없고 너무 느긋하다는 것이 단점일 수도 있습니다. 하지만 신중하고 침착하다고 생각하면 단점을 장점으로 만들 수 있지 않을까요? 나는 나 자신을 믿으며 내가 못할 일은 없다고 생각하고 모든 일에 최선을 다하고 노력하고 있습니다.

3. 지원한 전공과 관련하여 스스로 재능이 있다고 생각하게 된 계기나 경험들을 구체적으로 기술하십시오.

5학년 때 컴퓨터 교실에서 RPG XP를 이용한 게임 프로그램 만들기를 하였습니다. RPG(Role Playing Game) XP는 게임 이용자가 게임 프로그램에 등장하는 한 인물의 역할을 맡아 직접 수행하는 형식의 컴퓨터 게임유형입니다. 게임 제목, 주인공, 다른 인물들과 배경, 경험하게 되는 상황 등을 스토리 구성하여 내가 만든 프로그램이 실제 사용할 수 있는 게임이 되었을 때 너무나 신기해서 더 많은 것을 알고 공부하고 싶어졌습니다. 학교 수업 시간에 컴퓨터 프로그램을 이용해 작성하는 것이 모둠에서 제 몫이었습니다. 평소 컴퓨터 교실에서 배운 파워포인트에 있는 애니메이션을 제작하였는데 친구들이 깜짝 놀랐습니다. 우리 모둠이 최종 심사에서 좋은 평가를 받았을 때 친구들이 잘했다고 한 번 더 칭찬을 해 주어서 기분도 좋았고, 컴퓨터를 배운 보람을 느꼈습니다. 그 후로는 학교에서 컴퓨터 박사라는 별명을 가지게 되었습니다. 발표 숙제는 저와 함께 팀을 하고 싶어하는 친구들이 많이 늘어났습니다. 컴퓨터 실력으로 이렇게 인기를 얻게 되다니 신기하기도 하고, 자신감도 생겼습니다. 이러한 일들을 계기로 제가 컴퓨터 프로그램 쪽에 재능이 있다는 것을 알게 되었습니다.

평소 가족과 함께 박물관이나 전시회에도 가는 걸 좋아하는데, 박물관에서는 최첨단 디지털 가이드로 북마크 기능과 정보검색 서비스를 연계하여 소장품에 대한 세분하고 전문적인 정보를 제공하는 영상안내기, 음성안내기를 꼭 대여해 줍니다. 눈으로만 보면 궁금한 것도 너무 많지만 영상안내기나 음성안내기를 사용하면 기억에도 오래 남고 여러 나라의 언어들까지 나와 정보과학이 실생활 곳곳에 많은 도움을 주고 있다는 것을 느끼고 경험했습니다. 요즘 많이 사용하는 스마트 폰이나 태블릿 PC를 이용하면 박물관뿐 아니라 여행을 갈 때에도 장소를 옮길 때마다 고건물이나 유적지에 대한 설명을 들을 수 있어서 가이드 없이도 자유여행이 가능하다는 생각이 들었습니다.

저는 기발한 아이디어가 많은 편이고 새로운 것을 좋아하고 잘 받아들입니다. 전자공학을 전공한 아버지의 영향으로 최신 기기와 컴퓨터를 일상생활에서 자연스럽게 받아들이게 된 것으로 계기로 컴퓨터 업그레이드 및 집안의 리모컨, 전자시계 등 각종 전자부품을 조립, 수리를 도와드리면서 쉽게 받아들이는 것이 제 스스로도 재능이 있다는 생각이 듭니다. 파주 주택관에서 유비쿼터스를 체험한 이후로는 일상생활과 연관된 더 많은 아이디어들이 생겼습니다. 앞으로도 더 많은 경험을 통해서 다양한 아이디어들을 발전시켜 나가야겠다는 생각이며 이러한 노력이 제 재능을 더 발달시켜 줄 것이라고 확신합니다.

4. 지원한 전공 이외의 분야에 관심을 갖고 지속적으로 하고 있는 활동이나 경험이 있다면 기술하십시오.

컴퓨터 외로 제가 좋아하는 분야는 수학과 과학입니다. 과학의 날엔 작용과 반작용의 법칙을 이용한 물로켓 대회에 참가합니다. 처음 참가했을 땐 아버지와 설명서를 읽으며 만들고 원리를 공부했습니다. 아버지는 발사대까지 만들어 물의 양과 공기의 압력의 차이를 알게 하셨습니다. 과학상상 글짓기 대회도 미래 과학에 대한 나의 상상을 표현할 수 있어 꼭 참가합니다. 100년 후 미래의 우리 생활 모습에 대해서 썼는데 선생님께서 '어떻게 그런 생각을 할 수 있니?' 라는 질문에 '정말 그런 세상이 올 거예요.'라고 말씀드렸습니다.

작년 과학교실에서 광섬유를 이용해 만든 스탠드가 내 침실을 밝혀 주고 있고, 올해 과학교실에서는 폐품을 이용한 태양광 자동차와 로봇의 기본 원리를 이용한 거북이 로봇을 만들었습니다. 탱탱볼과 태양광 자동차, 거북이 로봇은 동생이 장난감으로 가지고 놀다가 고장이 나서 고쳐줄 때면 흐뭇합니다.

매년 교내에서 열리는 과학놀이 한마당은 여러 실험 코너를 거치며 실험할 수 있는데 알코올이 기체로 변해 기화될 때 공기의 압력으로 발사되는 알코올 권총 실험에서 날씨가 비가 오고 추워 잘 발사가 되지 않아 선생님께 '알코올이 따뜻하면 발사가 되지 않을까요?' 라고 해서 따뜻한 물에 알코올 병을 담가 발사해보니 소리가 너무 클 정도로 잘 발사되어 모두 신이 났습니다. 원시시대로 돌아가 나무를 문질러 마찰력으로 불을 피우는 실험 등 여러 가지가 있었지만 표면장력을 이용한 물 위를 걷는 소금쟁이가 기억에 남습니다. 왜냐하면 우리 어머니가 담당하셨던 코너이기 때문입니다. 친구들에게 원리와 실험을 해 보이시며 한사람씩 직접 해볼 수 있도록 도와주셔서 더욱 즐거웠습니다.

과학은 만들고 진행되는 과정이 흥미롭고 결과물도 얻을 수 있어 좋습니다. **대 수학체험 교실에도 참가했습니다. 수학에 관심 있는 여러 학교 친구들이 모여 창의 수학을 조별로 토론하고 해결하는 수업이었습니다. 우리 조는 서로의 의견을 충분히 들어주고 상의해 좋은 결과를 거두었다. 수학에 재능 있는 친구들을 만나 더욱 분발하는 계기가 되었습니다. 3, 4학년 때는 영어 동화 구연대회라 동화를 외워서 발표만 하면 되었지만 작년부터는 원고를 직접 써서 교내 영어 말하기 대회에 참가했습니다. 우리 반에서 원어민과의 면담 시간이 있었는데 내가 진행을 맡고 소통이 잘 안 될 때는 통역을 하든지 했습니다. 무슨 공부를 하든지 영어를 잘해야 책도 마음껏 모두 볼 수 있을 것이기에 열심히 하고 있습니다. 교내에서도 한자 인증시험을 보지만 우리말은 한자로 되어 있는 말이 많아 한자로 풀이하면 이해하기 쉬운 경우가 많아서 한자 능력 시험 또한 지속적으로 준비하고 있습니다.

5. 앞으로의 진로 계획 및 장래 희망에 관하여 기술하고, 선택한 진로로 가기 위해 그동안 노력해온 과정을 기술하십시오.

제 장래 희망은 국방과학연구소 소속 국방과학연구원이 되는 것입니다. 어릴 적부터 정의감이 강했던 저는 우리나라 역사책을 읽으면서 작은 나라지만, 큰 힘을 가진 나라였으면 전쟁도 겪지 않고 많은 아픔들을 덜 겪었을 것이라고 생각하였습니다. 나라가 큰 힘을 갖도록 도울 수 있는 일을 하고 싶어서 국방과학연구원이 되기로 결심한 것입니다.

국방과학연구소는 신무기 연구, 기술개발, 시험평가를 하는 곳입니다. 예전에는 얼마나 화력이 강한 폭탄을 가지고 있느냐로 국방력을 알 수 있었다면, 지금은 레이더에 걸리지 않는 전투기, 사이버 범죄나 바이러스 살포, 전파교란과 해킹과 같은 첨단 기술과 관련된 무기들이 국방력을 판단하는 기준이라고 생각합니다.

프로그래머인 삼촌의 권유로 초등학교 2학년 때부터 교내 컴퓨터 교실을 다니며 각종 ICT 자격증을 취득하며, 컴퓨터공학을 전공하기로 마음먹었습니다. '정보통신 과학 세상'이라는 책을 보기 전까진 정보과학을 너무 어렵게 생각했던 것 같습니다. 정보과학에 대해 아주 쉽게 풀이해 놓은 이 책은 유비쿼터스, 나노기술, 바이오 센서 등 놀라운 과학 발전을 다루었는데 곧 우리의 일상생활이 될 거란 생각이 들었고, 제가 직접 연구하고 만들어 나가는데 참여하고 싶다는 생각이 들었습니다. 최초 발명된 컴퓨터는 1946년 직후에 계산기, 암호해독기 용도로 쓰인 '에니악'이며 계산, 암호 해독밖에 못 하는데도 무게가 40t쯤 되며 엄청난 전기를 먹었다는 사실을 '단순한 생각이 만들어낸 과학 발명 100가지'란 책에서 읽고 지금의 쓰기 편하고 크기가 작지만 성능 좋은 컴퓨터가 있기까지 얼마나 많은 연구와 노력들이 있었을까 생각했습니다. 우리 생활을 발전시키는 정보과학 분야도 많지만 국력 신장과 통일을 이루기 위해선 무기 운용 소프트웨어 개발이 큰 힘이 된다고 생각합니다. 아무리 강력한 무기가 있더라도 소프트웨어를 움직이면 그대로 폭발해 버리거나, 엉뚱한 곳을 공격하게 됩니다. 컴퓨터 프로그램의 힘을 이용할 수 있으면 상대편의 무기를 이용해 상대편을 공격하는 전술도 가능해질 것 같습니다.

제가 꼭 **대 영재교육원에서 정보과학을 더 공부해서 우리나라가 국방력이 강한 나라, 첨단 기술이 앞선 나라, 부강한 나라가 되기 위한 힘을 보탤 수 있도록 도와주십시오. 장차 국방과학연구원이 되기 위해서는 꼭 **대 정보과학 영재가 되어 열심히 공부하고 영재학교로 진학하고 싶습니다. 감사합니다.

6. 친구 관계 및 자신과 선생님과의 관계에 대해 기술하고, 봉사활동 중 적절한 사례를 선택하여 내용과 느꼈던 점을 기술하십시오.

저는 어디서든지 적응을 잘해 친구들이 많은 편입니다. 재치 있는 말이나 유머로 친구들을 즐겁게 해줍니다. 농담을 잘하는 특성은 아버지를 닮은 것도 같습니다. 학교에서 BFM (Best Friend Mentor) 활동을 하는데, 저는 한 친구의 멘토로써 수학 시간이나 쉬는 시간에 친구가 이해할 수 있는 부분부터 같이 문제를 풀어 보고 체육이나 미술 시간도 함께 합니다. 하지만 수학 문제를 같이 푸는 것도 친구에게 설명을 해주니, 다시 정리도 되고 나에게 더 도움이 되는 듯합니다.

또한 친구에게 받은 '좋은 친구상'은 어떤 큰 대회에 나가 받은 상보다 소중합니다. 저 개인적인 목표를 이루었을 때도 물론 좋지만 반 친구들과 마음을 모아 목표를 이루었을 때가 가장 기쁘고 기뻐하시는 선생님을 볼 때 더 흐뭇합니다. 즐길 때와 공부할 때를 확실히 구분하는 선생님은 항상 제가 새로운 도전을 할 수 있도록 이끌고 지원해 주시는 진정한 스승님이십니다. 초등 마지막 6학년을 우리 반 친구들과 선생님과 보내게 된 것은 행운이라고 생각합니다.

아나바다 장터에 나가 버리기 아까운 물건을 팔기도 하고 팔고 남은 물건과 물건을 판 수익금을 기부하기도 하였습니다. 얼마 안 되지만 내가 번 돈을 기부하는 느낌은 뭐라 표현하기 힘들 정도로 뿌듯했습니다. 나중에는 제 재능인 컴퓨터나 프로그램 만들기를 이용한 재능기부도 꼭 해보고 싶어져서 방법을 찾고 있던 중 마을 경로당의 할아버지, 할머니들과 자매결연을 맺고 음식도 대접하고 장기자랑을 하는 기회가 있었습니다. 저희 학교는 효 체험 프로그램 선도학교라서 '효 어울림 한마당'이라는 행사에 자원 봉사를 나갔던 것입니다. 너무 즐거워하시는 모습에 그 자리에 있는 저 자신도 뿌듯해졌습니다. 자매결연을 맺은 할아버지, 할머니와 점심식사도 하고 게임과 레크레이션, 율동을 했습니다. 우리가 들인 시간보다 할아버지, 할머니가 느끼시는 기쁨은 몇 배인 듯해서 아주 큰 선물을 드린 것 같아 좋았습니다. 이러한 행사가 2학기에도 있다니 기대되고 기다려집니다. 그때 제가 그간 열심히 공부한 컴퓨터 실력을 발휘해서 할아버지, 할머니들에게도 컴퓨터 정보 교육을 해드리면 어떨까 생각 중입니다. 수명도 갈수록 연장되고 컴퓨터를 이용하면 삶이 더 편안해지는 이 시대에 보다 폭넓은 세계를 경험하고 자기계발을 할 시간을 갖도록 해드리면 좋겠다는 생각에서입니다. 그래서 요즈음은 할아버지 할머니들께 도움을 줄 있는 사이트나 프로그램을 찾아보고 있습니다.

자기소개서 연관 예상 질문과 답안

대표 예상 질문
Q 휴대전화에 추가할 수 있는 기능을 말해보시오.

예상 답안
A 과속방지기능. 요즘은 gps 기능으로 휴대폰이 있는 위치를 실시간으로 알 수 있기 때문에 몇 초 당 이동 거리의 변화가 얼만큼 변했는지 알면 이동속도를 알 수 있을 것이다.

따라서 이를 이용해 운전 시 과속을 하게 되면 휴대폰이 동작하여 과속을 방지하는 기능을 추가 시킬 수 있을 것이다. 또한 운전 중 휴대전화 사용 방지도 가능할 것이다.

추가 예상 질문

❶ 컴퓨터에 관심이 많은데, 평소 집에서 컴퓨터를 사용할 때 어떤 일들을 하는가?

❷ 파워포인트에 있는 애니메이션을 제작했다고 했는데, 그 과정을 간단히 설명해보라.

❸ 컴퓨터의 발달로 인해 우리 생활이 앞으로 어떤 식으로 편리해 질 것이라고 생각하는가? 구체적인 예를 들어보라.

❹ 물로켓에 적용되는 과학원리 중 본인이 자기소개에서 언급한(작용 반작용의 법칙, 물의 양, 공 기의 압력) 외에 또 어떤 원리가 적용되는지 말해보라.

❺ 주변에 수학을 잘하는 친구들이 본인에게 어떤 도움을 주었는가? 또 본인은 친구들에게 어떤 도움을 줄 수 있다고 생각하는가?

❻ 해킹이나 바이러스에 대한 본인의 의견은 어떠한가? 정당하다고 생각하는가?

Case
40

KEYWORD

대학영재
수학
과학

1. ＊＊대학교 과학영재교육원에 해당 전공으로 지원하게 된 동기에 관하여 기술하십시오.

초등학교 3학년 때 실험을 위주로 하는 과학수업을 받은 적이 있었습니다. 그때 처음 해보았던 개구리와 물고기해부, 돼지 심장해부, 식물의 잎맥 관찰, 침의 소화 작용 관찰 등은 여태껏 알지 못했던 세상으로 들어간 느낌이었습니다. 식물의 잎맥을 관찰하면서는 식물은 움직이지 않아서 생명이 있는지 의문이었는데, 관찰을 할수록 식물도 동물 못지않게 역동적이구나! 라고 느꼈던 기억이 지금도 생생하고, 이후로도 식물을 더욱 유심히 관찰하고 탐구하면서 생명체가 가진 신비로움을 몸소 느끼고 생각해보기에 충분한 계기가 되었습니다. 그때부터 과학에 대한 흥미가 더욱 커져서 식물과 동물의 구조와 기능에 대한 책도 많이 읽었으며, 이후의 과학학습에도 꾸준한 동기를 부여해주었습니다.

6학년이 되면서 단위영재학급에 선발되어 지시약 실험, 곤충표본제작 등을 하게 된 것이 저에게는 다양하고 좋은 경험으로 기억되고 있습니다. 어린이 과학동아(동아사이언스), 과학쟁이(웅진출판) 등의 잡지도 꾸준히 구독하고, 다양한 과학서적을 읽으면서 과학적 지식은 깊어졌지만 점점 제가 할 수 있는 탐구와 실험의 한계를 느끼게 되었습니다.

＊＊대 영재교육원은 이런 저의 과학적 갈증을 해결해주고, 특히 제가 해보고 싶었던 깊이 있는 탐구와 실험도 수준 높은 교수님들과 할 수 있는 기회가 주어질 수 있을 거라고 생각되어 지원하게 되었습니다. 또 저와 같은 관심을 가진 친구들과 즐겁게 탐구, 실험, 토론할 수 있다는 생각에 가슴이 설렙니다. 비록 저의 꿈은 어릴 적 단순한 생명체를 보면서 느꼈던 신비로움에서 시작되었지

만, 이제는 제가 알지 못하는 곳, 보이지 않는 곳 그리고 나아가서는 생명체가 가지고 있는 놀라운 질서에 이르기까지 모두 제가 탐구해 보고, 알아가야 할 넓고 깊은 영역이 될 것입니다. 영재교육원에서의 수업이 시작이 미약한 저를 창대하게 만들어 주리라고 생각하며, 꿈을 향해 나아가는 첫걸음으로 과학영재교육원의 입학을 지원하게 되었습니다.

2. 가정환경(부모 교육관), 학교생활, 자신의 장점 및 단점 등 본인을 소개하는 내용을 기술하십시오.

저희 가족은 의사인 아빠와 분자생물학을 전공하신 엄마, 그리고 개구쟁이 쌍둥이 남동생 이렇게 다섯 식구입니다. 저의 집 서재에는 아빠, 엄마가 공부하셨던 전공서적으로 가득 차 있습니다. 원서로 되어있어서 이해하기 어려웠지만 가끔 그림들을 보다가 궁금한 것을 여쭤볼 때마다 아빠가 설명해주시는 것들을 들으면서 항상 우리 인체에 관한 신비로움을 느끼곤 했습니다. 엄마가 공부하셨던 책에서는 DNA, RNA, enzyme… 등을 본 적이 있어서 생명과학 관련 책들을 볼 때 어렵고 낯설지 않았던 것 같습니다.

어릴 적부터 이런 분위기에서 자랐기 때문에 자연스럽게 생물에 유독 관심이 많았습니다. 부모님께서는 과학적인 호기심을 불러일으키기 위해 경험을 중요하게 생각하셨습니다. 박물관을 다녀오거나, 전시회를 다녀와서 그날 경험한 내용과 관련된 책을 스스로 찾아서 읽도록 권하셨고, 어려운 내용은 부모님과 대화하면서 쉽게 이해할 수 있었습니다. 자라면서 엄마는 여러 분야의 책을 골고루 읽어 책 속에서 꿈을 펼치도록 독서환경을 만들어주셨습니다.

몇 개월 전 엄마가 사 오신 시금치에서 달팽이가 나왔는데, 수개월째 키우면서 달팽이가 알을 낳고 부화, 성장하는 전 과정을 관찰하게 되었습니다. 저와 동생에게 엄마는 풍부한 경험을 통해 생명의 중요성을 알려주시고, 생활 속 탐구관찰의 중요성에 대해서도 실천을 통해서 보여주셨습니다.

학교에서는 선생님께서 제 성실성을 인정해주셔서 부반장이었음에도 불구하고 많은 일을 도맡아 하는 편이었습니다. 학교에서는 선생님의 말씀을 잘 듣는 모범생이지만, 집에서는 궁금한 내용을 꼭 확인하고 엉뚱한 실험이라도 해봐야 직성이 풀리는 성격 때문에 엄마를 당황하게 만들기도 합니다. 한번 집중해서 무언가를 시작하면 불러도 안 들리기 때문에 대답을 못 하는 경우도 많이 있었습니다.

어릴 적 엄마가 백설공주를 읽어주실 때 마지막에 "왕자와 백설공주가 행복하게 살았어요."라고 말씀하시자 울먹이며 "그러면 난쟁이들은 너무 불쌍하잖아요."라고 해서 엄마를 당황하게 만들었다고 합니다. 또 1학년 미술 시간에 하늘을 그리는 과제에서 하늘을 온통 빨갛게 칠했더니 선생님께서 이유를 물어보셨습니다. "해가 지는 하늘이에요" 라고 대답해서 선생님께서 놀라셨던 기억이 납니다. 남들과는 다르게 사물의 다른 면을 볼 줄 알고, 그런 시선들과 생각들이 저에게는 끊임없는 호기심으로 작용합니다. 때로는 엉뚱한 행동으로 주변을 당황시키지만 항상 긍정적이고 도전하는 창의적인 사고로 발전된다는 점이 저의 큰 장점이라고 생각합니다. 그리고 많은 학원을 다니지 않아서 충분히 생각할 시간과, 책을 읽을 수 있는 시간이 있기에 그러한 사고력이 더 강해진다고 생각합니다. 그래서 부모님의 교육방법에 항상 감사하는 마음으로 따르며, 최선을 다해 노력하고 있습니다.

3. 지원한 전공과 관련하여 스스로 재능이 있다고 생각하게 된 계기나 경험들을 구체적으로 기술하십시오.

저는 어렸을 때부터 호기심이 많았습니다. 풀밭에서도 뛰어놀기보다는 흙을 파헤치면서 개미가 다르게 생겼다고 감탄하며 개미에 대해서 열심히 책도 읽고, 키워보기도 하며 호기심을 저만의 지식으로 만들어왔습니다. 잠자리 애벌레, 우렁이, 달팽이 등도 실제로 키우고 알을 낳는 것도 보면서 생각해보면 늘 관찰하고 탐구하는 작은 자연이 항상 저의 곁에 있었던 것 같습니다.

얼마 전 매미의 탈피껍데기가 나무에 매달려있는 것을 보고 친구들은 모두 징그럽다고 했지만 저는 집으로 가져와 유리병에 보관

해두고, 틈틈이 백과사전에서 관련된 내용을 찾아보면서 공부도 했습니다.

초등학교 3학년부터는 집에 있는 비주얼박물관 (웅진출판)이라는 백과사전식 도서를 거의 외울 정도로 읽었습니다. 어느 날은 동생들과 동물 관련 다큐프로그램을 시청하다가 동생이 "저 물고기 이름이 뭐였지?" 하기에 "비주얼박물관 물고기 편 목차사진에 나오는 가시 복이야"라고 대답했더니, 확인해보고는 "누나 대단하다!"라며 깜짝 놀랐던 기억도 납니다. 과학 선생님께서도 저에게 "＊＊는 다른 아이들이 생각하는 것과는 다른 방향으로 생각하고 접근, 질문해서 선생님을 당황하게 하는 독특하고 창의적인 사고를 가진 아이"라고 말씀하셨던 기억이 납니다. ＊＊대 영재교육원에 지원하기 위해 학교생활기록부를 떼 오셨는데, 저의 교과학습발달상황 과학평가항목에서는 "자연에 대한 흥미와 호기심이 많으며 실험 기구를 다루는 능력이 뛰어남", "주변 현상에 대한 탐구적 태도가 좋으며 탐구한 내용을 분석 종합하여 정리하는 능력이 우수함"이라는 평가내용이 이것을 잘 말해줍니다.

6학년 때 교내탐구토론대회에서는 물의 재활용을 주제로 한 내용의 보고서를 준비하면서 모든 과학 분야가 서로 긴밀하게 상호작용을 하고 있다는 생각을 갖게 되었습니다. 저는 물리, 화학, 생물 모든 과학학문에 두루 관심을 가지고 재미있게 공부해왔습니다. 저는 과학의 모든 영역을 좋아합니다. 그중에서 제가 가장 좋아하는 영역은 생물분야이고 좋아해서 잘할 수 있는 생물 분야를 열심히 공부해서 최고의 과학자가 되고 싶은 꿈이 있습니다.

아무리 천재라도 즐기는 자를 이길 수 없다고 합니다. 어릴 적부터 꾸준히 읽어왔던 과학도서나 잡지, 심지어 과학학습만화에 이르기까지 제가 가지고 있는 풍부한 과학상식과 지식은 지루한 학문으로서의 과학지식이 아니라 즐기면서 얻어진 것입니다. 그렇기 때문에 이것이 바탕이 되고 또 제가 가지고 있는 끊임없는 과학적 호기심과 창의성으로 최고의 과학자의 꿈을 실현시키고 싶습니다.

4. 지원한 전공 이외의 분야에 관심을 갖고 지속적으로 하고 있는 활동이나 경험이 있다면 기술하십시오.

저는 미술 시간을 좋아합니다. 각각의 색채들이 제게 말을 해주는 것 같은 느낌들이 좋고, 그림을 그리거나 만들기를 해서 무언가를 창작했을 때의 느낌은 나만의 작품이라는 자부심과 제가 가지고 있는 창의적 감각이 그래도 독특하다고 느낍니다. 미술 선생님께서도 사물을 바라보는 관찰력이 뛰어나서 소묘를 특히 잘한다고 하셨고, 그림자의 어느 한 방향도 놓치지 않는다고 칭찬해주셨습니다.

얼마 전에 전자현미경으로 세포를 관찰한 사진을 본 적이 있습니다. 예전에 봤던 세포의 그림과 너무나 똑같아서 깜짝 놀랐고, 과학과 미술이 많은 연관성이 있다는 생각을 하게 되었습니다. 지금은 전자현미경 사진을 직접 찍어서 관찰, 기록할 수 있지만, 엄마가 대학을 다니던 시절에는 직접 모두 손으로 그려서 실험 보고서를 작성했다는 말을 들었습니다. 그래서 관찰력도 뛰어나면서 그림도 잘 그리는 친구들이 더 좋은 보고서 점수를 받았다는 말씀도 해주셨습니다. 지금은 시대가 바뀌었다고는 하지만 세심하고 정확하게 관찰을 할수록 실제 모양에 가깝게 그릴 수 있다는 말을 들으니, 제 미술 실력이 관찰하는 힘에서 시작되었다는 생각이 들고, 생물과 함께 미술도 열심히 공부할 예정입니다.

요즘은 대학에서도 Art & Technology 전공이라고 해서 인문적 상상력, 문화·예술적 감성, 첨단 기술공학이 융합된 새로운 형태의 학과들이 많이 생겨나고 있다고 들었습니다. 제가 좋아하고 깊이 있게 공부하고 싶은 분야가 생물분야인 만큼, 제가 가지고 있는 이과적인 성향과 세심한 관찰력, 지식에 더불어 창의적 감각까지 더해진다면 더욱 미래 발전적인 방향으로 나아갈 수 있을 거라고 생각합니다.

5. 앞으로의 진로 계획 및 장래 희망에 관하여 기술하고, 선택한 진로로 가기 위해 그동안 노력해온 과정을 기술하십시오.

인터넷 기사를 검색하다 보면 우리 주변에는 여러 가지 희귀병으로 고통받으며 살고 있는 사람들이 많이 있습니다. 이미 의학적으로 병명만 알려진 채 원인도 치료법도 모르는 병들도 많이 있습니다.

이런 문제들은 결국은 변해가고 있는 환경에 반응한 생명체들에게 나타난 결과라고 생각합니다. 저는 이런 문제들에 대해서 항상 안타까움을 느꼈습니다. 생물분야의 공부를 깊이 있게 해서 달라지는 지구환경에 대해 인간을 비롯한 생물들이 받는 영향들에 대해서 공부해보고 싶습니다. 변화된 환경으로 인해 생기는 물리적인 변화뿐 만 아니라, 유전적인 변이로 생기는 변화에 이르기까지 인간과 생명체에게 도움을 줄 수 있는 연구, 치료법이 개발되어있지 않은 유전병에 대한 연구, 더 나아가 환경을 살리고 인간과 더불어 살아가고 있는 이 지구 상 생명체가 건강한 모습으로 살아가기 위한 깊이 있는 연구들을 하고 싶습니다.

저는 평소에 조금씩 스스로 공부하는 습관이 몸에 배어 있습니다. 평소 다양하고 꾸준한 독서를 통해 국어 과목은 많은 시간 시험 준비를 하지 않아도 상위 성적을 유지하고 있으며, 수학과목도 평소 해당 학기의 심화과정문제를 병행하면서 꾸준히 준비하기 때문에 상위 성적을 유지하고 있습니다. 사회와 과학과목은 평소 인터넷 강의수업을 통해 실험동영상, 용어정리, 배경지식, 심화문제 풀이 등의 체계적인 내용으로 교과의 기초과정을 탄탄히 해오고 있어서 상위성적을 유지해오고 있습니다. 평소 수업시간에 중요한 내용은 필기하면서, 색깔 있는 펜으로 난이도를 정리하고 중요한 그림 자료는 복사해서 공책에 붙여놓습니다. 시험기간에는 오답과 어려운 문제 중심으로 다시 한 번 풀어보고 내용을 보충합니다.

평소 꾸준히 해왔던 공부습관과 성실한 학습태도가 앞으로의 학습에도 밑거름이 되어줄 것으로 생각하며 장래를 위해 도약할 수 있는 튼튼한 발판이 되어줄 것으로 믿습니다.

6. 친구 관계 및 자신과 선생님과의 관계에 대해 기술하고, 봉사활동 중 적절한 사례를 선택하여 내용과 느꼈던 점을 기술하십시오.

저는 학교에서 친구들의 어려운 문제도 상담을 많이 해줍니다. 제가 들어주는 것만으로도 편안해하고 때로는 고마워하는 친구들을 보면서 저에게 이런 포용력이 있다는 사실을 발견하는 기회도 되었습니다.

6학년 때 처음으로 남자선생님께서 담임선생님이 되셨습니다. 처음에는 어색한 면도 있고 여자선생님처럼 세심하실까 하는 걱정도 있었지만, 지금은 제가 선생님을 믿고 따르는 것처럼 선생님께서도 저를 신뢰하시고 많은 일을 맡겨주셔서 즐겁게 학교생활을 하고 있습니다. 생활통지표에도 "항상 명랑쾌활하고 예의 바르며 학급 일에 협동적이고 자기가 해야 할 일을 스스로 찾아서 할 줄 알며 창의적이고 탐구적인 자세가 좋음"이라고 칭찬해주셨습니다.

평소 남동생과 잘 놀아 주고 남자친구들이 하는 놀이도 즐겨하는 편이어서인지, 남녀친구의 편견 없이 원만하고 폭넓은 교우관계를 가지고 있는 것이 저의 장점 중의 하나입니다. 학급에서 성적이 부진한 친구들을 대상으로 수학, 영어공부도 도와주고 가끔씩 모르는 문제를 들고 오는 친구들에게 대화하듯 가르쳐주면, 친구들은 고마워하면서 알아듣기 쉽게 설명해준다며 칭찬해주었습니다. 그때마다 저는 가르치는 것과 누군가에게 도움이 된다는 것에 보람을 느끼고, 친구들에게 좀 더 쉽고 재미있는 방법으로 설명해 줄 수는 없을까를 매번 고민하였습니다. 그러다 보니 제 수학, 영어 실력도 더 늘은 것 같습니다.

6학년 때 노인정에 봉사활동을 간 적이 있었습니다. 노인정에 계신 할머니와 할아버지들께 아빠, 엄마께 했던 마음으로 정성스럽게 안마를 해드렸더니 손녀 같다고 하시면서 무척 좋아하셨습니다. 그리고 방들을 청소할 때는 물건들을 언제라도 사용하시기 편리하도록 잘 분류해서 치워드렸더니 깔끔하고 보기 좋다며 저를 칭찬해 주셨습니다. 저는 앞으로도 기회가 된다면, 아니 틈틈이 기회를 만들어서라도 어렵고 소외된 친구든 노인분들이든 아니면 저의 작은 손길이나마 필요로 하는 뜻깊은 나눔의 자리가 있다면 참여할 것입니다. 처음 뵙는 할머니 할아버지께 봉사활동으로 시작했던 작은 일이었지만, 언제나 진심으로 다가가고 행동하면 진심은 통한다는 진리를 알게 되었습니다.

제가 ＊＊대학교 과학영재교육원에서 공부할 수 있는 기회가 주어진다면 항상 진심으로 진지하게 학업에 임하여 발전하는 모습을 보일 수 있는 학생이 될 것입니다.

 자기소개서 연관 예상 질문과 답안

대표 예상 질문

Q 영재학급 입학을 지원하게 된 동기는 무엇인가? 입학하면 어떤 일을 하고 싶은가?

예상 답안

A 학교에서도 가끔 수업시간에 배운 내용을 실생활에 적용하여 원리를 찾는 수업들을 한다. 그런데 이는 한정되어있고 많은 친구들이랑 하다 보니 나 스스로 더 탐구해 보기에 부족하다는 느낌이 들었다. 또한 영재원에서는 다양한 수업들과 더 심화된 내용들을 가르쳐주기 때문에 이를 통해 그동안 더 알아보고 싶었던 내용들을 배울 수 있을 것 같아서 지원하게 되었다.

 추가 예상 질문

❶ 식물을 관찰하면서 움직이지는 않지만 식물이 살아있는 생물체라고 느낀 이유는 무엇인가?

❷ 지시약이 어떻게 이용되는지 설명하라.

❸ 돼지 심장을 해부하면서 알게 된 심장의 구조에 대해 설명하라. 또 사람의 심장과 비교하여 어땠는가?

❹ 달팽이를 직접 키우면서 관찰일기를 작성했다고 했는데, 달팽이가 점점 커가면서 처음과 다르게 어떤 변화가 나타났는가? 또 키우면서 느낀 점은?

❺ 평소에도 또래 친구들보다 과학적으로 사고하려고 노력하는가? 사례를 하나 들어보라.

Case 41

KEYWORD

물리
과학전람회
공군관제사
봉사활동

1. ＊＊대학교 과학영재교육원에 해당 전공으로 지원하게 된 동기에 관하여 기술하십시오.

제가 물리에 관심을 가지게 된 계기는 어렸을 때 어머니와 함께 읽어나갔던 위인전을 통해서였습니다. 뉴턴의 위인전을 읽으면서 뉴턴이 사과가 땅으로 떨어지는 모습을 보고 지구에 중력이 존재한다는 사실을 깨달아 '만유인력의 법칙'을 발견했다는 것을 알게 되었습니다. 이 사실을 알게 되면서 과학이라는 것이 공식과 숫자로만 이루어진 어려운 과목이 아니라, 주변에서 쉽게 접할 수 있는 모든 상황에서 찾을 수 있다는 것을 깨닫게 되었고 그중에서도 특히 물리에 흥미를 느끼게 되었습니다. 그러다가 초등학교에 입학하면서 비행기를 발명한 모험가 라이트형제의 책을 읽게 되었고, 그 책을 통해 중력을 이기고 하늘을 나는 비행기가 흥미롭고 신기하고 대단하게 느껴졌습니다.

그때부터 비행기와 물리에 대해서 공통된 관심을 갖게 되었습니다. 책을 많이 읽는 환경에서 자란 덕분인지 물리와 관련된 책을 읽고 비행기에 대해서 탐구하면서, 자연스럽게 저의 장래 희망은 초등학교 5학년 겨울방학 때부터 공군 관제사가 되는 것으로 굳어지게 되었습니다. 우리나라 하늘의 공역을 한 눈에 보고 하늘길을 통제하는 관제사는 우리나라 영토를 수호하는 든든한 버팀목이며 울타리라는 확신이 있기에 지금부터 물리에 더욱 관심을 가져서 그쪽 분야의 전문가가 되는 것이 저의 목표입니다.

학교에서 배우는 과학은 다양한 분야에 대하여 종합적으로 접근하기 때문에 제가 특히 관심 있는 물리분야에 대한 전문적이고 심화된 과정을 배울 수 없는 아쉬움이 있었습니다. 그러다가 저는 담임선생님에게 ＊＊대 영재교육원에 대한 얘기를 듣게 되었고 꼭 참여해서 공부하고 싶다는 생각이 들었습니다. 그래서 이곳에 지원하게 되었고 아직은 많이 부족한 저이지만, 이 과정을 통해 누구보다 열심히 참여하고 배워서 제 꿈에도 한 발짝 더 다가설 수 있는 기회를 만들고 싶습니다.

2. 가정환경(부모 교육관), 학교생활, 자신의 장점 및 단점 등 본인을 소개하는 내용을 기술하십시오.

언제나 믿음과 격려로 저를 편하고 다정하게 대해주시는 아버지의 직업은 엔지니어이십니다. 20년간 소형모터를 만드는 일에 종사하시는 아버지는 자신의 직업에 대한 자부심이 대단하십니다. 이를 통해 저는 자신이 좋아하는 일을 하는 것이 행복한 삶을 만드는 데 얼마나 중요한 것인지를 아버지의 모습을 보면서 배워나가고 있습니다. 또한 앞으로 제가 여자 친구가 생긴다면 가장 먼저 상담을 받고 싶을 정도로 아버지는 제 삶에 훌륭한 멘토가 되어주십니다. 반면 안정된 가정을 꾸리기 위해 노력하시는 어머니는 외아들인 제가 형제 없이 자라면서 버릇이 없이 크게 될까 봐, 한번 정한 규칙은 꼭 지키시는 엄격하고 무서우신 분이십니다. 하지만 제가 힘들어하거나 위기가 생길 때마다 항상 제일 든든한 지원군으로 나서주시며, 삶의 지혜를 배울 수 있게 해주십니다.

저의 학교생활은 4번의 반장 경험으로 자연스럽게 리더십을 키울 수 있었고 현재는 전교부회장으로서 임원활동을 하면서 주인의식을 가지고 학교생활에 적극적으로 참여하고 있습니다. 2년 동안 전교부회장으로 활동하면서 가장 기억에 남았던 일은 학교의 교칙을 개정하는데 참여했던 것입니다. 교장선생님과 여러 선생님들과 함께 학교 교칙에 대해서 의논하고 고쳐나가면서, 학교 교칙의 필요성을 깨달았습니다. 또한 교칙의 개정 과정에 대해서 알게 되면서 학생의 본분에 대해서도 생각해 보게 되었고 지금보다 더욱 모범적인 학생이 되기 위한 다짐을 하게 되었습니다.

저는 명언 중에 '피할 수 없으면 즐겨라.'라는 말을 좋아합니다. 때문에 나에게 주어진 일이 하기 싫고 어려운 일일지라도 직접 부딪히며 피하지 않고 일을 해결하려고 노력합니다. 어려운 일이라도 해결했을 때 생각의 키가 한 뼘씩 자라나는 것 같습니다. 특유의 자신감으로 매번 새로운 모험을 즐기는 것이 저의 장점이라고 생각합니다. 단점으로는, 세가 너무 성숙하고 발전하기 위한 실험이나 탐구 같은 경험이 부족하다는 것이라고 생각합니다. 그래서 저는 저의 단점을 극복하기 위해 지금부터라도 다양한 경험을 할 수 있도록 모든 활동에 열심히 참가하도록 노력하고 있습니다.

＊＊대 과학 영재원에서 공부할 수 있다면 이러한 실험과 탐구의 기회를 통해 더 크게 성장하고 싶습니다.

3. 지원한 전공과 관련하여 스스로 재능이 있다고 생각하게 된 계기나 경험들을 구체적으로 기술하십시오.

과학은 사소한 호기심에서 출발하여, 끊임없는 노력에 의해서 발전을 한다고 생각합니다. 제 재능은 호기심과 노력으로 매일매일 개발되고 성장하고 있습니다.

5학년 특별활동 시간에 경사면을 이용한 무동력 자동차를 만든 적이 있었습니다. 동력이 없이 멀리 나가고, 튼튼한 자동차를 만들기 위해 다양한 재료를 준비하여 하나씩 실험을 하면서 많은 것을 배울 수 있었습니다. 우선 자동차의 본체를 만들기 위해 스포츠카와 같은 납작한 모양의 상자를 이용도 하였고, 200ML, 500ML, 1,000ML의 우유 팩으로 본체를 만들며 다양한 크기와 모양에 따른 변화를 알아보았습니다. 자동차는 바퀴가 있기에, 본체의 모양보다 무게에 관심을 두고 '무거운 본체가 더 멀리 나간다.'는 가설을 세웠습니다. 그리고 물을 채워 쉽게 무게를 조정할 수 있는 페트병을 활용하여 자동차 본체를 만들게 되었습니다.

본체를 만들고 나니, 튼튼한 바퀴를 만들기 위한 고민을 다시 하게 되었습니다. 페트병에 물을 가득 채우고, 그 무게도 버틸 수 있는 튼튼한 바퀴를 생각하여야 했습니다. 가장 알맞은 바퀴를 찾기 위해 병뚜껑부터 시작하여 눈에 띄는 둥근 모양은 모두 바퀴로 만들었지만 튼튼하지 않아 실패를 하였습니다. 그러다 갑자기 '셀로판테이프 심을 이용하여 베어링을 만들면 어떨까?' 하는 생각이 떠올랐습니다. 견고하면서도 다양한 재료를 이용하여 모양을 채울 수 있기에 딱 맞는 베어링을 찾는다면 좋은 바퀴가 될 수 있을 것이라는 생각이 들었습니다. 소형모터회사에 다니시는 아버지의 회사에 놀러 갔던 경험을 떠올려 베어링 말씀을 드려 셀로판테이프 심에 꼭 맞는 베어링을 찾을 수 있었습니다. 튼튼한 바퀴가 완성이 되면서 페트병에 물을 조절해나가면서 무동력자동차를 만들기 위한 실험을 하였고, 그리하여 완성된 저만의 무동력 페트병 자동차는 반 친구들 사이에서 멋진 자동차 장난감이 되어주었습니다. 제 무동력 페트병 자동차는 튼튼함을 자랑하여 몇 달간 전시가 되어 저는 친구들 사이에서 인기 만점으로 통하게 되었습니다.

어떤 문제든 해결해 나가려고 할 때마다 새로운 아이디어가 샘솟고, 제가 알고 있는 것과 부족한 것이 잘 보여서 더 열심히 공부하게 하고, 노력하게 만듭니다. 무동력 자동차 제작을 통해서 어떤 문제든 포기하지 않고 시도한다면 분명 답을 찾을 수 있다는 것을 깨닫게 되었습니다. 또한 주변의 사물을 잘 관찰하고 이용한다면 무엇이든 멋진 아이디어로 재탄생하게 되어 자원도 절약하고 창의성도 기르는 계기가 된다는 것을 알게 되었습니다.

4. 지원한 전공 이외의 분야에 관심을 갖고 지속적으로 하고 있는 활동이나 경험이 있다면 기술하십시오.

저는 과학전람회를 준비하며 개인적인 연구를 꾸준히 해 오고 있습니다. 물리와 지구과학 영역을 좋아하지만, 화학, 생물도 열심히 해서 다양한 지식을 갖추도록 노력 중입니다. 최근까지 EM 실험을 진행했었습니다. EM 실험이란 환경을 이용한 과학 실험으로, 효소를 이용하여 환경오염을 줄일 수 있는 방법을 연구하는 것이 목적이었습니다. 이 실험을 통해 알게 된 사실은, 우리가 쉽게 버리는 쌀뜨물이 우리나라 전체 생활하수의 70%를 차지할 정도로 물을 오염시키는 주범이라는 것이었습니다. 그래서 버려지는 쌀뜨물을 이용하여 EM 발효액을 만들어서 실제로 사용해보았습니다. 그래서 저희 집은 실험기간 동안 쌀뜨물을 이용한 발효액을 만들어서 주방 세제 대신 사용해보았고, 샤워 후에는 EM 발효액을 희석하여 마지막 헹굼 물에 타서 사용하였습니다. 이렇게 하다 보니 좋은 점을 많이 발견하게 되었는데, 합성 세제의 사용량을 줄일 수 있게 되었고 이제는 시중에서 판매하는 보습제는 끈적여서 사용하기가 꺼려지게 되었습니다.

EM을 연구하면서 환경이나 생물 쪽에도 다양한 관심을 갖게 되었고, 풍부한 경험을 쌓게 되었습니다. 지금도 저는 일상생활에서 과학적 연구주제를 찾는 것을 좋아합니다. 매해 과학전람회를 준비하면서 제 연구 결과를 하나하나 쌓아 나갈 것입니다. 그리고 실생활에서 활용하여 자연과 인간의 삶에 작은 힘을 보태 나갈 생각입니다. 그 실천의 하나로 저희 집은 여전히 EM 발효액을 이용하여 설거지를 하고 있으며, 콩나물과 무순을 집에서 직접 재배하여 먹고 있습니다. 물론 집에서 재배한 콩나물은 시중에서 판매한 것보다 질기고 맛은 없었지만, 무순은 비빔밥을 만들어 먹을 때 너무 맛있는 재료로 잘 활용하였습니다. 저는 이러한 일상생활의 과정 속에서 과학을 느끼고 배우는 계기를 매번 즐기고 있습니다.

5. 앞으로의 진로 계획 및 장래 희망에 관하여 기술하고, 선택한 진로로 가기 위해 그동안 노력해온 과정을 기술하십시오.

저는 4학년부터 항공 쪽에 관심이 많이 있었습니다. 자연스럽게 제가 꿈꾸는 미래의 모습은 공군항공관제사입니다. 저는 이 꿈을 이루기 위해 경상남도 진주시에 있는 공군항공과학고등학교에 지원하기로 마음먹었습니다. 이 고등학교는 우리나라 공군에서 설립하였고 지금은 44기의 학생들이 입학을 앞둔 반세기의 전통이 있는 학교입니다. 저는 5학년 겨울방학 때 부모님을 졸라 진주에 있는 학교를 직접 탐방한 후 제 꿈에 확신을 갖게 되었습니다. 전교생이 한 학년에 150명인 학교는 첫인상부터 군대라는 느낌이 들었습니다. 실제로 학교에 입학하게 되면 학생과 동시에 군인의 신분이 주어지게 되고 제복을 입고 생활해야 하며, 학교 졸업 후 7년간의 군복무가 의무로 주어지는 곳입니다. 저는 7년의 군복무로 인해 대학 진학의 길을 포기해야 한다고 할지라도 이 학교를 통해 제가 원하는 꿈을 이룰 수 있다는 확신과 군복무를 마친 후에도 공부의 길은 얼마든지 열려있다는 믿음 아래 반드시 공군

항공과학고등학교에 진학하기로 결정하였습니다.

어릴 때부터 과학에 관심이 많았기에 과학 잡지와 책과 신문을 재미있게 읽었습니다. 책을 통해 원리를 깨달았고, 실험을 통해 머릿속의 지식을 직접 알 수 있는 노력을 게을리 하지 않았습니다.

신 나는 과학 창의 동산에 참가를 하여 이틀간 함께 한 친구들과 지속적으로 만나서 자신의 관심분야에 대한 토론을 하면서 몰랐던 부분도 알게 되었습니다. 과학은 혼자서 연구하고 끝을 맺는 것이 아닌 모두를 위해 유용하게 사용될 수 있는 방법을 찾아야 한다고 생각했습니다. 특히 항공관제사는 소중한 생명과 안전을 위한 정확한 판단을 내려야 한다는 생각으로 무슨 일이든 깊이 생각하고 결정하려고 합니다. 때문에 다른 친구들보다 초등학교와 중학교 때 배우고 알아야 할 것들이 많다고 생각하여 ＊＊대학교 영재교육원에서의 공부가 더욱 절실하다고 생각합니다.

6. 친구 관계 및 자신과 선생님과의 관계에 대해 기술하고, 봉사활동 중 적절한 사례를 선택하여 내용과 느꼈던 점을 기술하십시오.

친구들이 저에게 붙여준 별명 중에는 펭귄이라는 별명이 있습니다. 남극의 신사 펭귄을 닮은 의리 있는 친구라고 해서 붙여준 제 별명이 저는 참 좋습니다. 저는 "남의 말에 귀 기울일 줄 아는 친구가 되라."는 어머니의 말씀처럼 친구들의 고민을 묵묵히 들어주고, 그 이야기들을 제 마음의 비밀창고에 보관했을 뿐인데, 친구들은 그런 제 행동을 보고 멋진 별명과 함께 전교회장 후보로 저를 적극 추천해주었습니다. 이러한 경험으로 저는 친구들의 소중함과 삶의 지혜를 터득하게 되었습니다.

그리고 5학년 때 담임이셨던 ＊＊＊ 선생님께서는 "＊＊야, 6학년 때 꼭 전교회장 후보로 나가서 3, 4학년 후배들의 목소리에도 귀 기울이고 5, 6학년을 위해서도 봉사할 줄 아는 사람이 되렴."이라고 저에게 격려를 해주셨습니다. 선생님의 이런 따뜻한 격려와 믿음으로 저는 전교회장 후보에 출마하게 되었고, 아쉽게 회장에 뽑히지는 못했지만, 전교 부회장으로써 친구들의 말에 귀 기울이며 모범적인 학생이 되기 위해 노력하고 있습니다.

제가 학교를 다니면서 해왔던 봉사활동으로는 5학년 때부터 시작한 방학 중 학교 봉사입니다. 이 봉사활동은 방학 동안 아침마다 학교에 나가서 운동장의 쓰레기도 줍고, 도서관의 책도 제자리에 꽂아 놓고, 화단의 잡초도 뽑고, 탁구부실 청소 등을 하는 일이었습니다. 저는 아침에 하는 봉사활동이었기 때문에 방학 중에도 규칙적인 생활을 할 수 있어서 좋았고, 친구들과 학교를 위한 일이라 생각하고 열심히 했을 뿐인데, 학교에서는 저에게 5학년 여름방학과 겨울방학 때 2번이나 봉사 표창장을 주셨습니다. 그리고 이번 6학년 여름방학 때에도 휴가기간을 빼고는 하루도 쉬지 않고 23일간 즐겁게 봉사활동을 하였고 또다시 표창장을 받게 되었습니다. 저도 매일 즐겁게 학교로 향하는 제가 신기합니다. 학교는 제게 많은 성취감을 준 곳이고, 매일 성장할 수 있도록 도와주는 배움의 장소입니다. 저 자신과의 약속을 지키며 봉사활동에 임하는 매일의 시간 동안 학교에 대한 사랑이 더 많이 쌓였습니다. 이러한 자발적인 봉사경험을 통해 남을 돕는 즐거움을 깨닫게 되었고 앞으로도 나만을 위한 삶이 아닌 남을 돕는 삶을 살아야겠다는 생각을 하게 되었습니다.

자기소개서 연관 예상 질문과 답안

대표 예상 질문

Q 숫자 0이 없으면 수학이 어떻게 되겠는가?

예상 답안

A 숫자 0이란 이진법에 포함되는 수이기 때문에 우선 우리 생활을 편리하게 해주는 컴퓨터나, 전자기기들이 존재하지 않으므로 우리는 아주 불편한 생활을 할 것이고, 이 때문에 어렵거나 복잡한 수학 계산들도 불가능해질 것이다. 또한 0은 많은 계산들의 항등원 또는 역원의 역할을 하기 때문에 이런 계산들을 해결할 수도 없을 것이다.

 추가 예상 질문

❶ 본인이 찾은 주변에서 접할 수 있는 과학 사실은 무엇이 있는가?
❷ 공군 관제사에게 필요한 지식이나 자질에는 무엇이 있을까?
   평소에 본인이 그에 걸맞은 사람이라고 생각하는가?
❸ 지금까지 실험활동의 기회가 별로 없었다고 했는데, 특별히 해보고 싶은 실험이 있는가? 그 이유는?
❹ 경사면을 이용한 무동력 자동차에 대하여, 가장 좋은 결과를 내는 자동차의 조건은 무엇이었는지 설명하라.
❺ 자신이 꿈을 이루어 공군관제사가 된다면, 이 일을 통해 남들에게 봉사할 수 있는 일은 무엇이 있을까?

Case

42

KEYWORD

생물
수학
영재학급

1. ＊＊대학교 영재교육원에 지원하게 된 동기

안녕하세요? 저는 ＊＊초등학교에 다니는 ＊＊＊입니다. 제가
전공을 수학으로 선택한 이유는 첫째로는 가장 좋아하는 과목이
기 때문입니다. 혼자 힘으로 어려운 수학 문제를 풀고 나면 기분
이 좋아지고, 퍼즐이나 레고도 입체를 만들 수 있어서 좋아합니
다. 둘째로는 장토끼의 경우 피보나치 수열로 새끼를 낳아가고 클
로버도 피보나치 수열로 잎이 생기는 것을 수학책에서 읽고, 수학
때문에 생물에 관심이 더 생겼습니다. 그래서 수학이 생물에 주는
영향을 연구하고 싶어 생물학자가 되기로 결심했습니다.
제가 ＊＊대 영재교육원에서 교육을 받을 수 있다면 훌륭한 교수
님께 수학을 배우고 제가 궁금하고 알고 싶었던 깊이 있는 공부를
하고 싶습니다. 기회를 주신다면 열심히 공부해서 점점 성장해가
는 모습을 보여드리고 싶습니다.

2. 지원한 전공과 관련하여 스스로 영재성이 있다고 생각하게 된 계기나 경험들을 3가지 이내로 기술하십시오.

평행사변형과 마름모의 성질을 알아보고 변의 길이와 각의 크기
구하는 문제를 매번 제일 빨리 구해서 선생님은 "＊＊는 역시 수
학을 잘하는구나" 라고 칭찬해 주십니다. 친구들도 매번 인정해
주고 어려운 문제는 와서 물어보곤 합니다. 친구들과 카드게임을
할 때도 친구들이 늘 "＊＊야 점수 계산해 줘!" 해서 머릿속으로
계산한 점수를 말하면 "왜 이렇게 빨라" 하고 말해주어서 기분이
좋고 혼자서도 계산연습을 합니다. 하노이 탑, 소마큐브, 로드맵,
팬토미노 등 교구를 가지고 그것들의 규칙을 알아내고 놀이하는
것을 좋아하는데, 소마큐브의 경우 여러 가지로 맞추어 볼 수 있
어서 계속 변형하고 새로운 방법을 찾아 정리해 두곤 합니다. 지
금까지는 수학에 대한 재능을 계발했다면 ＊＊대에서는 생물에
대한 재능을 계발할 것입니다.

초등고

3. 지원 전공과 관련된 내용을 학교에서 배울 때 가장 흥미로웠던 학습 주제를 소개하고 그에 관하여 심화해서 배우거나 연구한다면 어떻게 학습할 것인지 간략한 학습 계획을 작성해 보세요.

영재학급 수업시간에 고대 수에 대해 공부한 시간이 있었습니다. 그중에서 고대 이집트 수는 사물의 모양을 본 떠 만든 상형문자이고, 고대 바빌로니아 숫자는 60진법이고 두 개의 기호가 사용되고 위치에 따라 숫자의 의미가 달라진다는 것을 배웠습니다. 고대 마야 숫자는 20진법으로 기호가 세 개이며 다른 고대 숫자에 비해 0을 의미하는 기호가 있고 위로 수를 쌓아가는 특징이 있습니다. 고대 로마 숫자는 10진법을 사용하였고 다른 고대 숫자에 비해 기호가 많았습니다. 이 외에도 중국 숫자와 인도·아라비아 숫자 등이 있는데 각 숫자들의 공통점과 차이점을 정리해서 저만의 새로운 수를 만들어보고 싶습니다. 특히 고대 이집트의 상형문자처럼 저도 생물의 다양한 특징을 적용하여 새로운 거대수의 단위를 설계하고 싶습니다.

4. 앞으로의 진로 계획 및 장래 희망에 대하여 기술하고, 선택한 진로를 위해 앞으로 어떤 노력을 할 것인지 계획을 써 보세요.

저는 생물학자가 되어 여러 가지 미생물에 대해 연구하고 싶습니다. 재작년과 작년에 가축전염병이 돌아서 구제역에 걸린 많은 소와 돼지를 매몰시키는 것을 뉴스에서 보고 큰 충격을 받았습니다. 눈에 보이지 않는 바이러스가 엄청난 결과를 가져오는 것을 보고, 우리 생활에 도움을 주고 해로운 바이러스에 맞설 수 있는 유익한 미생물에 대해 연구해 보고 싶습니다. 그리고 연구에 제가 만든 거대 수 단위를 연구해 적용해보고 싶습니다. 이런 제 꿈을 이루기 위해 저는 수학과 과학에 관련된 책을 많이 읽고, 부모님과 과학관에 가거나 과학행사에 틈틈이 참여하고 있습니다.

학교 공부와 영재학습 수업에 최선을 다해 공부하여 **대 영재교육원 초등영재를 거친 후에 중등영재에도 도전하고 이후에는 영재학교에 입학하고 싶습니다.

자기소개서 연관 예상 질문과 답안

대표 예상 질문
Q 수학 문제를 풀다가 풀리지 않으면 어떻게 하는가?

예상 답안
A 마음을 잠시 진정시킨 후 문제를 다시 읽으면서 놓친 부분이 있나, 어떤 원리를 이용할 것인가를 다시 생각한다.

추가 예상 질문

❶ 장토끼가 피보나치 수열로 새끼를 낳는 것처럼, 수학이 생물에 주는 영향은 또 무엇이 있는가?
❷ 숫자를 문제 해결 진법으로 표현했을 때, 각각의 특징과 10진법만이 갖는 장점은 무엇이 있는가?
❸ 생물학자가 우리 사회에 어떤 기여를 하고있다고 생각하는가?
❹ 영재원이 자신의 꿈에 어떤 도움을 줄 수 있을 거라 생각하는가? 특별히 배우고 싶은 것은 무엇인가?

1. ＊＊대학교 과학영재교육원에 지원하게 된 동기를 기술하세요.

우리 가족은 독서광입니다. 거실 벽에는 수많은 책들로 둘러싸여 있습니다. 부모님께서는 가족 전체가 다 함께 공부할 수 있도록 거실에 커다란 책상을 두셔서 독서하는 환경을 만들어 주셨습니다. 과학, 문학, 한의학 서적 등 다양한 책들이 있지만 저는 그중에서 과학에 관한 책을 제일 좋아합니다. 과학에 관한 책 중에서 가장 감명 깊게 읽은 책은 '암스트롱을 꿈꾸는 어린이를 위한 달' 이야기책입니다. 그 이유는 암스트롱은 인류 최초로 달을 밟은 사람입니다. 달을 밟기 전까지만 해도 많은 사람들은 달이 먼지투성이의 늪이라 제대로 걷지 못하고 빠지게 될 거라고 생각했지만, 암스트롱이 달에서 걷는 생생한 모습을 통해 그런 생각들이 모두 사라졌습니다. 이 책을 읽으면서 무엇이든 처음으로, 최초로 인간이 모르는 것, 발견하지 못한 점을 해결해 내는 과학자의 힘에서 암스트롱의 용기와 과학의 힘을 깨달았습니다.

유치원 때는 프로젝트 접근법에 따른 아기 프로젝트 활동을 통해 아기 탄생의 신비 및 성장 과정과 특징에 대한 탐구활동을 하면서 아기 박사상을 원장님께 받았습니다. 또 다른 사람 말을 주의 깊게 들어 어휘력 표현에서 최고상과 발표력이 뛰어난 상도 받았습니다.

현재는 교육청 영재학급에서 수학과 과학 공부를 하고 있습니다. 몇 개월 동안 공부하면서 과학이나 수학에 대한 흥미와 성적이 많이 좋아졌습니다. 과학 공부를 계속할 수 있는 곳을 찾던 중 ＊＊대 과학영재교육원을 선생님께서 추천해주셨습니다. 인터넷으로 홈페이지를 열어보니 여러 가지 내용이 소개되어 있었는데 무엇보다도 대학교에서 수업하는 것이 좋아 보여서 지원하게 되었습니다. 저도 꼭 합격하여 초등부 심화반과 사사반에서 과학 공부를 열심히 하여 제 꿈을 키워보고자 합니다.

2. 지원 전공(수학 또는 과학)에 대하여 흥미와 관심을 가지게 된 계기를 구체적으로 기술하세요. (인물, 사건, 서적 등)

저희 집은 유치원 때 한의원 3층이었습니다. 1, 2층과 지하는 아버지가 일하시는 한의원이었는데, 어려서 저는 자주 한의원에 놀러 갔습니다. 특히 지하에는 약제실과 약탕실이 있어서 호기심이 많은 저는 자주 약재를 구경하고 놀았습니다. 여러 약재가 있었고, 그중에서 해마라는 약재를 가장 좋아했는데, 저는 나중에야 그것이 바다에 사는 생물인 줄 알았습니다. 하루는 아버지께서 과학실험을 하는 비이커랑, 깔때기, 플레이트 등으로 무엇인가를 만들고 계셨습니다. 궁금해서 여쭤보니 삼백이황고, 자운고라고 하는 한약 연고를 만든다고 하셨습니다. 그것은 피부를 치료하는 것이라고 설명해 주셨는데, 어떻게 한약을 달여서 연고를 만들까 몹시 궁금했던 그 과정을 자세히 살펴볼 수 있었습니다. 혼합된 한약재를 끓인 다음 벌집에서 추출한 황납에 섞어서 거른 다음 굳히면 연고의 형태로 만들어지는 것이었습니다. 다 만들어진 삼백이황고라는 연고를 피부에 발라봤더니, 파스처럼 시원한 느낌이 들었습니다. 지금도 여름철에 모기에 물려서 가렵고 따가우면 저는 그 연고를 바르는데, 시원하고 금방 가라앉습니다. 자운고는 화상이나 피부가 갈라진 곳에 사용한다고 합니다. 여러 가지 중요한 직업이 있지만 아픈 사람을 치료해주는 것도 아주 훌륭한 직업인 것을 알았습니다.

저는 그때부터 사람을 치료하는 한의학에 궁금함을 가지게 되었고, 특히 과학이 바탕이 되어야 한다는 것을 알았습니다. 앞으로는 한약재로 쓸 수 있는 식물이나 동물들이 환경오염 때문에 많이 줄어들 것이라고 합니다. 과학의 힘으로 새로운 재배기술을 개발하거나 대량 생산을 할 수 있다면 그런 염려는 줄어들 것입니다. 한약이나 우리가 먹는 음식에는 농약 등으로 오염될 수 있다고 합니다. 유기농 채소를 만드는 것처럼 유기농 재배방법으로 한약재를 개발하는 방법도 생각해 볼 수 있다고 생각합니다.

저는 앞으로 더욱 과학을 열심히 해서 아버지가 마음 놓고 한약재를 쓸 수 있도록 연구하고 싶습니다.

3. 교내(영재학급, 과학영재교육원 포함)에서 참가, 참여했던 지원 전공분야(수학 또는 과학) 관련 대회 또는 활동 중 가장 인상 깊었던 과정과 그 내용을 기술하세요.

저는 여러 가지 분야의 책 중에서 과학에 관련된 책을 읽는 것이 가장 재미있고, 수업시간에도 과학 시간만 기다려집니다. 특히 영재학급에서는 여러 가지 실험을 자주 하니 제일 신이 납니다. 학교에서 모둠을 할 때는 누구보다도 더 적극적으로 해서 주로 조장이 되어서 실험을 합니다.

초등학교 3학년 여름방학 때 교내 과학탐구대회를 참가하기 위해 집에서 실험을 하여 그 결과를 제출한 리포트로 최우수상을 받았습니다. "봉숭아꽃은 어떤 액체에서 가장 오래 살까?"라는 탐구주제로 4일에 걸쳐서 실험을 하였는데, 준비한 용액은 식용유, 우유, 쌀뜨물, 포도 주스, 대조군(수돗물) 이었습니다. 우리 몸의 70%는 물로 이루어졌다고 합니다. 그만큼 생명활동을 위해서는 물이 중요한데, 여러 액체들이 식물에 어떤 영향을 미칠까 하는 생각이 들어서 실험을 하게 된 것입니다. 실험은 준비한 액체에 아파트 화분에 있던 봉숭아를 뽑아서 비커에 담근 다음 그 진행되는 변화를 관찰하였습니다. 실험으로 알고 싶은 것은 봉숭아의 잎, 줄기, 뿌리의 변화와, 어느 액체에서 가장 오래 살 것인지, 식물은 꼭 물만 먹어야 하는지에 대한 것 등 이었습니다. 실험 결과 식용유에 넣은 봉숭아가 가장 먼저 잎이 시들었고, 우유, 포도 주스, 쌀뜨물에 넣은 봉숭아 순으로 잎이 시들었습니다. 수돗물에 넣은 봉숭아가 가장 늦게 시들었습니다. 뿌리나 줄기도 비슷한 순서로 시들었습니다. 식물이 살아가는 데는 물이 가장 좋다는 것을 알게 되었습니다. 물속에는 식물이 살아가는 데 필요한 영양소가 들어있지만 우유, 쌀뜨물, 포도 주스, 식용유 등은 필요한 것도 있고 그리고 살 수 없는 독소 물질이 함유되어 있다는 것, 식물도 물을 일정한 시간에 바꾸어 주면서 길러야 변함없이 성장 할 수 있다는 것을 알게 되었습니다. 액체 속에 들어있는 함유물이 여러 가지 성분이 있어 침전이 생김을 보았고, 식물은 적당한 성장 조건(햇빛, 물, 공기와 온도 등)이 되어야 살 수 있다는 것을 느꼈으며, 뿌리, 줄기, 잎이 하는 일이 달라 시들어지는 모양이 다름을 느꼈습니다.

4. 지원 전공분야 외에 본인이 가장 자신 있는 분야와 자신 있어 하는 이유를 기술하세요.

저는 언어분야에 재능이 있다고 생각합니다. 어려서 꿈은 한동안 국제변호사가 되는 것이었습니다. 이유는 유치원 때부터 각종 행사에 발표도 하고 아나운서 역을 많이 하면서 칭찬을 받았기 때문입니다. 그리고 과학이 발전해야 나라가 잘살게 된다는 말을 들었습니다. 내가 나라를 대표하는 국제변호사가 된다고 하면 다방면의 지식이 있어야 된다고 생각이 들었고, 특히나 글로벌 시대에 국제적으로 소통이 되려면 여러 가지 언어를 알아두는 것이 도움이 되고, 과학이 이렇게 소중하다고 하면 어렸을 때부터 깊이 있게 공부해 두어야 된다고 생각합니다.

어려서부터 영어, 중국어를 꾸준히 공부하고 있습니다. 영어는 각종 대회에 참가하여 인증상, 말하기상, 학력평가상도 받았습니다. 영어는 어려서부터 배워오기는 했지만, 실제 생활에 더 잘 활용하기 위해서 초등학교 2학년 겨울방학에 필리핀으로 2개월 동안 어학연수를 다녀오면서 영어에 대한 많은 경험을 하였고 자신감도 생겼습니다. 부모님과 떨어져서 지내는 것이 무섭지 않느냐는 질문을 많이 받았지만 저는 영어공부가 너무 재미있어서 2개월이 너무도 빨리 지나갔습니다.

중국어는 오빠를 따라다니면서 처음 유치원 때 접하게 되었는데 정말 재미있었습니다. 그리고 초등학교 1학년 2학기, 3학년 2학기 학예회 때 장기자랑으로 중국어 노래를 불러서 많은 박수와 칭찬을 받아 더욱 자신감이 생겼습니다. 중국어 인증시험에서 HSK 2급에 합격하였고 다음 급수 시험도 즐겁게 준비하고 있습니다. 지난주에는 중국어 학원에서 공부를 하던 중 원장님 친구 중 고등학교 중국어 선생님이 놀러 오셨는데, 저하고 중국어로 대화를 나누었습니다. 초등학생이 중국어를 배우니 신기하셨던지 여러 가지 질문을 하고 대답을 했는데, 한 시간이 정말 어떻게 흘렀는지 모를 정도로 재미있었습니다. 시간이 되는 대로 다른 나라의 언어들도 더 많이 공부할 욕심을 가지고 있습니다.

5. 나의 장래 희망을 기술하세요.

저는 앞으로 ＊＊대 과학영재교육원 초등부 심화반에 입학하여 사사반을 거쳐서 꾸준히 과학을 공부하여 생명공학자이자 환경운동가가 되고 싶습니다. 특히나 한의사인 아버지가 하시는 한의학을 발전시키기 위해서 한약의 성분과 효능에 대해 꾸준히 연구하여 멸종이나 오염의 걱정 없이 한약재를 사용할 수 있도록 하고 싶습니다. 또한 한의학의 자연 친화적인 특성과 우수성을 세계에 알리고 싶습니다. 환경오염 때문에 줄어드는 한약재를 과학의 힘으로 새로운 재배기술을 개발하고, 대량생산을 할 수 있도록 하고 싶습니다. 또 유기농으로 재배하는 한약재를 개발하여 농약, 방사능의 오염 없이 사용할 수 있었으면 좋겠습니다.

제가 좋아하는 바다에 사는 해마 같은 경우는 기후변화를 비롯한 해양환경의 변화, 서식지 파괴 그리고 약재 사용 목적으로 수없이 많이 잡은 결과 멸종이 되어 가고 있습니다. 그래서 국제자연보호연맹(IUCN)에서는 해마를 멸종위기 종으로 지정하여 보호하고 있고, 멸종위기에 처한 야생 동식물 및 생물상의 무역거래에 관한 국제 협약(CITES)에서는 자연 해마의 무역 거래를 불법으로 규제하고 있습니다. 하지만 아직 우리나라는 보호종으로 지정되지 않아 언제 우리나라에 서식하는 해마가 어떤 위협에 직면하게 될지는 아무도 모릅니다. 이렇게 위기에 내몰린 해마를 보호하기 위해 국립수산과학원에서는 인공대량번식을 연구하여 성공하였는데, 국립수산과학원의 연구 성과처럼 훌륭한 일이 바로 제가 하고 싶은 것입니다. 그러기 위해서는 꾸준히 과학 공부를 열심히 하고 있습니다. 제가 훌륭한 생명과학자가 되어 연구한 것을 세계의 많은 사람들에게 정확하게 전달할 수 있도록 외국어 또한 열심히 공부하겠습니다.

지금은 작은 노력에 불과하지만, '천 리 길도 한 걸음부터'라는 말처럼 지금 하는 여러 가지 노력들이 나중에는 큰 열매를 맺을 수 있는 바탕이 된다는 것을 알고 있습니다.

자기소개서 연관 예상 질문과 답안

대표 예상 질문

Q ＊＊시에 필요한 미용사의 수는?

예상 답안

A ＊＊시에는 대략 1천만 명의 사람들이 있고 그중에 남자는 약 500만 명, 여자는 500만 명이라 할 수 있다. 남자는 약 1달에 1번꼴로 미용실에 가고, 여자는 약 2달에 한 번씩 미용실에 간다고 볼 때, 1년 동안 ＊＊시민은 약 9,000만 번 미용실에 간다. 한번 미용실을 찾을 때마다 걸리는 시간은 약 1시간이라 했을 때 9시간 근무를 기준으로 미용사 한 사람당 하루에 9명의 손님을 받을 수 있다. 미용사가 일 년에 약 300일 일한다고 하면 $300 \times 9 \times ($미용사의 수$)=90,000,0000$ 되어야 하므로 ＊＊시에 필요한 미용사의 수는 약 33,333명이다.

 추가 예상 질문

❶ 교육청 영재활동에서 자신의 수학, 과학적 흥미를 높여준 활동을 하나 들어본다면?
❷ 대학교에서 수업하는 것이 왜 좋아 보였는가? 무엇을 배울 수 있을 거라 생각하는가?
❸ 과학탐구대회에서 실험을 통해 얻은 결론과, 그 원리가 무엇인지 설명하라.
❹ 언어분야에 재능이 있다고 했는데, 이것이 자신의 꿈을 이루는 데에 어떤 도움을 줄 수 있으리라 생각하는가?
❺ 실험을 계획하고 진행하는 데에 있어서 본인이 가장 중요하다고 생각하는 것은 무엇인가?

KEYWORD

발명
과학캠프
바이오산업
화학

1. ＊＊대학교 과학영재교육원에 해당 전공으로 지원하게 된 동기에 관하여 기술하십시오.

어린 시절 우연히 텔레비전 프로그램을 통해 재미있는 실험을 보게 되었습니다. 프리즘으로 무지개를 만드는 실험이였는데, 다른 재미있는 실험을 더 해보고 싶다는 생각에 '초등학교 때 꼭! 해야 할 재미있는 과학실험 365'라는 책을 샀습니다. 매일 하루에 실험 한 가지씩 꾸준히 하면서 과학에 흥미를 느끼게 되었습니다. 말을 하지는 않지만 과학은 과학 실험 과정과 결과를 통해 제게 매번 과학적인 답변을 해줍니다. 그리고 실험 결과와 연관된 책을 읽으면서 과학의 매력을 더 느끼게 되었습니다. 과학을 좋아하게 되면서 생활 속에서 불편한 점들을 과학을 이용해서 해결하겠다는 생각이 들었습니다. 그래서 발명에도 관심을 가지게 되고 대회가 있을 때마다 출품을 했는데 열선하이힐, 머리찜질기, 동전 액수 확인 기기 등의 작품을 만들었습니다.

얼마 전까지도 발명가가 되어야겠다고 생각했는데 과학 수업에서 저의 마음을 사로잡은 실험을 하게 되었습니다. 앙금생성반응 실험으로 염화코발트와 탄산나트륨을 이용하여 소금을 생성하는 실험입니다. 두 화학물질을 섞어서 가라앉은 앙금 위에 떠 있는 액체를 스포이트로 분리해 끓였을 뿐인데 바닷물을 길러 증발시켜야 나오는 소금이 나왔기 때문에 흥미로웠습니다. 그 뒤로 화학자가 되기로 마음을 먹었습니다. 특히 일본 후쿠시마 원자력 발전소 사고 직후라서 바다가 오염된 후에는 이렇게 화학 반응을 이용해서 소금을 생산하면 되겠구나 하는 생각이 들었습니다.

과학은 항상 가까이 있고 재밌게 저와 놀아주는 따스한 엄마를 떠올리게 합니다. 그러나 과학은 악용하면 매를 든 엄마처럼 무섭고 두려운 존재입니다. 과학을 잘못 이용하여 지구가 오염되어 재난이 닥치는 것처럼 인간을 위협하는 것과 같습니다. 저는 계속 화학자의 꿈을 품으며 병을 고치는 새로운 약품을 합성하고 싶고, **대 영재교육원에서 공부하면서 제 꿈을 이룰 수 있는 많은 공부를 하고 싶어 지원하게 되었습니다.

2. 가정환경(부모 교육관), 학교생활, 자신의 장점 및 단점 등 본인을 소개하는 내용을 기술하십시오.

1) 가정환경(부모 교육관)
저는 조부모님과 오랫동안 같이 살았습니다. 저희 조부모님께서는 저를 항상 격려해주시고 힘이 되어 주셨습니다. 그리고 먼저 바른 사람이 되는 것을 가르쳐주셨습니다. 저희 부모님께서는 제가 하는 일을 많이 지지하고 후원해주십니다. 엄마는 선생님이시고 아빠는 엔지니어이십니다. 그래서 엄마의 공부하는 습관과 아빠의 사물을 인지하고 연구하는 모습을 배웠습니다.

2) 학교생활
저는 주로 친구들을 이끄는 편입니다. 친구들과 놀러 갈 때에도 제가 계획을 세웁니다. 뿐만 아니라 문제 발생 시 가장 합리적인 방안을 내놓습니다. 전학을 많이 다녀 전학 횟수가 늘면서 이내 새로운 환경에 적응하는 속도가 빨라졌습니다. 그래서 항상 새로운 학교에서도 많은 친구들과 잘 지냅니다.

3) 장점 및 단점
저는 긍정적인 마인드를 가지고 있습니다. 저의 좌우명은 '1분 시간 낭비하면 (나의 목표)를 못 이룬다.' 입니다. 그때그때 저의 목표를 다시 떠올리며 힘내라는 저 스스로의 최면입니다. 그래서 목표의식이 강합니다. 저는 밝고 활동적이고 손재주가 좋습니다. 뿐만 아니라 발표를 잘하고 논리적이며 탐구하는 것을 좋아합니다. 호기심도 많고 아직 밝혀지지 않은 과학에 대해 생각하다 보니 스스로 공부하고 생각하는 습관이 생기면서 자립심이 강해졌습니다. 그러나 단점이 있다면 재미있는 일에는 너무 푹 빠져 절제를 잘 못한다는 점입니다. 과학 실험이나 수학 문제 풀기, 책을 읽을 때에는 푹 빠져 시간 가는 줄 모를 때가 가끔 있습니다. 하지만 어떤 한 가지에 푹 빠졌다가 헤어나고 나면 그분야에 대해서는 정말 많은 지식이 생겼다는 것을 알게 됩니다. 그래서 저는 제 이러한 특성이 단점이기도 하고 가장 큰 장점 중에 하나라고 생각됩니다.

3. 지원한 전공과 관련하여 스스로 재능이 있다고 생각하게 된 계기나 경험들을 구체적으로 기술하십시오.

7살 때 친구와 함께 보온병을 여러 가지 재료를 이용하여 만들어 전과 후의 온도를 측정하는 실험을 하였습니다. 염화칼슘으로 만드는 손난로도 만들었습니다. 물에 녹으면 발열반응을 하는 것도 보고서로 작성해보았습니다. 뿐만 아니라 과학 캠프에서는 팀 리더로도 선발되었고 여러 상도 받았습니다. 선생님께서는 제가 호기심이 많다고 칭찬하셨고 영재 수업에서도 수학, 과학에 많은 관심을 가지고 적극적으로 활동에 참여하였습니다.

또한 친구들이 잘 생각해내지 못하는 발명아이디어도 많이 떠올려 저의 여러 발명 중 하나가 아이디어 창고입니다. 이런 저의 장점을 살려 열선하이힐, 동전 액수 확인 기기, 머리찜질기, 종이컵 빨대 등을 만들었습니다. 열선하이힐은 겨울에 구두를 신고 다니시는 엄마의 발이 추워 보여 생각해낸 아이디어입니다. 그래서 전기장판의 열선을 떠올리고 에나멜선을 이용하여 하이힐 깔창 밑에 장치하였습니다. 비록 많이 따뜻하지는 않지만 엄마를 조금이나 도울 수 있다는 생각에 기뻤습니다. 동전 액수 확인 기기는 용돈의 액수를 간단하게 확인할 수 있도록 만든 것입니다. 같은 액수의 동전은 두께가 같다는 점을 이용하여 만든 것입니다. 그리고 원하는 양만큼의 동전도 꺼낼 수 있어 용이합니다. 머리찜질기는 머리가 아파서 열은 나는데 앉아있어야 할 때 용이합니다. 머리를 물수건으로 찜질해야 하는데 앉아서는 물수건이 아래로 떨어져 할 일을 제대로 못하게 되어서 만든 것입니다. 물수건 끝에 고리를 걸 구멍이 있는데 이 구멍으로 고리를 끼우고 고리는 끈과 연결되어 머리에 씌울 수 있습니다. 그리고 물수건이 따뜻해지면 물수건을 뒤집어야 하는데 그때 뒤집기 편하도록 벨크로도 장착하였습니다. 종이컵 빨대는 종이컵에 빨대를 장착한 것입니다. 양손에 물건을 잔뜩 든 상태로 물을 마실 때에는 엎질러지기 일쑤입니다. 그래서 종이컵빨대를 계발하였습니다. 커피숍에 있는 종이컵 빨대처럼 뚜껑이 있고 빨대가 끼워진 게 아닙니다. 만일 그렇다면 자동판매기에 쓰기가 어렵습니다. 그러나 제가 고안한 것은 여러 종이컵이 겹쳐질 수 있는 형태이기 때문에 사용하기 좋습니다. 종이컵을 혹 떨어뜨릴까 봐 옆 부분을 엄지가 잡을 수 있는 공간으로 오목하게 만들었습니다. 저는 할머니를 닮아 손재주도 좋아 만들기, 실험을 잘하였고 보고서 작성도 하며 진짜 과학자가 된 듯하였습니다.

과학책, 만화도 즐겨봅니다. 한번 한 실험에 대해서는 잊지 않고 기억하여 어느 날 비슷한 실험을 할 때 본능적으로 기억해내는 능력이 있습니다. 이를 계기로 저는 과학에 재능이 있다는 사실을 알게 되었습니다.

4. 지원한 전공 이외의 분야에 관심을 갖고 지속적으로 하고 있는 활동이나 경험이 있다면 기술하십시오.

화학 외에도 생물과 지구과학, 수학에 관심이 많습니다. 과학과 수학 공부를 하면서 어린 시절을 보냈습니다. 어릴 적부터 호기심이 많아서 아이들이 두려워하는 황소개구리 해부도 앞장서서 해보고 여러 실험도 앞장서서 하며 과학에 대해서는 많은 경험과 지식을 바탕으로 항상 리더가 되기 위해 노력합니다. 유전자가 정말 인간의 정보를 담고 있는지, 항상 몸에 일어나는 일들이 왜 일어났는지 고민해보기도 하고 하품을 하는 이유나 재채기할 때 심장이 멈춘다는 이야기가 사실인지 확인하기 위해 하품할 때 신체변화를 찾고, 재채기할 때는 가슴에 손을 얹고 심장박동을 느껴보려고 합니다. 활동이라고 하기는 어렵지만 지속적으로 하고 있는 저의 실험이자 발상입니다.

저는 우주에 관심이 많아서 밤에 돌아다닐 때 대부분 고개를 하늘로 치켜들고 별을 관찰하면서 다닙니다. 그리고 가끔은 돗자리를 깔고 하늘을 올려다보면서 우주의 모양이 어떤 모양인지, 4차원

세계는 어떤 모양인지 상상을 해보려고 노력하기도 합니다. 그리고 우주가 얼마나 거대한지도 상상해보고 지금 보고 있는 별이 예전 모습의 별이라는 사실에 놀랍기도 하고 신기하기도 합니다. 우주의 시작은 어디이고 정말 한 점에서 시작된 것인지, 우주 밖에는 무엇이 있고 평행우주라는 것이 있는지도 상상해보고는 합니다. 많은 과학수업을 통해 배우고 있습니다. 수학적으로는 우주와 관련된 우주의 모양(도형) 4, 5차원의 모습, 1.5차원과 같은 자연수가 아닌 차원은 어떤 것인지 고민해보기도 합니다. 제 일상은 과학적인 상상과 수학적인 증명으로 가득 차 있는 것 같습니다.

5. 앞으로의 진로 계획 및 장래 희망에 관하여 기술하고, 선택한 진로로 가기 위해 그동안 노력해온 과정을 기술하십시오.

저는 바이오산업에 기여하는 화학자가 되고 싶습니다. 화학을 많이 좋아하지만 병으로 아파하는 사람들을 위해 일하고 싶을 뿐만 아니라 화학을 통하여 병을 치유할 수 있는 알맞은 약을 만들고 싶습니다. 그러기 위해 꾸준히 과학수업을 하고 책을 통해 공부하였습니다. 뿐만 아니라 여러 과학 프로나 과학특강 등을 수강하고 ＊＊과학캠프와 ＊＊교대 캠프에 참여하여 마술 속에 숨은 수학과 로봇 관련 과학에 대하여 배우고 ＊＊교대 캠프에서는 포물선에 대하여 배우고 1, 2차 함수를 배우고 과학에 대한 경험을 많이 쌓았습니다. 에어로켓대회에서는 로켓을 잘 만들어 수상하였습니다.

캠프로 경험을 쌓는 일뿐 아니라 지금은 물리, 화학 선행을 마치고 생물 선행을 진행 중에 있습니다. 지식이 바탕이 되어야 더 창의적인 아이디어도 생기기 마련입니다. 그래서 혼자서 책을 사고 공부를 꾸준히 합니다. 틈나는 대로 집에 있는 실험 도구로 여러 가지 실험을 스스로 해보기도 하고 학교 과학실험부에도 참여하고 생태 텃밭 관찰도 하였습니다.

제가 살고 있는 ＊＊는 바이오산업을 이끄는 도시가 될 예정입니다. 저는 미래에 화학자가 되어 바이오산업을 이끄는 과학자가 되고 싶습니다. 바이오산업을 통해 많은 인류를 구제할 것입니다.

화학은 모든 학문과 연결되어있는 통로입니다. 화학은 우주의 기원과 관련이 있고 물리와도 관련이 있고 수학과도 관련이 있습니다. 무엇보다 생물과 큰 관련이 있습니다. 우리 인류를 구해준 약들은 모두 화학물질로 이루어진 것입니다. 그래서 * * 대 영재교육원 화학과에서 더 많은 것을 배워서 제 장래 희망을 이루는데 기초가 되는 많은 실험과 프로젝트를 진행하고 싶습니다.

6. 친구 관계 및 자신과 선생님과의 관계에 대해 기술하고, 봉사활동 중 적절한 사례를 선택하여 내용과 느꼈던 점을 기술하십시오.

저는 집안 사정으로 예기치 않게 전학을 여러 번 하게 되었습니다. 처음에는 전학을 하여 어색하고 새로운 환경에 적응하는 것이 쉽지만은 않았습니다. 그러나 전학하는 횟수가 늘면서 이내 새로운 환경에 적응하는 속도가 빨라졌습니다. 또한 토론대회에서 우수한 성적을 거두어 선생님과 아이들에게 인정받았습니다. 저는 저희 반에서도 모범생입니다. 제가 이사 때문에 전학을 많이 하였지만 모든 학교에서 우등생으로 불려 왔습니다. 친구들 사이에서도 인기가 좋은 편이었으며 항상 선생님께서는 예의 바르다고 하셨고 귀여워해 주셨습니다.

지금까지 선생님은 저에게 멘토가 되어 주셨습니다. 그리고 저는 선생님의 모범적인 제자가 되었습니다. 선생님께서는 제가 과학 실험을 많이 하여 친구들과 하기 어떤 실험이 좋을지 저와 의논합니다. 그리고 저는 선생님께 여러 가지 질문을 합니다. 대게 실생활 속 여러 현상에 관한 질문이었습니다. 그래서 저는 모르는 것이 있을 때 선생님께 질문하기 위해 질문 노트를 만들었습니다. 그리고 기회가 되면 선생님께 여쭈어 보았습니다. 그렇게 문제를 해결하고 나면 뿌듯하고 머리가 상쾌해지는 느낌이 듭니다.

예전에 공원에 가서 쓰레기 줍기를 하였는데 대다수의 사람들이 생각하듯이 깨끗해진 거리를 보고 뿌듯하기도 하고 자랑스럽기도 하였습니다. 그리고 친구들과 함께 활동하여 추억이 쌓였고 작은 우리에 있는 동물들도 구경하면서 소풍을 온 것 같은 기분이 들었습니다.

자기소개서 연관 예상 질문과 답안

대표 예상 질문
Q 구구단에서 찾은 규칙을 이용해서 보드게임을 만드시오.

예상 답안
A 9단에서는 1의 자리 숫자는 하나씩 줄어들고, 10의 자리 숫자는 하나씩 늘어난다. 2단은 짝수를 순서대로 늘어놓으면 된다. 4단은 2단에 속해있고, 8단은 4단에 속해있다. 따라서 8단은 3단에 속해있다.

추가 예상 질문

❶ 본인이 발명한 문제 해결 발명품 중, 하나를 들고 제작 과정과 동기를 말해보라.
❷ 소금을 생성하는 것 외에도 다른 앙금생성반응에 대해 알고 있는가? 말해보라.
❸ 특별히 개발하고 싶은 약품이 있다면 무엇이고, 그 이유는?
❹ 친구들과 학교생활을 하면서 문제가 생겼을 때 자신이 어떤 합리적인 방안을 제시했는지 사례를 하나 들어보라.
❺ 에어로켓 대회에서 특별히 좋은 결과를 내기 위한 자신만의 특별한 방법이 있었다면?
❻ 바이오산업이 어떻게 인류를 구제할 수 있는지 구체적인 생각을 말해보라.

Case
45

첨단 기업
창의력 페스티벌
골드버그

1. ＊＊대학교 과학영재교육원 해당 전공으로 지원하게 된 동기에 관하여 기술하십시오. (400자 이내)

저는 삼성전자와 같은 첨단 기업의 CEO가 되는 것이 꿈입니다. 미래 계획, 투자, 회사의 이익과 손해, 책임과 결정을 하기 위해 CEO의 리더십과 수학적인 논리력이 가장 중요하다고 생각합니다. ＊＊대 영재교육원에 가서 다양한 수학적 문제들을 해결하는 프로젝트를 해 보고 싶어서 지원하게 되었습니다.

어릴 때부터 수학과 과학에 관심이 많아서 공룡 책에서 본 공룡의 키와 몸무게 등을 실제로 상상하며 수에 대해 관심을 가지게 되었습니다. 사슴벌레 장수풍뎅이 같은 곤충도 앞면, 뒷면, 측면이 궁금하여 머릿속에서 입체적으로 생각하며 그려보곤 했습니다. 한 그림당 100번 이상 그린 적도 많고, 그런 취미 덕분에 도형을 좋아하게 된 것 같습니다. 도형과 연관된 프로젝트를 수행하는 방법에 대해 배우고 황금 비를 동물의 몸의 구조 안에 적용하여 동물의 속력과 비교하는 연구도 진행하고 싶습니다. 꼭 기회를 주세요. 감사합니다.

2. 지원한 전공과 관련하여 스스로 영재성이 있다고 생각하게 된 계기나 경험들을 3가지 이내로 기술하십시오. (400자 이내)

한국영재학회에서 주최한 창의력 페스티벌에 참여하여 서울 과학고에서 친구들과 골드버그를 만든 적이 있습니다. 미션은 일정 시간 내에 구슬을 떨어뜨리는 것이었는데, 구간마다 걸리는 시간을 계산하여 성공적으로 임무를 수행하였습니다. 그때부터 수학과 과학 모두에 관심을 가지게 되었고, 방학마다 저만의 골드버그를 설계하고 만듭니다. 입체를 그리는 취미 덕에 종이접기에 관심을 가지게 되었습니다. 일본인 작가 카미야 사토시의 작품집 중 '신곡철사'라는 책에 빠졌습니다. 30*30 색종이로 최고 275번을 접어야 한 작품이 완성되는데 두세 시간에 걸쳐서 작품을 완성하곤 했습니다. 또한 피아노 악보 속의 패턴과 규칙이 저는 잘 보여서 악보를 쉽게 외우고 편곡을 해서 연주를 합니다. 모두 평소 저의 수학 실력에서 나온 성과라고 생각합니다.

3. 지원 전공과 관련된 내용을 학교에서 배울 때 가장 흥미로웠던 학습 주제를 소개하고, 그에 관하여 심화해서 배우거나 연구한다면 어떻게 학습할 것인지 간략한 학습 계획을 작성해보세요. (400자 이내)

시 교육청 영재학급수업에서 수학 시간에 경우의 수와 확률에 대해 배우면서 조합을 이용해 '슈퍼마리오'라는 게임에 접목해 '마리오의 수학여행'이라는 주제로 보드게임을 만들었습니다. 정육면체 주사위와 정십이면체 주사위로 얻은 점수로 말이 이동하며 목표지점에 도착하도록 합니다. 창의력과 협동심도 길러졌고, 그에 대한 수학적 요소 때문에 새로운 수학지식도 얻을 수 있었습니다. 또한 과학전람회, 청소년 과학탐구대회, 과학탐구토론대회, 천체관측대회에서도 과학보다는 수학적 논리로 문제를 해결해 나갔습니다. 앞으로는 축구공의 숨은 수학적 원리에 대해 더 탐구하고 정오각형과 정육각형 아닌 다른 모양들로 구성된 축구공의 탄성을 비교하는 연구를 해 보고 싶습니다. 수학과 과학이 연결된 연구가 될 것입니다.

4. 앞으로의 진로 계획 및 장래 희망에 대하여 기술하고, 선택한 진로를 위해 앞으로 어떤 노력을 할 것인지 계획을 써 보세요. (400자 이내)

부모님은 항상 저에게 세상에 좋은 영향력을 주는 사람이 되라고 하십니다. 세상을 바꾸는 힘은 앞으로는 첨단 기술에 있다고 생각하며 삼성전자와 같은 첨단 기업의 CEO가 되는 것이 꿈입니다. 항상 신문을 챙겨보며 시사에 관심을 가지고 있습니다. 피타고라스, 아르키메데스, 레오나르도 다빈치, 카르다노, 뫼비우스 등 제가 좋아하는 수학자들의 연구를 많이 배우고 그것을 기업 경영에 활용하겠습니다. 돈이 많아야 꼭 어려운 사람을 도울 수 있는 것은 아니지만 빌 게이츠처럼 많은 돈을 기부하면 더 많은 사람을 도울 수 있기 때문입니다. 저는 꼭 제 꿈을 이루어서 어려운 사람들을 많이 도와주고 싶습니다. 저는 **대 영재교육원에서 제가 좋아하는 수학을 깊이 있게 배우고 싶습니다. CEO에게 수학은 필수라고 생각합니다. 전교회장의 리더십과 **대 영재교육원에서의 깊이 있는 배움으로 우리 사회에 약자를 위해 일하고 싶습니다.

자기소개서 연관 예상 질문과 답안

대표 예상 질문

Q 감명 깊었던 책은 무엇인가?

예상 답안

A 페르마의 마지막 정리이다. 페르마의 정리는 수학 7대 난제 중 하나로, 아주 오랫동안 증명하지 못한 문제였는데, 앤드류 와일즈라는 수학자가 이를 증명하게 된 과정을 쓴 책이다. 어렸을 적 단순한 호기심으로 그 문제를 증명하겠다는 생각부터, 결과적으로 그것을 정말 해결하기까지 실패도 겪었지만 수학의 새로운 영역까지 발견하면서 수학사에 공을 세웠다는 내용이었다. 나도 내가 미래에 하고 싶은 일들이 지금은 단순한 희망 사항이지만 정말 해결해 보겠다는 동기와, 조금씩 노력을 해가면 앤드류 와일즈라는 수학자처럼 무언가 이뤄낼 수 있다고 생각이 든다.

추가 예상 질문

❶ 수학적 능력을 요구하는 직업이라면, 꼭 첨단 기업의 CEO가 아닌 연구원을 희망할 수도 있었을 텐데, 특별히 CEO가 되고 싶은 이유는 무엇인가?

❷ 본인이 리더십이 있다고 느낀 사례나, 리더십을 키우기 위해 노력하고 있는 것이 있다면?

❸ 삼성전자와 같이 본인이 관심을 갖고 있는 첨단 기업이 있는가? 그곳의 대표적인 첨단산물은 무엇이 있으며, 그것을 이루기 위해 기업체 내에서 어떤 노력이 필요했는지 말해보라.

❹ 골드버그 장치를 설계했을 때, 창의적인 방법으로 설계한 구간이 있다면 설명해보라.

❺ CEO에게 수학적 능력이 왜 필요하다고 생각하는가? 수학을 통해 배울 수 있는 자질은 무엇인가?

❻ 자신이 앞으로 첨단 기술을 통해 사회에 어떤 기여를 하고 싶은가? 특별히 구상하고 있는 것이 있는가?

KEYWORD

과학 특기생
임원 활동
과학

저는 ＊＊여자중학교 1학년에 다니는 ＊＊＊입니다. 저는 중학교에 들어와서 진로를 결정하기 위해 고민을 많이 하였습니다. 영어, 국어도 좋아하고, 수학, 과학도 좋아서 어느 쪽으로 공부를 해야 할지 결정하기가 힘들었습니다. 여러 가지로 생각해 본 결과 학교 시험 성적도 높고 흥미를 느끼는 과목이 수학과 과학이라는 것을 알게 되었습니다. 제가 보기에도 평소에 관심과 적성이 맞다고 생각했습니다. 특히, 무엇을 연구해서 만들어 낸다는 것이 보람이 있을 거라 생각했습니다. 그리고, 현재 동생도 영재교육원에 재학 중이어서 동생을 보면서 학교에서는 할 수 없는 아주 좋은 수업을 받고 있다는 것을 알게 되었습니다. 그래서 저도 그런 수업을 받고 싶다는 욕심이 생겨 ＊＊대 영재교육원에 지원을 하게 되었습니다. 실험도 하고 창의적인 산출물을 만들면서 제 과학에 대한 호기심도 키우고, 제 미래의 꿈인 과학자가 되기 위해서 노력하겠습니다.

어릴 적부터 사물에 대한 호기심과 탐구심이 많았습니다. 어떤 문제가 있을 때 풀어가는 과정에서 흥미와 기쁨을 만끽할 수 있었습니다. 무조건 암기하여 공부하는 것보다는 생각하고, 연구하는 것이 재미있었습니다.

제가 과학에 더욱 관심을 갖게 된 동기는 학교에서 과학 특기생으로 뽑혀 과학에 대하여 좀 더 집중적인 공부를 하게 된 것입니다. 중학교에 모여서 매주 실험 한 가지씩하고 발표를 하는 수업이었는데, 한 학기 동안 꾸준히 이어졌고, 학교에서는 해 보지 못한 다양한 실험과 제작 활동을 하였습니다. 그러면서 제가 쉽게 모든 활동을 소화한다며 선생님께 칭찬도 들었고, 조별 대표로 발표할 때는 제가 주도적으로 발표를 하게 되면서 나에게도 이런 과학적 재능이 있었구나 하는 생각이 들었습니다. 그리고 학교에서도 1

학기 때 반장 생활을 하면서 사람은 자기가 하고 싶은 일을 재미있게, 그리고 많은 사람들에게 도움을 줄 수 있는 것이 중요하다고 생각하게 되었습니다.

저는 이 세상에 존재하는 많은 일들이 모두 중요 하다고 생각합니다. 그 모든 것은 사람을 위한 일이며, 그중에서 힘들기는 하지만 과학자처럼 미지의 분야를 연구하고 개발해서 많은 사람들에게 혜택을 줄 수 있는 일을 하고 싶습니다. 남에게 화려하게 보이는 일보다 묵묵히 보이지 않는 곳에서 생산적인 일들을 하고 싶습니다. 아직도 과학 분야는 개척할 부분이 너무 많은 것 같습니다. 배울 수 있는 좋은 환경에서 조기에 집중하여 공부하는 것이 필요하다고 생각합니다. 저는 새로운 것을 발견하고, 만들고, 연구해서 많은 사람들이 건강하고, 행복하게 사는 나라를 만들고 싶습니다. 우리나라 과학기술이 세계에서 우수하다고 학교에서 배웠는데, 제가 생각하기에는 아직도 미국이나 일본보다는 약하다고 생각합니다. 퀴리 부인처럼 노벨화학상이나 물리학상을 탄 과학자도 없고요. 제게 기회가 주어진다면 열심히 공부해서 퀴리 부인처럼 유명한 과학자가 되어 노벨상을 타고 싶습니다. 감사합니다.

 자기소개서 연관 예상 질문과 답안

대표 예상 질문
Q 수학 사고력 문제를 만드시오.

예상 답안
A 케이크를 단 3번의 칼질로 총 8등분을 하려고 한다. 어떻게 잘라야 하는가?

 추가 예상 질문

❶ 문제 해결 과목 중에 자신이 수학, 과학에 적성이 맞다고 느낀 계기는 무엇인가?
❷ 과학 특기생이 되어서 어떤 활동과 수업을 했는지 특별히 기억에 남는 것이 있다면 말해보라.
❸ 임원활동을 하면서 자신의 반을 위해 어떤 노력을 했는지, 스스로 리더십이 있다고 느꼈던 적은 언제였는지 말해보라.
❹ 앞으로 과학이 발전하여 사람들에게 어떤 혜택을 줄 수 있을 거라 생각하는가? 그리고 자신이 현재 어떤 혜택을 받고 있다고 생각하는가?
❺ 노벨상을 수여한 과학자를 알고 있는가? 그의 업적과 배울 점은 무엇인가?

저는 어렸을 적부터 수학자가 꿈이었습니다. 아빠께서는 판·검사를 권유하셨지만 저는 수학자라는 꿈을 잊을 수 없었습니다. 그래서 수학 공부에 열심히 매달렸습니다.

2학년 때부터 학원에 다니면서 경시대회란 경시대회는 모조리 나가서 상을 타 왔습니다. 그리고 3~6학년 때에 교내 수학 경시대회에서 연속 최우수상을 탔습니다. 이렇게 수상을 할 때마다 수학을 더 열심히 해야겠다는 의지가 강해지고, 저처럼 수학을 좋아하고 열심히 하는 친구들을 볼 때마다 "나도 더욱더욱 열심히 해야겠다"는 생각이 들어 자다가도 벌떡 일어나서 풀지 못했던 수학 문제에 매달린 적도 있었습니다.

전국 단위의 큰 대회에 가서 제 실력을 점검해 보고 싶은 생각에 6학년 때부터 KMO 같은 경시대회를 본격적으로 준비하기 시작했습니다. 특히, 방학 때에는 매우 바쁘게 지냈습니다. 아침에 일어나자마자, 여러 학원을 가서 밤이 돼서야 돌아왔습니다. 하지만 그대로 잠을 이룰 수는 없었습니다. 왜냐하면 수학은 스스로 문제를 해결하려고 노력해야지만 실력이 향상되기 때문입니다. 배운 내용을 제 것으로 만들기 위해서는 더 높은 수준의 문제에 끊임없이 도전하는 것이 필요하다고 항상 느껴 왔기 때문에, 혼자 문제를 푸는 일을 게을리하지 않습니다. 이런 생활이 힘들기도 하지만, 저는 힘들다고만 생각하지는 않았습니다. 수학자라는 목표를 꼭 이루기 위해서 해야 하는 행복한 경험이기 때문입니다. 수학이 적성에 딱 맞기 때문에 지루하다는 생각이 들지 않고 열심히 한 만큼 그것에 대한 좋은 성과를 얻을 수 있기 때문에 수학이 더 좋아지기만 합니다.

중1 겨울 방학은 KMO 시험을 준비할 수 있는 중요한 시기라서, KMO 대비를 열심히 하고 있습니다. 방학 동안에 정수론, 기하에 대해 배우고 있는데, 어려운 문제가 많습니다. 어려운 문제를 만날 때마다 많은 시간을 투자해 열심히 생각을 합니다. 생각을 하다 보면 풀리는 문제가 많습니다. 어려운 문제를 풀었을 때, 그 기쁨은 정말 큽니다. 이러한 것들은 저를 지치지 않게 하는 활력소를 제공해 줍니다.

제가 **대학교 시험을 본 이유는 선생님들로부터 또는 친구들로부터 배워 수학적인 재능을 기르기 위해서입니다. **대학교에서 열심히 배우고 훈련해서 꼭 그에 대한 좋은 성과를 얻고 싶습니다. 제가 열심히 수학을 공부하는 모습을 꼭 보여드리고 싶습니다. 제게 **대 영재교육원에서 공부할 수 있는 기회를 꼭 주시기를 부탁드립니다.

감사합니다.

자기소개서 연관 예상 질문과 답안

대표 예상 질문

Q 세 사람이 여행을 갔는데 여관비가 3만 원이라 만 원씩 걷어서 일하는 꼬마에게 주었다. 일행이 학생인 것을 안 여관 주인은 5천 원을 깎아주면서 일하는 꼬마에게 거슬러 주라고 시켰다. 그런데 5,000원을 셋이 똑같이 나눠 가질 수 없다고 생각한 꼬마가 욕심이 생겨서 2,000원을 슬쩍하고 남은 3,000원을 돌려주었다. 결국 일행은 만 원씩 냈다가 천 원씩 거슬러 받았으니 9천 원을 낸 셈이다. 그러면 세 명이 낸 돈은 9,000×3=27,000원이다. 여기에 꼬마가 슬쩍한 2,000원을 더하면 29,000원이 된다. 천 원은 어디 갔는가?

예상 답안

A 일행이 낸 27,000원은 주인장 25,000원과 꼬마가 슬쩍한 2,000원이다. 27,000원에 2,000원을 더하는 것은 잘못된 계산이다.

추가 예상 질문

❶ 어렸을 적부터 수학자가 되고 싶었던 계기가 있었는가? 부모님이 판·검사가 되길 바라시던 특별한 이유가 있는가?

❷ 수학 실력을 더 향상하기 위해 본인만의 특별한 공부법이 있다면 소개해보라.

❸ 수학의 여러 가지 분야 중에 가장 자신 있는 분야와, 어려워하는 분야는 무엇인가? 이유는?

❹ 본인이 수학을 공부해서 장래에 무엇이 되고 싶은가? 이를 통해 사회에 어떤 기여를 할 수 있을까?

Case
48

KEYWORD

대체에너지
창의캠프
수학·과학대회

저는 ＊＊중학교 1학년에 재학 중인 ＊＊＊입니다.

제 이름은 고른 무리 가운데에서 튀어 오르는 사람이 되란 뜻으로 부모님이 지어주신 것입니다. 부모님의 뜻을 받들어 창의적인 생각과 과학에 대한 깊은 애정을 남다르게 가지고 있는 사람이 되려고 합니다.

먼저 지원 동기부터 말씀드리자면 ＊＊대 과학영재교육원에 들어가서 창의적인 생각과 과학적 사고력을 기를 수 있을 것이라고 확신하기 때문입니다. 솔직히 저는 이번이 세 번째 도전입니다. 3학년, 6학년 때에도 영재교육원에 도전했었고 2차 시험까지 매번 통과했었습니다. 하지만 매번 3차 면접에서 탈락하는 슬픔을 겪었습니다. 하지만 저는 좌절하지 않고, 실패를 성공의 어머니라고 생각하며 그때마다 더 열심히 과학책을 읽고, 논리적으로 생각하는 연습을 하였습니다. 또한 아이셉클럽 성적우수자로서 열심히 활동하며 ＊＊대 영재교육원에서 간접적으로 많은 것을 배울 수 있었습니다. 아이셉클럽에서 활동 할 때마다 ＊＊대 영재교육원에 들어가야겠다는 생각이 더욱 간절하기만 합니다. 이번 도전이 제 일생에서 영재교육원에 들어가는 마지막 도전이라도 생각하고 중학교에 올라오면서도 열심히 노력하여 왔습니다.

＊＊대 과학영재교육원에 지원하는 모든 학생들이 수학, 과학을 다 좋아하겠지만 저 또한 수학. 과학에 빠져 있습니다. 각종 수학. 과학 관련 대회에서도 나가 상도 받아 보았고, 그리고 ＊＊대 영재교육원에서도 수학, 과학 교육을 받았습니다. ＊＊교대 수학. 과학영재캠프, 골드버그 장치, 하노이 탑 창의 캠프 등 각종 리더십캠프에도 참여를 하여 공부만 하는 범생이가 아닌 우리 사회의 진정한 과학 리더로서의 자질을 키우기 위해 노력도 하였습니다. 앞으로도 좋은 기회가 오면 주저하지는 않고 도전할 것입니다.

불가능하다고 여기는 일을 가능하게 하는 마술과도 같은 과학을 좋아하는 저의 꿈은 화학자이며, 제가 특히 관심 있는 분야는 대체에너지 개발입니다. 세계 각국에서는 석유를 대신할 물질을 개발에 전력을 다하고 있습니다. 마땅한 대체 자원이 없는 우리나라이기에 연료 전지 개발에 많은 노력을 기울이고 있고 저도 어서 빨리 성장하여 창의적인 대체에너지 개발을 이루어 내고 말 것입니다. 브라질은 사탕수수를 이용하여 에탄올을 추출해 대체에너지로 개발하고 사용하고 있다고 합니다. 미래에는 자연에서 효소 등을 이용한 대체에너지 상품도 많이 나올 것이라 합니다. 하지만 자연에서 대체에너지를 얻어내는 것 또한 한계가 있을 것 같습니다. 브라질 또한 커피 경작지가 사탕수수밭으로 바뀌면서 많은 문제점도 발생하였습니다. 과학이 발달하면서 많은 편리성을 제공했다면 그로 인해 발생된 환경오염, 각종 질병 등 많은 문제점을 해결해 가는 것 또한 과학을 다루는 사람들의 몫이며 새로운 대체에너지 개발은 국가 경쟁력을 키우기 위해 필요한 많은 연구 중에서 핵심이라고 생각합니다. 아직은 많이 부족하고 구체적이지는 않지만 하나하나 배워가면서 제 미래를 완성해 가려고 합니다.

＊＊대 과학영재교육원에 들어가기 위해 오랜 시간 최선을 다해 노력한 사람 중의 하나인 저를 꼭 뽑아 주셔서, 제가 미래 과학자로서 성장할 수 있는 기회를 꼭 주시기를 부탁드립니다.

자기소개서 연관 예상 질문과 답안

대표 예상 질문
Q 50년 후의 세상의 모습이 어떠할지 상상하여 말해 보시오.

예상 답안
A 과학기술의 놀라운 진보로 사람은 보다 움직이는 일이 줄어들 것이다.
이동을 할 때도 밥을 먹을 때도 사람과 연락을 할 때도 모든 일에 기계가 관여되어 자동화돼 있는
세상일 것 같다.

 추가 예상 질문

❶ 영재교육원을 여러 번 지원했었는데 실패를 통해 무엇을 배웠고, 다시 도전하기 위해 어떤 노
력을 해왔는지 설명해보라.
❷ 각종 수학, 과학 관련 대회에서 상을 받았다고 했는데, 어떤 대회에 참가했으며 본인의 실력을
점검하면서 느낀 점은 무엇인가? 대회를 어떻게 준비했는가?
❸ 본인이 생각하는 창의적인 대체에너지의 조건에는 무엇들이 있는가? 여기에 가장 적합한 현
재 에너지에는 어떤 것이 있는가?
❹ 대체에너지는 인간의 생활을 어떻게 이롭게 해주고 있는가? 만약 대체에너지가 없어진다면
우리 삶이 어떻게 달라질까?
❺ 여러 가지 창의 캠프를 참여하면서 가장 기억에 남는 활동은 무엇이었는가? 그 이유는?

49

프로그래밍
소프트웨어
하드웨어
프로젝트 활동

1. ＊＊대학교 과학영재교육원에 해당 전공으로 지원하게 된 동기에 관하여 기술하십시오.

안녕하십니까? 미래의 컴퓨터 프로그래머, 한국의 스티브 잡스를 꿈꾸는 ＊＊중 1학년 ＊＊＊입니다. 제 좌우명은 "Stay hungry, stay foolish"입니다. 항상 새로운 지식과 정보에 목말라 있는 저는 정말 머릿속이 바쁘고, 하고 싶은 일이 너무 많아서 하루가 48시간이라도 모자란 범상치 않은 중학생입니다. 하루하루 제 흥미와 호기심을 따라서 무엇이든 집중하고 바쁘게 자기 주도 학습을 해내기 때문에 관심사가 바뀔 때마다 한 가지씩 전문가적인 지식을 갖추는 분야가 늘어납니다. 제 꼬리에 꼬리를 무는 흥미와 호기심은 모든 학습의 시작이며 과정이며 마무리입니다. 하지만 아직 과정에 계속 머물면서 제 호기심을 끊임없이 자극하는 영역이 있습니다. 바로 컴퓨터 프로그래밍입니다.

저는 초등학교 4학년 때 친구 덕분에 컴퓨터에 관해 관심을 가지게 되었습니다. 맨 처음에는 기본적인 컴퓨터 지식을 습득하다가 프로그래밍의 세계를 처음 알게 된 순간, 우리가 사용하는 프로그램이 어떻게 만들어지는지, 또한 나 스스로 그런 것을 만들 수 있다는 생각에 프로그래밍에 매료되었습니다. 그 후로 계속 프로그래밍에 관심이 있었던 저는 여러 ActionScript 3.0 Animation, ActionScript 3.0 for designer, 안드로이드 프로그래밍 등 관련 서적을 구입해 프로그램을 공부하였고 현재는 C언어를 공부하고 있습니다.

프로그래밍 말고도 하드웨어에도 관심이 생기기 시작하여 "PC 조립 & 하드웨어, Windows Vista 최신 컴퓨터 조립하기" 같은 하드웨어 관련 서적을 구입하여 보았습니다. 또한, 항상 제가 불만이었던 집의 좋지 않은 컴퓨터 사양을 업그레이드할 기회를 얻었습니다. 이때 그동안 독학한 컴퓨터 하드웨어에 관련한 지식을 사용해 부품도 제가 선택하고, 아빠의 도움을 받아 직접 컴퓨터를 조립했습니다. 힘은 들었지만 제가 조립한 컴퓨터를 사용할 때마다 컴퓨터에 대한 애착이 강해지고, 앞으로 더 체계적이고, 더 깊게 그리고 더 많은 것을 공부하고 싶다는 생각이 들었습니다. 지금 자기소개서를 쓰는 이 컴퓨터도 제가 책을 보고 직접 조립한 컴퓨터입니다.

예전부터 ＊＊대 과학영재교육원에는 정보과학 전공이 있다는 이야기를 부모님께 들었습니다. 정보과학 심화반을 통해서 컴퓨터 프로그램에 대해 더 공부하고, 정보과학을 공부하고 나서 향후에 사사반에 꼭 합격하여 저 스스로 프로젝트를 기획하고 ＊＊대 과학영재교육원 교수님의 도움으로 꼭 성공적으로 완성하고 싶다는 생각에 지원하게 되었습니다. 프로그래머가 되어서는 스티브 잡스가 한 말 "A lot of times, people don't know what they want until you show it to them." (보통, 사람들은 원하는 것을 보여 주기 전까지는 무엇을 원하는지도 모른다)처럼, 스티브 잡스 같은 창조적인 프로그래머가 되어 모든 사람들에게 원하는 것이 무엇인지 보여주고, 그동안 불가능했던 것을 가능할 수 있다고 보여주며, 그 누구도 생각하지 못했던 새로운 개념, 기술을 온 세상에 보여주며, 또한 궁극적으로는 예전에 빌 게이츠의 한마디인 "모든 세상의 책상에 컴퓨터가 하나씩 놓여있게 하고 싶다"처럼 사람들의 모든 생활에 컴퓨터 기술이 녹아 들어가게 해 사람들의 생활을 보다 편리하고, 윤택하게 하고 싶습니다.

2. 가정환경(부모 교육관), 학교생활, 자신의 장점 및 단점 등 본인을 소개하는 내용을 기술하십시오.

저는 1998년 5월 19일 경기도 ＊＊에서 태어났습니다. 5월 19일은 발명의 날이라 그런지 저는 예전부터 책에 나와 있는 실험을 하고, 새로운 것을 알고, 컴퓨터로 새로운 것을 만드는 것을 좋아했습니다. 새로운 것을 찾다 보니 무엇이든 스스로 알아가는 것을 좋아합니다. 다른 사람에게 배우는 것보다는 스스로 설명서를 읽어 보면서 하나씩 꼼꼼히 실행시켜 봅니다. 궁금한 것이나 모르는 것은 관련 서적을 구입해 읽거나 인터넷을 활용하면서 해결했습니다.

심지어는 화장실에서도 샴푸, 린스, 치약 등 성분을 꼼꼼히 읽고 새로운 물건이 집에 생기면 새로운 첨가물이 들어간 걸 보고 직접 체험하는 것도 즐겨, 엄마가 물건 사 오신 것의 성분과 안내서를 다 읽어보고, 써보고 그 호기심은 아직도 남아있어, 간장에 밥을 비벼 먹더라도 그 간장병을 식탁에 놓고 제품 특징, 성분 등을 보면서 먹습니다. 또한, 지금도 그렇지만 무엇 하나에 빠지면 그 생각만 하고 몇 날 며칠을 지냅니다. 어릴 때 부모님과 라이브 카페에 다녀온 뒤, "에스프레소", "카페라떼" 등의 커피 이름을 처음 보고 커피에 흥미를 느껴 50여 가지의 커피 종류를 이면지에 쓰고 보기도 하였고, 사극에 사약 이야기가 나왔을 때 독극물에 대한 자료를 모아 이면지에 줄줄이 붙여서 기록했습니다. 천문에 관심이 있을 때에는, 천체에 관한 책을 여러 권 구입해서 보고, 심지어는 영어 학원에서 영어이름도 해왕성이라는 뜻의 "Neptune"으로 정하고, 시골에서 모기에 공격을 받으며 한 시간 동안 밖에 누워 유성우를 찾은 적도 있었습니다.

자동차에 관심이 있을 때에는, 양재동 "서울 오토 갤러리"에 가서 세계의 쉽게 보기 힘든 자동차들을 보고, 서울대학교 공학관에 가 자동차 엔진 모형을 보기도 하고, 종합장에 회사 로고와 자동차의 구조를 그리기도 하였습니다. 올해 초에는 차(tea)에 관심이 많아 Ronnefeldt사의 Winter Dream, Celsestial Seasonings사의 Tangerine Orange Zinger, Twining 사의 Lady Grey 같은 차를 구입해서 먹어보고, 과학전람회 주제도 그것으로 정했습니다.

지금은 음악에 빠져 과학탐구보고서도 사람의 성대와 관련한 프로젝트를 진행하였지만, 무엇에 빠져있든 컴퓨터를 활용할 수 있어서 좋습니다. 4학년 때부터 지금까지 컴퓨터를 계속 좋아하고 있습니다. 저의 부모님께서는 주입식 교육보다는 창의적 교육을 중요시 하셨습니다. 그래서 엄마께서는 예전부터 무엇을 하라고 시키시기보다는 제가 원하는 것을 하도록 풀어주셨습니다. 아빠는 정말 융통성이 없을 만큼 성실하시고 제게 항상 공부든 일이든 자기가 좋아하는 것을 즐기면서 하라. 즐기는 자를 절대 이길 수 없다고 하셨습니다. 또한 아빠는 강요를 하시지 않으시고, 제가 좋아하는 것을 전폭적으로 지원해주십니다. 제가 관심 있는 분야에 대한 체험 활동이나 박물관 견학 등으로 저의 목마른 궁금증을 풀어 주시려고 많이 애쓰셨습니다. 제 성격은 굉장히 낙천적이며, 긍정적이고, 호기심이 아주 강하다고 주변에서 말합니다.

사소한 것 하나라도 거의 놓치는 것 없이 관심이 많아 다양한 지식을 습득했습니다. 낙천적인 면 때문에 약간은 느긋한 것이 흠이지만, 중요한 것이나 제가 좋아하는 것에 대해서 할 때는 절대 그렇지 않습니다. 그리고 다른 특징으로는 전시회나 식물원 등에 가면 설명을 꼼꼼히 읽어봅니다. 그래서 다른 사람들의 2~3배 정도의 관람 시간이 걸려 엄마와 아빠께서 나중에는 지쳐서 다른 곳에 앉아 계시곤 했습니다. 또, 저는 관심 있는 분야에 수집을 좋아해 판매하는 캐스트 퍼즐을 모두 수집하여 가지고 있고 잠자리에서도 만지작거리며 풀고, 맞추고 했습니다.

3. 지원한 전공과 관련하여 스스로 재능이 있다고 생각하게 된 계기나 경험들을 구체적으로 기술하십시오.

제 생각에 제가 가진 가장 큰 재능은 첫째, 아주 다방면에 호기심이 매우 강하다는 것입니다. 그리고 그 호기심을 채우기 위해 많은 서적과 인터넷 등을 활용하여 좋아하는 그 분야에 푹 빠진다는 것입니다. 초등학교부터 궁금한 것이 있으면 책을 사서 주로 독학으로 공부를 해왔고, 제 학습에서 장점이자 단점이라고 할 수 있는 내가 좋아하는 관심 분야에 푹 빠져 시간을 보내면, 그 한 가지에만 집중해서 대체적인 지식을 습득하기 전까지 좀처럼 빠져나오지 못하는 것입니다. 학교 공부와는 별개로 항상 흥미롭게 빠져있는 분야가 있어서, 흥미에 따라 책을 선택하고, 스스로 독학하는 것이 생활화되어 있어서 한 번 빠졌던 분야만큼은 반전문가 수준으로 알고 있다는 자신감도 있습니다. 예를 들면, 자동차, 공룡, 천체, 캐스트 퍼즐, 커피, tea, 식충식물, 악기, 야구 등입니다.

둘째, 호기심이 생겨 자신이 좋아하는 분야가 되면 그것을 정말 즐기는 것 같습니다. 컴퓨터에 빠진 이후로 지금까지 많은 컴퓨터 관련 서적을 구입해서 보고, 엄마와 같이 서점에 같이 갔을 때에도 컴퓨터/공학 코너인 "H" 코너에서 거의 계속 시간을 보냈던 것 같습니다. 또 컴퓨터를 사용하면서 고장이 나면, 저 스스로 그동안의 컴퓨터 사용 방법을 점검한 다음, 고장의 원인을 알아낸 후 수리하는 것을 좋아합니다. 고장이 나면 HDD 안의 데이터나 기타 다른 부품들이 걱정되기는 하지만, 그래도 컴퓨터를 수리하는 과정은 무척 재밌습니다. 한번은 이런 일도 있었습니다. 스티브 잡스가 병이 악화되었다고 엄마가 말씀하시는 걸 듣고 깜짝 놀라며 엄마 "정말 스티브가 많이 아프대요? 어떡하지?" 하며 안절부절못하는 걸 보시고 엄마가 어이없어하시며 "스티브가 아니라 내가 아프다고"하며 섭섭해 하실 정도로 온통 관심사에 마음과 정신을 빼앗깁니다.

그리고 정보 공모전을 준비할 때 밤늦게까지 코피를 흘려가면서 준비를 하고, 소스코드를 짜도 저는 전혀 힘들지 않았습니다. 한번 집중을 하면 체력은 무한대로 늘어나는 것 같습니다. 공모전 결과에 대한 장학사님과의 통화에서 소스 짜는 능력이 좋고 시간 투자와 열의를 쏟은 게 보인다며 격려 말씀을 해주셨을 때는 정말 힘이 났습니다. 다음에는 더 규모가 큰 공모전에 도전해 볼 생각입니다. 그리고 예전에 이영표 선수가 "천재는 노력하는 자를 이길 수 없고, 노력하는 자는 즐기는 자를 이길 수 없다."라고 하셨습니다. 또한 호날두 선수도 "나의 장점은 스피드, 드리블도 아닌 축구에 대한 열정이다."라고 하셨습니다.

제가 무슨 분야이든 그 분야에 대해서 "즐기는 자"가 될 수가 있다는 것은 가장 큰 저의 능력인 것 같으며, 특히 정보과학 분야에서 저는 몇 년째 즐기며 배우며, 이것이 내가 평생 즐겁게 할 수 있는 일이라는 확신을 가지게 되었습니다. 앞으로 저만의 공부법을 더 찾아내고, 부족한 부분을 채울 수 있도록 체계적인 계획을 세워 반드시 실천한다면 아마도 더 많은 성취감이 생길 것 같습니다. 어머니께서 자기 주도적으로 계획을 세워서 문제점을 찾아 실행하라고 늘 말씀하시던 것이 마음에 와 닿았습니다. 내신을 잘 받으니 이제 컴퓨터 공부도 더 열심히 하고 싶다는 욕심이 더 생겼습니다. 앞으로 fresh CS5로 작품을 만들었던 프로그램을 앱스토어에 올리고 싶다는 계획도 가지고 있습니다.

4. 지원한 전공 이외의 분야에 관심을 갖고 지속적으로 하고 있는 활동이나 경험이 있다면 기술하십시오.

어릴 때부터 호기심이 많아 저는 줄곧 과학을 좋아했습니다. 그때 제 꿈이 컨테이너 박스 하나 구입해 제 실험실을 갖는 게 소원이었습니다. 그러나 집에서는 실험하는 것이 한계가 있어 부모님께서 ****과학연구소에서 과학의 흥미를 잃지 않게 실험을 다양하게 할 수 있는 교육을 3년 동안(마지막차 진행 중) 할 수 있게 해주셔서 그곳에 지금 장학생으로 공부하고 있습니다. 탐험단 프로그램으로 풍부한 장비 덕분에 다른 곳에서 하기 힘든 실험들을 다양하게 할 수 있었고, 따라서 과학에 대한 흥미를 계속 유지할 수 있었습니다.

지금 이 서류를 준비하며 뒤를 돌아보니, 저에 생활은 거의 과학과 정보과학 관련 활동으로 거의 시간을 보냈구나 새삼 느끼게 되었습니다. 아주 많은 실험을 통해 얻은 과학적 지식은 정말 나에겐 소중한 자산입니다. 저의 과학에 대한 강한 호기심이 밑바탕이 되고, 부모님이 저에게 그런 점을 잃지 않게 적절히 도와주셨기 때문인 것 같습니다.

아빠는 화학을 전공하시고 제약회사에서 원료의약품을 합성하는 부문의 실험실에서 연구 업무를 8년간 하셨습니다. 실험실에 있는 관심 있는 실험 기구(리트머스시험지, 스포이트, 주사기 등)와 시약을 가져다주시고 일요일 당직 서실 때 아빠 회사에 같이 가서 메틸 오렌지 지시약으로 색깔이 변하는 실험을 보여주셔서 너무 신기했습니다. 화학을 전공하신 아빠 덕택에 대학 전공서적도 조금 접해 보았고 주기율표도 구해주셔서 화학에도 관심이 있었습니다. 정보 다음으로 좋아하는 것이 화학입니다. 그리고 어릴 때부터 앗 시리즈, DSB 같은 과학책, 수학자들이 들려주는 수학 이야기 등의 수학책, Newton, 과학동아 등의 과학잡지를 꾸준히 읽어왔습니다.

예전에 프로젝트 활동을 하면서 과학과 수학에 관심이 많아 주제를 불규칙 속에 질서가 있다고 말하는 카오스, 레일 위에 구슬을 굴리는 키네틱 아트의 한 종류인 롤링 볼, 맞는 것 같이 보이지만 사실은 모순인 패러독스(역설) 등을 주제로 선정하여 프로젝트를 수행한 경험이 있습니다. 그 외에도 집에서 장수풍뎅이, 개미, 무당벌레, 메추라기 등을 기르며 관찰하고 파리지옥풀, 벌레잡이통풀, 긴잎 끈끈이주걱 같은 식충식물을 키우기도 하였습니다. 또한, 지속적인 과학 활동을 하기 위해 KAGE, ＊＊＊＊과학연구소 탐험단 활동을 계속 해왔습니다.

6. 친구 관계 및 자신과 선생님과의 관계에 대해 기술하고, 봉사활동 중 적절한 사례를 선택하여 내용과 느꼈던 점을 기술하십시오.

초등학교 3학년까지는 친구들과 어울리기보다는 혼자 책을 읽는 것을 좋아해서 많은 시간을 보냈고, 초등학교 4학년 때 정보에 관심 있는 친구를 만나고부터 제가 서서히 컴퓨터에 빠져들고, 5학년 때부터는 사춘기가 빨리 와 사람들과의 관계에 대한 고민이 생기면서 친구들과 어울리기 시작해 많은 친구들과 재미있고 즐겁게 보냈습니다. 특히, 6학년 때 학교 대표로 발야구와 축구경기를 하면서 느낀 감정은 지금도 짜릿하게 남아 있습니다.
초등학교 시절에 제가 원하는 지식만 파고들어서 부모님이 학습 습관 때문에 걱정을 하셨는데, 중학교 배치고사, 수학/과학 진단 평가에서 1등을 하면서 학교 내신도 완벽하게 관리하며 성실하게 생활했습니다. 과학의 달 행사에 삼중구조물을 제작하였는데 실격 처리가 되어 선생님께 이의를 제기하면서까지 적극 참여하고, 노력하고, 즐기면서 하니 좋은 결과를 얻을 수 있었습니다. 친구들과 토의하며, 몸과 마음으로 지식을 전달하는 창의력 챔피언 대회에 참가했지만 본선 진출에 실패했을 때는 아쉬웠습니다. 중학교에 와서 목표 의식이 더 뚜렷해지고 자신감도 많이 생겨 학교생활이 즐겁습니다.
중학교에서 반장을 처음 해보았습니다. 반장을 하니 처음 느껴보는 책임감과 리더십이 생겼습니다. 그러다 보니 행동에 더 조심성을 가지게 되었고, 수업 시간에 집중을 할 수 있어 성적 향상으로 이어진 것 같습니다. 또, 중학교는 강한 친구들이 약한 친구를 괴롭히는 상황이 무섭고 겁도 났지만 용기를 내서 그 친구를 도와줄 수 있었다는 것도 저에겐 큰 발전이었습니다. 성실하고 적극적으로 생활하니 선생님들께서 좋은 말씀으로 격려해주시고 이끌어주실 때면 정말 마음이 뿌듯하고, 다시 한 번 다짐을 하는 기회가 되곤 합니다.

지금은 중학교에서 멘토-멘티 활동을 하고 있습니다. 사실 동생이 물어보는 단어 몇 개 정도 알려주는 것 외에는 다른 사람을 가르쳐 본 일이 거의 없었는데, 멘토 활동을 하면서, 알려주는 기쁨, 알려주면서 멘티에게도 도움이 되지만, 멘토는 더 알려주기 위해서 나름대로 열심히 공부하고, 또한 알려주면서 자신도 한 번 더 복습할 수 있는 기회를 가질 수 있다는 것을 알았습니다.

또한, 캠프(창의 사고캠프)에서 한 많은 활동을 통해 처음 보는 사람과도 친숙해질 수 있었고, 다양하고 색다른 수학, 과학 활동을 하면서, 많은 지식을 얻고, 틀에 얽매이지 않은 사고로 다양한 방법으로 풀어나갈 수 있음에 기뻤고, 또한 혼자의 힘보다 여러 명이 단합하여 아이디어를 모으고, 그 힘이 커질 수 있다는 발견도 저에겐 큰 도움이었습니다.

봉사활동 중에서는 요양병원에 가서 할머니, 할아버지들이 씻으시는 욕실을 깨끗하게 청소하고, 할머니, 할아버지들이 드신 식판을 치워 드리는 등 봉사 활동을 하다 보니 기분이 뿌듯했습니다. 앞으로도 계속 이런 기회를 찾아 봉사활동을 지속적으로 참여할 계획입니다.

7. 앞으로의 진로 계획 및 장래 희망에 관하여 기술하고, 선택한 진로로 가기 위해 그동안 노력해온 과정을 기술하십시오.

저의 꿈은 4학년 때 컴퓨터 프로그래머에서 지금까지 한 번도 바뀐 적이 없습니다, 단순한 프로그래머가 아닌 창의적이고 독창적인, 제가 존경하는 스티브 잡스 같은 프로그래머가 되고 싶습니다. **대 과학 영재교육원을 거쳐 **영재학교에 진학한 후 미국으로 유학을 가서 독창적인 컴퓨터 프로그래밍을 할 수 있는 프로그래머가 될 것입니다. 그래서 스티브 잡스처럼 "사람들에게 원하는 것이 무엇인지 알려 줄 수 있는 프로그래머"가 되고 싶습니다. 요즘 아이패드를 사용하면서 사람들이 원하는 것이 무엇이었는지를 스티브 잡스는 알고 있었다는 생각을 하게 됩니다. 스티브 잡스는 창의력과 사고력을 통해서 현재를 살아가는 것이 아니라 조금 앞선 미래를 살아가고 있다는 생각이 듭니다. 2번에서 언급한 제 장점들을 살리면 조금씩 미래로 나아갈 수 있는 창의성이 더 계발될 것이라고 확신합니다. 현재에 아무도 생각해 내지 못한 것이나, 꼭 필요함을 느끼게 될 것을 먼저 찾아서 적절한 시기에 사용하도록 만드는 창의적인 컴퓨터 프로그래머가 되겠습니다.

유치원 시절 저의 특성을 파악하신 담임선생님과 원장선생님의 권유로 ＊＊＊본원 수업을 접하게 되어 수준이 같은 아이들과 토론하며 사고력 향상 창의수업을 7년간 들었습니다. 이렇게 꾸준하게 역량을 쌓기 위해 노력한 덕분인지 과학창의력대회 전국 본선에서 두 번 수상하였고 금년에도 전국대회에 출전하게 되었습니다. 전국대회에서 최우수상을 수상하여 학생국제교류행사에 참가하여 더 넓은 경험과 지식을 얻기 위해 노력 중입니다. 프로그래머의 꿈을 이루기 위해 컴퓨터 하드웨어와 소프트웨어에 관해서 많이(ActionScript, C++) 공부를 하고, 정보올림피아드 경시부문과 공모 부분에 도전을 해왔고 내년에도 계속 도전해서 우수한 성적을 거두고 제가 좋아하는 컴퓨터/정보 분야에서 최고의 전문가로 성장하고 싶습니다. 정보올림피아드 경시 부분에 참가했을 때, 코드의 해석은 가능하지만 그것을 어떻게 풀 것인가를 잘 몰라 당황스러웠습니다. 나중에 생각난 것이기는 하지만, 코드의 내용을 식을 세워 풀면 풀 수 있었을 거라는 생각이 들었습니다. 그때 문득, 수학공식을 코드로 바꾸는 능력도 프로그래머에게는 상당히 중요한 능력일 텐데, 수학 때문에 정보 쪽의 진로에 영향을 받을 수도 있다고 생각했습니다. 그래서 그때부터 과학과 더불어 수학에 많은 시간을 할애하여 공부하고 있는데 컴퓨터 프로그램을 짜는데 많은 기초가 수학이라고 생각하기 때문입니다. 앞으로 수학과 정보과학을 공부하면서 ＊＊대학교 과학영재교육원 심화반, 사사반에 들어가 더 체계적이고 깊이 공부를 하여 ＊＊영재학교에 진학하고 싶습니다. 또한 컴퓨터 공학에서 가장 권위 있는 미국 애리조나 주립대학교에 진학하여 꼭 한국 최고의 컴퓨터 프로그래머가 되겠습니다.

 자기소개서 연관 예상 질문과 답안

대표 예상 질문
Q 수학 공부는 지금까지 어떻게 해 왔는가?

예상 답안
A 내가 경험했던 것들을 생각할 수 있다면 그 경험들을 생각하며 이론을 받아들이며 공부했고, 경험하지 못한 새로운 부분이라면 정의, 원리에 입각하여 공부를 하고 문제를 풀며 익숙하게 만들어 공부하였다.

 추가 예상 질문

❶ 하드웨어와 소프트웨어의 특징은 무엇인가? 둘은 어떤 식으로 연관되어 있는가?
❷ 컴퓨터 조립에 대해 공부했다고 했는데, 컴퓨터의 내부구조에 대하여 간략히 설명해보라.
❸ 스티브 잡스를 존경하는 것 같은데, 그가 개발한 것들이 우리 사회에 어떤 영향력을 끼쳤다고 생각하는가? 우리 삶의 무엇을 바꿔놓았다고 생각하는가?
❹ 관심분야가 다른 학생들보다 굉장히 많은데, 여러 가지를 공부하면 생기는 장점과 단점은 무엇인가?
❺ 프로그래밍을 할 때, 본인 생각에 어떤 코드가 좋은 코드라고 생각하는가?
❻ 특별히 개발하고 싶은 프로그램이 있다면 무엇이고, 그 이유는?
❼ 임원활동을 하면서 본인이 책임감과 리더십이 있다고 느꼈던 적은 언제인가? 사례를 들어보라.

KEYWORD

과학 동아리
과학 체험단
발명품
생물

1. * * 대학교 과학영재교육원에 해당 전공으로 지원하게 된 동기에 관하여 기술하십시오.

저는 어려서부터 숫자놀이나 수학 관련 문제 풀이에 재미를 느끼고 수학 과목을 정말 좋아해서 수학교사가 꿈이었습니다. 어느 때는 사물을 관찰하는 것에 흥미를 가져 막연하게 과학자가 되고 싶기도 했습니다. 그랬던 저의 꿈이 구체화된 시점은 초등학생 때 과학탐구부에서 실험과 계발활동을 하게 되면서부터입니다. 양초 시소 만들기와 같은 재미있는 실험을 하면서 과학적 원리를 동시에 배울 수 있었고 과학이 어려운 과목이 아니라는 생각을 갖게 되었습니다. 계발활동 시간이 끝나고도 실험 결과를 보고서로 정리하느라 가장 늦게 교실을 나왔고, 과학 선생님과 함께 실험 도구를 정리하는 일조차 즐거웠습니다.

중학생이 되어서도 과학동아리 SM과 과학체험단(Science365) 원으로서 * * 학생과학관 견학, * * 고 천문과학교실 참가, * * 도 해양환경탐구수련원 캠프 참가 등의 다양한 과학행사에 참가하면서 더욱더 과학에 대한 호기심과 흥미를 갖게 되었고 계속 탐구해 보고 싶다는 욕심이 생겼습니다. 방과 후 과학가우스반에서 하고 있는 이론공부뿐 아니라 재미있는 실험도 점점 제 즐거운 학교생활의 일부가 되어가고 있습니다. 과학을 배우면서 특히 생물학에 흥미를 가지게 되어 지금은 세포학자가 되어서 한국기초지원연구원(KBSI) 생명과학부 연구원이 되고 싶은 꿈을 이루기 위해서 열심히 공부하고 있습니다.

뛰어난 실력, 비슷한 목표와 열의, 꿈을 가진 친구들과 함께 공부하다 보면 서로에게 힘이 되어주고, 서로에게 용기를 줄 수 있을 것이고, * * 대학교 과학영재교육원에서의 배움의 기회가 저를 더욱 발전시켜줄 것이라고 확신합니다. 기회가 된다면 제 능력을

키워나갈 수 있는 ＊＊대학교 과학영재교육원에서 소중한 체험
을 해보고 싶습니다.

2. 가정환경(부모 교육관), 학교생활, 자신의 장점 및 단점 등 본인을 소개하는 내용을 기술하십시오.

제 부모님은 어렸을 때부터 항상 결과보다는 최선을 다하는 것이
더 중요하다고 말씀하셨습니다. 초등학교 2학년 때 생각보다 학
교 시험 성적이 좋지 않아서 걱정을 많이 한 적이 있었는데 어머니
께서 오히려 속상해하는 저를 위로해주시며 스스로 생각해 후회
없이 열심히 공부했다면 그것으로 만족해할 줄도 알아야 한다며
결과에 집착하지 말라고 가르침을 주셨습니다. 다른 친구들의 부
모님들처럼 공부를 강요하시거나 방법을 알려주시는 대신 저 스
스로 저에게 맞는 재미있는 공부 방법을 찾고, 할 수 있는 만큼의
학습량을 정해서 할 수 있도록 지켜봐 주셨습니다. 영어 과목도
단어 암기나 문제 풀이 공부가 아닌 영어책 읽기 습관과 영어로 말
하기 연습을 통해 영어와 친숙해질 수 있도록 이끌어주셨습니다.
6학년 때는 담임선생님께서 과학탐구부의 담당 선생님이셔서 과
학 공부를 하다가 모르는 것을 자주 여쭈어보게 되어 선생님께 도
움을 많이 받았습니다. 중학생이 되어서도 과학가우스 수업을 듣
고 있고 과학과 관련된 교내대회에 많이 참가하다 보니 과학 선생
님들께 대회 정보나 조언을 구하고, 제 진로 계획에 대해 상담을
부탁드리는 일이 많습니다.
제가 생각하는 제 장점은 저만의 공부 비법을 터득해 공부의 효율
성을 높이는 능력을 가졌다는 점입니다. 초등학생 때부터 스스로
공부하는 방법을 찾아 저만의 과목별 학습 노트를 만들었고 시험
볼 때마다 이 정리 노트를 활용하여 좋은 성적을 받았기 때문입니
다. 중학생이 된 지금은 주요 과목들뿐만 아니라 소홀하기 쉬운
예체능 과목도 평소에 수업이 끝난 후 마인드맵을 그리면서 요점
정리하고, 암기해야 할 내용들은 수업 중에 필기한 내용을 반복해
서 읽으며 공부하고 있습니다. 초등학생 때부터 선생님들께 모르
는 것이 있으면 주저 없이 여쭈어보던 습관도 학교 공부에 많은 도

움이 되고 있습니다.

단점으로는 제가 할 수 있는 그 이상의 높은 목표를 정해 결과가 나왔을 때 제가 느끼는 성취도나 만족도기 조금 낮게 느껴진다는 점과 때로는 욕심을 과하게 내서 제게 주어진 과제나 기회를 스스로 벅차하기도 한다는 점입니다. 하지만 이런 제 성격을 장점으로 바꿀 수 있다면 저 자신을 발전해 나가게 할 수도 있고 미래의 제 꿈과도 거리를 좁힐 수 있는 가능성이 될 수 있다고 생각합니다.

3. 지원한 전공과 관련하여 스스로 재능이 있다고 생각하게 된 계기나 경험들을 구체적으로 기술하십시오.

초등학교 2학년 때 교내 발명품 경진대회에 참가하면서 출품한 작품이 학교 대표로 뽑힌 경험이 있습니다. 대단한 작품이라고는 할 수 없지만 제 아이디어를 담임선생님께서 높이 평가해 주셨던 것 같습니다. 다 채워져야 버릴 수 있다는 단점을 가진 쓰레기 비닐봉투에서 나는 냄새를 막기 위해 쓰레기봉투의 상단을 끈으로 조여질 수 있도록 만든 것이었는데 그 이후에 제가 낸 아이디어로 실제 제품이 만들어져 판매되는 것을 보고 정말 놀랍고 기뻤습니다. 발명이란 거창한 게 아니고 생활의 작은 발견에서 시작된다는 걸 배우는 계기가 되었습니다.

중학생이 되어 많은 과학 관련 교내대회나 행사에 참가했는데 그 중에서도 과학탐구토론대회와 자연관찰대회가 가장 기억에 남습니다. 두 대회 모두 2~4명이 한 팀이 되어 자료를 조사하고 발표와 토론을 통해 평가받게 되는 대회인 만큼 팀원 모두가 준비를 많이 했고 다행히 좋은 평가를 받았기 때문입니다. 과학탐구토론대회의 주제는 신재생에너지와 기후변화로 현재 지구 온난화를 심화시키고 세계적인 환경문제를 일으키고 있는 화석연료에 대한 해결책으로 태양광, 풍력, 수력과 같은 무한한 신재생에너지에 관해 과학적으로 접근해보고 탐구해보는 것이었습니다. 이 대회를 통해 화석연료에 대한 대체에너지로 신재생에너지에 대한 연구가 절실하며, 우리 모두가 친환경적인 삶을 살기 위해 작은 노력이라고 해야 한다는 생각을 하게 되었습니다.

자연관찰대회는 교내대회를 거쳐 학교 대표로 과학가우스반 친구와 2인 1조가 되어 ＊＊시 대회에 나가게 되었는데 특성이 다른 두 지역의 환경을 비교하여 보고서를 작성하는 과제가 주어졌습니다. 두 지역을 A, B로 표기하고 표를 그려 관찰한 특성을 비교하여 정리했습니다. 동공의 크기를 측정하여 일조량을 비교하고, 흙을 종이 위에 올려놓아 토양의 습도를 측정했습니다. 두 지역에 주로 분포하는 식물과 곤충의 종류와 수를 그림으로 기록하고 썩은 나뭇잎의 수를 세며 부엽물의 양 등을 생물적 요인으로 분류하였습니다. 바람의 세기는 깃발이 펄럭이는 정도로, 바람의 방향은 종이를 들고 있을 때 휘어지는 방향으로, 토양의 색은 육안으로 관찰해 환경적 요인으로 분류하였습니다. 관찰하고 보고서를 작성하는 내내 정말 재미있고 흥미로웠습니다. 대회를 준비하는 과정에서 친구들과 함께 연구 주제에 대해 고민하고 토론하고 의견을 나누면서 폭넓은 배경지식도 중요하지만 각자의 역할 분담을 통한 협동 능력도 함께 요구된다는 것을 배우는 소중한 경험이었습니다.

4. 지원한 전공 이외의 분야에 관심을 갖고 지속적으로 하고 있는 활동이나 경험이 있다면 기술하십시오.

저의 장래 희망은 세포학자가 되어 한국기초지원연구원(KBSI) 생명과학부 연구원이 되는 것입니다. 모든 학문이 그렇듯이 과학 분야 또한 영어로 된 원서로 학문을 연구하는 일은 꼭 필요한 과정 중 하나입니다. 영어선생님이셨던 어머니께서는 어려서부터 다양한 종류의 영어로 된 이야기책들을 준비해주셨고 줄거리나 소감을 영어로 이야기해보는 시간을 통해 영어를 매우 친근하게 접할 수 있었습니다. 교내 영어 말하기 대회나 글쓰기대회를 통해 다른 사람들에게 제 생각을 당당하게 전달할 수 있어 자신감도 가지게 되었습니다. 중학생이 되어 영어가우스반에서는 외국영화를 감상하거나 유명인의 연설을 듣고 영어 감상문을 써보기도 하고 영어그룹토론 등 유익한 활동들을 하고 있습니다. 등하교할 때에는 CNN 뉴스를 들으며 영어가 학습으로서가 아닌 생활처럼 편해질 수 있는 연습을 계속하고 있습니다.

＊＊ 과학고등학교나 영재학교에서는 영어 실력이 월등한 학생들에게 해외 대회 참어의 기회를 준다고 들었습니다. 영어를 잘하는 제 장점이 앞으로 큰 도움이 될 것이라고 생각됩니다. 영어만큼이나 과학자에게 중요시되는 학문은 수학이라고 생각합니다. 수학은 과학적, 창의적 사고를 체계적으로 정리하는 과정에서도 필요합니다. 저는 초등학생 때 계발활동으로 수학경시부에 지원해 수학적 사고력을 높이는 데 도움이 되는 수업을 받았습니다. 예를 들면 교구재를 조립하여 다양한 입체도형을 직접 만들어보고 방법을 바꾸어가며 펼쳐서 여러 종류의 전개도를 만드는 활동 위주의 수업입니다. 몸으로 익힌 공부는 머릿속에 오래 남는다는 걸 배웠고 어렵게 느낄 수 있는 수학 과목을 즐겁게 배울 수 있다는 게 정말 좋았습니다. 중학생이 되어서는 수학창의력대회, 수학탐구토론대회에 나가게 되면서 수학에 자신감을 얻게 되었고 과학과 더불어 수학도 열심히 공부하고 있습니다.

5. 앞으로의 진로 계획 및 장래 희망에 관하여 기술하고, 선택한 진로로 가기 위해 그동안 노력해온 과정을 기술하십시오.

＊＊대학교 과학영재교육원에 합격해서 체계적인 생물 공부를 하게 된다면 ＊＊과학고등학교에 진학해 과학 공부를 집중적으로 계속하고 싶습니다. 대학생활은 서울대 생명과학부에 지원해 제 장래 희망인 한국기초과학지원연구원 생명과학부 연구원이 되기에 필요한 기초학문을 대학에서 배우겠다는 계획입니다. 저는 세포학 중 세포유전학과 최근에 세포학에 포함되게 된 세균학, 바이러스학에 관심이 있습니다. 사람의 몸에서 약해진 면역세포를 빼내 강하게 만든 후 몸속으로 다시 넣어 원래 가지고 있던 면역력을 활성화시키는 면역세포 요법이나 줄기세포에 대해 연구해보고 싶습니다. 제가 연구한 새로운 발견이 모든 사람들을 건강하고 행복하게 살 수 있도록 돕는다면 정말 좋겠습니다.

훌륭한 과학자는 열정을 가지고 연구에 몰두합니다. 주로 연구와 실험은 장기간 도전하고 노력해야 하기 때문에 끈기와 인내가 필요하고 탐구 능력, 하나의 현상을 보고 적용 발전시킬 수 있는 창의력과 신기한 현상을 놓치지 않고 의문을 제기할 수 있는 호기심을 많이 가져야 합니다.

이 모든 요건을 갖추기 위해 저는 학교생활을 충실히 하는 것에서부터 시작해서 과학과 관련된 책들을 읽으며 과학적 지식도 넓혀가고 있습니다. 과학 분야에 계속 관심을 갖기 위해 다양한 교내 과학 관련 대회에 참가하고 있으며 항상 공부하는 습관과 사물을 관찰하고 탐구하는 자세를 갖도록 노력하고 있습니다. 제가 선택한 진로로 가기 위해 이론으로만 배우는 과학 공부가 아닌 더욱더 다양한 과학체험 활동을 통해 많은 경험을 쌓아 갈 것입니다. 10월에는 ＊＊발명교실 발명반에 선발되어 수업을 들을 수 있게 되었고, 과학전람회에도 참가하여 제가 설정한 주제에 맞는 실험을 해볼 계획입니다. 제 꿈을 이루기 위해 ＊＊대학교 과학영재교육원 생물과에 들어가게 되면 성실하게 공부하여 미래에 인류를 이롭게 하는 세포학자가 되고 싶습니다.

6. 친구 관계 및 자신과 선생님과의 관계에 대해 기술하고, 봉사활동 중 적절한 사례를 선택하여 내용과 느꼈던 점을 기술하십시오.

제 친구들은 장래 희망이나 관심분야가 다양합니다. 그 이유는 제가 중학교에 들어와서 영어, 수학, 과학 가우스반에서 수업 받고 있어서 영어, 수학, 과학에 흥미를 갖고 있는 친구들과 모두 친해질 수 있는 기회를 가질 수 있었기 때문입니다. 그리고 저도 제일 좋아하는 과목인 과학뿐만 아니라 과학과 연관이 깊은 수학이나 영어 과목에도 재미를 느끼고 있어서 친구들과 대화를 나누고, 2~4명이 한 팀이 되는 교내탐구대회나 축제와 같은 학교행사를 함께 준비하고 참여하는 과정에서도 뜻을 같이해 많은 친구들과 더욱 친해질 수 있었습니다. 특히 과학 동아리, 과학체험단 친구들과 과학관을 견학하거나 해양환경탐구수련원 캠프를 다녀오면서 더욱 친해지게 되었고 장래 희망이 비슷하다 보니 서로 좋은 정보가 있으면 공유하고, 스터디 그룹처럼 점심시간에는 학교 도서관에 모여 공부를 함께 하기도 해서 혼자 공부하는 것보다 힘이 되고 있습니다. 미래에 제가 꿈꾸는 생물학자가 되어 그 친구들과 연구실에서 함께 일하는 모습을 떠올려보는 행복한 상상을 하기도 합니다.

저는 수학, 과학 과목에 흥미를 느끼고 관심이 많아서 다른 과목 선생님에 비해 수학, 과학 선생님들을 찾아뵙고 상의를 드리는 일이 많습니다. 현재 1학년 과학을 가르치고 계시는 ＊＊＊ 선생님께서는 1학년 과학가우스 담당 선생님이시기도 하셔서 과학과 관련된 교내·외 대회나 과학행사 정보를 많이 알려주십니다. 저는 선생님을 자주 찾아뵙고 제가 모르는 문제나 저의 진로와 계획에 대해 여쭈어보고 선생님께서도 그런 저에게 많은 조언을 해주십니다.

1학기 초에 과학탐구토론대회에 참가하면서 토론 주제인 신재생 에너지에 대해 관심을 갖게 되었는데 친환경적인 삶을 살기 위해서 노력해야겠다는 생각을 하게 되었습니다. 그러면서 시작하게 된 것이 교내 환경 지킴이 활동이었습니다. 저는 학급시간표를 관리하는 학습 도우미로서 이미 봉사시간을 인정받고 있었지만 우리 교실, 넓게는 교내의 깨끗한 환경을 조성하고 유지하는 역할인 환경 지킴이를 자원했습니다. 생활에서의 작은 실천이라도 하고 싶다는 생각에서였습니다. 환경 지킴이가 하는 일의 일부분인 청소와 분리수거는 이제 즐거운 제 하루일과 중 하나가 되었습니다. 내년에는 과학 시간에 필요한 실험 도구들을 준비고 조별 실험을 돕는 실험 도우미도 해보고 싶습니다.

자기소개서 연관 예상 질문과 답안

대표 예상 질문

Q 어떤 사람을 '영재'라고 생각하는가?

예상 답안

A 정형화된 문제를 기계적으로 푼다기보다는 어떤 문제가 있을 때 남들이 생각하지 못한 답변을 하거나 더 다양하게 생각할 수 있는 능력이 뛰어난 사람인거 같다. 또한 어떤 원리들이 다른 데는 어떻게 적용되는지 생각할 줄 안다.

 추가 예상 질문

❶ 천문과학교실에서는 무엇을 배웠나? 천문 지식에 대해 아는 것이 있다면 몇 가지 말해보라.

❷ 과학캠프를 참여하면서 기억에 남는 활동이 있다면 무엇이고, 그 이유는?

❸ 과학탐구토론대회에서 연구한 내용은 무엇이고, 제시한 신재생에너지에 대해 설명해보라.

❹ 평소에 발명활동을 즐겨하는가? 창의적인 아이디어를 내기 위해서 노력할 수 있는 것들은 무엇이 있는가?

❺ 세포학자를 꿈꾸게 된 동기가 무엇인가? 앞으로 이 일을 통해 사회에 어떤 기여를 할 수 있을 것이라 생각하는가? 궁극적인 목표는?

1. ＊＊대학교 과학영재교육원 해당 전공으로 지원하게 된 동기에 관하여 기술하십시오. (400자 이내)

4학년 때 ＊＊대 심화과정에 들어가면서 체계적인 실험과 과학 수업을 받을 수 있게 되었습니다. 호기심이 많고 새로운 지식을 배우는 것을 좋아해 ＊＊대 과제를 수행하면서, 과학자가 들려주는 과학 이야기 시리즈 100권을 거의 다 읽었고, 요즘은 과학잡지 〈Newton〉을 통해 과학 지식을 쌓고 있습니다.

이번에 읽은 우주의 2대 미스터리 암흑 물질과 암흑 에너지는 정말 흥미 있었습니다. 과학은 다 좋지만, 물질의 성질에 대해 탐구하고 물질의 반응과 새로운 물질의 생성에 대해 탐구할 수 있는 화학을 더 깊이 공부해 보고 싶어 화학 전공을 지원하게 되었습니다.

과학영재교육원 초등과정이 꿈을 향한 첫 번째 발걸음이라면 중등과정의 과학은 과학의 전문 분야로 들어서는 저의 꿈을 향한 두 번째 발걸음이 될 것입니다.

2. 지원한 전공과 관련하여 스스로 영재성이 있다고 생각하게 된 계기나 경험들을 3가지 이내로 기술하십시오. (400자 이내)

학교에서 배운 힘의 분산의 원리와 재료에 대한 특성을 탐구하여 아이스크림 바, 발사나무 등으로 다양한 다리를 만들어, 아라뱃길에 어울리는 튼튼하고 아름다운 다리 모양을 탐구해 보는 연구 결과를 과학전람회에 출품하여 우수상을 받았습니다. 심사위원들의 질문에 척척 대답하면서 스스로도 놀라고, 계속 꾸준히 연구를 해야겠다는 생각이 들었습니다. 현재는 YSC 과학동아리 활동을 통해서 다리에 대해 연관된 연구를 주도 하고 있습니다.

저는 과학을 이야기로 쓰는 것도 좋아합니다. 제가 과학을 소재로 동화를 쓰면 선생님께서는 이해하기 쉽고 재미있게 잘 썼다며 칭찬을 많이 해 주십니다. 저는 그림을 실제와 비슷하게 잘 그립니다. 머릿속에 떠오르는 영상을 그림으로 그리면 실제와 제법 비슷해서 저도 놀랄 때가 있습니다.

3. 지원 전공과 관련된 내용을 학교에서 배울 때 가장 흥미로웠던 학습 주제를 소개하고, 그에 관하여 심화해서 배우거나 연구한다면 어떻게 학습할 것인지 간략한 학습 계획을 작성해보세요. (400자 이내)

화학 정원을 만드는 과학 실험이 가장 인상 깊었습니다. 더운물과 물유리를 4:1의 비율로 섞어서 수용액을 만든 뒤 황산구리, 염화구리, 염화코발트라는 금속염을 넣는 실험이었는데 금속염을 넣자 점점 나무가 자라나 정말로 정원이 만들어졌습니다.

원리는 삼투압 현상이었습니다. 금속염과 물유리 수용액이 만나면 금속염 표면에 반투막이 생기고 그 안으로 물이 들어오는데 위쪽의 반투막이 약하기 때문에 들어오다가 위쪽만 터지고, 터진 곳으로 금속염이 새어 나와 또 반투막을 형성하고 또 위쪽의 반투막이 터지는 것을 반복하다가 안쪽과 바깥쪽의 농도가 같아지면 멈춥니다. 이러한 삼투압의 원리를 적용해서 물질의 성질과 물질의 반응에 대해 탐구하고, 화학 반응을 이용해 새로운 물질을 만드는 연구를 하고 싶습니다.

4. 앞으로의 진로 계획 및 장래 희망에 대하여 기술하고, 선택한 진로를 위해 앞으로 어떤 노력을 할 것인지 계획을 써 보세요.

어릴 때는 과학 다큐멘터리에서 동식물을 연구하는 과학자를 보고 생물학자를, 나로우주센터 소장님께서 ＊＊＊도서관에 오셔서 강의하실 때면 우주 과학자를, 교내 방사선과학동아리에서 실험할 때는 원자력 과학자가 되고 싶기도 했지만 지금은 새로운 물질을 탐구하여 개발하는 화학자를 꿈꾸며 공부합니다.

저는 과학자의 꿈을 위해 곧 있을 나사캠프에 참가하여 꿈을 위한 로드맵을 좀 더 선명하게 그려보려고 합니다. 영재학교나 과학고에 들어간 후 카이스트에서 화학을 전공하고 세계적인 화학 연구소 등에서 실력을 닦아 우리나라를 발전시키는 과학자가 되고 싶습니다. 그러기 위해 우선 중등심화과정에 꼭 합격을 해서 열심히 공부할 것이며, 전문서적도 많이 읽고 과학전람회나 과학탐구대회도 많이 나가 실력을 키우도록 노력하겠습니다.

자기소개서 연관 예상 질문과 답안

대표 예상 질문

Q 나중에 당신이 세계에서 유명한 과학자가 되었다고 하자. 근데 다른 나라에서 귀화하면 그 나라에서 많은 혜택을 준다고 할 때 어떻게 할 것인가?

예상 답안

A 과학자로서 자신의 업적이 나라에 명예를 안겨준다면 좋은 일이겠지만, 다른 나라에서 앞으로 연구할 수 있는 더 많은 기회를 제공해준다면 귀화할 것이다. 좋은 환경에서 결국 더 좋은 연구 결과가 있을 것이고 그 결과는 결과적으로 인류 전체에게 도움이 될 수 있는 것이기 때문에 다시 모국에게도 도움이 될 수 있는 일일 것이다.

추가 예상 질문

❶ 과학전람회에서 연구 주제를 선정한 동기는 무엇이었나?

❷ 만약 과학영재교육원에 합격하지 않는다면, 원하는 공부는 어떤 식으로 계속 해나갈 것인가?

❸ 화학 정원에 대해서 공부할 때, 삼투압에 대해서 배웠다고 하였다. 삼투압이 적용되는 예를 몇 가지들어보라.

❹ 다큐멘터리를 통해서도 과학 지식을 접했다고 했는데, 특별히 기억에 남는 것은? 또, 책이 아닌 TV 프로그램을 통해서도 학습하는 것이 유익하고 효과적이라고 생각하는가? 그 이유는?

1. ＊＊대학교 과학영재교육원 해당 전공으로 지원하게 된 동기에 관하여 기술하십시오(400자 이내)

어렸을 때부터 형에게 축구를 배우면서 모든 스포츠는 과학의 원리와 매우 밀접한 관계가 있다는 것을 알게 되었습니다. 월드컵이나 올림픽 축구 등을 응원하고 관람하면서 과학동아에 스포츠 과학과 관련된 기사를 읽게 되었습니다. 마그누스 효과를 살린 축구공의 활용, 힘의 원리와 지렛대의 원리를 이용한 유도, 작용과 반작용을 이용한 높이뛰기와 수영, 태권도의 헬멧, 유도의 매트 등은 과학적인 사실과 정보를 바탕으로 이루어낸 스포츠의 매력이라는 것을 알게 되었습니다.

영재학급에서는 제가 특히 관심 있는 물리분야에 대한 전문적이고 심화된 과정을 배울 수 없는 아쉬움이 있었습니다. ＊＊대 사사과정까지 열심히 참여하고 배워서 저의 꿈인 '스포츠 과학자'가 될 수 있는 기회를 얻고 싶습니다.

2. 지원한 전공과 관련하여 스스로 영재성이 있다고 생각하게 된 계기나 경험들을 3가지 이내로 기술하십시오. (400자 이내)

학교에서 열렸던 수학 탐구 교실에서 '회전체'를 만드는 원리를 발표한 적이 있습니다. "정이십면체의 각 변의 삼등분점을 연결하여 꼭짓점을 잘라보면 잘린 면은 정오각형이 되고 12개가 된다. 처음 정삼각형은 세 개의 꼭짓점에서 한 번씩 잘려 정육각형으로 변했지만 개수는 그대로 20개이다. 따라서 정오각형은 12개, 정육각형은 20개가 된다."라고 발표하여 우리 모둠이 1등을 하는 영광을 얻게 되었습니다. 저는 사물을 보면 원리를 잘 파악하며, 우리의 일상생활 도구, 스포츠에 있는 원리도 잘 찾아냅니다.

한 번은 이모부께서 포크레인을 타 볼 수 있는 기회를 주셨습니다. 제가 유압의 원리를 이모부께 설명히며 '심장박동과 같은 원리가 아닐까요?'라고 하자 역시 물리를 이해하는 대단한 아이라고 칭찬해주셨습니다.

3. 지원 전공과 관련된 내용을 학교에서 배울 때 가장 흥미로웠던 학습 주제를 소개하고, 그에 관하여 심화해서 배우거나 연구한다면 어떻게 학습할 것인지 간략한 학습 계획을 작성해보세요. (400자 이내)

학교 수업에서 물리 영역인 힘의 분산과 힘의 합성 원리를 배웠습니다. 이때 떠오른 대표적인 스포츠는 유도인데, 서로 힘을 겨룰 때 발을 걸거나 허리를 이용하면 상대의 중심을 무너뜨리게 되어 자신보다 큰 상대도 이길 수 있다는 사실이 매우 흥미로웠습니다. 스포츠 속 과학 원리를 알고 나니, 스포츠 과학자인 저의 꿈을 이루기 위하여 앞으로 더 심화된 인체 생리학, 스포츠 심리학, 통계와 확률 등 더 공부하고 싶어졌습니다. 또한 지식을 바탕으로 운동선수들의 부상을 최소화하는 방법에 대해 연구를 하고 싶습니다.

우리 몸에서의 아치 구조와 힘의 분산 원리를 바탕으로 발바닥에 주는 충격을 흡수하고 분산시켜 인체에 가해지는 힘을 최소화해 주는 다양한 방법을 연구할 것입니다.

4. 앞으로의 진로 계획 및 장래 희망에 대하여 기술하고, 선택한 진로를 위해 앞으로 어떤 노력을 할 것인지 계획을 써 보세요. (400자 이내)

앞으로 한국체육과학연구원에서 일하는 '스포츠 과학자'가 되어 스포츠 과학의 체계적인 연구를 통해 국가대표 선수들의 경기력 향상 지원, 체육 지도자 및 스포츠 산업 전문 인력 양성, 스포츠 산업의 발전을 위한 연구 등 다양한 영역에서의 연구와 지원을 하고 싶습니다. 이렇게 선택한 저의 진로를 이루기 위해 보다 더 심화된 관련 분야의 독서를 하고, 그것을 에세이로 남겨 놓겠습니다. 또한 각종 체험 활동이나 견학 등을 통하여 보고 듣고 직접 경험해 보는 장을 넓혀 가겠습니다. 이러한 저의 꿈을 이뤄 나가기 위해 우선은 ＊＊대 중등 영재교육원에서 중등 사사 프로젝트 과정까지 열심히 공부하고 싶습니다. 이후 ＊＊영재학교에 진학하고, 카이스트에 가서 물리학과 관련하여 심리학, 역학, 인체 생리학 등을 공부하고 싶습니다.

 자기소개서 연관 예상 질문과 답안

대표 예상 질문

Q 일상생활에서 가장 흔히 볼 수 있는 컵의 들이가 몇 mL일지 어림하여 보시오. 또한 학교 교실 문의 높이가 몇 cm일지 어림하여 보시오.

예상 답안

A 일반적인 머그컵은 성인 남자 손바닥의 반 정도 되는 높이이기 때문에 약 15cm일 것이고, 교실 문 높이는 평균 키인 남자의 1.5배 정도이므로 약 2m 정도가 될 것이다.

 추가 예상 질문

❶ 과학적 원리가 스포츠에 적용된다고 했는데, 어떤 경우에 가장 좋은 기록이 나올 수 있는지 예를 들어 설명하라.
❷ 스포츠 경기에서 선수들의 경기 기록이 가장 잘 나오는 날씨, 위치는 어디이며, 과학적으로 설명하라.
❸ 힘을 표현하는 방법과 이를 합산하는 방법을 설명하라.
❹ 과학을 특별히 스포츠에 연관 지어 연구하고 싶은 이유는 무엇인가? 특별한 동기가 있는가?

KEYWORD

영재학급
과학탐구
실험설계

비교
KJ

1. ＊＊대학교 과학영재교육원 해당 전공으로 지원하게 된 동기에 관하여 기술하십시오. (400자 이내)

전에 탄소 60개로 이루어진 풀러렌을 4D 프레임으로 만들었습니다. 모서리 90개, 꼭짓점 60개, 오각형 12개, 육각형 20개로 이루어진 구조를 집에서 관련 책을 찾아보았습니다. 이렇게 활동을 하고 나면 책을 보고 독서록, 에세이를 쓰면서 생각을 정리합니다. 풀러렌을 만든 이후로 다른 물질의 구조가 더 궁금해졌습니다. 집에선 구체적, 실제적인 연구할 수 없어 아쉬웠습니다. 아이셉클럽 사이트에 들어가서 중등사사과정 프로젝트를 보았는데 평소에 하고 싶었던 성분 분석 연구인 '자외선 처리를 이용한 채소와 과일의 영양소 및 신선도 유지 방법 탐구'가 있었습니다. 물질의 구조를 분석하다 보면 물질의 특성 예측이 가능할 것 같았습니다. 반드시 사사과정을 가겠다는 각오로 ＊＊대 심화과정에 지원하게 되었습니다.

2. 지원한 전공과 관련하여 스스로 영재성이 있다고 생각하게 된 계기나 경험들을 3가지 이내로 기술하십시오. (400자 이내)

실험에 대한 가설을 세웠을 때 다른 아이의 가설과 실험 결과의 오차보다 저의 가설과 실험 결과의 오차가 거의 없었습니다. 풀러렌의 모서리의 개수를 셀 때 오각형은 12개이고 오각형 한 면의 모서리의 개수는 5개이므로 곱해서 60, 육각형은 20개이고 육각형 한 면의 모서리의 개수는 6개이므로 곱해서 120, 둘을 더한 180에 한 모서리에 두 면이 만나므로 /2를 했습니다. 12×5+20×6/2=90 풀러렌의 꼭짓점의 개수를 셀 때도 같은 방법으로 했습니다. 모서리를 셀 때와 다른 점 꼭짓점 하나에 3개의 면이 만나는 점입니다. 그래서 식은 12×5+20×6/3=60으로 했습니다. 마방진의 경우는 3×4 사각형에 1~10까지 넣는 마방진이었는데 공통 수를 4의 배수로 만들어서 계획적으로 풀어나갔습니다.

3. 지원 전공과 관련된 내용을 학교에서 배울 때 가장 흥미로웠던 학습 주제를 소개하고, 그에 관하여 심화해서 배우거나 연구한다면 어떻게 학습할 것인지 간략한 학습 계획을 작성해보세요. (400자 이내)

영재학급 수업에서 온도별 공기의 부피 변화를 이용해서 물을 내보내는 장치를 만들었던 것이 흥미로웠습니다. 샤를의 법칙에 대해 책에서 읽은 적이 있어 집에 돌아와서 관련 내용을 찾아보았습니다. 액체나 고체의 경우에도 온도가 상승하면 부피가 팽창되는데 물의 경우에는 고체보다 액체의 부피가 작아서 밀도가 커지면서 일어나는 우리 주변의 현상이 많습니다. 겨울철 바닷물이 얼지 않는 것, 냉장고에 물을 얼리면 물통이 터지는 것, 앞으로 물이 고체로 상태 변화가 일어날 때 부피 변화를 최소화할 수 있는 다양한 방법에 대해 연구하고 싶습니다. 현재 아이디어는 고압에서 얼리거나 액체질소에서 급속냉동하는 것이 있는데 실제로 부피변화를 최소화할 수 있는지 확인하고 싶고 이를 응용할 수 있는 방법을 찾고 싶습니다.

4. 앞으로의 진로 계획 및 장래 희망에 대하여 기술하고, 선택한 진로를 위해 앞으로 어떤 노력을 할 것인지 계획을 써 보세요. (400자 이내)

저는 아이들의 꿈을 자유롭게 펼치고 미래의 주인공으로 성장할 수 있도록 돕는 과학탐구학교를 만들고 싶습니다. 저처럼 실험하고 체험하는 것을 즐기는 학생들이 정해진 과목만 공부하는 것보다는 자신이 연구를 발전시키고 원하는 공부를 마음껏 하면서 자라는 꿈의 학교입니다. 이를 위해서 많은 경험을 하고 연구하고 싶어 영재학교에 진학하려고 합니다. 영재학교는 자신이 선택한 과목을 듣고, 자유로운 연구 활동이 보장된다고 상위 1% 카페에서 본 적이 있습니다. 저도 ＊＊대 영재교육원을 수료하고 영재학교에 진학하여 자유롭게 연구하며 미래의 학교를 구상할 것입니다. 그래서 우리나라가 첨단과학강국이 되고, 많은 학생들이 수학, 과학을 즐기고, 일찍부터 연구하여 인류에게 도움이 될 수 있도록 만들 것입니다.

자기소개서 연관 예상 질문과 답안

대표 예상 질문
Q 내일의 날씨 예측 방법을 설명하시오.

예상 답안
A 자연적인 현상으로 새가 낮게 날거나 개미들이 떼를 지어 움직일 때, 또는 먹구름이 껴있는 것을 보면 비가 올 것이란걸 알 수 있다. 또는 달무리가 지면 며칠 뒤에 비가 온다. 아니면 구름의 모양을 보고서도 소나기나 이슬비가 내릴지 알 수 있다.

추가 예상 질문

❶ 실험 결과 오차가 크게 발생했다면, 이를 통해 배울 수 있는 점은 무엇인가? 또 결과 개선을 위해 어떻게 노력할 수 있는가?

❷ 본인의 꿈대로 과학탐구학교를 설립한다면, 아이들에게 무엇을 가르치고 싶은가? 그리고 입학생들은 어떤 기준으로 선발할 것인가?

❸ 수학, 과학에 대한 연구가 인류에게 어떤 도움을 줄 수 있다고 생각하는지 구체적으로 예를 들어보라.

❹ 평소에 궁금한 점을 직접 실험으로 설계하여 결과를 확인한 적이 있는가? 있다면 소개하라.

1. ＊＊대학교 과학영재교육원에 해당 전공으로 지원하게 된 동기에 관하여 기술하십시오.

제가 ＊＊대학교 영재교육원에 지원하게 된 동기는 평소 수학 문제를 풀면서 수학에 흥미가 생기기 시작했고, 수학을 다른 과목보다 열심히 하기 시작하면서 남들보다 뛰어나다고 선생님들께서 말씀하셨고 저도 그러면서 자신감이 생겼습니다. 저는 어려서부터 평소에 책을 읽는 것을 좋아하여 과학, 수학, 문학에 관한 책을 다른 친구들보다 많이 읽은 편입니다. 저는 수학에 관련된 책을 읽으면서 수학분야에 더욱더 관심이 많아져서 깊이 있게 보게 되었습니다. 숙제로 피타고라스의 정리와 같이 수식을 증명하거나 수학책을 읽고 책에서 말하고자 하는 수학의 원리 등을 공부하면서 우리 일상에서도 많은 수학이 연결되어 있다는 것을 알게 되었습니다.

저는 초등학교 때는 수학을 잘한다는 것은 수학 문제를 잘 푸는 것이라고 생각하여 문제집과 학원 위주로 공부를 하였습니다. 각종 수학 대회에 참가하기 위하여 다양한 문제의 수학 문제를 풀어보고 수상을 하였습니다. 저는 ＊＊대학교 영재교육원에 다니면서 어떠한 프로젝트를 친구들과 해결하고 토론하며 책이나 정보를 이용하여 수학적 원리와 증명을 하는 수업에서 많은 도움을 받았습니다.

저는 공부를 할 때 새로운 단원을 시작하거나 새롭게 알게 되는 원리는 관련된 수학책을 읽어보고 공부를 하였는데, 수학책으로 많은 교과 선행을 하지 않았지만 책을 읽으면서 자연적으로 선행의 개념을 알게 되었습니다. 저는 어떠한 틀에 박힌 수업보다도 영재교육원에서 배웠던 방식의 수업처럼 다른 친구들과 토론하며 공부하고 깊이 있는 지식을 배울 수 있는 곳에서 열심히 제가 가지고 있는 지식을 펼치고 친구들과 공유하고 싶습니다.

＊＊대 영재교육원에서 배움의 기회를 누릴 수 있고 깊이 있는 공부를 할 수 있도록 저에게 기회를 주시기 바랍니다.

2. 가정환경(부모 교육관), 학교생활, 자신의 장점 및 단점 등 본인을 소개하는 내용을 기술하십시오.

저의 장점은 성격이 낙천적이고 승부욕이 강한 편입니다. 저는 저의 승부욕이 단점이기도 한 것 같습니다. 왜냐하면 별로 쓸데없는 일로 승부욕을 보여서 사소한 일에도 최고가 되어야 하고, 특히 수학에서 모르는 문제가 나오면 그 문제를 이기기 위해서 어떻게든 풀어냅니다. 문제를 이기는 일로도 혼자 성취감을 얻기에 충분하기 때문입니다. 하지만 상상을 하는 시간도 많고 잠이 많기도 해서 타고난 승부사가 맞는지 의심이 될 때도 있습니다. 주변에 있는 친구들이나 공부 잘한다는 형들의 이야기를 들으면 새벽까지 공부를 한다고 들었는데, 저는 제가 하루에 공부할 분량을 정해놓고 그 분량을 다하면 취침합니다. 공부할 때는 집중하여 빠른 시간에 제가 정해놓은 계획대로 공부를 하는 데 주위에서는 좀 더 잠을 줄여서 다른 공부를 더 하라고 하셔서 연습 중입니다.

저는 초등학교 때 수학, 과학을 좋아하고 국어를 싫어하여서 국어를 100점을 받아본 적이 없습니다. 저는 제가 생각했던 취약과목을 보고 또 보고 하였습니다. 중학교에 들어오니 모든 과목을 잘하여야 될 것 같았기 때문입니다. 저는 6학년 겨울방학 때 책도 많이 읽었지만 중학교 배치고사 준비도 열심히 하여서 중학교 입학할 때 전교 2등으로 입학하였습니다. 한 번 2등을 해 보니 그 아래 등수가 나오면 패배하는 것이라는 생각이 들어서 개인 공부와 더불어 내신관리에도 신경을 쓰다 보니 기말고사에서는 1등을 하였습니다. 중학교에 입학하면서 승부욕이 강해져서 학습 계획을 세워서 매일매일 공부를 하였습니다. 비록 합산에서는 2등을 하였지만 저의 성적은 나날이 향상되었고 저 또한 성취감도 느끼고 자신감도 생겼습니다.

저는 수업시간에는 집중을 하며, 쉬는 시간에는 친구들과 놀거나 다음 시간 수업준비를 하고 점심시간에는 도서관에 가서 책을 읽으며 학교생활을 합니다. 저는 학교에서 또래 멘토-멘티를 매주 아침 월요일, 수요일 자습시간에 하고 있습니다. 친구들이 대부분 수학을 못 하여서 수학 문제를 풀어주고 용어와 공식을 가르쳐주며 또 다른 문제를 내주고 풀어서 알 수 있도록 하고 있습니다. 저는 주변에서 들은 이야기로는 중학교 가면 친구들과 선생님들이 무섭고 폭력적이라고 들어서 사실은 겁이 났습니다. 그러나 중학교에 들어와서 한 학기를 보낸 지금은 저희 학교가 좋아서인지 학교생활이 즐겁고 저 나름대로의 목표를 세워서 그 목표를 향해 열심히 노력하고 있습니다.

3. 지원한 전공과 관련하여 스스로 재능이 있다고 생각하게 된 계기나 경험들을 구체적으로 기술하십시오.

어떠한 문제를 해결할 때 그 문제를 빨리 해결하고 그다음에는 응용문제나 심화문제를 풀기 시작했을 때 나 스스로 이 정도 수준에 문제를 푸는 것에 신기하고 자랑스러웠으며 주변에 친구들이나 선생님께서 수학을 잘한다고 하셨습니다. 저는 저 스스로 수학적 재능이 있다고 생각하여 본 적이 없었고 수학을 좋아해서 많은 시간을 할애하여 문제를 푸는 학생이라고 생각했었습니다. 하지만 주변의 이야기를 듣고 보니 나에게도 잠재적으로 수학적 힘을 가지고 있었던 것 같고 이제는 수학적으로 재능이 있다고 생각하게 되었습니다.

저는 6학년 때 ＊＊과학고등학교 영재전형에 학교 대표로 지원을 하게 되었습니다. 2차에 100명을 뽑았는데, 그 많은 지원자 중에서 저는 합격을 하였습니다. 그러나 3차 시험에서 40명을 뽑았는데 저는 과학은 잘 풀었는데, 수학에서 준비가 부족했던 탓이었는지 탈락한 아픈 경험이 있습니다. 저는 너무나 속상했고 자신감 있게 공부했던 수학이 어렵게 느껴져서 처음으로 수학에 슬럼프가 찾아왔습니다.

그러던 중 저는 한 권의 책을 읽게 되었습니다. "수학의 유혹"이라는 책이었습니다. 저자이신 강석진 교수님은 수학을 잘하려면 하루에 세 끼 밥먹는 것처럼 수학도 하루도 거르지 않고 밥먹는 것처럼 공부를 한다면 못할 수가 없다고 하셨습니다. 저는 이 내용에서 느낀 점이 많았습니다. 내기 그동안 수학 공부를 이렇게 열심히 하였더라면… 이라는 질문을 나 자신에게 던져보았습니다. 그 대답은 저는 그다지 열심히 깊이 있게 수학을 공부한 것은 아니었던 것 같았습니다. 수학을 좋아하는 만큼 열정적으로 공부를 하리라 마음먹고, 과학고등학교 영재원 탈락의 아픈 기억을 수학에 대하여 진지하게 공부를 할 수 있는 좋은 기회로 삼게 되었습니다. 실패는 성공의 어머니라는 말처럼 충격적인 첫 패배가 앞으로의 모든 성공의 열쇠가 되리라 생각하며 오늘도 열심히 공부합니다. 그리고 이 책에서는 "수학이란 인간이 지니고 있는 무한한 상상력과 논리적 사고방식을 적절히 조화시켜 사물의 이치를 깨우치는 과정이며 수학은 스스로 아름다울 뿐만 아니라 자연과학과 공학의 기초를 제공하기도 하는 것이며 각종 사회과학을 비롯하여 '과학이고 싶어 하는' 모든 학문의 모델이 되는 것이다"라고 쓰여 있습니다. 저는 모든 학문의 기본이 되는 수학을 잘하고 싶고 연구하고 싶어졌습니다. 그래서 지금은 모든 과목을 열심히 하고 있고, 과학을 공부할 때도 수학적인 개념이 많이 나와서 수학에 관련된 책을 읽어보고 문제를 해결하며, 수학에서 새로운 개념이나 정의는 저만의 것으로 정리를 하게 되었습니다.

4. 지원한 전공 이외의 분야에 관심을 갖고 지속적으로 하고 있는 활동이나 경험이 있다면 기술하십시오.

저는 초등학교 때는 바이올린을 배워서 학교 오케스트라에서 연주를 하였습니다. 바이올린은 쉽게 소리를 내는 악기는 아니라고 생각됩니다. 예쁜 소리를 내려면 바이올린 활과 저의 팔이 일정한 각도를 유지하면서 활을 켜야 손 모양과 활을 켜는 모습이 보기 좋습니다. 저는 가족들 생일에 축가로 바이올린을 켜서 축하를 합니다. 저는 악기를 연주할 수 있다는 것은 행운이라고 생각합니다. 일상에서 힘들고 지칠 때 악기를 연주하면서 저의 마음을 수양할 수 있기 때문입니다. 다만 바이올린이 아니더라도 자기가 취미로

한가지의 악기를 연주하는 것은 좋을 것 같습니다. 저는 바이올린을 배울 때도 집중하고 열심히 하여서 다른 친구들보다 빠른 기간에 오케스트라단에 입단하게 되었습니다.

지금은 학과 공부에 몰입하여 바이올린을 잠시 쉬고 있지만, 성인이 되면 계속 배워서 잘 다루고 싶은 악기입니다. 지금은 수학에 관련된 책을 읽는 것에 몰두하고 있습니다. 책 읽는 것을 좋아하여 여러 가지 책을 읽었지만 요즈음에는 수학이라는 학문에 매력을 느끼고, 공부하면 할수록 점점 더 깊이 빠져드는 학문인 것 같습니다. 수학 문제를 푸는 것도 중요하지만 저는 수학에 관련된 책을 읽고 나서 문제를 해결하는 것이 더 쉬워졌고, 학기 초에 **대학교 영재교육원에 방문한 송유근이라는 형은 수학을 이용해 컴퓨터 프로그래밍으로 수학을 풀어내고 어려운 원서로 된 수학 문제를 쉽게 풀어내는 것을 보고 놀라웠습니다. 저는 무궁무진한 수학의 세계에 빠져서 실생활과 접목된 수학을 찾아서 이용해 보고 좀 더 심화되고 어려운 문제를 해결해 보고 싶습니다.

5. 앞으로의 진로 계획 및 장래 희망에 관하여 기술하고, 선택한 진로로 가기 위해 그동안 노력해온 과정을 기술하십시오.

저는 어렸을 때 살아있는 생물에 관심이 많아서 곤충들을 잡아서 다리의 개수, 몸의 형태, 다른 동물과의 차별 등을 보고 말하였다고 합니다. 저는 동물과 식물을 관찰하는 것을 좋아하여 길을 가다가도 제가 없어져서 보면 풀밭에 앉아서 관찰하고 집에 와서는 본 것에 관한 책을 찾아서 보았습니다.

저의 어렸을 때의 별명은 '생물박사'였습니다. 그래서 저의 어렸을 때의 꿈은 생물학자이었습니다. 저는 생물에 관심이 많아서 생물학자가 되고 싶었지만, 수학에 흥미를 느끼면서 수학을 좀 더 깊게 공부하고 싶었습니다. 초등학교 때 했던 공부는 수학이라기보다는 문제 풀이에 더 가깝다고 할 수 있습니다. 수학에 관한 책을 접하게 되면서 저는 수학자와 그 수학자의 이론과 수학자가 살았던 시대적 배경도 관심을 갖게 되었습니다. 저는 만델브로트라는 수학자에 대하여 처음 알게 되었을 때 그 수학자가 창시한 프랙탈이라는 학문은 너무나 경이로웠습니다. 수학은 우리가 살고 있는 실생활과 밀접한 관계가 있고 우리가 생활하면서 지나쳐버리고 수학적으로 연결되어 있는 줄 모르는 것이 많고 대부분의 사람들이 그러리라 생각됩니다. 프랙탈이란 생소한 단어는 일반적으로 많이 알려지지는 않은 것 같습니다. 프랙탈은 자연의 현상과 복잡한 구조 속에 규칙이 있다는 것을 말하는데, 이러한 것들이 우리의 일상과 너무나 밀접하게 관련이 있는 것이었습니다.

저는 우리의 몸에 숨겨진 프랙탈을 보고 저는 우리 몸속의 구조를 자세히 공부하고 싶어졌습니다. 저는 흉부외과 의사가 되고 싶습니다. 우리의 몸에서 가장 중요한 심장을 공부하고 싶고 심장병으로 고생하는 사람들에게 작은 도움이 되고 인공 심장을 연구하여 심장을 이식해서 난치병이라고 여겨지는 심장병을 쉽게 고칠 수 있도록 연구하는 의사가 되고 싶습니다. 저는 수학과 과학뿐만 아니라 의사가 되기 위해 필요한 내신을 열심히 준비하고 노력하고 있습니다.

6. 친구 관계 및 자신과 선생님과의 관계에 대해 기술하고, 봉사활동 중 적절한 사례를 선택하여 내용과 느꼈던 점을 기술하십시오.

저는 중학교에 들어와서 공부를 못하는 친구를 가르치는 멘토 역할을 하고 있습니다.

저희 학교에서는 또래 멘토-멘티를 매주 실시하고 있습니다. 그래서 저는 저희 반 친구 2명의 멘토가 되어서 친구들을 가르치고 있습니다. 초등학교 때는 모르는 문제를 풀어주고 알려 주는 데에만 그쳤는데, 중학교는 성적과 연관이 되어서 친구들의 성적을 향상시켜야 되는 점이 있었습니다. 저는 아침에 일찍 학교에 가야 되기 때문에 처음에는 많이 힘이 들었습니다. 하지만 시간이 지나고 익숙해지면서 아침에 일찍 일어나는 것이 습관화되었고, 친구들을 가르치면서 보람을 느끼게 되었습니다. 친구들은 처음보다 성적이 조금씩 향상이 되어갔습니다.

저와 친구들의 관계는 수학선생님과 학생의 관계가 되었습니다. 저는 친구들이 못하는 것을 알았지만 가르치다 보니 기본도 안 되는 친구들이 제가 하는 말을 못 알아듣고 하여서 속에서 가끔씩 화가 나곤 하였습니다. 그러나 꾸준히 기본부터 차근차근 알려주며 제가 예전에 공부할 때 쉽게 풀었던 방식으로 친구들에게 알려주었더니 친구들도 쉽게 이해가 된다고 하였습니다. 저는 친구들에게 수학적인 용어를 설명하여 주고 여기에 따른 공식과 또 다른 예시 문제를 만들어 풀어보라고 하여서 그와 비슷한 문제를 확실히 알게 하였습니다. 이렇게 하여서 친구들은 중간고사와 학기말고사에서 성적이 많이 향상되었습니다. 저를 따라서 열심히 공부하여 성적이 향상된 친구들이 고맙기도 하였고, 저는 학교에서 성적 향상을 가장 많이 한 멘토로 1등 상을 받게 되었습니다. 친구들이 열심히 공부하여준 덕분에 저는 이런 상을 받게 되어서 너무 기뻤습니다.

저는 사회에 나가서 봉사를 하는 것도 큰 기쁨이지만 저의 작은 봉사가 친구들에게는 큰 도움이 되어서 너무 기뻤고, 자부심도 생기게 되었습니다. 저는 저희 담임선생님께서 봉사를 다니시는데, 토요일 날 수업을 마치고 힘든 몸으로 친구들을 데리고 봉사를 하시는 선생님의 모습을 보고 다른 사람을 위해서 도움이 된다는 것이 얼마나 대단한 일인가를 느끼게 되었으며 봉사는 마음에서 우러러 나와서 해야 된다는 것을 느끼게 되었습니다.

저는 ＊＊중학교에 다니는 왕개미 ＊＊＊입니다. 제 별명이 왕개미인 이유는 제 눈이 영화 앤트불리에서 나오는 개미랑 비슷하게 생겼다는 이유에서 이기도 하고, 또 원래 개미나 곤충만 보면 눈을 떼지 못하고, 잡으러 다니고, 키워 보려고 각종 자료를 찾아 사육장을 만드는 모습을 친구들이 수없이 보았기 때문입니다. 제 손에 한 번 곤충이 들어오게 되면 주변에 있는 모든 재료들은 곤충의 사육장이 됩니다. 그 곤충을 좀 더 자세히 보기 위해서 노력하는 동시에 그 곤충이 어떻게 하면 오래 살릴 수 있을까? 안전하게 보호해야 한다는 책임감이 그 누구보다 강합니다. 그래서 각종 식물, 동물도감을 끼고 살다시피 합니다. 동물도감을 보고 있는 제게 친구들은 족보를 보냐고 놀리기도 합니다. 이미 눈치채셨겠지만, 제 꿈은 생물학자입니다. 그리고 제가 ＊＊대 영재시험에 지원하게 된 이유는 제 꿈에 좀 더 다가가기 위해서입니다.

제가 이렇게 곤충과 동물을 좋아하고 탐구하게 된 계기는 어릴 적 우연치 않게 개구리를 키운 기억 때문입니다. 개구리가 집 안에 들어와서 통에 담아두긴 했는데 도대체 어떻게 돌봐야 할지 몰라 고민을 하고 있었습니다. 그때 어른께서 개구리의 먹이로 파리, 방아깨비, 개미 같은 것들을 잡아서 주라고 하셔서, 잡아 오기는 했는데, 이 곤충들을 개구리가 왜 먹어야 하는지, 곤충들이 안쓰럽기도 하고, 다른 먹이를 고민하게 되면서 자연스럽게 곤충에 대한 호기심이 생겼습니다. 그 후로 키울 곤충들을 잡으러 갈 때 옆에 있는 식물들을 자주 보게 되었는데 시간이 지나면 지날수록 식물의 잎의 크기가 커지고 새로운 식물이 생기는 것을 본 어린 저는 그것에 대해서도 신기하게 생각하였고 그것이 지금까지도 이어져 학교에서 과학대표를 뽑을 때면 먼저 나가서 신청을 하곤합니다.

제 꿈은 세계에 있는 멸종위기 동물들을 체세포복제를 통하여 수를 늘려 멸종되지 않게 하는 것입니다. 개체의 수를 늘리는 데 있어서 효과적으로 번식하여 개체 수가 많은 곤충에 대한 연구가 도움이 될 것 같은 생각이 문득 들어서 곤충에 대한 많은 공부를 하고 있습니다. 그리고 진화론에 대해서도 많은 관심을 가지고 있습니다. 한 번은 친구들하고 교보문고를 간 적이 있는데 그때 다윈이 들려주는 자연선택설이란 책을 보게 되었습니다. 그때 조금 읽다가 흥미를 느껴서 그다음 날에 그 책을 사서 많이 보고 익혀서 동물의 생존 원리에 대한 사실을 알게 되었습니다. 또 세포의 반란이라는 책을 읽었는데 이 책을 읽음으로써 체세포를 빼내서 핵을 추출하여 난자 핵을 제거한 난자에 집어넣어 대리모가 키우면 체세포복제로 태어난 동물이 생기는 것을 알고 이것이 제가 연구하고 싶은 분야에서 어떤 해결책을 제시할 수 있으리란 생각을 하게 되었습니다. 이러한 공부를 계속하려면 많은 경험과 배움이 필요한 데 마땅히 이러한 통로를 찾지 못해서 고민하는 중에 학교 과학선생님께서 ＊＊대 에서는 실험을 중심으로 탐구 활동을 하여 많은 가르침을 준다고 말씀해 주셨습니다. 그 후로 선생님께서 종종 영재교육원 소식을 전해 주셨고, 그 소식을 듣고 ＊＊대 영재를 뽑는 시험에 지원하게 되었습니다. 그래서 저는 제 꿈인 체세포복제를 하는 것을 ＊＊대 영재가 되어 배우고 싶어 지원하였습니다.

제가 가장 존경하는 생물학자는 다윈인데 다윈은 자연선택설을 주장하며 많은 지적을 받고 많은 시련을 겪었지만 모두 뿌리치고 자신만의 주장을 끝까지 몰아세워 세상 만인에게 자연선택설을 주장한 것이 너무 보기 좋았습니다. 저는 다윈의 이런 용기와 한 문제에 대하여 집중하여 실험하고 탐구하는 모습을 본받고 싶습니다. 그리고 저의 진정으로 동물을 사랑하고 아끼는 마음을 잃지 않으면서 멸종위기에 처한 동물들의 수를 늘려서 멸종이 되지 않도록 하는 연구를 꼭 해내고 말 것입니다. 실제로 우리나라의 백두산호랑이는 세계에서 극히 적다고 전해진다고 합니다. 이 사실을 세포의 반란이라는 책에서 읽었는데 예전에 황우석 박사가 백두산호랑이의 체세포를 추출하였는데 호랑이다 보니까 사람처럼 주기적으로 난자가 나오는 것도 아니고 하다 보니 호랑이의 난자를 추출하기도 힘들기 때문에 같은 고양이과인 고양이들을 대리모로 사용했지만 실패로 끝났다 합니다. 저는 늦지 않는다면 이 백두산호랑이를 제 손으로 멸종위기에서 구출해내고 싶습니다.

또 이 꿈이 이루어진다면 더 넓게 세계로 다가가서 시베리아, 북아메리카에 있는 매머드에서 살아있을지도 모르는 체세포를 추출하여 매머드 같은 멸종된 동물들도 살려내는 연구로 확대하고 싶습니다. 제 희망을 꼭 이룰 수 있도록 ＊＊대학교 과학 영재교육원 생물과에서 공부할 수 있는 기회를 꼭 주시기를 바랍니다.

 자기소개서 연관 예상 질문과 답안

대표 예상 질문

Q 일상생활에 수학을 적용한 예 3가지만 말해보시오.

예상 답안

A 이진법은 컴퓨터나 전자기기 등에 이용되고, 단순연산들은 사람들이 거래를 할 때 돈과 물건을 세기 위해서 사용된다. 또한 윷놀이를 할 때 어떻게 옮겨야 쉽게 이길지 확률을 계산하는 것도 수학이다.

 추가 예상 질문

❶ 멸종위기 동물을 보호하는 것이 어떤 의미가 있다고 생각하는가?
❷ 진화론과 자연선택설에 대해서 설명하고, 본인의 의견을 말해보라.
❸ 생물 외에 다른 과학 분야나 수학, 또는 타 과목들은 어떻게 공부하고 있는가?

과학고 자기계발계획서①

1. 과학영재학교 ＊＊과학고등학교가 본인을 선발해야 하는 이유를 작성해 주세요. (띄어쓰기 포함 1,000자 이내)

저는 ＊＊과학고등학교에 진학하여 생물을 전공하고 인공 장기, 인체 조직, 관절을 만드는 과학자가 되기를 꿈꾸고 있는 학생입니다.

제가 어렸을 때 초등학교 선생님이신 어머니께서 공부보다는 여러 가지 체험학습을 많이 시켜주셨습니다. 그래서 미술, 풍선 아트, 수영, 서예, 댄스 스포츠, 피아노, 컴퓨터, 검도, 태권도 등 예체능 활동을 통해 다양한 분야에서 많은 것을 경험하였습니다.

공부에는 크게 관심이 없던 제가 초등학교 3학년이 되어 처음 중간고사를 볼 때 시험공부를 많이 하지 못했는데, 수학, 과학 시험에서 우연히 100점을 받고 그동안 여러 예체능 활동과는 다른 기쁨을 느꼈습니다. 그 시험 이후로 수학, 과학에 흥미를 가지고 학교에서 실시하는 대회에 적극적으로 참여하면서 '나의 미래 꿈도 과학 분야로 정하고 싶다'라는 생각을 막연하게 하기 시작했습니다. 이렇게 열심히 노력한 결과 초등학교 졸업할 때 전교에서 가장 수상 경력이 많은 학생으로 선발되었습니다.

초등학교 시절 이런 결과는 저를 자만하게 만들었고, 중학교 1학년 때 합격을 기대했던 ＊＊대학교 영재교육원에서 결국 떨어졌습니다. 그동안 과학을 잘한다고 생각했던 저 자신이 너무 부끄러웠고 과학을 깊이 있게 공부할 수 있는 기회를 놓친 것이 아쉬웠습니다. 그러던 중 한 친구로부터 ＊＊과학고등학교에 대해 듣게 되었고, 제 꿈을 이룰 수 있도록 자유롭게 끝없이 연구하고 실력을 키울 수 있는 이 학교에서 공부하고 싶다는 생각이 간절해졌습니다.

그래서 1학년 여름부터 겨울까지 수학은 물론 하이탑이라는 교재로 스스로 물리, 화학, 생물, 지구과학을 열심히 공부하였습니다. 또한 2학년이 되어서는 이 학교에 입학하기 위해서 다양한 경험을 쌓아야 한다고 생각하여 교내 과학의 달 행사에 적극적으로 참가하여 좋은 성과를 얻었고, 학생과학실험대회, 수리논술대회, 통계대회, 세계창의력 올림피아드, 대한민국 창의력 올림피아드 등을 준비하면서 모르는 내용들은 선생님께 질문하거나 책, 인터넷을 찾아보며 수학, 과학 관련 경험과 지식을 넓혔습니다. 또한 미래의 저의 꿈이 인공관절과 인공장기에 대해 연구하고 논문을 쓰는 것인데 이 프로젝트를 하는 것을 연습하기 위해 과학전람회, KSA 과학축전 등의 대회에도 참여하여 연구주제를 정하여 실험하고 보고서를 쓰는 방법을 배웠습니다. 저는 생명공학기술을 발전시킬 수 있는 과학자가 되는 제 꿈을 이루기 위해, 순수과학을 더욱 심화 학습하고 과학의 다양한 분야의 연구에만 전념할 수 있는 여러 가지 환경조건을 갖춘 ＊＊과학고등학교에 꼭 입학하여 공부하고 싶습니다.

2. 자신이 수학·과학적인 재능이 있다고 생각하게 된 가장 중요한 계기를 구체적으로 작성해 주세요. (띄어쓰기 포함 600자 이내)

3살 때부터 형과 함께 레고와 블록을 조립하는 것을 좋아했는데 초등학교 4학년 때 처음으로 과학상자를 접하고 나서 부품 설명서를 보고 자동으로 움직이는 로봇을 만드는 일에 흥미가 생겼고, 나중에는 부품 설명서 없이 스스로 모양, 기능, 구조 등을 계획하고 과학상자 작품을 만드는 것이 새로운 취미가 되었습니다. 그 결과 교내 과학상자 경진대회에서 5년간 꾸준히 상을 받았습니다. 새로운 과학 분야에 도전해 보고 싶어 전자상가에 가서 브레드보드 부품을 구입한 다음 스스로 브레드보드를 한 달 내내 책을 보고 연구하고, 모르는 것은 친구에게 물어가며 혼자 만들어 대회에 참가하기도 하였습니다.

＊＊초등학교 발명반 교실에 참가하여 자기부상열차, 로봇팔, 플라스틱의 성질을 이용한 핸드폰 고리 만들기 등을 통하여 발명의

이론과 실제를 체험하였고, ＊＊광역시 탐구과학교실에서 학교 팀별로 과학미션을 수행하는 대회에서 주도적으로 활동하여 수상을 하고, ＊＊시 학생과학실험대회에서 '최대정지 마찰력과 운동 마찰력을 변화시키는 요인'에 대해 탐구보고서를 작성하면서 실력이 많이 향상되었습니다. 이렇게 과학에 관한 활동은 도전하고 싶은 열정이 생기고 노력하면 실력이 향상되며 성취감을 느끼게 됩니다.

3. 특정한 분야에서 최고가 되어본 경험이나, 최선을 다해 도전해 본 경험, 어려움을 극복하기 위해 노력해 본 경험이 있다면 구체적 사례를 중심으로 작성해 주세요. (띄어쓰기 포함 600자 이내)

어머니께서 풍물부를 지도하셨기 때문에 초등학교 4년간 장구, 꽹과리, 북, 버나 돌리기 등을 배웠는데 매일 2시간씩 일주일에 6일 연습하는 것이 힘들 때도 있었지만, 여럿이 함께 내는 하나 되는 소리를 내는 풍물은 힘을 느끼게 하며 다른 악기가 줄 수 없는 큰 감동이 있습니다. 우리나라의 전통을 이어간다는 자부심으로 팀의 리더인 상쇠로 열심히 활동한 결과 ＊＊대회 대상, 전국풍물경연대회 1위 등 총 17회 수상을 하였습니다. 풍물활동의 경험을 바탕으로 상모가 돌아가는 원리, 소리를 내는 공명, 쇠가 울리면서 나는 음파라는 주제로 과학 탐구대회에 참가하기도 하였습니다.

또한 사제동행 e-book 저자 되기 프로젝트라는 인성교육에 대한 e-book 만들기 대회에서 전국 23팀에 선정되어 팀의 리더로서 인성요소를 차시별로 계획하고 자료를 수집하고 e-book으로 만드는 프로그램을 1년 가까이 계획하고 진행하며 실력을 쌓아갔습니다.

중학교 1학년 처음으로 영재교육원에 지원을 하였는데 합격하지 못하였습니다. 그 당시 제가 뛰어나다고 자만하던 저 자신이 너무 부끄럽고 반성을 하였고 다음에 이런 기회가 왔을 때 꼭 합격하겠다는 생각으로 열심히 공부하였습니다. 그리고 중학교 2학년이 되어서 과학 실험대회에 지원하였는데 학교 예선을 통과하고 처음으로 학교 대표로 대회에 나가게 되었습니다. 학교 예선을 통과하고 몇 주 후에 지필 평가가 있었습니다. 시험 범위가 중학교 1학년 때 배운 전체 내용이라서 저는 영재교육원 때처럼 떨어지지 않기 위해 매일 새벽 1, 2시까지 열심히 하고 모르는 내용은 선생님과 주변에 공부를 잘하는 친구들에게 물어보아서 알았습니다. 그리고 시험을 보기 전에는 제가 스스로 기출 문제를 만들고 그것에 대해 생각하고 공부하였습니다. 이렇게 하여 1차 지필 평가를 통과하고 2차로는 실험 평가가 있어서 이 실험 평가도 좋은 성적을 거두기 위해 학교 끝나고 방과 후에 과학실을 빌려 시험 범위 내에서 다양하고 창의적인 방법으로 실험을 설계하고 실험의 결과를 도출하는 연습을 하고 또한 보고서를 작성하는 연습도 하였습니다. 이렇게 노력하고 2차 실험 평가를 하였는데 아쉽게도 결과는 기대에 미치지 못하였습니다. 이를 통해 제가 지금까지 노력했던 것보다 훨씬 더 많이 노력하고 스스로 발전해야 이 ＊＊과학고등학교에 입학할 수 있다는 생각을 가지고 그때부터 지금까지 열심히 노력하였고, 앞으로도 더 열심히 노력하여 끝없이 연구하고 발전하고 싶습니다.

4. 다른 사람을 위해 봉사하거나 사회에 기여한 경험을 구체적 사례를 중심으로 작성해 주세요. (띄어쓰기 포함 600자 이내)

어렸을 때 어머니를 따라다니면서 지하철을 많이 이용하였는데, 늦은 시간에는 지하철에서 자거나 구걸을 하는 노숙자들이 많았습니다. 저는 그분들을 볼 때마다 어린 마음에 그분들이 매우 힘들어 보여서 돈을 드리곤 했는데, 어느 날 지하철을 타러 가는 길에 어머니께 부탁을 드려 용기를 내어 그분들에게 귤과 빵을 사드린 적이 있습니다. 그분들의 좋아하시는 모습을 보고 주변에 어려운 이웃들에게 조금이라도 도움이 되고 싶어서 월드비전을 통해 케냐에 사는 한 아이에게 정기적으로 후원을 해주고 있습니다. 또 먼 이웃이 아닌 우리 주변의 이웃들을 돕고 싶어서 보육원에 찾아가 아이들이 먹을 음식재료를 손질하고 빨래를 하는 등의 일을 도왔습니다. 보육원에 가보니 부모님께서 저를 공부할 수 있게 환경을 만들어 주시는 것이 얼마나 고마운 일인지 다시 한 번 깨닫게 되었습니다.

중학교에 올라와서는 공부를 배우고 싶은데 집안 사정이나 부모님의 반대로 학원에 다니지 못하는 친구들에게 공부를 가르쳐 주는 멘토 봉사활동도 하면서 친구들의 성적 향상이 무척 기뻤고 친구들과 더욱 친하게 되었습니다. 또한 평소 학교에서 다른 아이들에게 따돌림을 당하는 아이들이 늘 안타까웠는데, 학교에서 실시하는 '세 자매'라는 프로젝트에 참여하여 1학년, 2학년 중에 학교생활에 잘 적응을 하지 못하는 후배들과 함께 스포츠, 공부, 여가 등의 다양한 활동을 하면서 그 친구들에게 학교에 대한 자신감을 심어주고 저 역시 큰 보람을 느끼고 있습니다.

과학고 자기계발계획서②

1. 지원 동기, 진로 탐색 경험, 진로 계획 및 장래 희망을 중심으로 우리 학교에서 지원자를 선발해야 하는 이유에 대해서 500자 이내로 적어 주십시오.

어떤 아이의 눈에는 모든 현상이 수학으로 보였다. 남들이 7892라고 읽는 번호판을 5618이라고 읽었는데 혼자 수학책에서 익힌 곱셈을 응용한 것이었다. 복잡한 건물도 사각형, 삼각형, 곡선 같은 기하학적 형태로 도출되었고 거리 속 숫자들은 아이의 친구였다. 아이는 수학이 좋아 탐구하였고 세포가 분열하듯 자라나는 호기심으로 다양한 실험을 하며 꿈을 키워갔다. 청소년 발명기자로 활동 중에 이 학생은 조장희 박사님을 인터뷰하게 되었다. 이날 박사님께선 이 학생처럼 꿈에 대한 열정과 노력이 뛰어난 아이가 드물다고 고등학생이 된다면 방학 때 ＊＊의대 뇌과학 연구소의 인턴으로 채용해 주겠다고 약속했다. 더불어 뇌과학에 대한 조장희 박사님의 짧은 강의를 듣고 이에 마음을 뺏긴 아이는 밤새 책을 찾고 스스로 공부하며 궁극적이고 근원적인 것에 대한 호기심에 이끌려 뇌를 연구하기로 결심했다. 평소 관심 있던 줄기세포와 연관 지어 손상된 뇌세포 및 신경을 줄기세포로 대체하는 연구를 진행하는 세계 최고의 뇌공학자가 되기로 한 것이다. 아이는 다짐했다. "내가 한층 성장하기 위해서는 수학·과학에 몰입할 수 있는 환경이 필요하다. 그리고 그곳은 ＊＊과학고다. 향후 서울대 뇌과학(협)에 들어가 대학원 과정을 마치고 뇌과학 연구소에서 연구를 할 것이다." 아이는 수·과학을 정말 좋아하며, 어디에 가더라도 수학 공부를 마음껏 할 자신이 있으며, ＊＊과학고는 아이가 하고 싶은 학문 및 창의·연구 활동도 할 수 있고, 이외에도 현미경실, 생태공원, 생화학 연구반을 비롯한 동아리 활동, 지식나눔 봉사활동 등 **과학고등학교만이 가능한 사실이 아이를 매혹시켰다. 이곳은 나의 영재성을 무한히 끌어올릴 수 있는 학교이자 완벽한 인격체로 성장시켜 글로벌 리더가 될 수 있도록 만들어 줄 곳이다.

2. 수학·과학 분야에서 지금까지 해온 노력 중 자기 주도적 학습 경험, 남다른 도전 경험 등에 대해 1,500자 이내로 적어 주십시오.

나는 어릴 때부터 과제 집착력이 아주 강했다. 모르는 문제가 있어서 선생님이 풀이를 알려주시거나 힌트를 주어도 그 방법을 듣지 않고 스스로 풀어냈다. 그러다 보니 풀이방법이 모범답안과는 다르게 창의적이고 독특한 풀이 방법이 많았다. 좋아하는 것에는 이유가 없다고 하는데 나에게 수학을 왜 좋아하냐고 묻는다면 수학이라는 과목의 매력에 몰입된 상태로 살아가고 있고, 아직도 끝없는 도전을 행복하게 즐기고 있다고 말하겠다. 이러한 도전으로 얼마 전 영재학교 캠프에서 대한민국 최고의 영재들과 1박 2일간 수학적으로 토론하고 문제를 해결하며 내가 살아있다는 느낌을 받았다. 당시 서울 성북천의 효율적인 개복에 관련된 조별활동을 하였는데 융합에 포인트를 맞추어 건설 쪽 문제를 수학적 알고리즘, 도식화를 이용하여 고효율 관광코스를 구축하였고 성북천 1인 래프팅 혹은 배와 자전거를 이용한 투어와 같은 독특한 아이디어를 많이 도출하여 선생님의 눈길을 끌기도 했었다. 수학을 정말 좋아해서 더 깊은 수학을 탐구하고자 그 열정으로 도전하여 비록 최종합격은 아니었지만 대한민국의 인재들과 겨루어 보았다는 사실만으로도 좋은 경험이었다고 생각하며 이 경험을 발판으로 더욱 발전해 나갈 것이다. 이번 경험으로 더욱 열심히 공부해야겠고 꼭 저 친구들처럼 수학·과학을 좋아하는 친구들과 함께 공부하게 된다면 정말 행복할 것이라고 생각했다.

초등학교 4학년 때 혼자서는 접할 수 없었던 심화된 수학과 실험, 탐구 등을 해 보았다. 그리고 더더욱 심화된 학문을 탐구하고 수학을 마음껏 깊이 배우고자 어머니를 졸라서 수학 학원을 처음 다녔다. 하지만 시간이 지날수록 입시에 가까운 수업만 하여 재미가 없어졌으며, 더 깊이 공부하고 싶어도, 연구하고 싶어도, 다른 방법으로 해보고 싶어도 학원에서는 허락되지 않아 학원을 끊었다. 그때부터 혼자서 주도적인 학습을 시작했으며 부모님도 날 믿어주셨다. 공부하다가 갑자기 독특한 생각이 나면 연구를 하며, 여러 권의 책을 한꺼번에 펼치기도 한다. 나는 이런 방식으로 수학 공부를 하고 있다. 가장 좋아하는 분야는 위상수학으로 이를 이용하여 우주의 형태를 증명하는 방법이 아주 좋았다. 과학은 다양한 내용이 풍부하게 담긴 하이탑을 책 읽듯 반복하여 읽고 EBS 교재를 이용하여 문제 해결력을 기르는 방법으로 최대한 공교육을 이용하고 있다. 또한 초등학교 저학년 때는 어린이 과학동아, 고학년부터 지금까지는 과학동아를 구독하며 과학적 호기심을 충족시키고 뇌과학에 대한 나의 의견이 과학동아에 수록되기도 했었다. 특히 생화학과 뇌과학이라는 드문 학문에 흥미가 있어 홀로 대학 서적을 구매하여 공부하고 의문이 가는 부분은 다른 책을 찾아 풀어보기도 하였다. 그래서 고등학생이 되면 뇌과학 올림피아드에 지원하여 대한민국의 대표가 되는 것이 목표이다. 또한 단순히 공부하는 것을 넘어 직접 참여하고 실현시켜 보는 것을 좋아하여 과학카페나 선생님으로부터 대회를 비롯한 여러 가지 활동에 참여하며 수학·과학에 대한 흥미와 능력을 기르고 있다. 중학교 2학년 때에는 다양한 실험을 하고 보고서를 작성하는 것을 연습하여 샤를의 법칙을 이용한 실험이 대회 당일에 나왔을 때 침착하게 해결하여 우수한 성적을 거두기도 했다.

3. 중학교 재학 중 했던 수·과학과 관련된 교내외 활동 중 가장 의미 있다고 생각하는 활동 세 가지에 대해 다음 내용을 중심으로 1,500 자 이내로 적어 주십시오.

첫 번째로 생물학에 관심이 많아 크게 4가지 연구를 진행하였다.
- 생체활성물질을 공부하던 도중 위암을 발생시킬 수 있는 위염을 치료하는 제산제에 치명적인 문제점이 있다는 것을 알게 되어 홀로 그 부작용을 줄이는 '달팽이 점액질 성분인 뮤신[Mucin]의 먹이에 따른 분비량과 제산제 효과의 가능성 연구'를 하여 달팽이 뮤

신이 제산제를 대체하는데 가능하다는 사실을 증명하였다.

- 탐구 토론을 준비하며 2명의 친구들과 '청소년의 스마트폰 사용이 인체에 미치는 영향 탐구 및 그에 따른 해결방안 고찰'에 관한 연구를 진행하였다.

- 초등학생 때부터 매년 1개씩 주제를 맡아 팀 단위로 연구하는 활동에서 중학교 1학년 때는 태양폭풍의 모델링, 2학년 때는 LED 광원의 색에 따른 식물 발아 및 생장연구를 하였다.

- 이산화탄소 발생으로 심각해지고 있는 지구온난화를 함수와 통계를 활용하여 수학적으로 접근하여 해결 방안을 모색한 저탄소 프로젝트를 진행하였다. 이때 팀 내에서는 아이디어 뱅크로서 활동하였고 기발한 아이디어와 캐릭터 디자인 등 주요한 역할을 수행하였다.

두 번째로 현재 특허청에서 주관하는 발명기자단에서 2년째 활동하고 있다. 발명기자단은 나에게 발명이 있는 곳이라면 어디든 가겠다는 의지를 심어주었고 평소 관심 있었던 주제를 직접 취재하며 한층 더 깊이 탐구할 수 있었다. 특히 기억에 남는 취재는 대한민국 뇌과학 분야의 일인자이신 조장희 박사님을 인터뷰했던 것이다. 그때 박사님께서는 취재가 끝난 뒤 "만약 네가 과학고에 입학한다면 방학 때 ＊＊의대 뇌과학연구소의 인턴으로 채용해주겠다"고 약속을 해주셨다. 그리고 인천 ＊＊시에 있는 ＊＊＊＊이라는 신약개발기업을 방문하여 신약 개발 과정과 특허가 만료된 신약에 대해 바이오시밀러 라는 복제약이 나오는 경로에 대한 구체적이고 신선한 내용을 배우고 오기도 했다.

세 번째로 ＊＊대에서 진행되는 생명공학 캠프를 다녀왔다. 생물을 공부할 때 나의 열정이 화산처럼 폭발하는 게 느껴지는데 이번에 캠프에서 그 열정을 다시 한 번 확인할 수 있었다. DNA 추출과 쥐 해부, 광합성실험과 과학강의 및 인문학 강의를 들으면서 꿈을 확고히 다질 수 있는 기회였다.

4. 자신의 가정환경과 성장 과정에 대해 500자 이내로 적어 주십시오. (자신의 인생에서 중요한 사건과 그 의미, 가장 힘들었던 일과 극복과정 및 자신의 삶에 미친 영향에 대해 구체적으로 적어 주십시오.)

수학을 전공하신 아버지의 영향으로 어렸을 때부터 수학에 먼저 심취하였다. 묵묵한 등대 같으신 어머니는 내가 밤늦게까지 무언가를 만들고 생각하고 실험할 때 애처로운지 그만 공부하고 자라는 아버지와는 달리, 제가 스스로 노력하고 주도적으로 할 수 있도록 만들어 주셨다. 이런 부모님들의 독서 습관 덕분에 자연스럽게 책과 친구하는 아이로 성장할 수 있었다. 그중 가장 감명 깊게 읽은 책은 칙센트 미하일 교수의 'Flow'(몰입의 즐거움)라는 책이다. 지치지 않는 체력과 집중력의 이유를 그 책 안에서 찾을 수 있었기 때문이다. 그것은 수학, 과학을 탐구할 때만 경험하는 몰입의 즐거움 때문이었다. 그 이후에도 세계를 이끄는 사람들 시리즈를 통해 그들의 업적을 동경하고 세계의 리더, 세계의 과학자가 되어야겠다는 꿈을 다지게 되었다. 이처럼 다방면의 책들을 읽으면서 과학의 매력 속에 빠져들었고 그게 나의 미래라는 생각이 더욱 확고해졌다. 공부로 바쁜 지금에도 다독왕이라 불리며 많은 책을 읽고 있다. 이는 어릴 적부터 나의 성장의 거름이 되어 왔고 앞으로도 그럴 것이라고 생각한다.

나에게 큰 충격을 주었던 사건은 많은 시간 열심히 밤을 새워가며 준비한 발명품과 프로젝트 결과물이 대회에서 좋은 결과를 얻지 못하였을 때다. 하지만 좌절하지 않고 실패를 바탕으로 부족한 점을 보완하기 위하여 더 많은 노력과 열정으로 배움을 통하여 우수한 결과가 있도록 노력하고 있다.

5. 배려, 나눔, 협력, 타인존중, 갈등관리, 관계 지향성, 규칙준수 등과 관련하여 자신의 삶에 중요한 영향을 미친 일화와 이를 통해 느낀 점을 500자 이내로 적어 주십시오.

저는 굉장히 유쾌하고 적극적이며 리더십이 충만하여 친구가 많습니다. 친구들이 모르는 수학 문제나 과학문제를 비롯한 공부를 가르쳐 주면서 친구들 사이에서 저는 수학에서 재능을 인정받기 시작했습니다. 제가 설명을 마치면 친구들이 이구동성으로 수학이 재미있다고 합니다. 그럴 때면 저와 똑같이 수학을 즐기는 친구를 만나고 싶다는 생각이 듭니다. 저처럼 수학에 빠져있는 친구가 있다면 밤을 새면서 수학·과학 토론을 하며 문제를 해결해 나갈 것 같습니다.

또한 저는 ＊＊중학교의 전교 부회장과 반장으로 봉사하며 3년 내내 수학과 과학 부장을 맡고 있을 정도로 리더십이 뛰어납니다. 이렇게 반장을 하며 반에 일어난 대부분의 일을 책임져야 했으며, 남아서 교실 청소도 하고, 설문지 통계, 아이들의 고민 상담을 하는 일도 저의 몫이었습니다. 이 반장이라는 역할을 통해서 나는 리더로써 해야 하는 봉사를 경험했으며, 그 중요성, 그리고 나로 인해 우리 반이 더 좋아졌다는 보람도 느낄 수 있었습니다. 그리고 교장실에서 교장선생님과 평소 읽었던 책에 대한 이야기를 나누고, 작은 인연의 끈이라도 닿았던 선생님들과 다시 만났을 때 '우리 이쁜 ＊＊＊ 왔냐' 라는 반가움을 얻고 선생님들과 친밀한 관계를 맺고 있습니다. 뿐만 아니라 수학 · 과학 선생님들 사이에서 대회나 활동이 있다면 제일 먼저 저를 추천해 주실 정도로 촉망받는 학생입니다.

저는 제가 알고 있는 지식들을 남에게 나누어 주는 활동을 좋아합니다. 그래서 ＊＊광역시 ＊＊교육지원청에서 실시하는 수학체험전에 참여하여 테셀레이션이라는 주제로 다른 사람들에게 체험적인 수학에 대해 알려주는 활동을 하였습니다. 저는 이를 준비하기 위해 수학동아리에서 일주일이 넘게 학교에 밤 9시까지 남아 여러 가지 자료를 수집하고 직접 테셀레이션도 만들어 보며 다른 사람에게 알려 주기 위해서 오히려 더 많은 공부를 하게 되어 궁극적으로는 이것들이 제게 도움이 된다는 사실을 깨달았습니다. 물론 봉사를 할 당시에는 힘이 들었지만 제 설명을 듣고 테셀레이션이라는 것이 무엇인지 알게 되는 학생들을 보며 뿌듯함을 느꼈습니다. 그리고 ＊＊교육지원청에서 주최한 ＊＊탐구과학교실에서도 무게중심을 이용한 5단 팽이 쌓기라는 주제로 다른 이들에게 재미있고 친근하게 과학을 알려주는 전도사 역할을 하였습니다. 학교 축제에서는 러시아워라는 수학게임을 체험할 수 있는 부스를 운영하며 축제를 즐기는 대신 다른 이들의 축제를 빛내주는 역할도 하였습니다. 현재는 학교에서 멘토-멘티를 하며 친구들을 도와주고 있고 * *영재교육원에서 실험 및 수업이 끝난 교실을 정리하며 남은 실험재료로 실험을 할 수 있는 봉사를 하고 있습니다.

6. 자신의 장점과 단점을 각각 200자 이내로 적어 주십시오.

장점 : 수학, 과학에 뛰어난 능력을 가지고 있다는 것은 과학고에 지원한 학생이라면 모두가 가지고 있는 장점이다. 나의 장점은 어떤 일에 몰입하는 능력이 뛰어나 겉으로 드러나는 능력보다 숨겨져 있는 잠재력이 크다는 것이다. 어떠한 것을 배웠을 때 배움을 바탕으로 더 많은 것을 배워나가는 것을 좋아하기 때문이다. 또한 6명의 대가족과 세 자매가 함께 생활함으로써 남을 먼저 생각하고 배려하려는 마음이 자연스럽게 습득되었다.

단점 : 내신 대비, 수학에 대한 깊은 탐구, 프로젝트를 비롯한 활동까지 많은 활동으로 시간을 잊고 밤을 새우게 되어 가족들로부터 건강에 대한 걱정을 받게 된다. * *과학고에는 훌륭한 체력관리 시설들이 구비 되어 있으므로 체력관리를 효율적으로 할 수 있기를 기대한다.

7. 자신이 읽었던 책들 가운데 가장 인상 깊었던 책 2권을 선택하고, 그 책을 선택한 이유, 책에 대한 긍정적 또는 부정적 평가, 그 책이 자신에게 미친 영향(변화) 등을 각각 300자 이내로 기술하시오.

선정 도서	도서명 퀀텀브레인	저자 제프리 새티노버
	출판사 시스테마	접한 시기 중2 겨울방학

선택 이유/평가 및 영향(또는 느낀 점) 뇌를 미시물리학, 인공 지능 기술, 뇌 신경망, 자기조직 시스템에 대한 이해와 마음의 초월적 특성까지 모두 통합하여 설명하는 최초의 뇌과학서로

양자역학이라는 흥미로운 학문을 바탕으로 뇌과학을 풀었다는 점이 너무나도 멋졌다. 비록 아직 능력이 되지 않아 모든 내용을 이해하진 못했지만 저는 첫 페이지에서 마지막 페이지를 읽을 때까지 쉽사리 흥분을 가라앉힐 수 없었다. 우리의 뇌를 설명하기 위한 이론들은 모두 아름다워 보였고 비록 엉뚱한 이론이라 하더라도 그 속에 숨은 수많은 기발한 아이디어와 자연의 웅대함은 나를 열광의 도가니 속에 밀어 넣었다. 이 책을 모두 읽은 후 며칠 동안은 이 책에서 읽은 양자역학과 뇌과학에 대한 생각이 끊이질 않았습니다. '어떻게 카오스인 뇌 안에서 이러한 고등적인 행동이 도출될 수 있지?', '양자역학의 말도 안 되는 것을 말이 되게 하는 신비로운 메커니즘에 대해 알고 싶다' 하는 물음들은 비록 해답을 알 수는 없었지만 한동안 매력적인 뇌 안에서 헤어나올 수 없게 해주었다. 그리고 이 책은 제게 본격적인 뇌공학자의 꿈을 심어준 책이다. 이전에도 생물을 많이 좋아하기는 하였지만 이토록 열광한 적은 없었으며 나를 기쁘게 한 일도 없었기 때문에 생물 중 뇌라는 것이 내 적성에 맞는 것이라 확신이 들었다.

■ 선정 도서

도서명 창의성의 즐거움	
저자 미하이 칙센트미하이	
출판사 더난출판사	**접한 시기** 중1 초

선택 이유/평가 및 영향(또는 느낀 점) 창의적인 사람이 된다는 것은 참으로 어려운 일이다. 남들이 생각해내지 못한 것을 생각해내되 그것이 누구나 납득할 수 있어야 되니 말이다. 그렇다면 나는 얼마나 창의적인 사람일까? 주변 사람들이 나에게 톡톡 튀는 아이디어를 많이 가졌다고 칭찬해주니 나는 창의적인 사람일까? 나는 그 해답을 창의성의 즐거움이라는 책에서 찾았다. 이 책에서는 창의적인 사람이라면 가져야 할 10가지 복합적인 성향이라는 부분이 있었는데 그 10가지 항목 모두다 마치 나의 이야기 같이 공감되는 성향들이었다. 그래서 나는 나 자신이 창의적인 사람이라는 믿음을 가지게 되었다. 또한 이러한 창의성은 새로운 이

론처럼 어느 영역의 관점을 변화시킬 수 있는 능력이라는 구절이 있었다. 즉 나에게 창의성이 있다는 믿음을 심어주고 그 창의성은 뇌과학 분야의 혁신적인 사람이 될 것이라는 사실을 귀띔해주었다. 앞으로 창의적인 사람이 되기 위해 더욱 노력하며, 혁신적인 미래를 만들어나가는 세상을 변화시키는 사람이 될 수 있게 노력할 것이다.

Case 58

과학고 자기계발계획서③

1. ＊＊과학영재학교가 왜 지원 학생(본인)을 선발해야 한다고 생각하는지 그 이유를 기술하여 주십시오. (띄어쓰기 포함하여 1,000자 이내)

Innovation distinguishes between a leader and a follower. 리틀 스티브 잡스를 꿈꾸며 리더가 되기 위해 혁신을 위한 많은 상상을 펼치는 차기 전자공학자 ＊＊＊입니다. 남들이 애플의 아이패드를 처음 봤을 때도 이러한 기기를 상상하는 사람은 도대체 어떤 머리를 가졌을까 궁금했는데, 이미 ＊＊과학영재학교에 다니는 ＊＊＊형을 가까이서 보면서 대단한 발명가라는 생각을 했었습니다. 그 형의 연구 결과물은 일상생활의 문제나 불편함을 해소할 수 있는 참신한 것들이었습니다. ＊＊형이 ＊＊과학영재학교에서 너무나 즐겁게 학교생활을 하고 있다는 이야기를 전해 들으며 저도 ＊＊과학영재학교 학생이 되어서 많은 연구를 하고 싶다는 생각이 간절합니다. ＊＊과학영재학교는 저도 전자물리 영역에서 연구하고 싶은 것이 많아 해마다 전자과학탐구대회에 출전해 전자 회로도에 대해서 공부를 하였습니다.

약간의 차이에도 많은 변수가 생기고 결과가 달라지는 과학이라는 분야에 흥미를 느껴 각종 경시대회에 나가면서 기초실력을 쌓았습니다. 습도가 높을 때의 전류량은 어떻게 달라지는지에 대해서 연구하며 습도가 높을수록 저항이 커져서 전류량이 감소한다는 사실을 알게 되었습니다. 이러한 활동을 어릴 적부터 계속할 수 있도록 해주는 원동력은 다름 아닌 저의 호기심이라 생각합니다. 호기심을 충족시키기 위해 책을 읽어 가며 공부를 하고 있고 새로운 것을 계속 탐구하고 있습니다.

아버지와 진로에 관해 이야기를 나누던 중 아버지께 '줄탁동시'라는 말의 의미를 듣게 되었습니다. 병아리가 알에서 부화할 때 알에서 신호를 보내면 밖에 있는 어미 닭이 그 소리를 듣고 달걀껍질을 마구 쪼아 새로운 세상이 열리는 것처럼 **과학영재학교가 제게는 줄탁동시라는 생각이 들었고 가슴 벅차오르는 열정이 샘솟는 것을 느낄 수 있었습니다. **과학영재학교 형들처럼 연구하고, 탐구하면서 행복한 학교생활을 할 수 있는 기회를 꼭 주시기 바랍니다. 반드시 인류를 위한 스마트 기기를 연구하는 전자공학자가 되겠습니다.

2. 현재의 '나'를 소개하는 데 도움이 될 것으로 생각되는 가정환경, 학교 및 지역 환경 등에 관한 사항을 기술하여 주십시오. (띄어쓰기 포함하여 1,000자 이내)

책을 좋아하시는 어머니 덕분에 저희 집은 항상 책을 보는 분위기였습니다. 어머니 하면 책보는 모습이 떠오를 정도로 독서광이시고, 제 여동생과 저도 장난감보다 책을 먼저 가까이하다 보니 한글도 빨리 떼고 여전히 책을 좋아합니다. 어머니는 다양한 책을 읽어야 한다면서 전집을 많이 사 주셨는데, 책이라면 마냥 좋아하는 저이기에 1권부터 마지막 권까지 읽기, 뒷번부터 다시 한 번 읽기 등을 나름대로 하면서 책을 좋아하는 것 자체가 독서의 동기가 되어 정말 많은 책을 읽었습니다. 제가 4~5세 때부터 지금까지 아버지 월급의 30% 이상이 책값이었을 만큼 가족들의 책 사랑은 대단합니다. 다른 아이들은 장난감을 조르지만, 저는 어릴 때 원하는 책을 안 사주시면 서점 바닥에 털썩 주저앉아 대성통곡을 하며 울었다고 합니다. 이를 아버지 친구 분도 지나가다 우연히 보시고 지금도 웃으면서 한 번씩 얘기하신다고 합니다.

워낙 자신의 생각이 강한 아이라 부모님은 부드러우면서도 강한 훈육방법으로 가족이 함께하는 다양한 경험을 찾아 주셨습니다. 아직까지도 제 기억에 여러 가지가 남아있는데 특히 아버지가 공무원이시라 두 번 섬으로 발령받아 생활하셨는데 그때마다 매번 방학 때 섬으로 짐을 바리바리 챙겨 이사를 하였습니다. 학교도 전학을 하고 싶었는데 쾌속선을 타고도 먼 바다이고 배가 안 다니는 적이 더 많은 곳이기 때문에 저의 반대로 매주 토요일 받는 영재원 수업에 지장이 있을까 봐 방학 때만 이사를 했습니다. 그곳에서의 생활은 여러 가지 생생한 경험이 많습니다. 주민 체육대회, 바다낚시, 자전거 여행 등 새로운 경험과 가족이 함께 라는 소중한 경험을 했고 부모님께 감사하는 마음을 배웠습니다. 우리 가족은 함께 라는 원칙을 가지고 어디를 가든 함께 움직입니다. 우리 집 가훈은 '웃고 사랑하며 건강하게 살자'입니다. 최선을 다해 하루하루를 즐기며 행복하게 사시는 부모님을 보면서 나의 미래 역시 하루하루 성실함 속에서 어려움을 극복하고 성취감을 느끼면서 행복할 것이라고 생각합니다.

3. 수학 · 과학적 재능과 관련하여 스스로 재능이 있다고 생각하게 된 계기나 경험들을 구체적으로 기술하여 주십시오. (띄어쓰기 포함하여 2,000자 이내)

어렸을 때부터 수학 과학 분야의 책에 관심이 많았고 너무나 좋아했습니다. 항상 선물로 책을 사달라고 조르는 저 때문에 가족은 으레 나들이 코스로 서점을 택하곤 했습니다. 또한 학교에서 배우는 수학이 너무 쉬워서 혼자서 문제를 만들어가면서 풀곤 했습니다. 선생님은 그 문제를 벌써 풀었냐고 하시면서 ＊＊가 풀어낸 방식을 설명해 보라는 말씀을 종종 하셨고, 친구들은 모르는 문제는 제게 물어볼 정도로 학교에서는 인정받는 수학 실력을 갖추고 있습니다. 그저 수학을 좋아하고, 책을 좋아하던 제게 초등 3학년 때 초등 영재교육원에 선발되면서 다양한 탐구활동을 할 수 있는 기회가 생겼습니다. 영재교육원 수업은 과학에 대한 새로운 호기심을 북돋아 주었습니다. 탐구 활동을 더 즐겁게 할 수 있었던 것은 책의 힘이었습니다. 이미 책에서 봤던 내용들이라 실험 설계도 쉬웠고, 이론적 배경도 갖추고 있어서 더 새로운 방법과 아이디어로 실험을 진행하곤 하였습니다. 영재 과학 선생님께서도 저에게 천부적인 재능이 있다고 아주 많은 칭찬을 해 주셨고 그때 더 큰 자신감을 가지고 과학을 공부하게 되었습니다. 매시간 영재 선생님의 칭찬을 듣는 것이 너무 행복하고 기분이 좋아 더 많은 책을 읽고, 예습도 하고 발표를 했습니다. 영재 수업을 듣는 날만을 손꼽아 기다리고 수업을 받고 와서는 바로 숙제를 완성했습니다. 그러한 노력 덕분에 영재 선생님의 추천으로 우수학생상도 받았습니다. 학교에서 진행하는 각종 대회에 모두 참여하고, **초등학교 간판으로 이름을 날리던 중 5학년 때에는 과학부장 선생님의 추천으로 전자과학이라는 분야를 처음 알게 되었습니다. 인두로 납을 녹이면서 몇 개의 부품으로 라디오를 만들어 소리를 내어보니 너무나 신비로웠습니다. 그러다 보니 매번 조금씩 더 차근차근 배워가면서 나 스스로 공부를 하고 6학년 때는 **시 대회에도 출전하게 되었습니다. 이제는 회로도만 봐도 대충 브레드 보드가 연상되고 그 안에 연결선을 만드는 것이 가능합니다. 저는 컴퓨터와 전자 영역에 관심이 많고, 전자공학자의 꿈을 키우며 IT 강국의 선봉에 서려고 노력하고 있습니다. 교내 과학부장 선생님의 추천으로 과학부장관 표창도 받았습니다.

현재는 과학고 영재에 선발되어 중등영재원 수업을 받고 있습니다. 중등영재원 수업은 저에게 과학에 대한 새로운 호기심과 자신감을 주었습니다. 요즘은 수학에 빠져 사는데, 심화 수학 과정은 단순히 문제를 푸는 것이 아니라 마치 커다란 공룡 퍼즐을 완성 시키는 것과 같았습니다. 해답에 대해 아무것도 모르는 상태에서 몇 번의 실패를 거쳐 숨겨진 패턴과 퍼즐들을 찾아 나가고 이러한 과정을 통해 정답에 가까워지면서 마침내 거대한 공룡 퍼즐을 완성하는 느낌이었습니다.

매번 성취감을 주고, 논리력을 키워주는 수학은 제가 가장 좋아하는 과목이며 그다음이 물리입니다. '재능이 지능이다'라는 제목의 신문기사를 읽은 적이 있는데, 저는 전자과학과 수학에 대한 재능을 가지고 있고, 창의성을 기르기 위해서 많은 상상을 합니다. 특히 창의력 수학 문제의 달인이라는 평가를 친구들로부터 많이 듣습니다. 새로운 방식으로 쉽게 풀어버린다고 칭찬을 하는데, 사실 그 방법이 순간적으로 떠오르고, 그 방법 이외의 방법은 너무 풀이가 복잡하고 식상하다는 생각이 들어서 푸는 것뿐입니다. 다행스러운 것은 그 상상력을 실제 대회에서 펼쳐가면서 수상 실적도 쌓고 목표 의식도 기르며, 특히 자신감을 갖기 위해 노력할 수 있다는 것입니다. 평소에는 내공을 쌓고 대회에서는 실력을 점검합니다. 최근에는 세계학생창의력대회에서 더 다양한 영역에 도전하여 새로운 경험을 할 수 있었습니다. 아직은 어려서 경험이 중요하고, 경험을 통해 아이디어를 얻어 고등학교부터는 스마트 기기에 대해서 연구하고 싶습니다.

향후 전자공학 영역에서의 핵심적인 기술은 스마트 기기와 관련될 것입니다. 외삼촌들의 전자제품 사랑 덕에 신제품을 많이 만나볼 수 있고, 전자과학 영역에 대해 다양한 아이디어를 가지고 있어서 **과학영재학교에 입학한다면 제 아이디어를 실현시키기 위한 많은 연구를 하고 싶습니다.

4. 수학·과학 분야 이외에 관심을 갖고 지속적으로 하고 있는 활동이나 경험이 있다면 기술하여 주십시오. (띄어쓰기 포함하여 1,000자 이내)

매년 과학 선생님의 추천으로 여름방학, 겨울방학 때 캠프를 다녀왔습니다. 특히 작년 겨울방학 때 **시 교육청 주최 융합형 영재 수업 2박 3일 캠프는 저에게 많은 생각을 하게 해주었습니다. 그리고 비슷한 친구들과 모여 연구하고 실험하고 함께 밤을 새워 계획하고 2박 3일이 어떻게 지나갔는지도 모르게 흘러 버렸습니다. 또한 이 외에도 국토 순방이나, 과학고 영재원 캠프, 수학 캠프, 리더십 관련 캠프에 빠짐없이 참여하면서 다양한 경험을 쌓으려고 노력합니다. 캠프뿐만이 아니라 운동도 게을리하지 않습니다. 혼자 하는 운동보다는 친구들과 어울려 함께하는 운동을 좋아하다 보니 주로 축구와 야구를 좋아하고 즐깁니다. 축구는 작전을 짜고 정확한 판단력과 순간적인 기지, 정신력이 요구되는 스포츠이기에 청백으로 나누어 함께 섞여 땀을 온몸에 흠뻑 적시고 나면 점수에 상관없이 거친 숨소리와 함성 웃음이 저절로 터져 나옵니다. 야구 또한 세밀함과 각종 데이터를 통한 분석력이 요구되는 스포츠이기에 수학, 과학에서 맛볼 수 있는 성취감을 동시에 느끼게 해주기 때문입니다. 친구들은 지능형 축구를 한다는 말을 자주 합니다. 작년까지만 해도 매주 일요일에만 주어지는 특권이었는데 올해부터는 매주 토요일에 운동을 할 수 있는 시간이 주어져 저의 운동화는 항상 운동 중입니다. 그리고 눈과 머리를 운동하는 독서활동을 많이 합니다. 이상하게도 저는 체력짱이라는 말을 많이 듣습니다. 저도 제 피로회복 속도는 비정상적으로 빠르다는 생각을 합니다. 운동을 하고 들어와도 별로 피곤하지 않으며, 밤새 책을 읽어도 한 두 시간만 자면 체력이 회복됩니다. 친구들은 간이 아주 클 것이라면서 놀리는데 정말 한 가지에 집중해서 보내는 시간은 제게 너무 즐거워서 그런지 피로감 자체가 없습니다. 최근에는 공부하다가 밤에 내셔널지오그래픽 채널이나 BBC 다큐멘터리를 보면서 아이디어도 얻고 머리를 환기시키고 있으며, 한 편씩 보다 보면 아침이 되는 일도 흔한데, 다큐멘터리는 책과는 또 다른 상상의 즐거움을 줍니다.

5. 교내 · 외 친구 관계 및 자신과 선생님과의 관계에 대해 기술하고, 스스로 행한 봉사활동 중 특별히 의미 있는 활동이 있다면 구체적으로 기술하여 주십시오. (띄어쓰기 포함하여 1,000자 이내)

3학년 학급 회장을 투표하는 날이 올 3월에 있었습니다. 그런데 학급회장을 투표하는 데에는 불과 5분도 걸리지 않았습니다. 무투표당선 전원 만장일치였습니다. 담임선생님께서도 친구들이 지지하고 믿어주는 만큼 저를 믿고 따라 주겠다고 하셨습니다. 너무나 큰 감동이었고 친구들에게 고마웠습니다. 친구들의 지지로 반장이 될 때마다 어떤 리더십을 펼쳐야 할까 많은 생각을 하는데, 결국 제 수학과 과학적 재능으로 친구들을 학업적으로 돕고, 스스로도 교내 대회에서도 적극적으로 참여하여 좋은 성적을 거두는 성실한 모습으로 친구들에게 도움을 줘야겠다고 생각합니다.

그리고 작년 가을 학교에서 영화 "울지마 톤즈"를 본 적이 있었습니다. 아프리카 수단 남부 톤즈 마을에서의 나눔과 사랑을 자신의 삶을 통해 직접 보여준 故 이태석 신부의 헌신적인 사랑과 봉사정신은 제게 큰 감동을 주었습니다. 얼마 후 교내 학생회의에서 추진한 홀로 노인 방문 연탄배달 봉사 활동을 할 기회가 생겨 참여하게 되었습니다. 내 방보다 작은 방에서 쓸쓸히 우리들을 반기며 고생한다고 커다란 국그릇에 찰찰찰 넘치도록 설탕물인지 크림물인지 정체 모를 커피를 타 주시던 할아버지, 저는 그 커피를 받아 마시며 고작 이 정도 일에 힘들다고 투덜거렸던 자신에게 쑥스러움을 감추지 못했습니다. 그러면서도 한편으로는 어려운 이웃을 도왔다는 뿌듯함과 함께 이웃과 함께하는 삶의 행복감을 느꼈습니다. 그날 이후 저는 제가 할 수 있는 봉사를 찾아 실천하기로 마음먹었습니다. 지금은 가까운 일부터 적극적으로 진행하고 있습니다. 제가 가진 수학적 능력을 친구 동생에게 전파하고 있습니다. 제가 제일 좋아하는 과목 중 하나인 수학을 동생들에게 가르치면서 나의 공부 방법에도 조금씩 변화가 생겼고 선생님께 배울 때와는 다르게 가르쳐 주면서 가르치는 부분이 내 것으로 완전히 느껴졌습니다. 앞으로도 내가 좀 더 나의 길에서 최고인 사람이 된다면 나의 재능을 널리 기부하는 사람이 되고 싶습니다.

컴퓨터
정보과학
국방과학연구원

과학고 자기계발계획서④

1. 본교에 지원하게 된 동기와 본교 진학 후의 학습 계획 및 향후 진로, 장래 희망에 대해 구체적으로 적어 주십시오. (600자 이내)

저는 어렸을 때 엄마가 쓰시는 화장품에 관심이 많았습니다. 어떻게 선크림은 자외선을 막을 수 있을까? 등의 의문을 품었고, 그 의문이 과학적 원리에 대한 궁금증으로 발전하게 되었습니다. 그 궁금증을 해결하기 위해 '화학으로 이루어진 세상'이라는 책을 읽었고, 연결되는 독서를 통해 실력은 향상되어, **대 영재교육원에서 화학을 깊이 있게 공부할 수 있었습니다. **대 사사과정에서 교수님과 촛불에 관련된 연구를 하며 화학에 흥미를 느꼈습니다. 또한 하이탑 각 분야를 혼자 공부하면서 스스로 탐구하고 공부하는 재미를 알게 되었으며, 이러한 경험을 통해 과학고에 가고 싶다는 목표가 생겼습니다. **과학고에 진학하면 개인적으로 연구해왔던 도로 가세 구조를 완벽하게 만들 수 있는 기억 형상 특수 합금을 개발하고자 합니다. 그래서 다양한 과학적 지식과 배움을 **과학고에서 완성시키고 싶습니다. 또한 화학동아리에 들어서 해보고 싶었던 가세에 맞는 신소재 개발을 위한 실험들과 KISEF 대회에 참가해 글로벌적인 저의 재능을 키우고자 합니다. 이러한 탄탄한 배움과 풍부한 경험을 기반으로 대학교에 진학하여 지속적으로 학문적 수양을 할 것이고, 자기계발과 과학탐구를 통해 미래엔 신소재를 개발하는 화학공학자가 되고 싶습니다. 새로운 신소재를 만들어내어 우리나라의 과학적 경쟁력을 높일 뿐만 아니라 사회적으로도 기여가 될 수 있기 위해 끊임없이 노력하고 도전할 것입니다.

2. 지원자의 일상 습관, 특별한 관심과 활동 그리고 성장해온 가정 환경 및 교육환경에 대하여 구체적으로 적고, 그러한 것들이 지원자의 성장과 변화에 미친 영향에 대해 구체적으로 적어 주십시오. (800자 이내)

저는 모르는 것을 그냥 지나치기 싫어합니다. 그래서 부모님께서는 항상 모르는 것이 있으면 그때그때 해결하라고 하셨습니다. 직접 알려주시기보다는 스스로 답을 찾도록 필요한 책을 빌리거나 직접 선생님께 질문을 해서 궁금증을 해소하도록 교육하셨습니다. 또한 부모님께서는 어릴 때부터 도전하는 정신을 가지는 것이 중요하다고 가르쳐주셨습니다. 그래서 무슨 활동이든 도전해보고 실패하면 원인을 분석하고 다시 도전하는 것이 두렵지 않습니다. 그래서 저의 연구 활동을 증명하기 위해 과학전람회에 출품하기도 하고, 사고의 폭과 창의성을 넓히기 위해 학생창의력올림피아드에 친구들과 연극을 짜서 출전하기도 하였습니다.

저의 멘토이신 과학 선생님께서는 모든 것을 멀리 보고 깊이 생각하라 하시며, 다양한 대회에 출전하여 견문을 넓히고 교수님들과 함께 면담심사를 하는 것이 필요하다고 하셨습니다. 이렇게 참가하게 된 전국학생통계활용대회에는 연구하고 싶었던 주제를 조사, 분석해보는 계기가 되었습니다. 또한 평소에 가지고 있던 아이디어를 주제로 해서 디자인 전람회에서도 새로운 커피믹스 봉지를 만들어서 출품하여 특선에 영예를 안았습니다. 부모님께서는 그런 도전하는 정신을 항상 기특하게 생각하십니다. 개인 연구 프로젝트를 할 때에도 필요한 재료나 책들이 있을 때 지원해주셔서 공부할 때 정말 큰 도움이 됩니다. 이러한 성장 과정으로 인해 스스로 연구하는 학습 성향이 갖춰졌고, 두려움 없이 저의 목표를 결정하고 도전할 수 있었습니다.

3. 중학교 재학 중 수학·과학 분야에서 지원자 크게 성장할 수 있었던 탐구 경험과 활동 3가지에 대하여 활동내용과 자신의 역할 그리고 그 활동이 자신의 성장에 미친 영향에 대해 구체적으로 적어 주십시오. (1,500자 이내)

중학교 재학 중에 선생님의 권유로 참가한 대회를 통해 좋은 성적을 거두고 혹은 실패하면서 많은 경험을 쌓을 수가 있었습니다.

첫 번째는 전국학생창의력챔피언대회에 나갔던 것입니다. 당시 계속 이론 공부에 매진했었을 때여서 부족한 저의 창의적인 사고의 폭을 넓힐 통로를 찾던 중학교 홈페이지에서 창의력챔피언대회 공지사항을 읽게 되었습니다. 초등학교 때부터 친했던 영재교육원 친구들과 함께 참여하게 되었습니다. 주제가 티셔츠를 활용해서 주어진 급변 상황을 극복해나가는 것이었습니다. 저희에게 주어진 상황은 '태양이 없어진 상황'과 '중력이 없어진 상황'이었습니다. 어떻게 해야지 창의적으로 티셔츠를 사용하고 상황에 알맞게 활용할 수 있는지 고려해야 했기 때문에 상당히 어려운 주제였습니다. 저희가 사용했던 아이디어는 티셔츠로 도끼, 야자수, 나무, 배, 비행기를 배경으로 표현하는 것이었습니다. 평소 친하지 않은 친구들과 함께 모여서 아이디어를 짜고 연극을 연습하고 준비하던 과정에서 타인과의 협동성 및 사고력과 창의력이 성장하게 되는 계기가 되었습니다.

두 번째로는 통계활용대회를 준비하는 과정이었습니다. 2학년 때 한번 그리고 올해에도 도전해보았습니다. 처음 주제로 설정했던 것은 에너지 드링크의 효능과 최고의 에너지 드링크를 탐구하는 것이었습니다. 각 에너지 드링크와 커피의 효능을 알아보고 최고의 효능을 발휘하는 것들을 중에 2개를 골라 섞어서 효능을 입증해 보는 주제였습니다. 하지만 여기서 조사인원이 많지 않다는 한계에 부딪혀 실패하게 되었습니다. 실패를 통해 얻은 정보로 올해 통계활용대회에서는 주제를 사람들은 왜 카카오 게임에 열중하는가, 로 정하고 조사인원을 약 10배 이상으로 늘려서 조사했습니다. 그래서 좀 더 정확한 통계 값이 나올 수가 있었습니다. 통계 활용대회에서는 저만의 주제를 연구하고 조사하는 능력을 기를 수가 있고 잘못된 점을 고쳐나가는 방법을 배울 수가 있었습니다.

세 번째는 사사과정에서 촛불에 관하여 연구를 하는 것입니다. 사사과정에서 촛불 연구를 할 때에는 주로 실험하는 것을 옆에서 도와주는 일이 많습니다. 그것을 기록하고 저장하고 분석하는 과정에서 연구를 하는 것이 너무 재미있었습니다. 그래서 신소재 연구를 직업으로 하는 화학공학자가 되기로 하였고 조금 더 다양한 경험과 폭넓은 학습을 할 수 있는 **과학고에 들어가야겠다고 마음을 먹었습니다. 과학고를 들어가려면 지난번 성적으로는 부족하기 때문에 더욱 열심히 공부하고 노력해서 전교 15등 안팎이었던 성적이 전교 5등까지 끌어올리게 되었습니다. 그래서 자신감과 저의 가능성에 대한 확신을 할 수가 있었고 도전할 수 있었습니다.

4. 자신이 다른 사람에 비해 뛰어나다고 생각되는 점 1가지와 그렇게 생각하는 이유를 구체적인 경험을 바탕으로 적어 주십시오. (1,000자 이내)

저는 탱탱볼 같은 사람입니다. 왜냐하면 어디로 튀어 나갈지 모르는 창의적이고 도전적인 성향을 가지며, 마지막까지 있는 힘껏 튀어 올라서 더 멀리 높이 가기를 소망하기 때문입니다. 그래서 통계에 대한 지식도 시험해 볼 겸, 수학적인 논리력을 준비했을 때의 일입니다. 학교 시험기간이 겹쳐 있을 때여서 통계대회 준비하는 것에 시간이 부족하여 포기할 수도 있는 상황이었습니다. 저는 완성시키겠다는 목표 하나로 밤을 새면서 까지 준비하면서 결국에는 시간 안에 완성을 해서 제출을 할 수 있었습니다. 시험공부 또한 열심히 해서 좋은 성적을 거두어 두 마리 토끼를 다 잡았습니다.

모든 일에는 시작도 중요하지만 마무리가 가장 중요하다고 생각합니다. 어떤 일이든 마무리를 짓기 위해서 끝까지 도전하는 정신을 저는 가지고 있습니다. 창의력챔피언대회에 나갔을 때의 일입니다. 친구들과 함께 모여서 아이디어 회의를 할 때 생각나는 말들을 전부 다 모아서 좋은 의견을 정리해 나가다 보니까 하나씩 모여서 도끼, 스토리, 티셔츠 활용방법 등등이 되어서 재밌고 창의적인 연극을 이룰 수 있었습니다. 그때 창의적인 해결 과정을 만들 때 노래의 개사, 티셔츠 활용방법 부분에서 제가 많은 아이디어를 내서 창의적인 구성을 할 수가 있었습니다. 창의적인 생각과 독특한 사고가 없었다면 진부한 아이디어가 나왔겠지만 그런 사고를 가지고 있었기 때문에 재미있는 스토리와 아이디어를 통하여 좋은 결과를 얻을 수 있었다고 생각합니다.

디자인 전람회를 출전할 때에도 이러한 창의적인 생각이 빛을 보았습니다. 평소에 커피를 자주 마시는 편이었는데 설탕량을 조절하는 그런 부분에 대해서 포장지에 잘 표시되어있지 않은 것을 보고 어떻게 할까 생각해보았습니다. 저는 커피믹스 자체를 바꾸어 보자고 생각을 해서 커피믹스 뒷부분을 아예 셀로판지로 투명하게 해서 직접 보고 맛을 조절할 수 있게 했습니다. 틀에 박힌 기존의 상식을 뒤엎고 나만의 창의적인 사고로 독특한 결과물을 만들어 내는 것이 제가 남들보다 뛰어난 점이라고 생각합니다.

5. 중학교 재학 중 배려, 나눔, 협력, 타인존중, 갈등관리, 교우관계, 규칙준수와 관련 있는 경험들의 내용과 자신의 역할 그리고 그 경험이 자신의 성장에 미친 영향에 대해 적어 주십시오. (전체 1,200자 이내)

○ **배려와 나눔**
멘토링 활동을 하면서 친구를 더 배려해 주게 되었습니다. 처음에 멘토링 활동을 할 때는 '아 귀찮다', '나 하기도 바쁜데…….'이런 생각이 들었던 것이 사실이었습니다. 하지만 계속 활동하다 보니 멘티가 혼자 공부하고 있으면 먼저 다가가서 말을 할 수 있게 되었습니다. 나의 이익을 따질 때 배려와 나눔은 실천되지 않는다는 것을 깨닫고, 멘티가 성적이 향상되고 저에게 도움을 받을 때마다 뿌듯함을 느끼게 되었습니다. 그래서 이기주의를 버리고 남과 공존하는 마음을 깨닫게 되었습니다.

○ **협력**
저는 체육대회 때 반 농구 대표로 출전했습니다. 처음에 팀을 이루어서 시합을 할 때에는 팀워크도 안 맞고 각자 개인플레이를 해서 준우승에 그쳤습니다. 그래서 꾸준한 연습을 통해서 저희 팀은 성장하였습니다. 그래서 2학기 때 스포츠 대회가 있던 때에 반대 항전에서 저희 반이 우승을 거머쥐었습니다. 친구들과 협력하여서 노력하여서 얻은 값진 결과였기에 더욱 기뻤습니다.

○ 갈등관리

저는 시험기간 때 조금 예민한 편입니다. 한번은 시험기간 때 친구와 장난을 치다가 다툼으로 번진 적이 있었습니다. 하지만 저는 먼저 다가가서 푸는 성격이기 때문에 시험이 끝난 후에 같이 놀자고 하면서 풀었습니다. 이러한 일들을 겪으면서 항상 먼저 갈등을 풀어갈 때에는 내가 먼저 다가가거나 노력하면 더욱더 쉽게 풀릴 수 있다는 것을 느꼈습니다.

○ 타인존중

남들과 어떤 일을 결정할 때 저는 부당한 결과가 나올 수 있는 방법으로 정하지 않습니다. 조별 숙제를 할 때 우리나라의 장점에 대해서 조사하는 것이었는데 한 친구에게 많은 주제가 쏠려서 부당한 결과를 초래했습니다. 그때 저 친구가 나였다면 얼마나 억울할까 곰곰이 생각해 보았습니다. 그리고는 숙제를 공평하게 다시 배정하게 되었습니다. 친구를 내 입장으로 생각해서 존중하는 태도를 통하여 서로 공평하게 일을 정할 수 있어서 좋았습니다.

○ 교우관계

저는 평소에 잘 웃고 다닙니다. 저는 분위기 메이커로 불릴 정도로 친구들이 재밌는 친구라고 합니다. 쾌활하고 처음 보는 친구들한테도 넉살 좋게 대하는 성격 때문인지 어른께서도 칭찬을 하십니다. 공부도 중요하지만 친구와의 우정 또한 중요하다고 생각합니다. 그렇게 공부도 열심히 하면서 친구들과의 좋은 추억을 많이 쌓을 것입니다.

○ 규칙준수

저는 학교 규칙에 어긋나는 행동을 하지 않습니다. 규칙을 준수하고 선생님의 부탁이나 모범적인 태도를 항상 보여서 상점을 받습니다. 저는 상점을 저희 반에서 가장 많이 받아서 상점 왕이 되어서 상을 받았습니다. 교칙을 준수하고 올바른 행동을 많이 했기 때문에 얻은 결과였다고 생각합니다.

6. 자신이 읽었던 책들 가운데 가장 인상 깊었던 책 2권을 선택하고, 그 책을 읽게 된 동기와 인상 깊었던 책으로 선택한 이유를 적어 주십시오. (각 책에 대하여 300자 이내)

○ 도서명 : 화학으로 이루어진 세상

제가 처음으로 화학을 접하게 된 계기가 이 책을 통해서입니다. 처음에 과학책 중에서 재밌을 게 뭐가 있나 해서 인터넷에 검색을 해보았더니 화학으로 이루어진 세상이 재미있는 책 중 하나라는 추천을 받고 읽게 되었습니다. 세상 어느 곳에서나 화학은 쓰이고 있고 우리의 인체, 자동차, 페인트 등의 여러 우리 삶과 밀접하게 관련되어 있는 것들에 화학이라는 분야가 사용되었다는 것에 크게 감명 받아서 화학공학자라는 꿈을 세우게 되었습니다. 가장 기초적인 베이스가 되는 화학을 발전시켜야지 우리의 삶을 윤택 시킬 수 있다는 것을 이 책을 통해 알 수가 있어서 가장 인상 깊었던 책 중 하나로 뽑을 수가 있습니다.

○ 도서명 : 페르마가 들려주는 핵분열 핵융합 이야기

태양이 어떻게 계속 열과 빛을 방출할 수 있을까? 라는 질문에 답을 찾기 위해서 이 책을 접하게 되었습니다. 처음에는 핵융합에 대해서 지식을 얻기 위해서 이 책을 읽게 되었지만 더 많은 것을 배울 수가 있는 책이었습니다. 그것은 바로 우리가 어떤 방향으로 과학을 발전시켜나가야 하는 것입니다. 핵과 같이 큰 에너지를 어떻게 쓰냐가 가장 중요합니다. 원자력 발전소와 같이 우리 생활에 도움이 되는 데 사용을 하는 방법이 있고 또 다른 방법은 원자 폭탄을 만들어서 인류의 생명을 위협하는 행동입니다. 아무리 과학자가 뛰어난 것을 만든다고 해도 인성이 바르지 못하고 그 연구의 목적 자체가 불순하고 위험하다고 하면 과학을 발전시키는 의미가 없고 인류에게 손해가 될 것이라는 것을 깨닫게 되어서 인상 깊었습니다.

과학고 자기계발계획서⑤

1. 자신이 가장 관심을 가지는 분야를 소개하고, 그와 관련하여 활동한 경험들과 그중에서 재미있고 의미 있다고 생각하는 활동을 그 이유와 함께 구체적인 사례를 들어 기술하시오.

2007년 12월 우리나라 서해안 일대에 어마어마한 양의 기름이 유출되어 환경이 파괴되는 엄청난 일이 발생하였습니다. 바로 "태안기름유출사건!" 당시 아버지 회사 동료들과 우리 가족들은 조금이나마 도움이 되고자 태안으로 자원봉사 활동을 다녀왔습니다. 짧은 시간 내에 빨리 작업을 마쳐야 하는 어렵고 힘든 작업이었지만 돌에 있는 기름기를 제거하면서 저는 눈물을 참는 것이 더 힘들었습니다. "지구 환경을 파괴시키는 것도 인간이지만, 지구 환경을 다시 회복하는 힘을 가진 것도 인간이다!" 결국 과학기술은 지구를 살리는 일에 쓰여야 한다는 큰 깨달음을 얻은 시간이었습니다.

태안에서의 시간은 짧았지만 제 인생에서 해야 할 일과 제가 나아갈 길을 분명히 깨닫게 된 나침반을 그곳에서 발견하여 가슴속에 품고 돌아왔습니다. 지구 환경 문제를 창의적으로 해결하는 과학자가 되기로 결심하게 된 것입니다. 그 나침반은 지금도 제 갈 길을 알려주고, 쉼 없이 공부하게 하고, 새로운 에너지를 공급해줍니다. 지구 환경에 대해 연구하기 위해서는 과학적, 수학적인 지식이 풍부해야겠다는 생각이 들어서 정석과 하이탑을 사서 혼자 한 과목씩 공부를 해 나갔고, 과학책을 틈만 나면 열심히 읽었습니다. 지구 환경과 연관된 과학책들을 읽다 보니 지구 환경문제의 근원에는 화석연료에 너무 편중되어 있는 각국의 에너지 정책이 있다는 생각을 하게 되었습니다. 이미 모든 기관들이 화석연료를 사용하게 제작되어 있는 상태라서 기관을 바꿀 필요 없이 석유 대신 사용할 수 있는 대체연료를 개발해야겠다고 생각하였습니다. 그래서 최근에는 신재생에너지에 대한 조사와 연구를 하여 보고서를 써 두기도 하였습니다(자료1). 옥수수기름을 이용해서 자동차에 기름을 넣고 다닌 사람의 글을 읽고, 모든 기관들을 바꾸는 것도 자원의 낭비를 초래할 수 있겠다는 생각을 해서 그 사람의 행동을 지지하는 에세이를 쓰기도 했습니다. 아파트의 연탄과 석유 보일러를 가스보일러로 바꾸게 된다면 새 보일러를 제작하는 데에도 많은 돈과 노력 그리고 에너지가 들지만 쓰던 보일러 폐기하는데도 많은 에너지가 소모된다는 것이 제 생각입니다. 10년 이상을 더 사용할 수 있는 보일러를 갑자기 쓰지 못하게 되는 것도 환경을 파괴하는 일이 된다는 내용입니다.

어찌 보면 고지식해 보일 수도 있는 제 에너지에 대한 생각을 펼치던 중 제 꿈을 더 구체화하고 확고하게 세우게 된 계기가 최근에 있었습니다. 3월 11일 일본 동부 미야기 현을 강타한 리히터규모 9.0의 강진으로 높이 20m에 가까운 쓰나미가 몰려와서 미야기 현과 게센누마 지역을 모두 휩쓸고 간 것입니다. 평생 동안 지진을 무수히 겪는 일본 사람들은 정말 침착하고 차분한 모습으로 대처했지만, 정작 원자력 발전소 사고로 인한 방사능 공포 앞에서는 일본은 물론 전 세계가 공포에 휩싸였습니다. 일본인들은 과학으로 인한 문제도 과학기술로 극복할 수 있다고 생각한다고 합니다. 그래서 원전 사고도 과학기술로 충분히 해결할 수 있다고 쉽게 생각하였지만, 대규모 방사능 유출 사고와 해양 방사능 오염을 일으키게 되었고, 결국 인재(人材)로 마무리되고 말았습니다. 원자력 발전이 화석연료의 배출을 혁신적으로 줄이고 효율적으로 전기를 생산하는 것은 맞지만, 지구 환경을 사람이 살 수 없도록 파괴시킬 수 있는 무서운 선택이라는 생각을 하게 되었습니다. 그래서 저는 원자력을 반대합니다. 전력 생산의 효율성만을 따지기보다는 지구 환경 파괴와 생태계 파괴라는 무시무시한 결과를 초래할 수 있는 -원자력 찬반입장(자료2)- 원자력은 근본적으로 개발하지 않는 것이 옳다고 생각합니다. 그리고 석유 대신 사용할 수 있는 대체연료를 개발하는 것이 너무나 절실한 제 일생일대의 숙제로 다가왔습니다. 저는 **과학영재학교에 입학하면 더 많은 지식과 탐구 경험을 쌓아서 대체연료 개발을 위해 **대에 조기 진학할 계획입니다. 그리고 석유에 대한 대체연료 개발을 위한 연구에 박차를 가하여 온실가스도 줄이고, 석유 고갈 문제도 해결할 수 있는 인류에 기여할 수 있는 과학자가 되고 싶습니다. 꼭 저를 뽑아 주시기를 바랍니다.

2. 본교에 지원하게 된 동기와 지원하기 위하여 노력한 내용을 소개하고, 그 과정에서 부딪힌 문제를 어떻게 해결했는지, 가장 큰 도움이 되었던 것은 무엇인지를 구체적인 사례를 들어 기술하시오.

어려서부터 책 읽기를 좋아하던 저는 초등학교 때 쉬는 시간이나 점심시간을 이용하여 수학, 과학책들을 읽고 싶은 마음에 항상 도서관을 찾는 아이였습니다. 그때 읽은 책 중에 제일 기억에 남는 책은 꼬마 올리버의 과학 성장기인 '엉클 텅스텐'이란 책입니다. 꼬마 올리버가 일상생활에서 일어날 수 있는 모든 일들을 과학적으로 접근하고 생각하면서 과학에 대한 호기심을 채워나가는 모습은 어릴 적 저의 모습을 많이 닮은 듯했습니다. 중학교에 올라와서도 저는 학교 도서관을 자주 찾습니다. 아직도 제가 읽지 못한 수학, 과학책이 많이 있기 때문입니다. 친구들이 저를 찾을 때는 학교 도서관으로 달려오곤 합니다. 이렇게 수학, 과학에 대한 많은 독서를 한 것이 지금 수학과 과학을 공부하는데 있어 밑거름이 될 것이라 확신합니다. 특히 학교 도서관에 있는 지구나 환경에 관한 책은 거의 다 읽었습니다. 최근에 읽고 있는 책은 "지구환경과 에너지 이용 기술"로써 에너지와 에너지 기술에 관한 기초지식과 대체에너지 이용 현황 및 전망에 대해 자세하게 설명되어 있어 심각한 지구 환경 문제를 해결하기 위한 대체 신에너지의 개발에 힘써야 한다는 저의 생각에 많은 도움을 주고 있습니다. 이러한 독서 습관은 **과학영재학교에 진학하기 위한 탄탄한 기본 실력을 갖출 수 있게 해 주었습니다. 과학뿐 아니라 수학에 관련된 책도 많이 읽었습니다.

과학과 수학에 빠져 지낼 수 있게 된 계기는 초등학교 3학년 때 **교육청에서 운영하는 영재 학급에 들어간 것입니다. 영재학급에서 수학, 과학책으로만 보았던 여러 과학적, 수학직 원리들을 실험을 통하여 직접 눈으로 확인할 수 있었습니다. 책에서 본 것을 응용해 보기도 하고, 발명 아이디어들을 만들어내기도 하면서 3년간 정말 크게 성장할 수 있는 계기가 되었습니다. 6학년 때는 중학교에 올라가서도 수학, 과학 공부를 꾸준히 해야겠다는 생각으로 다시 **과학고 과학영재교육원에 입학해야겠다는 목표를 세웠습니다. 목표를 세운 저는 심화된 수학책과 과학책들을 사다가 처음 페이지부터 끝 페이지까지 차근차근 몇 번이고 반복해서 읽으면서 개념부터 이해하려고 했습니다. 모르는 문장이나 단어가 나올 때에는 참고서와 인터넷을 이용하여 이해가 될 때까지 읽고 또 읽었습니다. 그리고 많은 문제를 풀어보면서 이해된 개념들을 적용해서 문제 해결을 하였습니다. 제가 풀기에 너무 어려운 문제에 부딪혔을 때에는 풀이 노트를 만들어 여러 가지 방법으로 풀이해가며 스스로 문제를 해결하려는 노력과 열정을 쏟았습니다. 이렇게 수학과 과학을 열심히 공부 하다 보면 문제가 풀리지 않을 때에 느끼는 절망감과 스스로 문제를 해결했을 때의 성취감을 동시에 느낄 수 있었던 시간이었지만 목표를 향해 달려가는 저의 모습이 아름답고 대견하다는 생각도 하게 되었습니다. 그 결과 **과학고 과학영재교육원에 합격을 하게 되었습니다. **과학고 영재교육원에서 실험하고 탐구했던 것도 좋았지만 제가 관심 있는 영역에 대해 프로젝트를 수행하고 발표해서 최우수상을 탔을 때 정말 큰 성취감과 자신감을 얻었습니다. 그리고 또 하나의 **과학영재학교 입학이라는 목표를 세울 수 있게 해 주고, 지금까지도 수학, 과학 탐구를 게을리하지 않고 꾸준히 노력하고 있습니다. 수학, 과학을 좀 더 체계적이고 깊이 있게 공부할 수 있는 곳, 저의 수학적 과학적 호기심을 충분히 채워 줄 수 있는 곳, 훌륭한 선생님들과 학생들이 있는 곳에서 저의 또 다른 목표를 향해 열심히 공부하고 싶습니다.

3. 수학, 과학과 관련된 활동 혹은 그 외의 교과와 관련된 활동 중에서 가장 독특하고 의미 있다고 생각되는 활동 내용을 구체적으로 소개하고 그 이유를 기술하여 주십시오.

주위의 모든 사물에 대해 호기심을 가지고 있었던 저는 물건을 분해하거나 조립하는 것을 좋아합니다. 항상 레고와 로봇부품으로 주변의 있는 모든 사물들을 만들어보고 다시 분해하면서 많은 시간을 보냈습니다. 초등학교 때 아버지께서 선물로 사주신 '과학상자'는 지금까지도 저의 보물 1호입니다. 과학상자를 이용하여 여러 가지를 조립하고 분해하면서 머릿속에 그림으로 그렸던 형체가 실제 사물로 나타날 때면 신기하기도 하고, 뿌듯하기도 합니다. 언제나 교내 기계 과학 경진대회에 나가 과학상자를 이용하여 멋진 작품을 만들어 선생님들께 칭찬도 받고 최우수상도 받았습니다. 학교 대표로 출전하여 좋은 성적도 거두었습니다. 지금도 저는 복잡한 수학, 과학문제를 풀다가 머리가 아플 때에는 잠시 쉬고 과학상자를 열어 봅니다. 무엇을 만들까? 어떻게 조립할까? 어떤 원리를 이용할까? 이런저런 생각을 하다 보면 마음과 몸이 즐거워지는 것을 느낄 수 있습니다.

초등학교 때부터 중학교 1학년 때까지 "＊＊ 발명교실 발명반"에서 발명에 관한 여러 가지 공부를 했습니다. 사람들은 생활하면서 여러 가지 문제에 부딪힙니다. 문제 해결을 위해 많은 노력을 기울이고 있습니다. 저에게 있어 발명이란 실생활에서 발생하는 여러 가지 문제점들을 해결하는 방법을 알려 주는 창고와 같은 역할을 하고 있다고 생각합니다. 제가 발명한 물건들이 다른 사람이 겪는 문제점들을 조금이나마 해결해 줄 수 있다는 것은 정말 큰 기쁨입니다. 음식량에 따라 색깔이 변하는 밥그릇, 컵받침이 있는 컵라면, 서랍 달린 학교 책상, 통 속에 통 세탁기 등 지금까지도 꾸준히 실생활에 문제점을 개선하여 도움을 줄 수 있는 발명품을 만들고자 노력하고 있습니다.

학교에서는 4월이면 과학의 달 행사가 열립니다. 작년에는 '＊＊ 과학 문화 축전'이라는 큰 행사가 열렸습니다. 저는 우리 학교 과학 탐구 반 동아리 활동을 하고 있습니다. 우리 학교에서도 '＊＊ 과학 문화 축전'에 참가하기 위에 여러 가지 준비를 했습니다. 우

리 학교가 발표할 과학 탐구 주제인 '별자리에 관한 연구'에 대해
서로 공부하고 토론하면서 신비한 별자리의 세계에 매력을 느끼
게 되었습니다. 우리 학교 과학 부스를 찾아온 친구들에게 별자리
관해 설명해주고 별자리 퍼즐도 함께 하면서 뜻깊은 하루를 보냈
습니다. 과학을 좋아하는 친구들과 만나 함께 생각하고 토론하고
공부할 기회가 있다는 것은 정말 행복한 일이라는 생각을 했습니
다.

**4. 자신이 경험한 봉사활동, 학급(학교)활동, 동아리 활동 등을 소개
하고, 그 활동이 자신과 주변에 어떤 영향을 미쳤는지에 대해 본인
의 역할과 활동 내용을 근거하여 구체적인 사례를 들어 기술하시오.**

초등학교 때부터 지금까지 저는 사이버 환경 교실인 "＊＊＊환경
교실"의 회원입니다. 이곳에서 배운 환경에 대한 지식과 경험을
바탕으로 우리의 환경을 아끼고 보전하는 일을 스스로 찾고 생활
속의 작은 일을 실천하는 환경 지킴이가 되고자 노력하였습니다.
이곳에는 지구 환경을 걱정하는 청소년들의 모여서 지구 환경의
중요성을 알려주는 글을 올릴 수 있으며 지구 환경 문제에 해결 방
안에 대하여 토론을 할 수 있는 공간도 있습니다. 저는 이 공간에
서 친구들과 만나 서로 지구 환경에 대한 이야기를 주고받고 있습
니다. 지구 환경 문제의 제일 심각한 문제는 온실가스로 인한 '지
구 온난화'라고 생각합니다. 지구 온난화로 인해 해수면이 상승하
여 지구 생태계의 파괴, 인명. 재산피해 증가, 물 부족, 식량 부족,
인류 건강 위협 등 여러 가지 문제들이 발생하고 있습니다. 지구
온난화의 속도를 줄이고 더 나아가 기온을 다시 내려가게 만들어
아름다운 지구 환경을 만들기 위해 지구 환경 문제를 해결할 수 있
는 과학자가 되어야겠다는 각오를 매번 다지게 해 주는 계기가 됩
니다.
중학교 때부터 여름방학이 되면 장애우들이 살고 있는 곳에서 자
원봉사 활동을 해 왔습니다. 그분들은 원래 낯선 사람들과 대화를
잘 나누지는 않지만 몸의 불편한 분들의 휠체어를 밀어주면서 대
화를 나누다 보면 그들이 얼마나 사람들을 그리워하는지를 알 수

있습니다. 그런 모습을 보면서 시간이 없다는 핑계로 자주 찾아오지 못하는 저 자신을 반성하게 되었습니다. 또 이들을 볼 때마다 '내가 만약 저런 상황이었다면…' 하는 장애우들의 처지가 되어 생각하는 시간을 가지면서 조금씩 남을 배려하는 마음도 가지게 되었습니다. 또 꿈을 키우며 마음껏 공부할 수 있는 제가 얼마나 행복한 사람인가를 새삼 깨닫고 작은 일에 힘들어하거나 지치지 않도록 마음을 다잡습니다. 비록 저의 짧은 봉사활동이 그분들에게 큰 도움을 주지 못했지만 지금 위치에서 내가 할 수 있는 봉사 활동을 실천하면서 누군가에게 도움이 될 수 있는 일을 하면서 살아야겠다는 생각을 하게 됩니다.

우리 학교는 학급별 학생 멘토링제를 운영하고 있습니다. 기초 학력 미도달 학생과 학력 우수 학생과의 1:1 결연관계를 맺어 학력 신장 및 학교생활 전반에 걸쳐 도움을 주는 것입니다. 2학년 때 처음 만난 멘티 친구는 학교생활에 전혀 관심이 없는 학생이었습니다. 먼저 학교생활에 적응할 수 있게 도움을 주어야겠다는 생각에 학습과제물도 챙겨주고 수행평가에 필요한 도움도 주면서 서로 대화를 할 수 있었습니다. 친구의 고민거리를 들어주고 같이 해결할 수 있는 방법을 생각해 주었습니다. 서로 관심 있는 분야에 대해 이야기를 나누고 운동도 같이 하다 보니 어느새 우리는 친구가 되었습니다. 내가 누구의 멘토가 된다는 것은 정말 어려운 일입니다. 내 행동 행동 하나하나가 그 친구에게 영향을 줄 수 있다는 생각에 부담이 되었지만 그 친구의 변화된 모습을 보면서 내가 한 작은 일에 뿌듯함을 느꼈습니다.

자기소개서 연관 예상 질문과 답안

대표 예상 질문

Q 영재학급 입학을 지원하게 된 동기는 무엇인가? 입학하면 어떤 일을 하고 싶은가?

예상 답안

A 학교에서도 가끔 수업시간에 배운 내용을 실생활에 적용하여 원리를 찾는 수업들을 한다. 그런데 이는 한정되어있고 많은 친구들이랑 하다 보니 나 스스로 더 탐구해 보기에 부족하다는 느낌이 들었다. 또한 영재원에서는 다양한 수업들과 더 심화된 내용들을 가르쳐주기 때문에 이를 통해 그동안 더 알아보고 싶었던 내용들을 배울 수 있을 것 같아서 지원하게 되었다.

 추가 예상 질문

❶ 식물을 관찰하면서 움직이지는 않지만 식물이 살아있는 생물체라고 느낀 이유는 무엇인가?

❷ 지시약이 어떻게 이용되는지 설명하라.

❸ 돼지 심장을 해부하면서 알게 된 심장의 구조에 대해 설명하라. 또 사람의 심장과 비교하여 어땠는가?

❹ 달팽이를 직접 키우면서 관찰일기를 작성했다고 했는데, 달팽이가 점점 커가면서 처음과 다르게 어떤 변화가 나타났는가? 또 키우면서 느낀 점은?

❺ 평소에도 또래 친구들보다 과학적으로 사고하려고 노력하는가? 사례를 하나 들어보라.

다빈치 books 효과적인 학습 전략 수립을 도와주는 책들

융합인재교육의 이론과 실제

데이비드 A. 소사 등 지음 | 320쪽 | 18,000원

학생들의 학습 능력과 창의성을 높이기 위해 STEM에 예술(Art) 활동을 통합하는 STEAM에 초점을 맞추어 융합인재교육의 이론과 실제를 소개한다. 교사들이 어떤 관점을 가지고 어떤 수업을 학생들에게 제공해야 하는지를 가이드한다.

명품컨설팅

이미경,변문경,기순신 공저 | 207쪽 | 33,000원

학생부종합전형으로 합격하기를 바라는 마음으로 쓴 학부모를 위한 책이다. 학부모들은 입시 제도를 깊이 있게 이해하고 입시전략이라는 큰 틀에서 아이의 모든 활동을 고1 때부터 장기적으로, 계획적으로, 자기주도적으로 준비하여야 한다. '학교나 학원에서 다 알아서 해주겠지'라는 막연한 기대부터 버리자. 아이들은 이름난 학원을 다니지 않았지만 교내에서 내실을 꼼꼼히 다지고, 입시를 앞두고 돌보였던 고수 엄마들의 입시 전략이 이 책에서 공개될 것이다.

영재 사고력 수학

박종훈 저 | 224쪽 | 13,800원

사교육 지혜와 함께, 자녀의 학업 과정에 맞춰 인생의 중요한 시기마다 효과적으로 준비하고 미래를 대비하는 다양한 방법을 제시한다. 지금의 교육 현실과 부모들의 재정 상태를 들여다보고 교육과 재테크 방법을 배워 보자.

코딩으로 제어하는 가상현실(VR) 프로젝트
: 코스페이시스(COSPACES) 활용 가상현실 제작 가이드 북

박찬, 김병석, 박정민 공저 | 184쪽 | 18,000원

가상현실 프로젝트를 제작을 위한 코스페이시스 활용 가이드북이다. 학교 코딩 수업에서 활용 가능한 예제와 실제 학생의 작품들을 QR 코드로 수록하였고, 흥미로운 수업 사례를 제공하여 현장 활용성을 높였다.